古代天皇制と辺境

伊藤　循　著

同成社　古代史選書　18

目 次

第Ⅱ部 古代天皇制と化内辺境—東国・国栖・隼人—

古代天皇制と辺境

序章　日本古代における辺境と天皇制

一　辺境研究史と本書の立場

「辺境」の一般的な意味内容は、「中央からみて遠く離れた国ざかい」である（『広辞苑』岩波書店）。「辺境」という用語は、通時代的に中央による差別意識が内包されているかのようである。そのような差別意識がともなうのを回避するために、「周縁」という用語を用いる研究も多い。「周縁」は図形的概念を基礎にしているため、そこでは差別につながる政治的性格がひとまず捨象されている。しかし、本書は「周縁」ではなく日本古代における「辺境」についての研究である。本書の目的はまさに、古代国家の実効的支配がおよぶ限界域あるいは限界域の住人にたいして、国家権力はいかなる差別的な政治的編成を行ったのか、それはなぜなのかを究明することにある。

日本古代の場合、辺境はどのような概念なのか。養老令では「辺境」の用語はなく、辺境に類似するのは「辺」「辺遠」「辺要」などである。軍防令12兵士向京条の「守レ辺者。名二防人一」、軍防令52辺城門条の「辺城門」が端的に示すように、「辺」は軍事と密接な関連にある（「辺要」も同じ）。それは、厩牧令15駅各置長条に「若縁レ辺之処。被二蕃賊抄掠一」とあるように、国家外勢力と境を接する地域だからである。また、賦役令10辺遠国条の「辺遠国」には「華夏」（文明人）と異なる「夷人雑類」（未開人）が居住する地域という差別的な性格が付随している。六国史には「辺境」

の用語があらわれる。それは熊襲・蝦夷が「侵二辺境一」というような文脈であらわれることが多く、辺境は国家の実効的支配内の限界域を意味し、養老令の「辺」とほぼ同じ空間領域となろう。そして辺境に隣接する実効的支配外の地域は、蝦夷など百姓身分ではない住人群の居住域とされている。本書では日本古代の「辺境」にかかわる実効的支配内の辺境住人群（東人・隼人・吉野国栖《くず》）と、実効的支配外の住人群（新羅・渤海・蝦夷・南島人）について考察していく。新羅・渤海も扱うのは、両国との外交が蝦夷政策の変化と密接な関連をもつからである。

次に日本古代史における辺境研究について言及しよう。これは研究視角の差異から三つに分類することが可能である。ここでは、それぞれを代表する高橋富雄氏の辺境論、鈴木靖民氏の周縁史論、田中聡氏の自他認識論をとりあげ、それぞれの研究視角と本書の研究視角との差異について述べておくことにしたい。日本古代の辺境に関する最初の本格的な研究は、一九七〇年代末の高橋富雄氏の辺境論であろう。一九六〇年代にも高橋氏は「古代国家と辺境」という論考を発表しているが、この段階では基本的に征服史観を越えておらず、蝦夷と隼人のみしか扱われていない。一九七〇年代末に至り、高橋氏は蝦夷・隼人以外に東人（東国）・吉野国栖を視野において、辺境を多面的に論じた。高橋氏にあって、辺境は中央政府にとって実効的支配下に包摂する対象となる文明度の低位な地域ではあるが、古代国家の新たな支配形態を創出するさいに辺境は重要な役割をはたしたとする。たとえば、国家の統一をすすめた大化改新のさいには、中央政府はまずどの地域よりも早く東国国司を派遣し、東国において創出した新たな支配制度を全土に拡大したとする。また、中央政府の支配が全土に拡大する過程で、辺境も外縁部に広がるが、各段階の辺境の服属を表象する諸地域の風俗歌舞奏上が朝庭儀礼として整備されていったとし、風俗歌舞を重視する視角を提示した。高橋氏の研究は、それまで個々に考察され、せいぜい蝦夷と隼人の比較史的考察にとどまっていた辺境住人群の歴史を総合的に考察する起点となった。

二〇一〇年代の鈴木靖民氏の周縁史論は、次のとおりである。これまでの古代史研究において、地域史は中央（中心）の王権・国家の下にあるとみられてきたが、周縁史は中央である国家中心の歴史観の上に立つのではなく、むしろその対極にある周縁のアイデンティティ、すなわち自律性・主体性に視座をすえて日本の歴史に照明をあてることを目的としている。たとえば、古代に相当する時期の北海道・琉球は、考古学的遺物・出土文字史料から列島中央部と列島外縁部に広がるアジア大陸沿岸部の文化や歴史の交流の十字路として独自の存在意義があった。そしてこれらがアイヌ文化・琉球文化形成へとつながっていく。また、北海道・南西諸島の物産が日本の古代国家の支配層の威信材として重要な意味をもっていたし、逆に交易のような経済的関係だけでなく古代国家との政治的関係により、列島周縁部に受容された古代国家の身分表象財が周縁社会の変化に影響を与えた。このように、鈴木氏は古代国家と周縁社会の相互の影響に関する視角を提示した。鈴木氏の研究が発表されるまで、考古学研究のほとんどは南西諸島の社会を採集を中心とした原始的段階にあるとしてきたが、鈴木氏が階層社会であることを明らかにしたことは、逆に考古学の分野における「南島」研究を、階層社会を前提とする議論に転回させる原動力ともなった。鈴木氏の周縁史論は本州など主要四島中心の伝統的な日本史像を越え、大陸世界とも密接な関係にあり、独自の歴史を展開する周縁をふくめた豊かな日本史像創造の可能性を切り開いた。

周縁住人群の主体性を重視する点で鈴木氏と類似の研究視角をもつが、古代国家が辺境とした地域の主体性のみならず自立性をも重視しようとしたのが、次のような趣旨の田中氏の自他認識論である。戦後の古代史研究においては、夷狄は辺境民を中華思想にもとづき差別の対象となる存在として編成した政治的区分であるとする説が影響力をもつようになった。しかし、この研究視角では夷狄は通時代的・固定的にとらえられ、その変化や変化を生じさせた辺境住人の側の問題が軽視されるようになった。その結果、国家がなぜ「夷狄」を想定し、身分として法制化して維持しなければならなかったかを、「夷狄」と名づけられた側の視点からとらえる術を放棄してしまっている。たとえば、九世紀における古代国家の「不レ論二民夷一」の蝦夷政策は一部に主張されるような民と夷の融和政策などではない。民・

夷区分の明確化を前提とし、蝦夷の有力層の権威や軍事力に依存して辺境社会の安定化をはかる古代国家の政策だった。蝦夷の側からみれば、この政策を通じて夷俘（帰属した蝦夷）は蝦夷支配を主体的に担うことにもなり、自立性の強い夷俘は古代国家の「夷狄」身分を越えた支配的地位を獲得し、やがて安倍氏・奥州藤原氏による地域支配につながっていく。このように、「自己」（古代国家）からみて「他者」とされた辺境住人の主体性・自立性あるいはその政治的主張などを、「官辺の史料」に現れる夷狄の行動から読み取る必要がある。

鈴木靖民氏の周縁史論、田中聡氏の自他認識論は、実効的支配を行う権力の所在地を中心とする中央中心史観を克服し、中央政府から辺境とされた地域住人群の主体性と自立性を評価する新しい視角を切り開き、大陸世界の動きをも射程に入れた豊かな日本史像を提示している。

以上の三つの類型の研究と、本書の立場の相違について述べておきたい。高橋氏の辺境論における本書にとっての問題点の一つは、中央政府にとっての辺境を通時代的な中華思想から理解することである。それは多様な風俗歌舞奏上をすべて服属儀礼という単一の論理で理解することと表裏一体である。風俗歌舞奏上を服属儀礼としてのみ理解するなら、たとえば、なぜ蝦夷や南島には風俗歌舞奏上が強制されないのか、説明がつかない。服属の実現や強化という論理では、たとえば隼人にたいして風俗歌舞奏上という服属儀礼の他に、なぜ多岐にわたる仕奉内容が存在するのかについて、やはり説得力ある説明は困難である。辺境にたいする支配層のイデオロギーは時代（歴史的段階）によって異なり、辺境支配の内容や特質も変化する。したがって、服属儀礼に解消されない風俗歌舞の存在意義もあるはずである。

これまでの筆者の論考や本書では、鈴木氏らの周縁史に関する極力新しい研究成果を参照しながら、国家による辺境社会の政治的編成のしかたを考察し、辺境支配のイデオロギー次元の主体たる天皇制や天皇によって総括される古代社会の特質を究明しようとしている。公民・百姓という身分制と辺境住人の身分編成の関連を考察するのも、究極的には古代国家による国内支配にかかわる身分制・租税制・土地支配の諸問題を究明するためである。田中氏は筆者らの研究方法を、国家がなぜ「夷狄」を想定し、身分として法制化して維持しなければならなかったかを、夷狄と名づけられた側の視点からとらえる術を放棄してしまっているという点で根本的な問題があると批判している(3)。しかしすでに述べたように、筆者はこれまで一貫して辺境の歴史についての論考を書いたことはない。本書も辺境の歴史についての研究ではない。夷狄の側から夷狄という政治的編成の問題を考察することは最初から筆者の研究課題ではなく、あくまでも国家論の一部としての夷狄研究が一貫した課題である。国家による辺境の政治的編成のしかたとその変遷から、イデオロギー的次元では辺境にも君臨する天皇制にかかわる諸問題や、天皇制によって総括されている古代社会の諸問題を究明するのが、これまでの筆者の立場であり、本書の立場である。したがって、日本古代における天皇制と辺境の問題について、以下のように論じていくことになる。

二　本書の構成

第Ⅰ部では化内辺境域に接し、律令制では化外とされた地域住人の政治的編成のされ方について考察する。それは東北地方北部の住人群からなる蝦夷と南西諸島の住人群からなる南島であった。新羅などの海外国家は諸蕃とされ、国家形成に至らない蝦夷域・南島域は夷狄とされてきた。しかし、諸蕃と夷狄の差異はどこにあるのか、蝦夷という呼称の成立時期はいつなのか、〈東夷・西戎・南蛮・北狄〉の四夷に相当するのはどの化外域なのか、ということについては依然として定説はない。これらの問題を第一章「四夷の天下観成立と夷狄・蝦夷」で論じる。古代国家は化外の蝦夷域にたいして、征夷などの軍事行動を行う。この軍事行動を通時代的な版図拡大、帝国主義という論理で説明するのが通説的理解である。ところが、蝦夷域にたいする軍事行動には持節征夷将軍によるものと、常駐の鎮守将軍によるものがある。第二章「征夷将軍と鎮守将軍」では、両者の差異に注目し、化外域にたいする軍事行動が天皇制イデオロギーと密接な関連があることを論じる。夷狄の蝦夷を国家が政治的に編成する場合、八世紀前半の段階においては、夷俘・田夷・俘囚などの身分となり、公民・百姓にはならなかった。そのさい蝦夷は郡を構成したのか。これについて蝦夷は公民の郡とは異なる「蝦夷郡」を構成したという有力な説がある。この蝦夷郡の存否について論じたのが第三章「『上治郡』と蝦夷郡」である。蝦夷と並んで化外の夷狄とされたのは、南西諸島域の住人群であった。第四章「古代天皇制と南島」では、南西諸島の島嶼と古代の中央政権との間の政治的関係の成立、その特質・変容・消滅を天皇制の問題を基軸に論じていく。

第Ⅱ部では化内辺境域の住人群（東人・吉野国栖・隼人）の中央政府による政治的編成の様相を、やはり天皇制（王権）の問題を基軸に考察する。吉野国栖・隼人はそれぞれ特有の風俗歌舞・歌謡の奏上にかかわっていたが（東人もその可能性が高い）、それらはすべて服属儀礼という単一の論理で理解されている。そこで服属儀礼論の相対化に向けての考察を行っていきたい。まず東人について、中央政府はヤマト王権段階の早い時期からその軍事力を組織化していたが、組織化にいたる東国内部の動向との関係が十分に考察されてきたとはいえない。また、東国はヤマト王権の実効的支配（国造制・伴造制による支配）の下にありながら、他地域にはみられない軍事力による仕奉のみならず、「東国の調」という特殊な貢納を行っていた。その政治的背景も十分に考察されてはいない。これについては、第五章「武蔵の乱をめぐる東国の国造制と部民制」で、天皇制下で重要な軍事的役割をはたした東国の政治的編成が、いつから、どのようにしてはじまるかを考察する。第六章「東人荷前と東国の調」では、天智期における東国の特殊な存在意義を、『万葉集』にみえる「東人の荷前」の歌から究明する。第七章「天皇制と吉野国栖」では、畿内における辺境住人である吉野国栖と天皇制との関係について論じる。南九州の辺境人である隼人については、化外の夷狄とするのが通説的理解であるが、それについては疑問となる史料・事実が多く、かつて隼人＝夷狄論に依拠したこともある筆者ではあるが、一九九〇年代初頭から隼人＝夷狄論を否定する立場にたつようになった。二〇〇〇年代に入り、隼人＝夷狄論は相対化されつつあるものの、いまだに隼人を化外の夷狄とする理解は通説定位置を占める。また、それに対応して八世紀段階の隼人域では、律令制的支配は行われていなかったとする見解が有力である。第八章「隼人研究の現状と課題」では、隼人研究の現状と隼人域における律令制的支配実施の可能性について言及する。第九章「延喜式における隼人の天皇守護」では、儀礼における隼人の仕奉内容の分析をつうじて、隼人が『延喜式』段階でも中華的世界の現出とかかわる存在だったとする説について批判的に検討し、隼人は何よりも天皇守護のために設定された存在であったことを論じる。

終章では第Ⅰ部・第Ⅱ部で明らかにした内容を前提としながらも、天皇制と辺境の関係を古代史全体のなかに位置づけていく。辺境史はこれまで通時代的な版図拡大論・帝国主義・中華思想により解釈される傾向が強かった。しかし、辺境支配は各時代の中央権力の特質によって当然差異（質的差異）があるはずだし、天皇（王権）が総括している社会の特質にも規定されるはずである。そこで、まず天皇の専制君主としての地位の現出にかかわる化外・化外という中華的世界の形成について、律令制前段階の推古期から大宝律令成立期の辺境政策の変遷から究明していく。また、天皇守護に仕奉した東人・隼人・吉野国栖についてその仕奉の成立・変遷の様相を概観する。これらの辺境支配のうち化外政策はしだいに蝦夷政策に傾斜し、化内辺境支配も後退していく。そして化外・化内の区分も消滅していく。その変化を起こす原動力として、天皇の権威の源泉の変化や、天皇が総括している社会、とりわけ公民制の変化との関係に注目したい。

注

（1）高橋富雄『辺境―もう一つの日本史―』（教育社、一九七九年）、鈴木靖民『日本古代の周縁史』（岩波書店、二〇一四年）、

田中聡「日本古代の『夷狄』研究―問題の所在―」（『日本古代の自他認識』塙書房、二〇一五年）。

（2）　高橋富雄「古代国家と辺境」（『岩波講座日本歴史2　古代2』岩波書店、一九六二年）。

（3）　田中聡「夷狄論の過去と現在―日本古代における自他の境界―」、田中前掲注（1）『日本古代の自他認識』三九五頁。

第Ⅰ部　古代天皇制と夷狄
―蝦夷と南島―

第一章　四夷の天下観の成立と夷狄・蝦夷

一　エミシ表記に関する研究史と問題の所在

エミシが古代における東北北部の住人にたいする呼称だったことは周知の事実である。しかし、エミシは本来は特定地域の住人の呼称ではなかった。『日本書紀』（以下『書紀』と略記）神武即位前紀戊午年十月癸巳朔条の次の歌謡にはエミシが登場する。

愛瀰詩烏毗儾利。毛毛那比苔。比苔破易陪廼毛。多牟伽毗毛勢儒。
（えみしを、ひたり《一人》、ももなひと《百人》、ひと《人》はいえども、たむかひ《手向》もせず）

この歌謡は神武が東征して大和入りするさいの戦勝を讃えている。このエミシを蝦夷とする解釈もあるが[1]、大和入りに蝦夷が登場するのは不自然である。通説どおり弓師が勇者の意であろう。弓師・勇者を意味するエミシと東北北部住人の存在が結合したことを示すのが、『書紀』斉明紀の記事である。斉明紀四年（六五八）四月条によれば、阿倍比羅夫による北征のさい、「官朝」に仕奉することを誓約した蝦夷は、みずからの「弓矢」は「官軍」との戦闘を目的としているわけではなく、「食肉」つまり狩猟のためであるとしている。この蝦夷と弓矢の特徴的な関係が斉明紀における蝦夷認識であったという事実は、中国史料で確認することができる。『通典』巻一八五辺防一蝦夷国条では、唐顕慶四年（六五九年、斉明五年）の遣唐使が同行した蝦夷について「尤善弓矢。挿箭於首。令人載瓠而立。四十歩射之。無不中者」と唐皇帝に報告している。また、これに対応する『書紀』でも、蝦夷を象徴する「白鹿皮一。弓三。箭八十」を唐皇帝に献上していることが記されている（『書紀』斉明五年〔六五九〕七月戊寅条所引『難波吉士男人書』）。七世紀段階では弓矢に長じているという認識とそれ以前からのエミシの用語がむすびつき、中央政府は東北北部住人をエミシと呼ぶようになっていると思われる。しかし、東北北部住人をエミシと呼ぶようになった時期はいつなのかを確定することはできない。さらに遅くとも八世紀段階で、中央政府は東北北部だけでなく北海道南部の住人をふくめて、主として「蝦夷」と表記した。「蝦夷」という人的区分・表記が成立するのはいつなのか。なぜ「蝦夷」という表記が採用されたのか。

この問題について、一九六〇年代に詳論したのは高橋富雄氏である。高橋氏は東方の辺境人をさす「エミシ」は五世紀以降「毛人」と表記されたが、大化期以降（七世紀半ば以降）になると「蝦夷」の表記が使用されるようになるとした[2]。このエミシの表記が「毛人」から「蝦夷」になるとする説がしばらく通説となっていた。しかし、一九八〇年代になり、佐伯有清氏は中国史料中の遣唐使記事に「蝦蛦」がみえること、新訂増補国史大系本『書紀』中の皇極紀～持統紀にも「蝦蛦」がみえることから、「毛人」と「蝦夷」の間の時期に「蝦蛦」表記が存在していたという見解を提示した[3]。この佐伯説にたいして、二〇〇〇年代初頭に河内春人氏は、中国史料と『書紀』写本の検討により「毛人」と「蝦夷」の中間に「蝦蛦」表記は存在しないとした。そして、中国史料における顕慶四年（六五九年、斉明五年）の遣唐使記事にみえる「蝦夷」を七世紀後半における表記とし、当該段階における萌芽的な中華思想の所産であることを提起した[4]。河内氏はさらに遅くとも八世紀段階で〈東夷・西戎・南蛮・北狄〉に対応してエミシは東（陸奥）の「蝦夷」と北（越後、後に出羽が加わる）の「蝦狄」に分化して、律令制的な中華思想がエミシについて貫徹するに至ったことを想定している。

これまでの諸研究では「蝦夷」は日本版中華思想における「夷狄」範疇に区分されることを前提として議論されてきた。ただし、唐代の法制史料においては厳密な意味で諸蕃と夷狄は区別されていないとされ、大宝律令では唐と朝鮮諸国の間に明確な区別はなかったとされている(5)。諸蕃と区別される夷狄概念が日本固有の範疇であることはすでに指摘され、共通認識となってきた。さらに二〇一〇年代に、大高広和氏によって日本における諸蕃と夷狄の区別は大宝律令段階においても存在せず、諸蕃と区別される明確な夷狄概念が法的次元で成立したことが確認されるのは、天長期（九世紀前半）の義解の段階であるとする説も提起されている(6)。そこで次節以降では日本における諸蕃と区別される夷狄概念とは何か、その成立はいつなのかということについて、まず確定していきたい。その上で、八世紀以前におけるエミシの表記は〈毛人→蝦蛦→蝦夷〉というように推移してきたのか、それとも〈毛人→蝦夷〉なのかということをあらためて問題としたい。

二　夷狄の概念規定と夷狄観念の成立

1　夷狄の概念規定と「風俗」

蝦夷を天皇の教化に従わない「夷狄」という、より抽象化された概念として範疇化したのは、一九六〇年代の石母田正氏の「化外人」の三区分論である。石母田氏は、天皇の教化の対象外に位置する化外人は、「隣国」の唐、新羅など朝鮮諸国の「諸蕃」、蝦夷・隼人などの「夷狄」に三区分されていたとした(7)。そして、奴婢など賤を排除することによって創出される良人集団は官人・百姓から構成されるが、これが天皇の教化の対象である「化内」ということになる。天皇は諸蕃・夷狄の化外と良人集団からなる化内の上に君臨する専制君主であったとしたのである。

ここでまず石母田氏の化外の三区分論以来、夷狄とされたのは「列島内」の諸集団だったとする共通認識を問題としたい。たとえば、石母田氏は、夷狄は列島内部にあってまだ天皇の「教化」に従わない諸種族の意味とする。石上英一氏は日本列島内に居住する集団（蝦夷・隼人・南島人・国栖）と日本列島外に居住する集団（唐・新羅・粛慎・舎衛・堕羅人）という区分をしている。そして、列島内の隼人・蝦夷が夷狄とされたとする。(8) この「列島内」という、現在の日本の領土域をア・プリオリに遡及させる用語法には何よりも違和感を覚える。確かに古代国家の実効的支配領域に蝦夷・隼人・南島域をふくめると、その範囲はほぼ現在の「列島内」に近似する。しかし、これらが「列島内」と意識されるのは近代以降であり、古代にはそのような「列島内」意識あるいは認識などはない。

古代において周縁の国・諸集団の分類を行っているのは『類聚国史』である。『類聚国史』は辺境の内外を風俗部・殊俗部に分類している。この『類聚国史』の概念区分でいえば、夷狄とされた蝦夷は「風俗部」に分類されている。蝦夷をふくむ『類聚国史』「風俗部」の人的区分は何を意味するのか。これは同じ『類聚国史』の「殊俗部」に高麗（＝高句麗）・渤海などがあることから、唐名例律48化外人相犯条の疏議でいう「蕃夷」（ここでは諸蕃と同じ用法）と共通性がある。同条疏議は化外人について次のように言及する。

疏議曰。化外人。謂蕃夷之国。別立君長者。各有風俗。制法不同。其有同類自相犯者。須問本国之制。依其俗法断之。異類相犯者。若高麗之与百済相犯之類。皆以国家法律。論定刑名。

「蕃夷之国」というのは別に独自の「君長」（国王、王権）が存在し、それに固有の「風俗」「制法」が付随している存在のこととされている。例示されている高麗（＝高句麗）・百済はその条件に適合している。そして、律令研究会編『訳註日本律令』によれば、傍線部は養老律疏も同一である。また、一部ではあっても復原される律本文も同一である。『法曹至要抄』に残る養老律逸文の「制法」の字句が唐律疏議の「制法」と一致すること、一部復原される大宝律本文も同一であることから、唐律、大宝律と律疏、養老律と律疏も同じ内容だった可能性が高い。したがって、『類聚国史』「殊俗部」に包摂されるのは、独自の「君長」と固有の「風俗」「制法」が存在している「国」ということになる。公式令89遠方殊俗条にも「殊俗人」の要件として「風俗」が記されている。実際に「百済・新羅風俗」は「日本」と異なるとされている（『書紀』皇極元年（六四二）五月丙子条）。そして、日本の風俗は「我俗」と認識されていた[9]。やはり『類聚国史』で殊俗部に分類されている靺鞨《まっかつ》はどうか。『続日本紀』養老四年（七二〇）正月丙子条には、「遣二渡嶋津軽津司従七位上諸君鞍男等六人於靺鞨国一。観二其風俗一」とあり、靺鞨は王権に代表される「国」であり、そこには「観」の対象となる固有の「風俗」の存在が想定されている。

　これにたいして『類聚国史』風俗部に包摂されている人的区分は、それらに君長（王権）・風俗・制法が存在しないことが指標となる。実際に蝦夷や南島に関する史料に「風俗」の用語はみられない。蝦夷の場合は『類聚国史』一九〇、弘仁七年（八一六）十月辛丑（『日本後紀』逸文）において「未レ練二風俗一」「漸染二華風一」が問題になっているように、中華たる日本の「風俗」に転化させるべく教喩の対象とするにすぎない。戸令33国守巡行条によれば、内国諸国には国守の「観」の対象となる「風俗」が存在することが知られる。百済・新羅など諸蕃の風俗が「禽獣」のようであっても（前掲『書紀』皇極元年〈六四二〉五月丙子条）教化の対象とはならない。しかし、職員令58弾正台条義解に「信濃国俗。夫死者即以レ婦為レ殉。若有二此類一者。正レ之以二礼教一。是以為レ粛二清風俗一也」とあるように、内国における諸国の「風俗」は教化・粛正の対象となる。蝦夷が儀礼の場で風俗歌舞を奏上することがなかったのにたいして、大隅・薩摩両国隼人は上京にさいして「風俗歌舞」奏上を行っている（『続日本紀』養老元年〔七一七〕四月甲午が初見）。隼人は化外ではなく、内国民である。

　そもそも国郡制下にあった隼人を化外人とすることは疑問である。『続日本紀』大宝二年（七〇二）八月丙申朔条に薩摩・多褹に「遂レ校レ戸置レ吏」とあることからすれば、大宝年間には薩摩の隼人は国郡制に編成されていた可能性が高い。和銅二年（七〇九）十月戊申条には、「薩摩隼人郡司」が確認できる。和銅六年（七一三）四月乙未条には、

　割二日向国肝坏・贈於・大隅・始羅四郡一。始置二大隅国一。

とあり、大隅の隼人も和銅期までには国郡制に編成されていたことが知られる。戸令16没落外蕃条・同44化外奴婢条は、化外人が帰化すれば、附貫つまり国郡制に編成され、化内化されることになっていた。八世紀前半に国郡制に編成されていた隼人を化外人とすることはできない（本書第九章）。

2　夷狄観念の成立

諸蕃と区別される化外人として概念化された夷狄の特質は、諸蕃との対比で明らかにされるべきであろう。したがって、夷狄は固有の君長（王権）・風俗・制法が存在しない、「非文明」の化外人ということになる。大高広和氏は、この諸蕃と区別される夷狄は大宝律令には存在しないとする。史料解釈もふくめてこの点に異論はない。しかし、大高氏は大宝律令の段階のみならず、⑴天平十年（七三八）ごろ成立とされる古記の段階や延暦期の令釈の段階でも諸蕃との区別を前提とする夷狄観念はないこと、⑵夷狄を「列島内諸種族」の意で持ち出している九世紀の官撰注釈書である義解が、「蕃」とは区別された「夷狄」の明確な概念としてのはじめての使用例であることを主張する。しかし、この見解は妥当であろうか。

まず、義解では諸蕃と区別される夷狄の用例が存在するが、義解以前の古記や令釈には「蕃」（諸蕃）と区別される「夷」（夷狄）の観念の存在はみられないとする点について検討したい。賦役令15没落外蕃条義解は外蕃について「謂。若被㆓夷狄略取㆒而得㆑還者亦同也」と注釈しており、大高氏の指摘のように外蕃（蕃）と区別された夷狄の用法になっている。しかし大高氏は、同条の令釈とみられる『令集解』賦役令14人在狭郷条「釈云。復釈見㆓職員令㆒也。夷人被㆓抄略㆒者亦同也（左注に「可㆑附㆓下条㆒」とあるが、下条は賦役令15条）は、夷狄ではなく夷人雑類としており、諸蕃と区別される区分の存在は意識されつつも、令釈段階では夷狄は概念化に至っていないとする。しかしこの場合、令釈は古記の論理をなぞっているだけであり、夷狄の概念化に至っていないと即断はできない。『令集解』職員令18玄蕃寮条における古記と令釈を比較してみよう。

(1)古記云。在京夷狄。謂二堕羅。舎衛。蝦夷等一。又説。除二朝聘一外。在京唐国人等。皆入二夷狄之例一。

(1)'釈云。謂二堕羅。舎衛。蝦夷之類一。除二朝聘一外。蕃人亦入二夷狄之例一。

(1)'の令釈は明らかに(1)の古記の取意文にすぎない。さらに、(2)賦役令15没落外蕃条の古記と同条の注釈と考えられる先掲の賦役令14の令釈（(2)'とする）を比較してみよう。

(2)古記云。問。没二落外蕃一得レ還者与レ復。未レ知。毛人。隼人。被二抄略一得レ還者。若為処分。答。不レ足レ称レ蕃者。然給レ復。一種無レ別。

(2)'釈云。……夷人被二抄略一者亦同也。

令釈は毛人・隼人を「夷人」に読み換え、これに抄略された場合も同じ（＝給復）とする。やはり(2)の古記と同じ論理にある。毛人・隼人を「夷人」に関連させる古記の認識を継承している。結局令釈は古記をなぞっているにすぎず、諸蕃と区別される夷狄概念の存否は、古記に諸蕃と区別される夷狄観念があるかどうかの問題ということになる。

古記の夷狄の用法をあらためて検討しよう。前掲の(1)職員令18玄蕃寮条の古記は在京夷狄の「夷狄」は堕羅・舎衛・蝦夷等であるとし、また朝聘（他の「君長」の使節）ではない唐国人は夷狄と同じ扱いだとする。(1)では朝聘でない唐国人は夷狄であるとしているわけではなく、朝聘の関係（君長と君長の外交関係）にある「諸蕃」と、朝聘との関係をもたない「諸蕃」の個々の人は区別されるべきことを述べている。逆に個々人でなく集団を構成しようとも、朝聘（君長と君長の外交関係）の対象とならない蝦夷などを「夷狄」だとしている。

(2)賦役令15没落外蕃条の古記が外蕃の対比として毛人・隼人を例示しているのは、それらが化外人だからではない。(2)は職員令18玄蕃寮条の「夷狄」と賦役令10辺遠国条の「夷人雑類」との差異をふまえながら解釈を展開しようとして、毛人・隼人を例示している。辺遠国条の趣旨に沿って、(2)'の令釈は毛人・蝦夷を夷人と概括していた。それは夷狄とはいえない隼人が例示されているためである。(2)の古記では「外蕃」と隼人・毛人を比較し、これらの地域から帰還をはたした者の給復の措置を論じ、隼人・毛人は「諸蕃」とはいえないが給復の対象となるとしている。毛人・隼人が化外かどうか論じていないのは、両者が化外であることが前提だからではない。現実に起きる可能性のある征討において「没落」の状況となったさいの給復が前提となっていると考えるべきであろう。

次に隼人・毛人の「赴化」のさいの給復措置を論じている(3)『令集解』賦役令15没落外蕃条のもう一つの古記を検討しよう。

(3)古記云。問。外蕃投化者復十年。未レ知。隼人。毛人赴レ化者。若為処分。答。隼人等其名帳已在二朝庭一。故帰命而不レ復。但毛人合レ復也。

(3)は「反乱」のさいの帰命（帰順）を投化（帰化）と区別して「赴化」としており、化外か否かは問題になっていない。[10] 隼人が帰順しても給復措置の対象とならないのは、隼人の名帳がすでに朝庭によって掌握されているためだとしている。大隅・薩摩両国隼人をふくめて名帳は国衙の作成した籍帳を前提としていた。[11] 名帳で掌握された隼人は国郡制下の内国民に他ならない。つまり、蝦夷は外蕃＝諸蕃と区別されつつも、内国民とも区別された存在だったということになる。(3)の古記は同じ「反乱」の主体ではあっても、蝦夷が諸蕃とも隼人とも区別される存在であるという認識に立っている。これは明らかに諸蕃と区別される化外の夷狄の概念に他ならない。(3)に夷狄の用語が登場しないのは、「反乱」の主体として夷狄ではない隼人がともに論じられているからである。

古記では蝦夷やその他朝聘を前提としない（＝固有の君長・風俗・制法をともなわない）化外の人的区分が、諸蕃と区別されていることは明らかである。古記の段階までにこれが職員令18玄蕃寮条において「蕃客」と区別されている「在京夷狄」の「夷狄」を媒介として、概念化されていたことはまちがいない。しかし諸蕃と異なるとしても、夷狄ではない上に律令国家の支配方式に該当する実態も存在しない「夷人雑類」との関係に苦心したため、毛人・隼人などを例示しながら投化・給復について論じようとしている。そのため、難解な解釈となっている。用字が類似しているものの、夷人雑類は夷狄とは異なるという認識が古記にあったからだと考えられよう。逆に固有の君長・風俗・制法の存在している諸蕃とは異なり、それらが存在しない化外の人的集団が夷狄であるという認識が、古記には確実にあったことを物語る。(12)

次に大高氏が天長年間成立の義解以前の段階で、明確に諸蕃と区別された夷狄の観念は存在しない、とした点について検討したい。大高氏が諸蕃との区別を前提としない「夷狄」の用例だとした①『続日本紀』養老七年（七二三）九月己卯条、②同、天平九年（七三七）四月戊午条、③『類聚国史』一九〇、延暦十九年（八〇〇）五月戊午条（『日本後紀』逸文）の解釈が問題となる。

①出羽国司正六位上多治比真人家主言。蝦夷等惣五十二人。功効已顕。酬賞未ㇾ霑。仰ㇾ頭引ㇾ領。久望二天恩一。伏惟。芳餌之末。必繋二深淵之魚一。重禄之下。必致二忠節之臣一。今夷狄愚闇。始趨二奔命一。久不二撫慰一。恐二解散。仍具ㇾ状請ㇾ裁。有ㇾ勅。随二彼勲績一。並加二賞爵一。

大高氏は①の夷狄の用法は、「蕃」（諸蕃）とはかかわりない文脈でエミシを指したにすぎず、中国の四夷観念にもとづく文章表現にすぎないとする。しかし、それなら「夷狄愚闇」ではなく、「蝦夷（蝦狄）愚闇」あるいは「東夷愚闇」とあるべきだろう。後述するように、実際に『書紀』をはじめ六国史ではエミシ一般を四夷思想にもとづいて表現する場合「東夷」としか記述しない（本章第三節）。①の「夷狄」は明らかに四夷思想とは次元を異にする身分概念となっている。蝦夷を「夷狄」というより抽象的な身分概念に包摂する段階に至っている。四方への配置に力点があり、夷狄・諸蕃（蕃夷でもよい）が未分離な四夷という観念を越えている。①の「夷狄」は、諸蕃とは截然と区別された「化外の夷狄」の用法として、まったく問題はない。また、「撫慰」しなければふたたび分散してしまうとあり、ここでの夷狄は本来政治的結合をもたない存在として、諸蕃と区別された観念となっている。養老年間には蝦夷を諸蕃と区別された夷狄とする観念が、出羽国司のような地方官にもあったのである。

②遣陸奥持節大使従三位藤原朝臣麻呂等言。以二去二月十九日一到二陸奥多賀柵一。与二鎮守将軍従四位上大野朝臣東人共平章一。且追二常陸。上総。下総。武蔵。上野。下野等六国騎兵惣一千人一。聞、山海両道。夷狄等咸懐二疑懼一。仍差二田夷遠田郡領外従七位上遠田君雄人一遣二海道一。差二帰服狄和我君計安塁一遣二山道一。並以二使旨一慰喩鎮撫之。

持節大使は、大規模な征夷軍の行動により「夷狄等咸懐二疑懼一」という状況から大きな混乱が生じないよう、これを「慰喩鎮撫」するために田夷の郡領・帰服狄を派遣するとしている。「慰喩鎮撫」は「教喩」の意味をふくみ、独自の法制・「文明」を前提とする諸蕃には適用されない用語であろう。やはり、ここでの「夷狄」も諸蕃との差異を前提とした用語といえる。

③甲斐国言。夷俘等狼性未レ改。野心難レ馴。或凌二突百姓一、奸二略婦女一。或掠二取牛馬一。任レ意乗用。自レ非二朝憲一。不レ能レ懲レ暴。勅。夫招二夷狄一以入二中州一。為下変二野俗一以靡中風化上。豈任二彼情一。損二此良民一。宜二国司懇々教喩一。若尚不レ改。依レ法科処。凡厥置レ夷諸国。又同准レ此。

天皇制下固有の「風化」に転換させる対象となる「野俗」を特徴とするのは、独自の風俗をもつ諸蕃ではなく、それをもたない夷狄であることは明らかであろう。この「夷狄」も「諸蕃」との差異を前提とした概念として差し支えない。

以上、(1)天平十年（七三三）ごろ成立とされる古記の段階では明らかに、諸蕃との区別を前提とする「夷狄」観念が成立していたこと、(2)九世紀の義解以前の段階において、遅くとも養老七年（七二三）ごろには「君長」「風俗」「制法」を具備する諸蕃にたいして、これらの欠如を指標とする明確な概念として、夷狄は成立していたことを史料上で確認した。(13)

三　毛人・蝦夷と蝦蛦

1　毛人と蝦蛦

「蝦夷」以前のエミシの漢字表記は「毛人」であったことは明白であるが、それが当初から「エミシ」にたいする表記であり、東北住人をさしていたかどうかは不明である。『宋書』巻十七、列伝五十七倭国伝所引の倭王武上表文に「東征毛人五十五国。西征衆夷六十六国。渡平海北九十五国」とある毛人が同時代史料による初見だが、毛人が諸説のごとく「東北の民」を意味する中国の用語法を継受したものであるとしても、五世紀後段階では主として東国にかかわる呼称となっている。この「毛人」の和訓が「エミシ」かどうかはわからない。「治天下」の天下は、渡辺信一郎氏の研究成果によれば、中国的天下は実効的支配領域のみを意味する場合がある(14)。また、五世紀の「治天下」は中国皇帝の天下の借物にすぎず(15)、倭国王の天下は征服した地域にたいする実効的支配に限定されている可能性が高いと思われる。「毛人」「衆夷」は宋皇帝にとっての化外であっても倭国王にとっての化外ではない（本書終章参照）。そして、五世紀における倭国王の天下が実効的支配のおよぶ地域に限定されるとすれば、中国で「東北の民」を意味し、五世紀段階で倭国王の征討の対象となった毛人とは、倭国においては東国人にほかならない。

東国人が倭国王を守護する勇猛な存在として倭王権の軍事的基盤となると(16)、東国人はアヅマヒトと呼称され「東人」と表記されるようになる。そして、毛人は主として東北北部住人をさす表記へと変化し、弓矢の特徴とむすびつきエミシと呼称されるようになったのであろう。この「毛人」＝東北北部住人のことが遣唐使を介して唐（中国）に伝達され、次掲のように中国史書にとどめられたのである。

(1)『旧唐書』巻百九十九上、列伝百四十九上日本伝其国界東西南北各数千里。西界南界咸至大海。東界北界有大山為限。山外即毛人之国。

(2)『新唐書』巻二百二十、列伝百四十五、日本伝

咸亨元年遣使……又妄夸其国都方数千里。南・西尽海。東・北限大山。其外即毛人云。（咸亨元年は六七〇年、天智九年）

そして、中国史料には「毛人」以外に、次掲の「蝦夷」もあらわれる。

(3)『通典』巻一八五辺防、蝦夷国伝

蝦夷国。海島中小国也。其使鬚長四尺。尤善弓矢。挿箭於首。令人載瓠而立。四十歩射之。無不中者。大唐顕慶四年十月。随倭国使人入朝。

(4)『唐会要』巻百、蝦夷国条

蝦夷。海島中小国也。其使至鬚長四尺。尤善弓箭。挿箭於首。令人載瓠而立。数十歩射之。無不中者。顕慶四年十月。随倭国使至入朝。

(2)には咸亨元年（六七〇年、天智九年）のこととあるが、(1)(2)の「毛人」記事はともに河内春人氏が明らかにしたように、七〇三年段階の唐皇帝にたいする遣唐使の報告にもとづいている。(3)(4)にみえる「蝦夷」記事は同内容であり、ともに顕慶三年（六五九年、斉明五年）倭国使（遣唐使）の報告にもとづく。とすると、河内説のように六五九年遣唐使の唐皇帝にたいする報告に「蝦夷」表記があり、七世紀後半段階の倭国では「毛人」とともに「蝦夷」表記が使われていたことになるのであろうか。しかし、『新唐書』日本伝の(2)以外の記述には「蝦蛦」表記がみえる（これを(2)′とする）。

(2)′未幾孝徳死。其子天豊財立。死子天智立。明年使者与蝦蛦人偕朝。蝦蛦亦居海島中。其使者鬚。長四尺許。珥箭於首。令人載瓠立数十歩。射無不中。

(2)′の内容は(3)(4)とほぼ同じであり、河内氏のいうように史料としては同一系統にあると考えられる。佐伯有清氏は(2)′『新唐書』の遣唐使の記事に「蝦蛦」がみえること、新訂増補国史大系本『書紀』中の皇極元年九月癸酉条〜持統三年正月壬子条にも「蝦蛦」がみえることから、「毛人」と「蝦夷」の間の時期に「蝦蛦」表記が存在していたという見解を提示した。そして「蝦蛦」の表記は、『新唐書』に「其使者鬚。長四尺許。珥箭於首」、『書紀』斉明五年（六五九）七月戊寅条所引『伊吉連博徳書』に「深山之中止二住樹本一」とあるエミシの実態から創出された表記であるとした。実態ではなく観念とすべきではあるが、『新唐書』および新訂増補国史大系本の斉明紀の「蝦蛦」記事は「蝦蛦」の表記のみならず、七世紀中葉という時期、弓矢を特性とする内容などの点で共通性がある。蝦蛦表記の存在はかなりの根拠があるといえる。

2　蝦蛦と蝦夷

ところが、朝日本と岩波古典文学大系本の『書紀』に「蝦蛦」表記はない。したがって河内氏が指摘しているように、「蝦蛦」表記は特定写本に限定されているということになる。このことを起点として、河内氏は七世紀後半における「蝦蛦」表記の存在を否定し、文武期以前の斉明期にすでに「蝦狄」をともなわない「蝦夷」表記が存在したとするのである。しかし、斉明期に中華思想につながる「蝦夷」という表記は実在したのであろうか。この点を検討したい。河内氏の論の展開は次のとおりである。

[1]　中国におけるエミシ関係史料は、A『通典』に代表される「蝦夷」、B『旧唐書』に代表される「毛人」、C『新唐書』にみえる「蝦蛦」があるが、C「蝦蛦」は「毛人」と併記されていることから、A・Bを接合したものであり二系統しかない。

[2]　唐におけるエミシ史料が二系統しかないとすれば、唐におけるエミシの情報は倭を媒介とするものしかない。唐

が倭からエミシの情報を得る機会は、六五九年（顕慶四年・斉明五年）の遣唐使による申告と、七〇三年（長安三年・大宝三年）の遣唐使による申告との二回しかない。A「蝦夷」表記の記載内容は六五九年の遣唐使の申告によるもの、B「毛人」表記の記載内容は七〇三年の遣唐使による申告によるものである。Cは⑴に明らかなようにA・Bを接合したものであるから、倭からの第三の申告にもとづくものではなく、『新唐書』の「蝦蛦」記事もAと同系統の史料である

[3]『新唐書』にみえる「蝦蛦」は「毛人」に代わって、皇極～持統期に使用された表記とする説もあるが、①その根拠の一つである『新唐書』は記載が信用に足りない場合が多い。『通典』にあるように本来「蝦夷」とあったとすべきである。また、②もう一つの根拠である『書紀』についていえば、書写年代の古い写本では「蝦蛦」ではなく「蝦夷」となっている。「蝦蛦」は七世紀後半に実際に使用された表記ではなく、当該期には「蝦夷」が使用され、それが六五四年に唐に伝えられた。

[4]「蝦夷」は倭を中華とするわけではないが、仏教的世界観と結合した中華思想が斉明期に形成され、中心にたいする周縁の存在として、毛人を「蝦夷」と表記することによって、唐に倭の大国的立場を認めさせようとした。

河内説にたいする疑問を述べる。[1]について。唐の正史におけるエミシ史料がA『通典』系と、B『旧唐書』系の二系統のみであったことは、エミシ記載の内容（エミシ表記ではない）が二種類しかないことから妥当な見解と思われる。C『新唐書』のエミシ関係記事がA・Bを接合したものであることも首肯できる。しかし、それは唐側史料におけるエミシ表記が「蝦夷」「毛人」の二種類しかなかったことを意味するわけではない。中国側史料における記事の内容が二系統（二種類）しかなくとも、エミシ表記は「毛人」「蝦蛦」「蝦夷」の三種類あったことが否定されるわけではない。C『新唐書』の記載がA『通典』系史料とB『旧唐書』系史料にもとづいてはいても、A『通典』系史料の「蝦夷」が本来の表記ということは確実ではなく、C『新唐書』の「蝦蛦」こそが本来的な表記であった可能性は

否定できない。

［2］について。唐の正史におけるエミシ史料の内容が二つしかない事実から二系統しかないとすること、唐の正史におけるエミシの情報が遣唐使情報と異なる内容がない事実から倭国を媒介としたことは妥当である。しかし、唐が倭国からエミシの情報を得る機会は六五九年・七〇三年の二度しかなかったとすることはできない。七世紀後半では、永徽五年（六五四）・咸亨元年（六七〇）の遣唐使派遣の事実が中国側史料に残っている。これに対応する派遣記事が『書紀』でも確認される。八世紀前半でも同様に開元五年（七〇六）・開元二十一年（七三三）の遣唐使派遣が確認できる。確かに中国側史料の遣唐使派遣記事にはエミシの記載はない。しかし、それらの遣唐使は唐皇帝にたいして入唐のたびに周辺地域についての申告をしたはずである。八世紀前半の日本側の報告で、はじめて「蝦夷」表記が伝えられた可能性も否定できない。

また、実は唐側が蝦夷に直接実見できる機会は宝亀十年（七七八）にもあった。宝亀八年（七七七）遣唐使は宝亀九年に唐皇帝代宗の提案により唐使をともない帰朝した。翌宝亀十年五月に光仁天皇に礼見することになったさい、天皇が「降二御座一」という特筆すべき事態となった[17]。蝦夷との関係で注目すべきは、唐使を迎えるにさいして、宝亀九年（七七八）十二月に「仰二陸奥出羽一。追二蝦夷廿人一。為レ擬二唐客拝朝儀衛一也」（『続紀』同年十二月戊戌条）とあるように、蝦夷を入京させている。そして、翌宝亀十年（七七九）四月に「唐客入レ京。将軍等率二騎兵二百。蝦夷廿人一。迎二接於京城門外三橋一」（『続紀』同年四月庚子条）とあるように、蝦夷を唐使が入京するさいの迎接に立ち会わせている。なぜ、ことさらに蝦夷を唐使の迎接に立ち会わせたのか。かつて唐顕慶四年（六五九）に唐高宗に遣唐使が随行した「蝦蛦」は「毎歳入二貢本国之朝一」と報告していた（『書紀』斉明五年〔六五九〕七月戊寅条所引『伊吉連博徳書』）。かつて唐皇帝に報告したエミシの毎年入朝を事実として唐使にどうしても認識させる必要があったと推定される。この機会に唐使に陸奥出羽のエミシが「蝦夷」と表記されることが伝えられた可能性は高い。

確かに七〇三年より以降の中国側史料にはエミシの記載はない。その間倭国との外交の事実があったとしても、エミシについてそれまでの記録と異なる内容がない限り中国側の編纂史料に記述されることはなかった。たとえ「蝦夷」と「蝦蛦」の表記の差異があったとしても、それが特記されることはなかったのではないか。八世紀以降の遣唐使の報告に「蝦夷」表記が存在していれば、史料編纂のさい、あるいは編纂史料から二次的に引用されるさい、編纂時における「蝦夷」表記の存在により、「蝦蛦」表記が「蝦夷」表記に改変される蓋然性は高い。

［3］①について。『新唐書』の記載内容が『通典』より信用がおけないことが多いのは確かだとしても、「蝦蛦」という表記まで信用がおけないとするのは飛躍のしすぎであろう。年代や内容の点で改変が加えられたとしても、「蝦夷」という文字の改変まであったことは簡単にはいえない。『通典』と『新唐書』の字句の差異をみてみよう。たとえば、「挿」は「珥」というように画数が少ない文字に改変され、「尤善弓矢」が省略されている。毛人の説明にかかわる地理の説明でも『新唐書』は『旧唐書』の説明を簡略化する傾向にある。タネ・ヤク・ハヤ記事では、『唐会要』の「野人」の字句を省略している。もし「蝦夷」が「蝦蛦」に改変されたとすると、より複雑な文字への改変ということになる。これは『新唐書』の一般的傾向とは異なる。『新唐書』の記述は、「蝦蛦」表記に限れば、信用がおけないとはいいがたい。

河内氏は、八世紀の人名の実例があることから「蝦蛦」という表記が古代に存在しなかったとしているわけではなく、七世紀中葉には存在しなかったことを主張している。それでは、「蝦蛦」はいつ、なぜあらわれるのか。河内氏は「蝦夷」を熟語として「虫」偏を統一して整えた文字であり、「蝦夷」より遅れる表記だとする。このように、河内氏は「蝦蛦」表記に政治的イデオロギーの介在を想定していない。しかし、『新唐書』という中国史料にも『書紀』一部の写本にも、同じ「蝦蛦」という「蝦夷」より画数が多く複雑な文字の表記が存在する。しかも『新唐書』の記事も『書紀』の写本中の記事も七世紀後半という年代がほぼ同じである記事に「蝦蛦」という字句が存在する。河内氏の理解では中国と日本双方における「蝦蛦」表記の存在は、中国でも日本でも「虫」偏の統一による「蝦蛦」表記が偶然行われたことを示すことになる。この論法ははなはだ説得力に欠けるといわざるえない。やはり、七世紀後半の日本側に実在した「蝦蛦」表記が唐側に伝えられ、その原表記が『新唐書』に残存したとする方が自然であろう。八世紀以降の遣唐使の報告による記録をもとに、他の中国側史料の「蝦夷」表記は、編纂段階において遡及して改変が加えられた可能性はまったく否定されない。

[3]②について。『書紀』諸写本の検討の結果、書写年代の古い写本は「蝦蛦」ではなく「蝦夷」となっていることから、蝦蛦は本来『書紀』にはなかった表記であるとする。河内氏が書写年代が古く相対的に価値が高いとする岩崎本・北野本二類の皇極紀～持統紀には欠落部分があり、欠落部分における「蝦蛦」表記の不存在は証明不可能である。それでも、残存記事から皇極～斉明紀の両写本ではすべて「蝦夷」表記だったとしても、書写年代が古いことが原史料における「蝦蛦」表記不存在の証明にはならない。既述したとおり、「蛦」から「夷」ではなく、「夷」から「蛦」という複雑な字への書写の誤りや改変を想定するのは困難である。

そもそも、「蝦蛦」表記が特定写本に限定されているからといって、七世紀後半段階でエミシは「蝦夷」と表記されたと即断することはできない。確かに『書紀』における皇極紀～持統紀以外のエミシの表記は、敏達十年閏二月条の「魁師者大毛人也」という注記一例を除けば、すべて「蝦夷」である。しかし、佐伯有清氏が指摘しているように『上宮聖徳法王帝説』に「蘇我毛人」とあるのが、新訂増補国史大系本『書紀』の推古十八年十月丁酉条では「蝦夷」とあるが、皇極紀ではすべて「蝦蛦」とある。つまり、八世紀前半の『書紀』編纂段階で、毛人がすべて「蝦夷」表記に統一されたものの、「蝦蛦」表記であった場合は「蝦蛦」表記のままとされた可能性をうかがわせる。しかも、『新唐書』の史料(2)′は河内氏が明らかにしたように、顕慶四年（六五九年、斉明五年）に相当する遣唐使関連史料である。そこに「蝦蛦」表記が残されていることは、新訂増補国史大系本（つまり特定写本）の皇極紀～持統紀に「蝦蛦」表記が存在することと矛盾がなく、「蝦蛦」表記が実在する時代があったことを強く示唆している。

佐伯氏が論証したように、皇極期から持統三年にかけて「毛人」とあわせて「蝦蛦」表記が使用されたことは依然として否定されない。『新唐書』の「蝦蛦」表記が六五四年に唐側に伝えられたとすれば、年代的整合性もある。七世紀後半における「蝦蛦」表記の実在に信憑性を与える。八世紀に使用されていた「蝦夷」表記が遣唐使の報告により唐側に伝えられ、『唐会要』系の「蝦蛦」表記が「蝦夷」にあらためられた可能性は高い。『旧唐書』系の「毛人」にまで変更がおよばなかったのは、河内氏のいうように、唐側が毛人とエミシが異なる存在だと認識していたためであろう。その場合『宋書』倭国伝の「毛人」が影響している可能性も想定される。

[4]について。「蝦夷」が斉明期に生まれた背景として、河内氏は石上英一氏の説に従い、飛鳥寺の西の広場に造営された須弥山に象徴されるように当該期の倭国に仏教的世界観と結合した中華思想が形成されたことを主張する。そして中心にたいする周縁の存在として毛人を「蝦夷」と表記することによって、唐に倭の大国的立場を認めさせようとしたとする。しかし、須弥山の存在は仏教的世界観と結合した中華思想の存在証明たりうるのだろうか。須弥山は三十三天や四天王の坐す山であり、そこに存在すると観念されている諸天の権威に依存することに目的があったのであり、同じ空間に存在した槻木と同様呪術的権威に依存することに目的がある[18]。須弥山＝仏教的世界の現出にエミシの存在意義があったとは思われない。ましてや仏教が天下イデオロギーとむすびつくものであったという史料的根拠はまったくない。

皇極～斉明期には、エミシの表記として「毛人」に加えて「蝦蛦」が使用された。その政治的イデオロギーの次元における意義はどこに求められるのか。蝦＝エビ、蛦＝山に住む虫や鳥の意である。これは佐伯氏が明らかにしたように、(3)『通典』(4)『唐会要』の「其使者鬚。長四尺」（(2)『新唐書』では「其使者鬚。長四尺許」）という風貌記述に符合する。『書紀』斉明天皇五年（六五九）七月戊寅条に引用されている『伊吉連博徳書』によれば、①東北に居住し、毎年朝貢、②五穀なく食肉の風習、③深山に居住し、屋舎なく樹木を住居に利用というエミシ観がうかがえる。この『伊吉連博徳書』における蝦夷観は律令制段階の蝦夷観を反映している『書紀』景行紀の蝦夷観とも異なる。景行二十七年二月壬子条には蝦夷はA「男女並椎結文身」とあり、同景行四十年七月戊戌条には蝦夷はB「冬則宿穴」C「夏則住樔」D「衣毛飲血」とある。A・Dは『礼記』王制篇に(I)「東方曰夷。被髪文身。有不火食者矣」とあるのと、B・Dは(II)「北方曰狄。衣羽毛穴居、有不粒食者矣」とあるのとに共通し、四夷思想の東夷・北狄を反映している。しかし、『伊吉連博徳書』は『礼記』(I)東夷の「有不火食者矣」、同(II)北狄の「有不粒食者矣」とのわずかな類似性しかなく、景行紀についてもCの「夏則住樔」とのわずかな類似性しかない。つまり、『伊吉連博徳書』のエミシ観は律令制段階のそれとは異質であり、七世紀後半における中央政府のエミシ観を表現していると考えられる。律令制下の四夷の天下観にもとづかないエミシ観を表現する表記が「蝦蛦」であった。

四　四夷の天下観と蝦夷の成立

毛人（蝦蛦）から「蝦狄」・「蝦夷」の表記に転換する時期はいつなのか。「蝦狄」の初見が『続日本紀』文武元年（六九七）十二月庚辰条であることからみて、文武期までに「蝦狄」と同時に「蝦夷」が成立したことは確かである。また、『書紀』持続九年（六九五）閏二月庚午条には「遣㆓務広弐文忌寸博勢。進広参下訳語諸田等於多禰㆒。求㆓蛮所㆑居」とあり、持続期末年に四夷のうちの南蛮を南島に設定しようとしていることをあわせて考えると、持続期末年から文武期にかけて東夷＝蝦夷、西戎＝新羅、南蛮＝南島・北狄＝蝦狄の四夷による天下観が成立し、「蝦狄」とともに「蝦夷」が使用されるようになったとするのが妥当であろう。

熊田亮介氏らは蝦狄については、エミシに加えて靺鞨が包摂されたことにより成立したとする。(19) 熊田説の史料的根拠は、(1)『書紀』持統十年（六九六）三月庚寅条の「粛慎志良守叡草」の志良守と、(2)『続日本紀』宝亀十一年（七八〇）「狄志良須俘囚宇奈古」の志良須に共通性を認めることである。確かに熊田氏がいうように、古代日本では七世紀の粛慎は八世紀の靺鞨と系譜関係にあると考えられている。しかし、(1)の「志良守」と(2)の「志良須」が共通であるなら、「狄」には粛慎・靺鞨がふくまれることになるという点には従えない。(2)志良須が蝦夷にはかかわらず、靺鞨にかかわるという確証は何もない。それに加えて(2)の「狄志良須」は「俘囚」とかかわっており、陸奥でいえば蝦夷域に相当する。また、「久居二城下一」と秋田城近辺の地域とかかわることから、遠隔地の靺鞨とかかわる可能性はきわめて低い。さらに靺鞨は第一節で述べたように、固有の「風俗」が存在し、「君長」によって代表される「国」として位置づけられていた。『類聚国史』でも靺鞨は、日本とは異なる固有の君長・制法・風俗の存在を基準とする「殊俗部」に分類されていた。固有の君長・制法・風俗が想定されていない夷狄に靺鞨は含まれず、当然夷狄である「蝦狄」とは融合しえない存在である。エミシのみを前提にしていた「蝦狄」は、四夷をそろえるために「蝦蛦」の「蝦」を基本にして方位により政治的に「蝦狄」・「蝦夷」に区分された結果成立したとみるのが穏当であろう(20)。

なぜ、エミシは蝦狄と蝦夷に分割・転換されたのか。倭国から律令制支配にもとづく日本という国家段階では、辺境域外に天皇に帰属・朝貢する諸蕃が必要とされた。日本にとって諸蕃として編成可能だったのは、八世紀段階では新羅しか存在しなかった。新羅は「西戎」でしかなく、それ以外の〈東夷・南蛮・北狄〉がそろわなければ、四夷による天下観は充足されない。そこで、エミシを〈東夷・北狄〉に対応させるために、蝦夷・蝦狄とした。南蛮には掖玖・多褹などを南島として対応させた。蝦夷・蝦狄を創出するさいには、「蝦蛦」という表記が直接的前提になったとすれば、「蝦蛦」の「蝦」をイデオロギー的次元におけるエミシの表象として残し、四夷の〈東夷・北狄〉の〈夷・狄〉をそれぞれの語尾に付すことによって、「蝦夷」「蝦狄」の呼称が創出された。蝦夷は「蝦狄」との組み合わせを必須の前提としてしかあらわれない。したがって、「蝦夷」のみが単独の呼称として斉明期に存在することはありえない。

それでは、蝦夷・蝦狄、南島人を新羅と同じ諸蕃に包摂することはできなかったのはなぜなのか。その区別が最も必要とされた場は、儀礼空間においてであった。『続日本紀』によれば、文武元年・二年・三年（六九七〜六九九）には越後・陸奥蝦夷が毎年上京し、朝貢している。文武元年から翌二年にかけては、新羅も朝貢し、元日朝賀儀礼に参列している。蝦夷・新羅が同年に朝貢していても、両者の藤原京滞在時期は重ならない可能性が高い。これは、儀礼空間を新羅と蝦夷が同一にはできないという政治的背景によるとも考えられる。さらに、『続日本紀』によれば、和銅七年（七一四）から和銅八年（霊亀元年、七一五年）にかけて新羅・南島人・陸奥出羽蝦夷が入朝している。ところが、元日朝賀では、「陸奥出羽蝦夷并南島奄美。夜久。度感。信覚。球美等」が参列しても、すでに入京している新羅使は参列していない（『続日本紀』霊亀元年正月甲申朔条）。また、授位をともなう蝦夷・南島人の宴は同年正月十五日に行われているのに、新羅はこれに参列しておらず、同十六日の宴に参列している。これに蝦夷・南島が参列したことは記されていない。このように、夷狄に相当する蝦夷と南島は同一空間に存在しうるが、諸蕃に相当する新羅はこれと儀礼空間を同一とはしえなかったことになる。(21) 蝦夷と諸蕃が空間をともにする明確な史料は『続日本紀』宝亀三年（七七二）正月壬午朔条のみである。そして九世紀の『内裏式』『内裏儀式』『儀式』には蕃客のことは記されていても、俘囚・夷俘のことは記されていない。(22) このことも諸蕃と夷狄は基本的に儀礼空間を同一にしなかったことを示唆している。

八世紀初頭より新羅と蝦夷・南島を儀礼空間で同一にできなかったのは、職員令18玄蕃寮条の論理でいう「朝聘」として処遇する諸蕃使と、「朝聘」扱いとならない蝦夷・南島人の朝貢とが峻別されていたためである。朝貢のさいの儀礼において、諸蕃であり君長・風俗・制法が存在する新羅と、それらが存在しない蝦夷・南島人を同一空間に包摂することができないことが顕在化していた。そして、職員令18玄蕃寮の「在京夷狄」の「夷狄」を身分概念として機能させるに至ったのであろう。新羅以外の蝦夷・蝦狄・南島を日本独特の「夷狄」としたのである。

表1　『続日本紀』にみる越後・出羽国のエミシ表記

番号	年月日	国　名	表記	備　考
①	文武元・12・庚辰	越後	蝦狄	
②	〃 2・6・壬寅	〃	蝦狄	
③	〃 3・4・己酉	〃	蝦狄	
④	和銅2・3・壬戊	〃	蝦夷	陸奥と併記
⑤	〃 2・7・乙卯	〃	蝦狄（征狄）	
⑥	〃 3・正・壬子	国名なし	蝦夷	宮廷儀礼において隼人とともに参列
⑦	〃 3・正・丁卯	〃	蝦夷	
⑧	〃 5・9・己丑	出羽	蝦狄	出羽建国史料
⑨	霊亀元・正・甲申	〃	蝦夷	陸奥と併記
⑩	養老2・8・乙亥	〃	蝦夷	
⑪	〃 7・9・己卯	〃	蝦夷	
⑫	神亀元・5・壬午	〃	蝦狄	
⑬	天平9・4・戊午	〃	狄俘	
⑭	宝亀3・正・壬午	〃	蝦夷	陸奥と併記
⑮	〃 3・正・丁酉	〃	蝦夷	〃
⑯	〃 4・正・庚辰	〃	蝦夷	〃
⑰	〃 5・正・丙辰	〃	蝦夷	〃
⑱	〃 6・10・癸酉	〃	蝦夷	〃
⑲	〃 8・12・癸卯	〃	蝦賊	
⑳	〃 9・12・戊戌	〃	蝦夷	
㉑	〃 11・5・甲戌	〃	蝦狄	
㉒	延暦5・9・甲辰	〃	蝦夷	

さらに注目すべきことは、「蝦狄」表記は「蝦夷」表記で代替されるが、その逆はないということである。『続日本紀』にみえる越後・出羽国のエミシ表記を表1に掲げよう。越後・出羽国だけをとりあげるのは、陸奥国の場合ほぼ蝦夷で統一されているものの、越後・出羽については蝦夷・蝦狄の両方が使われており、そこに何らかの意味があると考えるからである。『続日本紀』における北方夷狄の呼称は、中華思想（四夷思想）に強く規定され蝦夷・蝦狄の二つの表記が用いられていた。いずれにせよ、陸奥国も越後国も領域内に化外の地をふくむ令制国だったわけである。越後国からは和銅五年（七一二）に出羽国が分立する。出羽建国を示す『続日本紀』和銅五年九月己丑条では蝦狄と表記され（表1⑧）、辺境民を蝦狄とする中華意識は、越後国のそれを忠実に継承している。神亀元年（七二四）五月壬午条（表1⑫）、天平九年（七三七）四月戊午条（表1⑬）にはそれぞれ蝦狄・狄俘がみられ、宝亀十一年（七八〇）五月甲戌条に至っても蝦狄が使われている（表1㉑）。この傾向は八

世紀後半まで貫かれている。ところが、早くも和銅二年（七〇九）三月壬戌条において陸奥国と併記ながら蝦夷と表記する例があらわれてる（表1④）。表1に明らかなように出羽国では蝦夷の例の方が多く、八世紀中葉以降は蝦狄・蝦夷は厳密には意識されていない。

『続日本紀』では〈蝦夷・蝦狄→蝦夷〉という表記法の変化があるにもかかわらず、論理的には前段階の歴史を叙述しているはずの『書紀』の表記は、既述のように皇極紀〜持統紀の「蝦蛦」や敏達紀の「毛人」一例を除けば、「蝦夷」で統一されている。『書紀』の表記法は明らかに文武紀よりも新しい段階のものであり、本来のエミシの表記法（たとえば毛人）にたいする潤色が加えられている。これは、『書紀』景行紀がエミシを一貫して東夷としていることと照応している。景行二十七年二月壬子条は「東夷之中」に日高見国があり、その国人を総じて蝦夷というとする。同四十年六月条には「東夷多叛」、同四十年七月戊戌条には「東夷叛之」「其東夷也。識性暴強」「東夷之中。蝦夷是尤強焉」、同四十年是歳条は「征東夷」と記述されている。また、同四十年七月戊戌条には、「今東国不安。暴神多起。亦蝦夷悉叛」とあり、蝦夷を東国に隣接する地域の住人としている。このように、『書紀』は一貫して蝦夷を東夷としている。

他の正史はどうか。『文徳実録』嘉祥三年（八五〇）四月己酉条、『三代実録』貞観九年（八六七）三月九日己酉条、『三代実録』元慶二年（八七八）七月廿三日丙辰条の各薨卒伝でも蝦夷を「東夷」としている。六国史全体においても蝦夷を「東夷」として記述し、「蝦狄」「狄」「狄俘」の語がありながらも、「北狄」の用語はみられない。律令制段階で四夷思想にもとづき蝦狄・蝦夷の呼称を創出しながらも、この蝦夷＝東夷を基軸とする観念がエミシを「蝦夷」表記に収束させていく規定力となっている。これは日本を中華とするイデオロギーを基本としながらも、中国を基準とするイデオロギーを意識した結果とはいえないだろうか。中国の中華に包摂された日本の小中華ということではない。日本の四夷にもとづく中華が存在しながらも、中国の中華を意識せざるをえない歪んだ中華に、日本の場合はなってはいないかということである。そして、このことは、かつて倭国が中国から東夷とされた歴史的経緯にもかかわっているのではないか。(23)倭国は国号を「日本」とあらため、唐と戦った前歴を曖昧化しているともいわれている。(24)新たな「日本」という国が、かつて唐と戦った東夷の「倭国」ではないとすることによって、やはり唐と戦った前歴を曖昧化しようとする外交上の意図が、蝦夷＝東夷に反映している可能性が看取される。

注

(1) 例えば新編日本古典文学全集版『書紀』(小学館)。
(2) 高橋富雄『蝦夷』(吉川弘文館、一九六三年)二「蝦夷とは何か」。
(3) 佐伯有清「古代蝦夷についての一考察―エミシ用字を中心として―」(『北方文化研究』一七、一九八五年)、以下佐伯氏の見解はこれによる。
(4) 河内春人「唐から見たエミシ」(『東アジア史交流史のなかの遣唐使』汲古書院、二〇一三年、初出は二〇〇四年)。以下河内氏の見解はこれによる。
(5) 唐制については、石見清裕「唐代の帰化と諸蕃」(『中国古典研究』三三、一九八八年)。大宝律令については、朴昔順「日本古代国家の対『蕃』認識」(『日本歴史』六三七、二〇〇一年)。
(6) 大高広和「大宝律令の制定と『蕃』『夷』」(『史学雑誌』一二二―一二、二〇一三年。)以下大高氏の見解はこれによる。
(7) 石母田正「天皇と諸蕃―大宝令制定の意義に関連して―」(『石母田正著作集』第四巻、岩波書店、一九八四年、初出は一九六二年。同「古代の身分秩序」(同著作集、初出は一九六三年)。
(8) 石上英一「古代東アジアと日本」(『日本の社会史1　列島内外の交通と国家』岩波書店、一九八七年)。以下、石上氏の見解はこれによる。なお、今泉隆雄氏は蝦夷などの夷狄は諸蕃のような化外人ではないから、帰化の対象ではなく招慰・征討という形で働きかけて帰服させるべき存在であるとした。その前提に夷狄は「列島内の諸種族」であるという認識があるのではなかろうか(「律令における化外人・外蕃人と夷狄」(『古代国家の東北辺境支配』吉川弘文館、二〇一五年、初出は一九九四年))。

(9) 田中史生「律令国家と『蕃俗』」（『日本古代の民族支配と渡来人』校倉書房、一九九七年）。ただし、「我俗」に対比されるのは史料上では「殊俗」あるいは「百済風俗」などで、「蕃俗」は史料では確認できない。

(10) また、『令集解』賦役令10辺遠国条古記には、

問。化外人投化復十年。復訖之後。課役同二雑類一以不。答。不レ同也。華夏百姓一種也。

とある。ここでは「化外人投化」と「雑類」が対比されている。投化の論理が適用される「化外人」とは、大宝律令では固有の君長・風俗・制法が存在する諸蕃でしかない。「化外人」と「雑類」の比較とは、固有の君長・風俗・制法の存在する諸蕃とそれらが存在しない雑類との比較のことである。ここでは毛人・隼人が「化外」であるかいなかは問題になっておらず、あくまで夷人雑類の解釈にすぎない。

(11) 伊藤循「律令制と蝦夷支配」（田名網宏編『古代国家の支配と構造』東京堂出版、一九八六年）。

(12) 古記に蝦夷（毛人）を夷狄とする明確な記述があるのにたいして、隼人を化外とする明確な記述がないことは隼人が化外でなかったことを端的に物語る。また、大高氏は古記が夷人雑類として、毛人・肥人・阿麻弥人・隼人などをあげるのは、夷狄が列島内諸種族を一括する段階の義解とは異なり、天平期までは列島内の諸種族を一括した概念で認識することがなかったからだとする。これにたいして、鈴木拓也氏は義解と古記の差異は時代の差異というより、集解諸説についての先行研究にもとづき各明法家の特性によるものだとしている（「律令国家と夷狄」『岩波講座　日本歴史　第五巻　古代5』岩波書店、二〇一五年）。

(13) 『書紀』には確かに「夷狄」の語は出てこない。しかし、何よりも『書紀』編纂段階においても、諸蕃と区別される夷狄の月法がないのなら、『書紀』で蝦夷にたいして「蕃夷」の表現が存在したとしても当然なのに、蝦夷を「蕃夷」とする表現は皆無である。これにたいして、『書紀』には朝鮮三国を「蕃」とする表現は多数にのぼるが、やはり朝鮮三国にたいして「蕃夷」の表現はない。『書紀』編纂段階においては、諸蕃と区別される夷狄観念が確実にあり、そこから「東夷」の表現があらわれているとしか考えられない。

(14) 渡辺信一郎『中国古代の王権と天下秩序—日中比較史の視点から』（校倉書房、二〇〇三年）。

(15) 川口勝康「天皇の成立について—天子から天皇へ—」（『人文学報』〈首都大学〉四〇〇、二〇〇八年）。

(16) 井上光貞「大和国家の軍事的基礎」（『新版日本古代史の諸問題』思索社、一九七二年）。

(17) 田島公「日本の律令国家の『賓礼』」（『史林』八―三、一九八五年）。

(18) 今泉隆雄「飛鳥の須弥山と斎槻」（『古代宮都の研究』吉川弘文館、一九九四年、初出一九九一年）。

(19) 熊田亮介「蝦夷と蝦狄」（『古代国家と東北』吉川弘文館、二〇〇三年、初出は一九八六年）、樋口知志「渡嶋のエミシ」（鈴木靖民編『古代王権と交流1　古代蝦夷の世界と交流』名著出版、一九九六年）。

(20) 簑島栄紀「北方社会の史的展開と王権・国家」（『歴史学研究』八七二、二〇一〇年）は、「靺鞨」は北方の夷狄たる蝦狄に包摂されたとし、「蝦狄」支配体制により安定的な交易システムが形成され、王権・国家が介入した結果、北海道社会の階層化が進展したとする。しかし、律令国家が秋田城を拠点として道南との交易を朝貢として編成したことは確かであるが、それが交易システムによる介入とまで評価できるとは考えられない。道南社会に変化はもたらされるが、それは介入の結果ではなく、交易によって道南社会が変化を遂げたにすぎない。遣唐使を介して継受された唐文化が、日本の社会に影響を与えたといえるが、唐が日本に介入したとはいえないことと同様のことである。また、道南社会はまぎれもなく「渡嶋蝦夷」という「エミシ」範疇であり、靺鞨もふくめた「蝦狄」体制という国家側の実体は存在しえない。また、武廣亮平氏が明らかにしたように、渡嶋蝦夷は秋田城にとどまらず、太平洋岸にも交易目的であらわれており、律令国家がどれだけ規制を加えようとも、その規制外で活動している（武廣亮平「北方地域との交流とその展開」（熊田亮祐・八木光則編『九世紀の蝦夷社会』高志書院、二〇〇七年））。

(21) 『続日本紀』霊亀二年（七一六）五月辛卯条に「薩摩・大隅二国貢隼人。已経二八歳一」とある大隅・薩摩両国隼人は和銅二年以来八年間在京している。にもかかわらず、陸奥出羽蝦夷・南島人らと和銅八年の元日朝賀の儀礼をともにしていない。隼人は化外人ではないことを示している。

(22) 永田一「俘囚の元日朝賀参列について―『法曹類林』承和七年二月二十七日問答より―」（『法政史論』三九、二〇一二年）。ここから九世紀における帝国主義（中華思想）の実質的衰退まで主張する論考もある（河原梓水「九世紀における蝦夷の宮廷儀式参加とその意義」（『立命館文学』六二四、二〇一二年））。しかし、九世紀には渤海が入朝し、これを諸蕃としている。『内裏儀式』「元旦受群臣朝賀式幷会」には、「客徒版位」「蕃客拝賀」が規定され、「七日宴会式」では宣命で「渤海客人」が対告とされ、さらに渤海国王の存在が想定されている。蝦夷認識に多少の変化があろうとも、いまだに夷狄の性格が付与されていることは、六国史や格などの法令で内国移配俘囚に粉飾された夷狄観をみれば十分であろう。九世紀以降、「俘囚」は蝦夷をふくむ呼称に変容していく。九世紀後半の出羽国における元慶の乱以降、史料上反乱は俘囚によるものとなっていく。

(23)　大町健「東アジアの中の日本律令国家」(『日本史講座2　律令国家の展開』東京大学出版会、二〇〇四年)。

(24)　坂上康俊『平城京の時代』(岩波書店、二〇一一年、二一二頁)。

第二章　征夷将軍と鎮守将軍

一　征夷軍編成に関する研究史と問題の所在

日本の古代国家は、東北辺境の住人にたいして、中華思想の夷狄に相当する蝦夷という呼称を付与して差別するだけでなく、さまざまな軍事行動を展開した。蝦夷域にたいする領域侵略と、その逆である蝦夷の側からの反乱の鎮圧にかかわる征夷だけでなく、辺境の秩序維持や国家的支配の拡大・深化のための拠点たる城柵の造営・維持や、城柵間道路の建設も軍事組織の動員によって行われた。律令制の原則では、蝦夷にかかわる通常の秩序維持は、職員令に規定されるとおり「饗給（大宝令では招慰）・征討・斥候」の機能をもつ陸奥・出羽・越後国司が担当し（同令70大国条）、緊急の蝦夷にたいする領域侵略、蝦夷反乱の鎮圧は軍防令の規定により持節将軍が担当することになっている。蝦夷政策遂行の軍事編成はこの二つで完結していたはずである。にもかかわらず、国司・持節征夷将軍以外に現地官の鎮守将軍が出現するのはなぜなのか。

まず、簡略ながら研究史を概観しておこう。一九六〇年代には国府＝行政府と並ぶ軍政府として鎮守府をとらえるのが通説であった。しかし、前出の職員令70大国条によれば陸奥国司も征討等の軍事的機能をもつこと、九世紀以降の胆沢鎮守府が行政的機能をもっていたとすること（後述のとおりこの説は成立しない）から、一九七〇年代には鎮守府＝平時統治機関説（第二国府論）や防守機関説が提唱され、城柵＝官衙論の盛行下において有力化した。しかし、鎮守将軍が征討に関与している事実などから、一九八〇年代後半になると、鎮守府は城柵・道路建設をふくむ征討機能を遂行するための現地軍の強化に意義があるとする北啓太氏の研究が提示され、鎮守府＝統治・防守機関説は否定された[1]。さらに一九九〇年代になると、鈴木拓也氏は北氏の説を敷衍して、鎮守府は主要には東国からの征討軍の常駐化を意味する鎮兵（防人と同じく東国から徴発され長期滞在する守備兵）を統轄するために設置され、国司による鎮官（鎮守府を構成する武官）の兼任により、令外の鎮兵という軍事力を令制の国司に付与する意味をもったとした[2]。

このような北・鈴木両氏よる征夷将軍・鎮守将軍についての理解は現在通説的位置を占めている観がある。しかし、この理解では、征夷将軍と鎮守将軍の差異は臨時中央の派遣官か常置の現地官かいなかという点に収斂し、⑴征夷将軍が節刀を下賜された存在であるのにたいして、鎮守将軍が節刀授与のない存在であることの政治的・イデオロギー的意義が十分に理解されない。また⑵軍事的機能をもつ現地官の陸奥国司とは別に、持節ではない現地軍管掌者である鎮守将軍が存在することの意味が不明瞭となってしまった。本章の課題はこの重大な二点の意味を、古代国家による蝦夷政策のなかで解明することにある。

二　鎮守将軍と鎮兵

鎮守将軍が鎮兵統轄を主要な目的として設置されたとし、成立の主要因が軍事機能ではなく兵力の管轄の問題にあったとすると、鎮守将軍と征夷将軍との機能上・軍事領域上の差異は当然のことながら曖昧となる。実際に両将軍とも征夷のみならず城柵造営に関与したという理解で研究が停止している。しかし、鎮兵統轄に鎮守将軍創設の意義を求めることは妥当なのだろうか。八・九・十世紀の諸段階における鎮守府の権能について、諸研究の理解は必ずしも統一性がない。したがって、それぞれの諸段階に分けて鎮守将軍と鎮兵の関連を検討したい。

1　九・十世紀の鎮守将軍と鎮兵

まず、弘仁六年（八一五）以降は鎮兵は廃止されており、九・十世紀段階の鎮守将軍は当然鎮兵を管轄していない。鎮兵統括を鎮守将軍の存在理由とする説は成立しないことになるが、鈴木拓也氏は八世紀と異なり、九・十世紀の鎮守府は統治機関に変質しているという説に依拠して、鎮兵を統轄しない九・十世紀段階の鎮守府の性格を八世紀鎮守府に遡及させない。[3] しかし、まず十世紀以降の鎮守将軍に受領と同様の制度上の行政官の側面をもつとする見解は説得力をもたない。九世紀段階（大同三年以降）の鎮守府＝統治機関説はどうか。その根拠は、①医師・弩師・陰陽師などの雑任の設置、②「鎮守府印」の給付、③鎮官の国司兼帯の極端な減少は、鎮守府の国府からの独立化と統治機関化を意味するというものである。しかし、①②は官司制としての発達は示していても、統治機関に転換したことを示すものではない。[4] ③の鎮官による国司兼帯の衰退は、胆沢城鎮守府が多賀城国府から遠く離れていることによる。『日本後紀』大同三年（八〇八）七月甲申条によれば、鎮守将軍兼陸奥介である百済王教俊の「遠離二鎮所一。常在二国府一」という行動は、「儻有二非常一。何済二機要一」として中央政府の叱責の対象となっている。しかし、百済王教俊は陸奥介でもあるから、多賀城国府に所在することは必ずしも違法行為ではない。ここで叱責は「辺将之道。豈合レ如レ此。自今以後。莫レ令二更然一」と、鎮守将軍が胆沢城鎮守府から遠い多賀城国府に所在することが問題となっている。しかし、百済王教俊は陸奥介でもあるから、多賀城国府に所在することは必ずしも違法行為ではない。ここで叱責は「辺将之道。豈合レ如レ此。自今以後。莫レ令二更然一」と、鎮守将軍に力点を置いたものとなっていることに注目すれば、明らかに国府・鎮守府間の距離の問題を前提にして鎮官が国司を兼帯することの矛盾が露呈されている。これ以降、非常に備える「辺将」（＝鎮官）は胆沢城鎮守府常駐が重視されるようになり、鎮守府の軍事的機能の不全につながる鎮官と国司の兼帯は極力回避されるようになる経緯が容易に推定されよう。鎮官による国司兼帯の衰退は、鎮守府の独立的な統治機関化をまったく意味しておらず、逆に胆沢城鎮守府の軍事的機能を強化することにこそ意味があったのである。

また、承和四年（八三七）に鎮守将軍は俘囚騒擾により栗原・賀美郡の多数の百姓逃亡の阻止のために援兵派遣を要請するという軍事的対応を提案し、承和十年（八四三）段階で鎮守将軍は「修理城隍」に関与しているという史料[5]はあるものの、これらの軍事的対応以外に鎮守将軍が行政権を行使している史料はない。さらに、鎮守府は「講二最勝王経一并修二吉祥悔過一」の仏教儀礼を実施しているが、これも「為レ用二俘饗一。狩漁之類。」という鎮守府による夷俘（朝貢蝦夷・帰服蝦夷・俘囚）対策を前提とするものであり、[6]「為下祈二年穀一攘中災難上」[7]という「諸国」にみえる百姓の統治にかかわるものではない。また、統治機関化しているといわれる承和十四年（八四三）段階で、なお鎮守将軍は兵部省が任命する原則である（『類聚三代格』巻五、承和十四年閏三月二十五日太政官符）。『侍中群要』巻九所引応和元年（九六一）の村上天皇御記によれば、受領罷申で参内した藤原国幹にたいして「粛二正部内一、兼致二豊稔一」という仰があったのにたいして、同所引の延喜十四年（九一四）鎮守将軍藤原利仁の罷申では受領の例とは異なる被物が下賜されている上に、さらにもう一つ被物があったことについて「一方之鎮、其寄二事重事一歟」と記しており、十世紀段階ですら明らかに鎮守将軍の役割は国司とは異なり、「鎮」＝辺境の秩序維持にある。『侍中群要』巻九に「鎮守府将軍・出羽城介等雖レ非二受領官一、同召二御前一賜レ禄」とあることも、鎮守将軍が行政官ではなく軍事官であることを前提に理解しうる。九世紀以降の段階の鎮守将軍は鎮兵を統轄せずして、本来の軍事的機能をはたしており、これは鎮兵統轄が鎮守府の成立理由とする説にたいする大きな反証の一つとなろう。

2　八世紀段階の鎮守将軍と鎮兵

まず、鎮兵統括が鎮守将軍出現の主因であるというさいの鈴木拓也氏の論拠をあげよう。⑴鎮兵と鎮守府の変遷には時期的対応性があり、たとえば①鎮守府創設と鎮兵創設はともに神亀元年（七二四）ごろであること、②天平十八年（七四六）にいったん停止となった鎮兵が天平宝字元年（七五七）に復活すると、鎮守府も三等官制から四等官制に拡充され、弘仁三年（八一二）に鎮兵が減員となると、鎮官数が減少することなどが論拠の一つである。もう一つは⑵鎮官兼帯によって令制官たる国司に鎮兵という令外の軍事力を付与しうるとし、鎮官を媒介として国司と鎮兵の有機的な関連性を想定する鈴木氏の理解である。

鈴木説への反論を提示しよう。⑴①について。鎮守将軍は鎮兵のみならず兵士・進士（志願兵）・夷俘などをも統括して軍事的機能をはたしており、鎮兵の増減が鎮守府官制に影響を与えたとしても、鎮守府の成立要因あるいは存在理由が鎮兵統轄ということにはならない。⑴②について。出羽国では八世紀後半以降鎮兵が断続的に存在しても、鎮守将軍は一貫して設置されず、陸奥国では鎮官が存在しても鎮兵が存在しない時期があり、八世紀段階の鎮守将軍は、九世紀以降と同様、鎮兵の存在を必須の前提としていない。[8] ⑵について、国司に本来的に鎮兵統括の権限がなく、なおかつ国司にその軍事力を付与する必要があるというのなら、ことさらに鎮守将軍以下の鎮官を設置し、それを媒介とするような迂遠な手段をとらず、臨時の格によって国司に鎮兵統括権を付与すれば事足りる。鎮兵の軍事力を国司に付与することに重要性を見出すなら、鎮守将軍という令制にない存在が出現した理由は不明瞭になってしまう。そもそも衛士を統括する官司は衛士府、兵衛を統括する官司は兵衛府であることからすれば、もし鎮兵を統括することを本義とするなら、その官司は「鎮兵府」とすべきである。あるいは大宰府防人司の例にならい「鎮兵司」とでも称されるべきであろう。「鎮兵府」「鎮兵司」ではなく「鎮守府」と呼称された背景には、鎮兵統括にとどまらない機能と存在意義を鎮守将軍がもっていたからである。それでは、征夷将軍・鎮守将軍の差異と、それぞれの存在意義はどこにあるのか。

三　征夷将軍と鎮守将軍の差異

鎮守将軍と征夷将軍の差異をまず、軍事機能の側面から検討しよう。古代国家の蝦夷関連の軍事行動全体を通して検討するために、その一覧を表2として提示しておく。そのさい、持節征夷将軍の主導による軍事行動を「持節型」、鎮守将軍の主導による軍事行動を「鎮守型」として分類した（詳細は本節で述べる）。また、表2⑳のみはいずれの主導でもなく、権官（臨時官）の国司主導の軍事行動なので「権官型」とした。これらの軍事行動全体の分析をとおして、北啓太氏は、持節征夷将軍は征夷でだけでなく城柵造営・道路建設に、逆に鎮守将軍は城柵修理だけでなく征夷にも関与しているとし、両者の機能上の共通性を指摘した。鎮守将軍が征夷に関与したことは事実であり（表2⑦⑧⑨）、ここから、節刀の有無・位階の高下などの表象的差異を除けば、征夷将軍・鎮守将軍の軍事機能上の差異はないとする通説的理解がつくりあげられている。それは妥当なのか。(1)城柵・道路、(2)征夷とに分けて分析しよう。

1　城柵・道路と征夷将軍・鎮守将軍

征夷将軍・鎮守将軍に機能上の差異はないとされていくさいの出発点となるのは、持節型の天平九年（七三七）征夷の事例である。北氏はこの征夷は城柵・道路建設に軍が動員される軍事行動であり、さらに持節征夷使が関与したことを論拠に、城柵・道路建設を征討（征夷）の範疇に読み換えた(9)。しかし、城柵・道路建設が軍事行動であることは妥当だとしても、それを征夷という範疇で理解することには大きな飛躍がある。

天平九年の「征夷」の実態を詳細に伝える『続日本紀』天平九年（七三七）四月戊午条による限り、実質的軍事行動は鎮守将軍・大野東人と出羽国守・田辺難破による現地軍が行っており、持節征夷将軍（『続日本紀』は「持節大使」

とする）らは陸奥国内諸城柵を「鎮守」しているのみという観がある。確かにこの征夷は秋田城―多賀城間に雄勝城を経由する直路を建設することに目的がある。『続日本紀』天平九年正月丙申条は、当該征夷に至る経緯を、次のように記す。

> 先レ是。陸奥按察使大野朝臣東人等言。従二陸奥国一達二出羽柵一道経二男勝一。行程迂遠。請征二男勝村一以通二直路一。於レ是詔二持節大使兵部卿従三位藤原朝臣麻呂。副使正五位上佐伯宿禰豊人。常陸守従五位上勲六等坂本朝臣宇頭麻佐等一。発二遣陸奥国一。判官四人。主典四人。

これによると、現地官は直路建設のために男勝（雄勝）村の「征」を中央政府に提案している。その結果この征夷は「於レ是詔」とあるように、天皇の意志によって鎮守型から持節の大使（征夷将軍）による征夷に切り替えられたのである。鎮守型の軍事編成を超えて持節型の軍事編成に転換されたのは、城柵・道路建設を超え征夷にまで軍事目的の次元が高まったからである。つまり持節征夷使派遣の真の意味は、道路建設そのものではなく、その前提となる「男勝村」の征夷であった。行動の実質は鎮守将軍・出羽国司が主導し、持節大使らは陸奥国内五柵を「鎮守」するにとどまるようにもみえる。しかし、「常陸。上総。下総。武蔵。上野。下野等六国騎兵惣一千人」（『続日本紀』天平九年四月戊午条）を徴発し、軍事行動全体を総括しているのは持節征夷使であり、直路建設は征夷行動と関連はしているが、征夷そのものではない。

九世紀初頭の胆沢城・志波城の建設は坂上田村麻呂の主導によって行われたが、それは征夷大将軍の事業として行われたのではない。胆沢城造営のさい田村麻呂は延暦二十年（八〇一）に節刀を進上し持節征夷大将軍を辞したあと、あらためて翌延暦二十一年に造陸奥国胆沢城使として中央（平安京）から現地に派遣され胆沢城造営をはたした。延暦二十二年にはまた造志波城使に任命されて「辞見」を経て平安京から現地に赴き、志波城造営をはたしたのち、延暦二十三年（八〇四）にあらためて征夷大将軍に任命されている。持節の征夷将軍は城柵造営・道路開削には直接関

表2　古代国家による東北における軍事行動一覧

戦力構成	軍の分類	六国史上の要因
東海・東山・北陸道諸国＋陸奥・越後	持節型	反乱を前提としない征夷
東海・東山・北陸道諸国＋出羽・蝦夷［陸奥・石城・石背］	持節型	陸奥国の蝦夷が反乱、按察使殺害。
（坂東九国3万）（行賞1696）	持節型	陸奥国海道蝦夷が反乱、国司大掾殺害
坂東諸国騎兵1000、陸奥国兵5000、鎮兵499、帰服狄俘249、出羽国500、帰服狄140、	持節型	陸奥国多賀城から出羽国秋田城に至る直路建設のため「征二男勝一」
坂東諸国騎兵、鎮兵、役夫、夷俘、浮浪人、郡司・軍毅・馬子（計8180）	鎮守型	陸奥国桃生城、出羽国雄勝城を造営
諸国軍士、軍毅・蝦夷・俘囚	鎮守型	伊治城造営
（行賞1790余）	鎮守型	反乱を前提としない征夷将軍計画。その後、陸奥海道蝦夷が桃生城侵略。
陸奥国軍士2万、出羽国軍士4000、板東諸国騎兵（有功者2267）	鎮守型	反乱を前提としない山海二道の蝦夷征討。
陸奥国軍士3000、俘軍	鎮守型	宜下造二覚鱉城一碍中胆沢之地上
坂東諸国軍士（歩騎数万）	持節型	⑨の征夷の途上で陸奥国此治郡大領伊治呰麻呂反乱、按察使（参議）を殺害
派遣されず	持節型	反乱を前提としない征夷
東海・東山・坂東諸国歩騎52800余、）（有功者4840）	持節型	反乱を前提としない征夷
10万	持節型	反乱を前提としない征夷
4万	持節型	反乱を前提としない征夷
派遣されず	持節型	反乱を前提としない征夷
2月5日に陸奥出羽2万6000で申請→3月9日に1万6000に	鎮守型	反乱を前提としない。「征二尓薩体。幣伊二村一」
陸奥出羽国軍20600余（19500余、十月四日に陸奥国軍士1100点加）、陸奥出羽俘軍2000（各1000）	持節型	⑯を征夷将軍の征夷に切り替える。
	征夷型	俘囚逆乱か？
両年とも既存の兵士（兵士400・健士300）＋援兵1000 援兵2000→さらに2000人増	鎮守型	奥郡の俘囚騒擾にたいする防備
出羽・陸奥兵5000余、俘囚軍→、陸奥・上野・下野4000余、東海・東山両道軽鋭者290、俘囚軍、	権官型	出羽夷俘秋田城を焼き、反乱

1）所載の「征討軍一覧」、鈴木拓也『蝦夷と東北戦争』（吉川弘文館、2008年）表2を参考にし
（『続紀』延暦7年3月辛亥条）を「東海東山ノ坂東諸国」と読むべきだとするが、従えない。

与しなかったのである。これ以外の征夷にも城柵造営・道路開削とかかわることを示す史料はない。とすると、城柵造営その修理・維持と防守の機能は現地官の職掌だったことになる。現地官とは具体的に何か。職員令70大国条には守の職掌に「城牧」があり、律令の原則では城柵に関しては国司の職掌になっている。出羽国の場合、『続日本紀』天平宝字四年（七六〇）正月丙寅条にみえる雄勝城造営記事によれば、陸奥国按察使兼鎮守将軍・藤原朝獦が統括しているものの、出羽守・介・掾も論功行賞の対象となっている。また『続日本紀』宝亀十一年（七八〇）八月乙卯条には、宝亀初年に秋田城の移転計画を国司が提案していることが記録されており、出羽国における城柵造営は国司の主導であることが読み取れる。[10] さらに同条からは、秋田城が「禦レ敵保レ民」機能と、蝦夷・俘囚の「帰服」を維持する機能をもつことが確認される。そして、ここでは伊治呰麻呂の乱の余波を受け、持節の鎮狄将軍による統括という特

番号	年　代	将官構成
①	和銅 2(709)	**陸奥鎮東将軍** 1　征越後蝦夷将軍 1、副 1
②	養老 4(720)	**持節征夷将軍** 1、副 1、軍監 3、軍曹 2 **持節鎮狄将軍** 1、軍監 2、軍曹 2
③	神亀元(724)	**時節征夷大使** 1、副 1、判官 8、主典 8 **鎮狄将軍** 1、軍監 2、軍曹 2
④	天平 9(737)	**持節大使** 1、副 2、判官 4、主典 4、 鎮守将軍(陸奥按察使)、出羽守、陸奥大掾、
⑤	天平宝字 2～3 (758～759)	**鎮守将軍**(陸奥国按察使兼守)、副将軍(陸奥介)、軍監・軍曹、出羽守・介・掾、
⑥	神護景雲元 (767)	**鎮守将軍**(陸奥国守)、副、陸奥介・少掾、
⑦	宝亀 5～6 (774～775)	**鎮守将軍**(陸奥国按察使兼守)、副、軍監？、陸奥国司
⑧	宝亀 7～9 (776～778)	**鎮守副将軍**(陸奥国介→陸奥国按察使兼守)、権副将軍、陸奥出羽国司
⑨	宝亀 11 (780)	**鎮守副将軍**(陸奥国按察使兼守)
⑩	宝亀 11 ～天応元 (780～781)	**持節征東大使**・副 1 → 2(陸奥守 1)・判官 4・主典 4、鎮守副将軍、陸奥国介、出羽鎮狄将軍 1、軍監 2、軍曹 2
⑪	延暦 3 (784)	**持節征東将軍** 1、副 2、軍監 (2？)
⑫	延暦 8 (789)	**持節大使(持節将軍)**・副 4、軍監？、鎮守副将軍 2、
⑬	延暦 13 (789)	**征東大使(持節征東大将軍)** 1、副 4(陸奥按察使兼守 1、鎮守将軍 1、副将軍 1、その他〈近衛少将〉1])軍監 16、軍曹 58
⑭	延暦 20 (801)	**征夷大将軍**(陸奥出羽按察使兼陸奥守・鎮守将軍)1、副？・軍監 5、軍曹 32
⑮	延暦 23 (804)	**征夷大将軍**(陸奥出羽按察使兼陸奥守)1、副 3(出羽守 1、鎮守軍監 1、陸奥介 1、不明 1)、軍監 8、軍曹 24
⑯	弘仁 2 (811)・2	陸奥出羽按察使、陸奥国守・介、**鎮守将軍** 1・副 1、
⑰	弘仁 2 (811)・4	**征夷将軍**(陸奥出羽按察使)1、副 3(出羽守 1、鎮守将軍 1、陸奥介 1)、軍監 10、軍曹 20
⑱	弘仁 4(813)	**征夷将軍**(陸奥出羽按察使)1
⑲	承和4(837)・ 承和 6(839) 斉衡 2(855)	**鎮守将軍**
⑳	元慶 2 (875)	**出羽権掾** 2、**陸奥大掾** 1 →**出羽権守** 1・出羽権掾 3・権大目 1、陸奥国鎮守将軍 1・陸奥権介 1

注）　北啓太「征夷軍編成についての一考察」（注
て作成。なお、北氏は⑫の「東海東山坂東諸国」

表3　蝦夷にたいする軍事行動類型一覧

持節（中央派遣）型				鎮守（現地軍）型				目的
征討		国・郡・城柵の建置	騒擾	征討		国・郡・城柵の建置	騒擾	
反乱なし	反乱			反乱なし	反乱			
○								軍事と造作の一環
	○							国司殺害→乱鎮圧
	○							国司殺害→乱鎮圧
○								秋田城－多賀城直路建設→雄勝建郡
						○		雄勝・桃生城建設
						○		伊治城建設
				○→	○			桃生城焼亡（国司殺害なし）→乱鎮圧
				○				陸奥国北辺防備
						○		覚鱉城建設
	○							按察使殺害→多賀城（国府）焼亡→乱鎮圧
○								軍事と造作の一環
○								軍事と造作の一環
○								軍事と造作の一環
○								軍事と造作の一環
○								軍事と造作の一環
				○				和我・稗貫・斯波三郡の安定化
○								同上
	○?							詳細不明
							○	北辺防備
					○			秋田城焼亡（国司殺害なし）→乱鎮圧

異な状況下にあり、軍士を派遣して秋田城を「鎮守」するために「差二使若国司一人一。以為二専当一」とすることが中央政府から指示されているが、使＝鎮狄使が帰京すれば国司のみの管轄下に入ると推測される。出羽国における平時の城柵防守を担当したのは国司だった。

陸奥国ではどうか。天平九年（七三七）征夷では道路建設以外にも雄勝城建設が想定されており、その実質的推進者である大野東人は、按察使も兼帯していたにもかかわらず、征夷の経緯を記録する『続日本紀』同年四月戊午条で「鎮守将軍」「将軍」と記述されている。陸奥国で城柵建設を主導していたのが鎮守将軍であったことを端的に示している。また、『続日本紀』神護景雲元年（七六七）十月辛卯条によれば、伊治城造営は国司（陸奥少掾）の道嶋三山が「首建二斯謀一。修成築造」したものだったとしても、「自余諸軍軍毅已上。及諸国軍士。蝦夷俘囚等。臨レ事有レ効。応二叙位一者。鎮守将軍並宜下随レ労簡二定等第一奏聞上」とあるように、城柵造営を主導しているのは動員者の勲功を簡定している鎮守将軍であったとみられる。

表2⑨の伊治呰麻呂の乱以前の宝亀十一年征夷は「陸奥国言」により開始されているが、この征夷は「宜下造二覚鱉城一得中胆沢之地上。両国之息莫レ大二於斯一」という目的をもっていたので（『続日本紀』同年二月丁酉条）、按察使紀広純が殺害された場所である伊治城は、覚鱉城建設予定地所在の本軍への支援基地だったとすると、覚鱉城建設予定地に

年代 ＼ 理由 ＼ 軍事編成
①和銅２年(709)
②養老４年(720)
③神亀元年(724)
④天平９年(737)
⑤天平宝字２～３年(758～9)
⑥神護景雲元年(767)
⑦宝亀５～６年(774～５)
⑧宝亀７～９年(776～８)
⑨宝亀11年(780)
⑩宝亀11年～天応元年(780～781)
⑪延暦３年(784)
⑫延暦８年(789)
⑬延暦13年(794)
⑭延暦20年(801)
⑮延暦23年(804)
⑯弘仁２年(811)２月
⑰弘仁２年(811)４月
⑱弘仁４年(813)
⑲ 承和４年(837) 承和６年(839) 斉衡２年(855)
⑳元慶２年(875)

	現地軍型				備　考
騒擾	征　討		建国・郡・城柵	騒擾	
	反乱なし	反乱			
				○	覓国使剽却→竺志総領決罰
	?	?			隔化逆命→発兵征討→校戸置吏
					討隼賊将軍（詳細不明）
					国司殺害

く中央派遣の将軍主導によることは、山田英雄「征隼人軍について」（竹内理三博士還暦記
七三年）。
その前提には大隅建国が存在。

鎮官が集中していた可能性が高い。その傍証となるのは広純が殺された伊治城の記事には陸奥介・掾・牡鹿郡大領が登場するのみで、鎮官は出てこないことである。覚鱉城造営のための主力は鎮官だったと考えられる。

このように、鎮守将軍出現以後の陸奥国では、城柵造営・修理は現地官のなかでも主要には鎮守将軍の主導で行われる軍事領域であった。それでは次に、征夷には持節将軍以外に、なぜ持節ではない鎮守型将軍が関与したのかが問題となる。

2　征夷における征夷将軍・鎮守将軍の差異

事実として持節征夷将軍と鎮守将軍はともに征夷にかかわり、両者の差異は不明瞭であるかのようにみえる。ところが、征夷においてはたす政治的・イデオロギー的意義を基準にすれば、両者には明確な差異が浮かび上がってくる。表3は表2をもとに、持節型と鎮守型に区分し、整理したものである。表3に明らかなように、征夷という軍事行動の契機が蝦夷の側に存するかいなかを基準とすると、征夷は二つに区分することが可能である。一つは(1)蝦夷の側の反乱に対応する鎮圧のための征夷、もう一つは(2)蝦夷の側の反乱がなく、中央政府の側のみの必要性から行われる征夷である。もちろん征夷将軍・鎮守将軍

表4　隼人にたいする軍事行動類型一覧

軍事編成 / 理由 / 年代	持節（中央派遣）型		
	征　討		建国・郡・城柵
	反乱なし	反乱	
㉑文武4年(700)			
㉒大宝2年(702)			
㉓和銅6年(713)		○	
㉔養老4年(720)		○	

注1)　②は大宰府機構により、③は大宰府ではな
　念会編『律令国家と貴族社会』吉川弘文館、一九
注2)　和銅6年征討は反乱に対処したものだが、

ともに(1)(2)にかかわっており、これだけでは差異は抽出できない。

　ところが、(1)蝦夷の側の反乱に対応する征夷の内実をみていくと、持節型は国司殺害や国府侵害に至る場合（表3②③⑩）、鎮守型は国司殺害、国府破壊までには至らず、城柵侵攻のレベルでとどまる場合（表3⑦⑧）であることが知られる。持節将軍派遣かいなかの分岐点が国司殺害・国府破壊かいなかにあることは、隼人征討の場合も同じである。国司殺害に至れば持節征隼人将軍が中央から派遣され（表4㉔）、そのレベルにまで至らなければ、竺志総領や大宰府機構という現地官による鎮圧にとどまる（表4㉑㉒）[11]。鎮守型征夷のうち表2・3⑳の元慶の乱は秋田城や郡院破壊にまでおよび、出羽国軍・陸奥国軍があいついで蝦夷に敗北し、雄物川以北を「己が地」（俘囚の地）とするという宣言までされ、東海・東山両道諸国からの兵の動員にまでおよぶという、きわめて深刻な事態になった。にもかかわらず、陸奥・出羽国司の権官、鎮守将軍など多数の臨時の現地官派遣にとどめ、持節征夷将軍の派遣には至っていない。これは国司殺害・国府破壊に至っていないからともとれるが、九世紀以降天皇制が変質して天下観が大きく変動した結果、蝦夷域に持節将軍を派遣するという発想が消滅したためである（本書終章参照）。

　つづいて、(2)蝦夷の側の反乱がなく中央政府の側のみの必要性から行われる征夷について表2・表3をもとに分析しよう。蝦夷の反乱を契機としない持節征夷将軍の派遣は、和銅二年（七〇九）の①、天平九年（七三七）の④、桓武期の⑪〜⑮、嵯峨期の⑰であり、同様の場合における鎮守型征夷は⑦⑧⑨⑯である。両者の分岐点はどこにあるのか。持節型の場合、明らかに中央における政治的必要性が想定される。①和銅二年（七〇九）征夷は平城京造営と一

体の政策（軍事と造作）、④は天然痘の蔓延による動揺、新羅外交の悪化（失策）に対応する政策、⑪〜⑮は桓武朝における長岡京・平安京造営と一体の政策（軍事と造作）、⑰は平城上皇の変後の政策と密接に関連する政策として征夷が行われた[12]。これにたいして、⑦⑧⑨⑯の鎮守型征夷の場合はどうか。⑦宝亀五年征夷は「将軍等」が「征夷便宜」を奏し、「鎮守将軍所レ請」により開始されている（『続日本紀』同年七月庚申条・八月辛卯条）。⑧宝亀七年征夷は「陸奥国言」により開始され（『続日本紀』同年二月甲子条）、戦況報告を鎮守副将軍が行っている（同、宝亀八年十二月辛卯条）。⑨伊治呰麻呂の乱以前の宝亀十一年征夷は既述したように、覚鱉城造営のための主力が鎮官だったとすれば、前線での征夷も鎮官の主導による可能性が高い。⑯弘仁二年征夷も当初二月段階では鎮守型征夷で現地官が申請したものであったが、勅では「将軍等」「憂国之情」が強調されており（『日本後紀』同年三月甲寅条）、やはり鎮守将軍らが主導している。いずれも中央政権から発案されたものではなく、現地官の発案を契機とし鎮守将軍が主導的役割をはたしている。そのうち、⑦は蝦夷の反乱を惹起し、鎮守型のまま⑵反乱鎮圧の征夷に転換され、⑧は征夷すべてが鎮守将軍等現地官の発案で開始され、終了まで鎮守型で行われた。⑨は伊治呰麻呂の乱による国司（按察使）殺害により⑩の持節型に、⑯は平城上皇の変との関連で⑰の持節型に切り替えられた。⑰の征夷将軍は、節刀下賜がともなわなかった可能性があるとしても、持節将軍の意味をもつとすべきであり、⑯の鎮守型が中央政府の必要性から、⑰の持節型に切り替えられた征夷である[13]。そして、④天平九年征夷は当初鎮守将軍主導の征夷を志向していたにもかかわらず、中央政府の必要性から持節征夷将軍による征夷に切り替えられているように、鎮守型征夷は中央政府の事情などにより、いつでも持節型征夷に転換される性格をもっていた。

四　征夷将軍・鎮守将軍と天皇制

1　「征」「鎮」の機能と将軍・国司

征夷将軍と鎮守将軍の右記のような軍事領域上の差異は何によってもたらされるのか。それは「征」と「鎮」の文字に集約されていると考えるのが自然であろう。そこでそれぞれの語義的側面から考察し、両者の内実の差異を明らかにしていきたい。実際の征夷将軍の派遣時には、表2に明らかなとおり、②③④⑩では陸奥に征夷将軍に相当する軍が派遣されるのにたいして、出羽には鎮狄将軍が派遣されている。①では征越後蝦夷将軍にたいして陸奥鎮東将軍が派遣されている。このように「征」と「鎮」の語は古代国家の政治理念として密接な関連にあった。両者の関連という場合、どのような関連にあったのか。『儀式』巻十「賜二将軍節刀一儀」には天皇の詔として「某賊乎、征撥治、鎮辺岐人止為天奈毛姓名乎任賜布」とあり、征夷のあとに「鎮」の状態を実現するまでが征夷将軍の役割とされている。これは儀式書の理念にとどまらない。実際に⑰弘仁二年（八一一）征夷の論功行賞のさいの詔（宣命）が『日本後紀』弘仁二年十二月甲戌条にみえ、そこには桓武朝に大伴弟麻呂が「伐平」げたが、「鎮守未レ息」という状況だったので、坂上田村麻呂が「伐平」げて「略掃除」し、嵯峨朝に文室綿麻呂が残党を「伐平」げ「掃治」したとあり、実際に古代国家が征夷の究極的目標を、「鎮」の状態の実現においていたことが確認できる。鎮狄将軍らは既存の「鎮」の確保を担当したのであろう（前出『続日本紀』宝亀十一年〔七八〇〕八月乙卯条参照）。

それでは征夷によって実現された「鎮」の状態を維持する官司はどこなのか。持節征夷使は節刀を下賜されている期間のみの存在なので、当然〈「鎮」の維持〉にはかかわらない。〈「鎮」の維持〉について理念的に展開しているのは、『続日本紀』和銅五年（七一二）九月己丑条にみえる出羽建国時の太政官奏である。ここでは、「北道蝦狄」が「屢驚二辺境一」という状況だったが、「官軍雷撃」すると、「狄部晏然。皇民無レ擾」という状態が実現されたとしている。「官軍雷撃」は表2・3①の和銅二年征夷を意味する。したがって、その結果得られた「狄部晏然。皇民無レ擾」（化外の地も安らかとなり、人民はわずらわされることがなくなる）が「鎮」の内実ということになる。そして「一国を置き、式《もっ》て司宰を樹つ」（建国して国司を置くこと）の目的は、「永鎮二百姓一」＝〈「鎮」の状態の永続化〉にあると太政官奏は位置づけている。

征夷の結果征夷将軍によって実現された「鎮」の状態や、鎮狄将軍によって確保された「鎮」の状態を維持するのは、越後国や出羽国では律令制成立以降国司であり、陸奥国でも鎮守将軍創設以前は国司であった。これら三国国司だけに認められた「饗給（招慰）」「征討」「斥候」の職掌は、征夷の結果、化外と接する辺境国において実現される〈「鎮」の永続化〉にかかわるともいえよう。すでに述べたとおり、実際に出羽国では城柵の造営・維持、防守は国司の職掌だった。より具体的には『続日本紀』宝亀十一年（七八〇）八月乙卯条にみえる「禦レ敵保レ民」、蝦夷・俘囚の「帰服」の維持などが内容となるが、これは出羽建国のさいの「鎮」の論理と等しい。つまり、征夷の結果実現された辺境の「鎮」の状態の維持は、前章で明らかにしたように出羽国（越後国も）では国司の役割であり、陸奥国では国司から鎮守将軍の主導下に移行していくのである。それでは、なぜ陸奥国では「鎮」の機能が、鎮守将軍の主導下に移行していくのかが問題となる。

2　持節将軍と天皇

陸奥国における「鎮」の機能の国司から鎮守将軍への移行には、国司にはない「将軍」のもつ軍事的・政治イデオロギー的機能が大きくかかわっているはずである。その前提になるのは、征夷将軍であろう。当初の鎮守府機構が三等官制であることに留意するなら、同じく三等官構成の鎮狄将軍が前提といえないこともない。いずれにせよ、軍防令18節刀条には「凡大将出征。皆授二節刀一」とあり、律令制の論理では、将軍は節刀授与を必須の前提とする持節将軍となる。持節将軍は、(a)節刀を下賜されるとともに、(b)副将軍以下に対する刑罰権、褒賞推薦権等布告すべきことを内容とする軍令を「勅書」という形態で付与され、(c)場合によっては独自の徴兵権をもった。(14) (a)節刀下賜の意味は何か。養老賊盗律27盗節刀条律疏には「謂皇華出レ使。黜陟幽明。将軍奉レ詔。宣二威殊俗一。皆執二節刀一。取二信天下一」とある。つまり、「皇華」＝天子の使者が、地方官の降任・昇任にかかわる権威を冥界にもおよぼそうとする時や、将軍が詔を奉じて「殊俗」＝化外に権威を広める時は、皆節刀を保持することで天下の信を得ることができる、というものである。養老律疏は唐律疏議の「輶軒」を「将軍」、「旌節」を「節刀」に変更しており、この一文は日本固有の政治意識にもとづいている。したがって節刀授与によって、将軍が天皇の権威を体現し、化外に天皇の権威＝「王化」をおよぼす存在になると認識されていたことが確認できる。また(b)本来天皇が行使する刑罰権や天皇の褒賞対象となる者の推薦権を将軍は付与され、(c)天皇のみが行使しうる独自の徴兵権をもつ。軍令の具体的内容である勅書は、実質はともかく形式としては議政官が介在しない天皇個人の意志の表現である。(15)『侍中群要』巻九「受領罷申事」などの儀式書（有職書）によれば、受領と並んで罷申の対象となる「鎮守将軍」は、「天皇の代理人」として想定しうるが、持節征夷将軍はそれを超え、天皇を直接的に体現する存在だったとしなければならない。しいていうなら「天皇の分身」ともいえる存在であった。

　蝦夷の反乱が国司殺害・国府破壊のレベルにまで達した場合、持節征夷将軍の派遣となったのは、クニノミコトモチ＝「天皇の代理人」たる国司の殺害や、「(オホ)ミコトモチノツカサ」（『和名類聚抄』）・「遠《とお》の朝廷《みかど》」（『万葉集』）として朝庭と有機的な連関にある大宰府・国府の破壊は、天皇の権威にたいする、いちじるしい直接的な侵害だったからである。失墜した権威の回復には天皇の意志を直接的に体現する、あるいは「天皇の分身」ともいえる持節の将軍派遣による征夷が必要とされたのは当然であった。前節で述べたような「征」を行い「鎮」が実現されるさいの軍事力は、どのように認識されたのだろうか。

『続日本紀』神護景雲三年（七六九）十一月己丑条で、俘囚・大伴部押人の祖先は本来内民で蝦夷の捕虜となっていたものの、その子孫が「虜庭」を脱し帰服して化民（俘囚）となることができたのは征夷の恩恵によるものだという主張を採録している。そして、押人はこの征夷を「辺を威す神武」つまり辺境を制圧する神的武力と認識している。「天皇の分身」である持節征夷将軍の武力は神的武力ととらえられていたのである。

また、反乱を前提としない征夷の場合、天皇制とどう関連するのか。表2・表3①和銅二年（七〇九）征夷は平城京造営と一体の政策（軍事と造作）、④は天然痘の蔓延による動揺、新羅外交の悪化（失策）に対応する政策、⑪〜⑮は桓武期における長岡京・平安京造営と一体の政策（軍事と造作）、⑰は平城上皇の変後の政情と密接に関連する政策として征夷が行われたことはすでに述べた。これらは当該段階の改革推進のための天皇の権威の強化が必要とされたり、外交関係や政治的事件により失墜した天皇の権威の回復が必要とされたさいに実行された。鎮守型の征夷が持節型に切り替えられる場合があるのは、そのためである。持節の征夷将軍という「天皇の分身」の神的武力により「化外の地」が化内化されることによって、天皇の神的権威と求心性を高めることが必要とされたのであった。この持節征夷将軍の神的武力を継承したのが鎮守将軍ではなかったか。

3　鎮守将軍と天皇制

鎮守将軍は、本来陸奥国司が行うべき征夷将軍の「征」によって実現された〈「鎮」の永続化〉の機能をはたした。鎮守将軍の初見は『続日本紀』天平元年（七二九）九月辛丑条であるが、通説どおり神亀元年（七二四）までには大野東人が鎮守将軍に就任しているとみてよい。したがって、『続日本紀』天平二年（七三〇）正月辛亥条にみえる「陸奥国言。部下田夷村蝦夷等。永悛二賊心一。既従二教喩一。請。建二郡家于田夷村一。同為二百姓一者。許レ之」という田夷の百姓化は、鎮守将軍による「教喩」の成果という認識があった可能性が高い。『続日本紀』天平宝字二年（七五八）六月辛亥条には、夷俘の帰降一六九〇余人が「去㆓離本土㆒。帰㆓慕皇化㆒」し、王民（具体的には田夷）となったとあるが、田夷が「辺軍」に編成されていることからみて、鎮守将軍（藤原朝猟）による教喩の成果とする認識があったことが知られる。鎮守将軍は「鎮」の機能をはたすさいに、天皇の徳化を化外におよぼすことが意識されている。これと表裏の関係でとらえるべきは、やはり多賀城碑の碑文であろう。多賀城碑は多賀城を修造した藤原朝猟の功績を天皇にたいして顕彰すべく、天皇の所在する観念的次元での「西」を意識して建立されている(16)。鎮守将軍の軍事的機能は、「鎮」の状態を天皇の徳化として永続化することにあった。

　鎮守将軍の征夷は天皇制との関連で、どうとらえられるのか。そのさい、重要なのは、鎮守府による城柵造営やその後の維持・防守については天皇の勅裁を必要としないのにたいして、鎮守府主導の征夷については勅裁を必要とするという事実である。たとえば、表2・表3の⑤雄勝城・桃生城、⑥伊治城造営の場合、完成後の論功行賞に関する勅はあっても、造営について勅裁を前提としていない(17)。また、⑱の俘囚騒擾は鎮守府の援兵動員要請にたいして勅による裁可があったものの(18)、逆に鎮守将軍が管轄する通常兵力による辺境防守の場合、勅裁を経ずに軍事行動が可能だったという事実である。したがって、城柵造営そしてその後の修理・防守等の秩序維持機能は鎮守将軍などが主導の恒常的機能として行われたことが知られる。これにたいして、鎮守型征夷の場合は必ず現地官（実質的主導は鎮守将軍）が奏上し、勅裁を経ている(19)。

　このことはどう理解すべきか。おそらく、持節の征夷将軍による征夷が当該段階の天皇の権威と密接な関連をもっていたとすれば、鎮守将軍主導の征夷は現地における〈「鎮」の永続化〉の延長線上にあったことになる。征夷将軍は節刀によって「天皇の分身」として征夷を実行しうるが、鎮守将軍は〈「鎮」の永続化〉を職掌としても、節刀を下賜された存在ではない。「鎮」の延長線上にある軍事行動とはいえ、鎮守将軍は通常の管轄兵力を超える軍事編成を行い、通常の行動領域を越えて化外の地における軍事行動もありうる征夷の場合、征夷の内容（攻撃目標・動員兵力）について天皇の勅裁が必要とされるのは当然のことといえよう（例えば『続日本紀』宝亀七年〔七七六〕二月甲子条など）。

しかし、国司と同様「天皇の代理人」ともいえる鎮守将軍が国司と異なる点は、国司が軍防令17差兵条、擅興律1擅発兵条に拘束されたのにたいして、鎮守将軍は管轄下の兵力動員については、これに拘束されなかったことである。たとえば、元慶七年（八八三）の上総国における俘囚反乱のさい、国司は「発二諸郡人兵千人一。令二其追討一」を天皇（中央政府）に奏上している（『三代実録』同年二月九日丙午条）。軍防令17差兵条では「凡差二兵廿人以上一者。須二契勅一。始合二差発一」とあり、兵士の動員は原則として天皇の勅裁を必要とした。ただし、擅興律1擅発兵条には「其寇賊卒来。欲レ有二攻襲一。即反叛。若賊有二内応一。急須レ兵者。得二便調発一。雖レ非二所属一。比国郡司得二調発給与一」とあり、緊急事態のさいには国司は勅裁を待たずに兵力を動員することが可能であった。上総国司の兵力動員は、緊急事態にさいして国司が勅裁を待たずに兵士を動員し、事後天皇（中央政府）に報告した事例である。

これにたいして、⑲承和四年（八三七）～斉衡二年（八五五）間の陸奥国における俘囚騒擾のさいには、既述したように援兵しか問題になっておらず、鎮守将軍管轄下の兵力動員にたいする制約は国司に比較して緩やかだったのではないかと思われる。そして、鎮守将軍による征夷でも征夷将軍による征夷の時と同様に俘囚が創出されていることからみて（『続日本紀』宝亀七年〔七七六〕九月丁卯条など）、鎮守将軍といえども将軍《イクサノキミ》により編成された征夷軍は、征夷将軍の場合と同様「辺を威す神武」をもつ「皇御軍《すめらみくさ》」（『万葉集』四三七〇）だったのである。こうした「神武」の性格をもつ「皇御軍」による〈「鎮」の永続化〉を期待されたのが鎮守将軍だったと考えられる。

鎮守将軍出現の歴史的背景は何か。九世紀中葉には「奥邑之民。共称二庚申一。潰出之徒不レ能二抑制一」（『続日本後紀』承和七年〔八四〇〕三月壬寅条、）という奥郡の俘囚騒擾による東北辺境地域の動揺がある。かなり後まで恐怖を民衆に刻印したと伝えられる「庚申年」の事件としては、養老四年（七二〇）の蝦夷反乱、宝亀十一年（七八〇）の伊治呰麻呂の乱が想定されるが、養老四年の蝦夷反乱後はさまざまな蝦夷関連の政策が打ち出されており、[20]この反乱が東北の地域社会をいちじるしく動揺させたことはまちがいない。そして、この大きな動揺をおさえ、有効で永続的な秩序維持機能をはたすことが求められた。それは天皇の徳化を現出するかたちで貫徹しなければならなかった。かくして養老四年以降、陸奥国に鎮守将軍が出現するのである。[21]

「辺を威す神武」による征夷将軍・鎮守将軍による征夷のさい自主的に帰服した蝦夷を、律令国家は王化（天皇の徳化）に従う「化民」として評価し、俘囚身分として編成した。天皇の徳化を結晶化した存在である俘囚は、中央政府に献上され、各官司や貴族層の賤となったり、諸国に移配されたりした。それは天皇の徳化を諸方面におよぼすイデオロギー的効果をもった。一方、鎮守将軍による〈「鎮」の永続化〉の一部を構成する教喩によって、恒常的に天皇の徳化がおよぼされることになるが、鎮守将軍による恒常的教化による自主的帰服の蝦夷は夷俘とされ、さらに種子を与えられ、農耕の条件を与えられた夷俘は田夷身分に編成された。[22]これは天皇の権威の直接的結晶化とはいえない存在であることから、王民＝百姓身分として編成された。自主的帰服ではなく、征夷時の捕獲は蝦夷身分のままとなる。このように、蝦夷・俘囚・田夷身分の成立は、征夷将軍による征夷の機能や鎮守将軍の恒常的機能を貫く、天皇制の徳化の論理から説明される。

最後に出羽国における八世紀後半の元慶の乱ついて言及する。元慶の乱はたしかに国司殺害・国府破壊には至らなかったものの、大反乱であることには違いない。しかも秋田河以北を「己地」とするという天皇制イデオロギーにとって不遜なレベルに到達している。にもかかわらず、鎮圧にさいして持節の征夷将軍派遣とならなかった。これは九世紀以降、天皇の権威が清浄化に依拠するにようになるに従い、周辺部は異土化していくこととかかわっている。清浄なる天皇にとって蝦夷の居住する東北地方北辺はケガレが充満する異土へと転化していく（本書終章第五節）。権任（臨時の）出羽国司・陸奥国司や、鎮守将軍を多数派遣して鎮圧体制をとったのは、このケガレの充満する異土に「天皇の分身」ともいえる持節の征夷将軍を派遣することは回避されなければならなかったからである。[23] 征夷軍編成の変質にも天皇制の問題が大きくかかわっているのである。

注

(1) 北啓太「征夷軍編成についての一考察」(『書陵部紀要』三九、一九八八年)。とくに断りのないかぎり、北氏の見解はすべてこれによる。

(2) 鈴木拓也「古代陸奥国の官制」(『古代東北の支配構造』吉川弘文館、一九九八年。初出一九九四年)。とくに断りのないかぎり、鈴木氏の見解はすべてこれによる。

(3) まず、十世紀以降の鎮守府に受領と同様の行政官の性格を広範囲に認めようとする熊谷公男氏の見解(「『受領官』鎮守府将軍の成立」〈羽下徳彦編『中世の地域社会と交流』吉川弘文館、一九九四年〉)は、渕原智幸氏によって諸史料に即して全面的に批判された観があった(「平安前期東北史研究の再検討—『鎮守府・秋田城体制』説批判—」〈『平安期東北社会の研究』塙書房、二〇一三年。初出は二〇〇二年〉)。これ以降、渕原説への個別的批判もあったが、それらは渕原氏の論拠にたいする体系的で有効な内在的批判とは認められず、鎮守将軍＝受領官説はそのままでは立しがたい状況であった。たとえば、今泉隆雄氏は熊谷公男説と渕原智幸説は両者とも鎮守府将軍が陸奥国被官であり、受領官でないことでは共通しているから、両者の大きな違いは鎮守府が奥六郡を支配したか否かという点にあるとする。そして、渕原氏が鎮守府による奥六郡支配否定の根拠とした和賀・稗縫・紫波・岩手の四郡の『延喜式』民部上3東山道条(以下『延喜式』の条文番号は集英社版『訳注日本史史料『延喜式　上』』による)からの脱落は、当該四郡が俘囚郡だったからでり、鎮守府による奥六郡支配はおおじで認められるとした(「古代史の舞台　東北」〈『古代国家の東北辺境支配』吉川弘文館、二〇一五年、初出は二〇〇六年〉)。しかし、重要な問題は鎮守府が奥六郡にたいして国府のような行政的権能をもっていたか否かにあり、支配領域か否か、四郡が存在していたか否かというのは、論点のすり替えにすぎない。

その後、二〇一一年十二月十七日に仙台市において開催された第55回蝦夷研究会シンポジウムでは、渕原智幸氏・伊藤博幸氏・樋口知志氏・相澤秀太郎氏の報告をもとに、「鎮守府論」があらためて検討された。当日の発表レジュメによれば、既述の『延喜式』民部上3東山道条に記載のない四郡は廃絶されたのか否か、四郡は俘囚郡なのか否かということに議論が集中していたようだが、本節の問題の一つである十世紀における鎮守府の機能は、この四郡の存否や性格とは直接的にはかかわらない。本節の行論の上で重要なのは、胆沢城鎮守府が国家的な制度・法の上で行政的機能を付与されていたかどうかという点である。渕原論文は自説展開について批判が集中しているように推論が多いものの、史料に即した熊谷説批判については説得力がある。シンポジウムにおける渕原批判も考古学的成果を中心とした状況証拠からする印象論の域を出ず、個々の文献史料に即した内在的な批判はほとんどみられない。

　本節の趣旨は、胆沢城では行政的機能は一切担われなかったということではまったくない。九世紀段階の胆沢城で行政的機能が担われたとしても、それは鎮守府の機能としてではなく、鎮守府に所在した国府の一分肢（在庁が存在したとしても、それは鎮守府在庁ではなく陸奥国府在庁）によって担われたのではないか、ということである。八世紀多賀城において、行政的機能を主とするに至った国府と軍事的機能を担った鎮守府が併存したように、九世紀胆沢城においても鎮守府・鎮官と国府・国司の機能が併存しうるし、併存していたはずである。胆沢城政庁域はまさに陸奥国府の機能を象徴するものといえよう。

　歌枕の地名から中央政府の支配の波及を論じる分析をおこなった嶋本尚志氏は、『後拾遺和歌集』の光朝臣法師母の歌の詞書から十世紀中葉に国府奥郡支配権を鎮守府から奪還したとした。その詞書には「橘則光朝臣陸奥の守にて侍りけるに、奥《おくの》郡《こほり》にまかり入るとて、春なむ帰るべきといひはべりて」とある。この時期の「奥郡」は「奥六郡」のことであるから、冬～春の長期間奥郡に滞在することを意味し、しかも同時期鎮守府将軍の平永盛が在任中であることから、嶋本氏は十世紀中葉において奥六郡地域は国府の管轄下にあったとした（「安倍氏の陸奥国府在庁官人化について」（『文化史学』五六、二〇〇〇年））。嶋本氏は九世紀～十世紀前半の奥六郡の行政的支配については熊谷説にしたがい、鎮守府将軍によって担われたとするものの、十世紀前半の鎮守府将軍と国守の抗争以後、奥六郡の支配は国府に吸収されたとしたのである。

　しかし十世紀前半以前においては、嶋本氏自身が認めるように、鎮守府受領官のための格式や官符という法的根拠は一切存在しない。一定の地域を既存の国府とは別の機関に委ねるなら、国を分割しあらたな国府を設置するのがこれまでの古代国家の統治方法である。同じ国内の軍事機関に一定の行政的支配を委ねるというのはいかにも不自然といえよう。鎮官が武力により強引に陸奥北方の行政権を奪取したという渕原説があらわれるのも、このような不自然さを解消しようすることに起因するのではないか。シンポジウムで樋口知志氏は、渕原説も熊谷説も実態理解は同じであり、時期の差異にすぎないのではないかと評しているが、樋口氏の理解にもかかわらず、両者は大きく異なる認識を基盤としているといわざるをえない。

仁寿四年（八五四）に陸奥国では、少掾一員が増加されている。この増員を要請した陸奥国守藤原興世は、増員の理由について「此国所部多レ道。有司少レ員。春挙秋収。事難二兼済一。望請加二掾一人一以済二庶務一」としている（『類聚三代格』巻五、仁寿四年八月一日太政官符）。「所部多レ道」と広域であることは奥六郡支配ともかかわる。いずれにせよ、陸奥国の場合国の分置ではなく、国司の定員増というかたちで対応したのである。鎮守府に制度的・法的な行政権が付与されることは一貫してなかったとしなければ、十世紀中葉段階における国守橘則光の奥郡滞在はありえない。九世紀～十世紀前半の時代において、たとえ鎮守府が行政的権能を強いて行使したとしても、制度として鎮守府に行政的機能が付与されることは断じてなかった。本節の趣旨にとってはこのことが確認できれば十分である。

二〇一六年二月一三日の金ケ崎町「国指定史跡　鳥海柵跡シンポジウム」で戸川点氏は、十世紀の陸奥国奥郡における国司と鎮守府の共同統治論を提起している（「中世の黎明と安倍氏・鳥海柵―武家社会の誕生―」）。しかし、鎮守将軍が統治していたことを示す明確な史料的根拠はない。

（4）②についていえば、大宰府被官十二司の印が中央政府から支給されており（『続日本紀』天平十七年〔七四五〕八月己丑条）、印の存在は独立的な統治機関であることの証左にはならない。また、軍団に軍団印があるように、国府被官の鎮守府に鎮守府印があっても、それが軍事以外の行政的機能をもったことの証左にはならない。

（5）『続日本後紀』承和四年四月癸丑条。同、承和十年四月丁丑条。

（6）『類聚三代格』巻二、貞観十八年（八七六）六月十九日官符。窪田大介氏は、鎮守府胆沢城における吉祥悔過の目的は、諸国におけるそれとは異なり、律令国家の蝦夷支配政策の一環をなすものであること、鎮守府の吉祥天悔過を契機として、その本尊であった毘沙門天が鎮守府の周辺地域に受容されていったことを指摘する（窪田大介「鎮守府の吉祥天悔過と岩手の毘沙門天像」〔『古代東北仏教史研究』法藏館、二〇一一年。初出は一九九七年〕）。

（7）『類聚三代格』巻二、昌泰元年（八九八）十二月九日太政官符。

（8）また、天平十八年（七四六）・神護景雲二（七六八）年には陸奥国司が鎮兵停止を提案しており（『続日本紀』神護景雲二年九月壬辰条）、財政的な理由とはいえ鎮兵に国司が関与している。鎮守将軍のみが鎮兵を管轄しうるわけではない。

（9）北前掲注（1）「征夷軍編成についての一考察」2頁には、「東北地方における築城・道路開削等の四箇度の土木事業もこの表（征討軍一覧―筆者注）に入れたが、それは表からも分かるように、これらの事業にあたって軍が動員され、持節大使の任命があった如く、それが軍事行動としての性格を有しているからである」とある。

（10）同条には「夫秋田城者。前代将相僉議所㆑建也」とあるが、将軍・議政官の「僉議」は中央レベルの決定のことであり、秋田城建設は国司らの主導であろう。

（11）国司殺害といっても、国内における郡司や僚属国司による殺害は、警察的官司による追捕、刑部省による処断の対象となっている。つまり反乱とはみなされておらず、本節での考察の対象とはならない（『文徳実録』天安二年〔七五八〕閏二月庚申条、『三代実録』仁和元年〔八八五〕十二月二十三日癸酉条など参照）。

（12）伊藤循「古代国家の蝦夷支配」（鈴木靖民編『古代王権と交流1　古代蝦夷の世界と交流』名著出版、一九九六年）。

（13）理由をあげよう。第一に、四月に突然按察使を征夷将軍に、出羽守・鎮守将軍・陸奥介を副将軍とするかたちで、急遽征夷将軍編成の征夷に切り替えられているが、征夷将軍となった文室綿麻呂は参議でもあり、議政官が持節将軍となることが多いそれまでの例と共通性がある。第二に「軍法」による隊長以下の決罰権の付与は（『日本後紀』弘仁二年四月壬午条）、征夷軍編成における持節将軍の特徴である。第三に桓武以来の征夷を総括している『日本後紀』弘仁二年十二月甲戌条は、大伴弟麻呂・坂上田村麻呂と並んで、文室綿麻呂の征夷を取り上げているが、ここでは「従三位」「大納言」「正四位上」の位・官しか記されず、同じ位置づけとなる征夷将軍であることが前提となっている。第四に、綿麻呂は弘仁四年（八一三）五月にふたたび征夷将軍に任命されており（『日本後紀』同年同月辛巳条）、綿麻呂の征夷将軍は持節と同様限定された期間の任だった。これらの四点から、鎮守将軍と区別される綿麻呂の征夷将軍の称号は明らかに、持節将軍と同等の意味をもった軍事編成と中央政府が認識していたことが知られる。

（14）北啓太「律令国家における将軍について」（笹山晴生先生還暦記念会編『日本律令制論集』〔吉川弘文館、一九九三年〕）。

(15) 坂上康俊「『勅書』の基礎的研究」（山中裕編『摂関時代と古記録』〔吉川弘文館、一九九一年〕）。

(16) 伊藤循「多賀城碑の『国堺』認識と天皇制」（『歴史評論』五五五、一九九六年）。

(17) ⑨覚鱉城造営のさいに勅裁が前提となっているが、これは「賊地」の征夷が付随するからであり（『続日本紀』宝亀十一年〔七八〇〕二月丁酉条）、後述の鎮守型征夷のさいの勅裁の例となる。胆沢城・志波城は中央派遣官の専当によるものであり、鎮守将軍・征夷将軍のどちらも両城造営を主導していない。

(18) 『続日本後紀』承和四年四月癸丑条、同六年四月丁丑条、同七年三月壬寅条。

(19) ⑦は『続日本紀』宝亀五年七月甲申条、⑧は宝亀七年二月甲子条、⑨は宝亀十一年二月丙午条、⑯は『日本後紀』弘仁二年三月甲寅条によって確認できる。

(20) 熊谷公男「養老四年の蝦夷の反乱と多賀城の創建」（『国立歴史民俗博物館研究報告』八四、二〇〇〇年）。

(21) 出羽国司の〈「鎮」の永続化〉の機能は、やがて出羽介に固定され、罷申の対象となる秋田城介が出現していくと考えられる。

(22) 『続日本紀』神亀二年（七二五）閏正月己丑条、宝亀七年（七七六）九月丁卯条・十一月癸未条、宝亀十一年（七八〇）六月辛酉。俘囚移配については、伊藤循「律令制と蝦夷支配」（田名網宏編『古代国家と支配構造』〔東京堂出版、一九八六年〕）および本書終章参照。

(23) 持節将軍の派遣自体は十世紀まで確認できる。天慶三年（九四〇）年、平将門の乱にさいしては、参議・藤原忠文が持節征東大将軍として発遣されている（『貞信公記抄』『日本紀略』同年二月八日甲辰条）。また、天慶四年（九四一）には、藤原純友の乱鎮圧のため、同じく忠文が征西大将軍に任命されている（『日本紀略』同年五月十九日戊寅条）。

鈴木拓也氏は、弘仁年間以降持節将軍が派遣されなくなったのは、征討における殺戮のケガレを天皇制が規避するようになったからであるが、平将門・藤原純友の乱の場合は乱の深刻さのため異例の派遣となったとする（「古代における将軍の展開と変質」〔『ヒストリア』二一八、二〇〇九年〕）。しかし、鈴木氏が明らかにしたように乱後節刀が返還されるさいに厳重な祓禊がなされていることからすれば（『儀式』巻十など）、殺戮のケガレが持節将軍派遣を規避する重大な要因とはいえない。寛平六年（八九四）に新羅の海賊が来襲したさい、大宰府から将軍発遣要求があったが、実際には将軍派遣はなく参議藤原国経を「権帥」とすることで対応している（『日本紀略』同年四月十六日戊申条）。元慶の乱における「権守」派遣と類似の対応といえる。これは新羅海賊の襲撃が将軍派遣を必要とする事態とは中央政府が判断しなかったことによる可能性が高い。あるいは東北北部のような異土にたいして持節使を派遣しなかったように、新羅人のような異土人にたいする持節使の派遣もなかったということではないか。どちらにせよ持節将軍の殺戮のケガレとは無縁であろう。

第三章　「上治郡」と蝦夷郡

一　「上治郡」をめぐる問題の所在

『続紀』宝亀十一年（七八〇）三月丁亥条は、蝦夷大反乱の契機となる伊治呰麻呂による按察使殺害事件を次のように記している。

陸奥国上治郡大領外従五位下伊治公呰麻呂反。率二徒衆一殺二按察使参議従四位下紀朝広純於伊治城一。

ここからはじまる蝦夷の大反乱は、陸奥国府・鎮守府が置かれた多賀城を灰燼させ、延暦初年まで奥郡は崩壊状態が続くほどであった。伊治城で按察使紀広純を殺害した伊治呰麻呂は、「上治郡」の大領（郡の長官）であった。「上治郡」の史料はこの記事が唯一である。「上治郡」については、史料が複数残存する栗原郡のこととする説が有力である。これにたいして、栗原郡は内国からの移民によって建置された律令制郡であり、蝦夷出身の伊治呰麻呂が大領であった「上治郡」は、この栗原郡とは別の服属蝦夷を編成した蝦夷郡だったとする説も有力である。[1]「上治郡」を栗原郡とする説の根拠の一つは、多賀城跡出土の漆紙文書に「此治城」という記載がみられることであった。「此治城」は明らかに伊治城のことであるから、『続紀』にしか存在しない「上治郡」を「此治郡」の誤記とみると、「上治郡」は「此治郡」と音が類似する栗原郡のことをさすということになる。これにたいして「上治郡」を栗原郡と区別される蝦夷郡だとする説の主要な根拠は、前掲『続紀』宝亀十一年（七八〇）三月丁亥条に「牡鹿郡大領道嶋大楯。毎凌二侮呰麻呂一。以二夷俘一遇焉」とあるように夷俘として差別されていたこと、「呰麻呂自為二内応一。唱二誘俘軍一而反」とあるように帰降蝦夷である俘囚軍とかかわっていることである。

しかし、これらはいわば「状況証拠」にすぎない。文献史料の考証からすれば、「上治郡」＝「此治郡」で栗原郡は「コレハリ郡」の雅字による郡名だったとする方が一見自然だとも思える。[2]それでも上治郡＝栗原（此治）郡説に簡単に落ち着かないのには、次のような史料上の問題もある。『続紀』では「上治郡」があらわれる宝亀十一年より以前に相当する神護景雲元年（七六七）十一月己巳条には、「置二陸奥国栗原郡一。本是伊治城也」という栗原郡初見記事が存在する。「此治郡」が栗原郡であるなら、冒頭にかかげた『続紀』宝亀十一年（七八〇）三月丁亥条には栗原郡あるいは「此治郡」となければならない。したがって、「上治郡」は「此治郡」＝「栗原郡」とは別の郡であり、蝦夷出身の伊治呰麻呂が大領となっていることからも「上治郡」は蝦夷郡であったという説が成立する余地も残されている。これらの史料上の問題点をふまえ、まずは「上治郡」は「此治郡」（＝栗原郡）とは別の郡だったのかどうかを確定する必要がある。

一般的に蝦夷郡の存在を想定する背景には、陸奥国の諸郡を南部から北部（奥地）へむかって、(一)一般の令制郡、(二)蝦夷と境を接した「近夷郡」、(三)服属蝦夷からなる蝦夷郡というように分類する熊谷公男氏の考え方がある。[3]今泉隆雄氏は、「エミシ」を支配する方式には(1)「エミシ」郡制、(2)村制があり、(1)「エミシ」郡のなかには、①郡司による官司機構、②郡家の施設、③編戸にもとづく里制という「令制郡」の成立要件を満たすものもあったとしている。[4]「上治郡」であるにせよ、栗原郡であるにせよ、これらの郡を帰降蝦夷を百姓身分ではないまま編成した蝦夷郡とするとらえ方は、田夷が多く居住していた陸奥国遠田郡や弘仁元年（八一〇）に成立した陸奥国の和我・稗縫・斯波の三郡をも蝦夷郡あるいは俘囚郡とする理解とも関係してくる。しかし、後述するように田夷は蝦夷爵ではなく一般位階（文位）の授与対象であり、王民や百姓身分とされている。俘囚よりも公民により近い身分に包摂されている。(5) 田夷を編成したとされている遠田郡を、田夷の郡だから蝦夷郡だとすることには、もう少し慎重な史料的考察が必要であろう。本章では「上治郡」と「此治郡」（＝栗原郡）の関連を検討し、さらに蝦夷郡とされている遠田郡や斯波三郡の性格、移配蝦夷の編成のされ方について検討していきたい。

二　伊治呰麻呂と「上治郡」

伊治呰麻呂が大領だった「上治郡」は「此治郡」（栗原郡）とは別の郡だったのだろうか。まず、このことを史料により確定しておきたい。Ⓐ『公卿補任』宝亀十一年条の参議・従四位下・紀広純の尻付部分（後述）では、伊治呰麻呂は「伊治郡大領」とある。これをⒶ′『続紀』宝亀十一年十一月己巳条と並記し、比較してみよう。

Ⓐ三月廿四日丁亥陸奥伊治郡大領外従五位下伊治公呰麿及率従衆殺按察使広純於伊治城」

Ⓐ′三月丁亥陸奥国上治郡大領外従五位下伊治呰公麻呂反。率徒衆殺按察使参議従四位下紀朝臣広純於伊治城。

傍線部はⒶとⒶ′の字句が同一の部分である。土田直鎮氏によれば、『公卿補任』は毎年の公卿・非参議を序列順に記録した本文と、その人物が載せられた最初の箇所に、本人の家系・公卿になる以前の官歴をまとめて記した尻付とに区分できる。Ⓐの前にくる本文は弘仁二年以前の部分については当該期に成立した『歴運記』にもとづき、この尻付部分は国史の記事にもとづいて作られた官歴ということになる。(6) また、紀広純の殺害の期日を「三月廿四日丁亥」とするが、丁亥は「二十二日」でなければならない。これは「丁亥」の干支の変換の間違いにすぎず、『公卿補任』が『続紀』の「三月丁亥」条を前提としていることの傍証ともなろう。史料Ⓐをふくめた紀広純の尻付全体をみると、『弁官補任』『受領補任』の引用を除いた部分は、明らかに『続紀』をもとに記述されているとしてよい。

伊治呰麻呂を「伊治郡大領」とする公卿補任尻付（史料Ⓐ）は、応和（十世紀中葉）以降の『続紀』写本にもとづき付加された。伊治呰麻呂の管轄郡の名称に応和以降の編者が興味をもっている可能性は低く、したがって「上治郡」を「伊治郡」に故意に書き換える可能性は低い。『続紀』本来の記述にも「伊治郡」とあったとしてよい。伊治郡は「コレハリ郡」と読むとすると、多賀城跡出土漆紙文書の「此治郡」とも一致する。むしろ疑うべきは、Ⓑ『続紀』神護景雲元年（七六七）十一月己巳条に「置二陸奥国栗原郡一。本是伊治城也」とある「栗原郡」初見記事の方であろう。この栗原郡初見記事の次に栗原郡がみえるのは、Ⓒ『日本後紀』延暦二十三年（八〇四）十一月戊寅条の「陸奥国栗原郡、新置二三駅一」という記事である。Ⓑ栗原郡初見記事と次のⒸ延暦二十三年の記事との間には、二つの関連記事が存在する。①『続紀』神護景雲三年（七六九）六月丁未条の「浮宕百姓二千五百余人置二陸奥国伊治村一」とある記事、②『日本後紀』延暦十五年（七九六）十一月戊申条の「発二相模。武蔵。上総。常陸。上野。下野。出羽。越後等国民九千人一。遷二置陸奥国伊治城一」とある記事である。熊谷氏らのいう移民からなるはずの「栗原郡」が史料Ⓑ神護景雲元年（七六七）十一月己巳条にみえるのに、それより後の時期の①神護景雲三年（七六八）には「伊治村」、②延暦十五年（七九六）には「伊治城」とあり、「栗原」にはなっていない。②延暦十五年（七九六）は栗原郡再建にかかわる記事である可能性が高いので、少なくとも①神護景雲三年（六七八）段階までは「伊治（コレハリ）」という地名だったことになる。

『続紀』によれば、伊治城の完成を示す記事は神護景雲元年（七六七）十月辛卯（15日）条であり、Ⓐの栗原郡建置記事は、神護景雲元年（七六七）十一月己巳（23日）条である。伊治城完成から栗原郡建置までわずか一か月余しかないことになる。そして栗原郡建置記事より後の段階で、建郡を目的とした伊治村への移民記事が史料①の神護景雲三年に登場するという、逆転にも近い現象が『続紀』にはあらわれる。おそらく、Ⓑ「置二陸奥国栗原郡一。本是伊治城也」の「本是伊治城也」は『続紀』編纂段階の注記であるとしなければ、「本是」の意味が不明となる。栗原郡も本来

「伊治郡」（＝コレハリ郡）と表記されていたと考えられる。『続紀』の(B)神護景雲元年（七六七）段階では「栗原郡」ではなく、「此治郡」ないしは「伊治郡」と表記され、「コレハリ郡」と呼ばれていたにちがいない。(A)′『続紀』の「上治郡」は明らかに「此治郡」の誤記であり、伊治呰麻呂は『公卿補任』のように「伊治郡」か、もしくは多賀城跡出土漆紙文書のように「此治郡」の大領だった可能性が最も高い。城柵名が郡名とされた例がかなり多いことも、このことを裏づけている。[7]蝦夷域の胆沢城のもとに胆沢郡が、志波城のもとに斯波郡が建置されている例は、伊治城のもとにまずもって建置されたのが伊治郡だったことを示唆している。そして蝦夷反乱後に「百姓募集」によって再編成された伊治郡を、雅字による栗原郡に改称したと考えられる。また、「上治郡」という「上○郡」という郡名は、一般に「下○郡」の存在を前提とする。しかし「下治郡」という郡名は歴史上存在しない。「上○郡があって「下○郡」が存在しない例はない（表5参照）。「此治郡」を前提として「上治郡」のみが建置されることは想定しがたい。

表5　上・下のつく郡

対馬国	上県郡	下県郡
筑前国	上座郡	下座郡
筑後国	上妻郡	下妻郡
豊前国	上三毛郡（上毛郡）	下毛郡
備前国	上道郡	備中国下道郡

以上の考察から、「上治郡」という郡は実在せず、按察使紀広純を殺害し蝦夷大反乱へと導いた伊治呰麻呂は、伊治郡（または此治郡）の大領だったことが知られた。それでは、伊治郡は帰降蝦夷によって構成された蝦夷郡だったのだろうか。

三　伊治郡・遠田郡と律令制郡

はたして伊治呰麻呂を大領とした伊治郡は蝦夷郡といえるのだろうか。そのさい伊治呰麻呂が蝦夷という身分だったのか、伊治郡を構成する住人は百姓身分になっていない蝦夷のままの住人だったのか、という視角から検討する必要がある。しかし、これらを検討するための材料は伊治郡関係史料にはほとんどない。そこで、内国移配蝦夷の例や、帰降蝦夷出身者が郡司をつとめ帰降蝦夷出身の住人らによって編成されている遠田郡の例も参照することにしたい。

まず、伊治呰麻呂の身分について検討する。伊治呰麻呂の初見記事は、①『続紀』宝亀九年（七七八）六月庚子条である。そこには、「賜二陸奥出羽国司已下。征戦有レ功者二千二百六十七人爵一。（中略）外正六位上吉弥侯伊佐西古。第二等伊治公呰麻呂並外従五位下。」とある。宝亀七年（七七六）からの征夷で伊治呰麻呂とともに外従五位下に叙位されている吉弥侯部伊佐西古はこれ以前に外正六位上を保有している。一般にいわれているように伊佐西古は俘囚だったと考えられる。これにたいして、伊治呰麻呂は前段階で「第二等」という蝦夷爵を保有しており、俘囚ではなく帰服蝦夷の扱いであった。そして、次に伊治呰麻呂が『続紀』にあらわれるのは、按察使殺害を記す既掲宝亀十一年（七八〇）三月丁亥条（以後、史料②とする）である。史料②には、「上治郡大領外従五位下伊治公呰麻呂」と記されているが、重要なのは「伊治呰麻呂。本是夷俘之種也」と記されていることである。「夷俘」（帰服蝦夷）[8]だったのは、大領就任以前のことであり、この史料②の段階では国家による区分の上で伊治呰麻呂は蝦夷（「夷」）ではない。『続日本後紀』承和十年（八四三）二月甲戌条には、「播磨国飾磨郡人散位正七位下叫綿麻呂賜二姓春永連一。元夷種也」という記事がみえる。内国移配蝦夷は、例えば「播磨国夷第二等去返公嶋子」（『日本後紀』延暦二十四年（八〇五）三月乙亥）「越中国俘囚勲八等吉弥侯部江岐麻呂」（『類聚国史』一九〇、天長六年（八二九）七月丙申条）のように、「〇〇国＋蝦夷爵＋人名」や「〇〇国俘囚＋位階＋人名」の形式で表記される。叫綿麻呂の場合、「〇〇郡人」で、「夷」の身分表記や蝦夷爵をともなわないので、「元夷種也」は、この段階では「散位正七位」という地位にあり、国家的身分の上では蝦夷（「夷」）ではないという認識にもとづく。伊治郡大領であった伊治呰麻呂も「本是夷俘之種」とされ、国家的身分の上で蝦夷（「夷」）ではなかった。だからこそ、牡鹿郡大領道嶋大楯による「毎凌二侮呰麻呂一。以二夷俘一遇焉」（『続紀』宝亀十一年（七八〇）十一月己巳条）という夷俘扱いの姿勢が、反乱の要因の一つとなりえたのである。

表6　郡の等級と郡司四等官

等級	里数	四等官構成（数は員数）
大郡	16～20	大領1　少領1　主政3　主帳3
上郡	15～12	大領1　少領1　主政2　主帳2
中郡	8～11	大領1　少領1　主政2　主帳1
下郡	4～7	大領1　少領1　主帳1
小郡	2～3	領1　主帳1

＊等級は戸令2定郡条、郡司構成は職員令74～78による。

次に伊治郡を構成した住人は蝦夷だったのかどうかを、蝦夷郡の一つとされている遠田郡の例を参照しながら検討したい。主として田夷を編成したとされている遠田郡は『和名類聚抄』では二郷の小郡で、しかもそのうちの一郷は余部郷であるから、かなり小規模な郡ということになる。遠田郡の郡司については、③『続紀』天平九年（七三七）四月戊午条に「田夷遠田郡領外七位上遠田君雄人」とあり、小郡の郡の長官を「領」とする戸令2定郡条の規定どおりになっている（表6参照）。④『続紀』延暦九年（七九〇）五月庚午条にも、「遠田郡領外正八位上勲八等遠田公押人」とあり、延暦期まで郷の規模に変化はなかった[9]。そして史料③④では「郡領」はいずれも田夷である。しかし、どちらも蝦夷爵ではなく文位をもつので、「蝦夷」や「夷」ではない。蝦夷郡とされてきた遠田郡は、郡司をみるかぎり蝦夷や「夷」ではなく、蝦夷身分のまま住人を編成した郡とはいえない。

遠田郡の住人の身分はどうか。田夷から課役民への身分転換を伝える史料④『続紀』延暦九年（七九〇）五月庚午条と⑤『日本後紀』弘仁三年（八一二）九月戊午条から考えてみたい。

④陸奥国言。遠田郡領外正八位上勲八等遠田公押人款云。已既洗二濁俗一。更欽二清化一。志同二内民一。風仰二華土一。然猶未レ免二田夷之姓一。永貽二子孫之恥一。伏望。一同二民例一。欲レ改二夷姓一。於レ是賜二姓遠田臣一。

⑤陸奥国遠田郡人勲七等竹城公金弓等三百九十六人言。已等未レ脱二田夷之姓一。永貽二子孫之恥一。伏請改二本姓一為二公民一。被レ停レ禄。永奉二課役一者。勅可。唯卒従二課役一。難レ勧二遺類一。宜レ免二一身之役一。仍賜二勲七等竹城公金弓。勲八等黒田竹城公継足。（中略）小田郡人意薩公継麻呂。遠田公浄継等六十六人陸奥意薩連一。

④⑤いずれも「田夷之姓」を脱することが要請されている。⑤では給禄をやめ課役に従

うことにより「公民」となるとしているので、④⑤の田夷は公民でないことは確かである。しかし、「夷」でもない。⑥『続紀』天平二年（七三〇）正月辛亥条には、

⑥陸奥国言。部下田夷村蝦夷等。永悛二賊心一。既従二教喩一。請建二郡家于田夷村一。同為二百姓一者。許レ之。

とある。陸奥国管轄下の田夷の村に、新たに居住する帰降蝦夷は、賊心を改め国司の教喩にも従うようになったので、田夷村に郡家を建置し、帰降蝦夷を郡に編成して既存の田夷と同じく百姓としたい、と解釈できる。田夷村の帰降蝦夷は郡に編成されることによって、百姓身分の田夷となる。住人表記も史料⑤に明らかなように「○○郡人＋人名」であり、「夷」や「俘囚」より公民に近い表記となっている。少なくとも百姓として位置づけられていることはまちがいない。さらに、⑦『続紀』天平宝字二年（七五八）六月辛亥を検討しよう。

⑦陸奥国言。去年八月以來。帰降夷俘。男女惣一千六百九十余人。或去二離本土一。帰二慕皇化一。或身渉二戦場一。与レ賊結レ怨。惣是新来。良未二安堵一。亦夷性狼心。猶予多レ疑。望請。准二天平十年閏七月十四日勅一。量二給種子一。令レ得レ佃レ田。永為二王民一。以充二辺軍一。許レ之。

天平宝字二年（七五八）、天平十年（七三八）という征夷ではない時期に帰降した蝦夷は「夷俘」とされている。「惣是新来」とあるので、かつて帰降した蝦夷がふたたび帰降したものではない（その場合「叛俘」の帰服となり、帰降蝦夷の扱いとならない（『類聚国史』一九〇、弘仁八年（八一七）九月丙午条）。そして帰降夷俘のうち、「量二給種子一。令レ得レ佃レ田」の対象となったものは「王民」とされた。俘囚は史料の次元では「化民」（王化の民）ではあっても、王民はでない。[10] 王民とは「名々王民」（『書紀』大化二年〔六四六〕八月癸酉条）のことであり、律令制下では戸籍を前提とした氏名《ウジナ》（姓《セイ》）の保有を指標とする身分範疇である。史料④⑤には「田夷之姓」とある。田夷は戸籍を前提とする氏名（姓）を保有する王民であった。俘囚より公民に近い存在である。しかし、「量二給種子一。令レ得レ佃レ田」という対象となったものの班田の対象とはならず、課役賦課の代わりに「辺軍」従事を義務とされた。諸史料に明らかな

ように、田夷に帯勲者が多いのは「辺軍」従事が仕奉の中心だったからである。「給禄」も辺軍従事に対応している。⑧『日本後紀』延暦十八年（七九九）三月壬子条には「停二出羽国山夷禄一。不レ論二山夷田夷一。簡二有功者一賜焉」とあるのは、給禄が田夷の戦功とかかわっていたことを示している。帰降蝦夷であっても、「量二給種子一。令レ得レ佃レ田」の対象とならなかった蝦夷は、田夷ではなく「夷」（初期には「狄」もあり）という範疇で把握された。(11)

ともあれ、遠田郡に編成された田夷は百姓身分の側面をもつ。郡司も蝦夷爵ではなく文位（一般位階）をもつ。公民を編成した郡とはいえないが、蝦夷郡ともいえない。遠田郡が蝦夷郡でないことは、別の史料からもいえる。次に掲げる⑨『日本後紀』延暦十六年（七九七）正月庚子条は次のように陸奥国南部居住の公民にたいする改賜姓記事である。

⑨陸奥国白川郡人外□八位□大伴部足猪等賜二大伴白河連一。曰理郡人五百木部黒人大伴曰理連。（中略）遠田郡人外大初位上丸子部八千代大伴山田連。（下略）。

下線部の「遠田郡人丸子部八千代」は、改賜姓の対象となっている諸郡の住人同様公民であることはまちがいない。熊谷公男氏はこれについて、丸子部八千代は移民系住人であり、遠田郡にも移民系の住人が存在していることが知られるが、全体として少数とみてよいとする。(12)しかし、少数だと断定することもできないし、少数だとしても遠田郡に公民が存在したことを軽視することはできない。遠田郡は公民をも包摂しうる郡だったことを、「遠田郡人丸子部八千代」の存在は示唆している。また、⑤の田夷の公民化史料には、「小田郡人意薩公継麻呂。遠田公浄継等六十六人」とあり、田夷は遠田郡だけでなく、律令制郡とすべき小田郡にも編成されていたことが知られる。

一般に「〇〇郡人△△」という表記の場合、その住人は公民である。九世紀になると浮浪人は「〇〇国浪人△△」と表記され、国別に把握されるようになる。(13)八世紀史料では、たとえば『日本霊異記』下巻第十四話には神護景雲三年（七六九）のこととして、「越前国加賀郡、有二浮浪人之長一」という例がある。しかし、これは浮浪人が郡に編成されていることを意味しない。天平十八年（七四六）～天平勝宝元年（七四九）のものとされる調庸墨書銘に「常陸国久慈郡住浮浪人下野国河内郡□□郷［　］」という例がある。[14]この浮浪人は下野国河内郡某郷に本貫をもち、「常陸国久慈郡」は「住」の地にすぎない。俘囚の場合もⓐ「陸奥国牡鹿郡俘囚」、ⓑ「陸奥国黒川。賀美等一十郡俘囚」、夷俘の場合ⓒ「播磨国賀古美嚢二郡夷俘長」というように、「郡」を冠する例がある。[15]しかし、ⓓ陸奥夷俘爾散南公阿波蘇、宇漢米公隠賀、俘囚吉弥侯部荒嶋、ⓔ播磨国夷第二等去返公嶋子、ⓕ筑後国夷第五等都和利別公阿比登などの例に明らかなように、[16]九世紀に俘囚は国を規準として現象するようになる。ⓖ「安芸国俘囚長」の例のように俘囚長も国を規準として現象するようになるのは（『類聚国史』一九〇、天長八年〔八三一〕十一月己亥条）、浮浪人と同様であった。浮浪人と同じく、俘囚や夷俘も郡に編成された住人ではなかったのである。これにたいして、田夷は「〇〇郡人」として現象する百姓であり、郡に編成されていた住人であった。

少なくとも陸奥国の遠田郡は、小田郡同様に公民・田夷の双方を百姓身分として編成しうる律令制郡であり、蝦夷郡ではなかったということになる。『三代実録』元慶五年（八八一）八月十四日庚寅条に「(出羽国内の)義従俘囚及諸郡田夷并渡嶋狄等」とあるのは、俘囚が郡に編成されていないのにたいして、田夷は律令制諸郡に編成される存在だったことを端的に示している。田夷が居住する遠田郡は、蝦夷爵ではなく文位をもち、「蝦夷」ないし「夷」とはいえない遠田君が郡司であった。また住人は百姓とされ、俘囚より公民に近い属性をもつ田夷、および移民からなる一般公民が混在する律令制郡であった。伊治郡の大領だった伊治呰麻呂も蝦夷爵ではなく文位をもち、「本是夷俘之種也」とされたように郡司となった段階では「蝦夷」「夷」身分ではなかった。制度上は一般の（律令制にもとづく）地方官人だったといえる。

伊治郡の住人はどうか。遠田郡が『和名類聚抄』では二郷の郡だったのにたいして、伊治郡を改称した栗原郡は四郷である。表6によれば、大領のいる郡は四郷以上であるから、八世紀段階でも伊治郡は遠田郡より住人規模の大きい郡だったことになる。遠田郡の構造から推測する限り既述のように、伊治郡は帰降蝦夷、しかも田夷のように百姓身分だが、公民には属さない人的範囲だけでなく、公民をも包摂する郡であった可能性が高い。史料的根拠は次掲の⑨『続紀』延暦八年（七八九）八月己亥条である。

⑨勅。陸奥国入レ軍人等。今年田租。宜三皆免之。兼給二復二年一。其牡鹿。小田。新田。長岡。志太。玉造。富田。色麻。賀美。黒川等一十箇郡。与レ賊接レ居。不レ可二同等一。故特延二復年一。

黒川以北一〇郡は「与レ賊接レ居」という理由で他郡に比べ「特延二復年一」という措置の対象となっている。伊治郡＝蝦夷郡説は、ここに黒川以北一〇郡と同じく「与レ賊接レ居」の位置にある栗原（伊治）・遠田郡が入っていないことから、両郡は律令制郡と異なる蝦夷郡だとするわけである(17)。しかし、黒川以北一〇郡以外の陸奥国諸郡は田租免・復二年の優遇措置を受けている。遠田郡・栗原の両郡の百姓がこの免除措置の対象外だったとは記されていない。この史料⑨から遠田・栗原郡を律令制郡でなかったとすることはできない。

四　九世紀における諸国移配蝦夷と斯波三郡

八世紀には蝦夷や俘囚を百姓身分でないまま編成した蝦夷郡の存在は確認できなかった。九世紀に蝦夷郡の存在する余地はあるのだろうか。弘仁二年（八一一）に建置された和我・稗縫・斯波の三郡が建置される（以下、この三郡を便宜的に「斯波三郡」と略称する）(18)。今泉隆雄氏・鈴木拓也氏らは、この斯波三郡を律令制郡ではなく、俘囚などを編成した蝦夷郡とする(19)。斯波三郡を蝦夷郡とする史料的根拠の一つは、『延喜式』民部上3東山道条（以下、『延喜式』の番号は『訳注日本史料　延喜式　上』〈集英社〉による）にこの三郡がみえないことである。律令制郡ではなく夷俘・俘囚を編成した郡だったので、『延喜式』に登載されなかったというわけである。もう一つの史料的根拠は、蝦夷系とみられる官人の存在である。九世紀末葉とされる胆沢城井戸出土木簡に①「勘書生吉弥侯豊本」がみえ、鎮守府下部機構の書記官に俘囚出身者が任用されていることが確認できる。また、同木簡には②「和我連□□進白五斗」の例もあり（①②ともに『木簡研究』九）、斯波三郡地域における蝦夷系豪族が支配の基盤となっている。

史料的根拠をそれぞれ検討しよう。一つめの『延喜式』に斯波三郡が登載されていないという点について。これにたいして、斯波三郡が『延喜式』にみえないのは、承和・斉衡年間における俘囚騒乱によりこれらが蝦夷のもとに奪還され、崩壊していたからだとする説がある[20]。この見解に従えば、『延喜式』を根拠として斯波三郡を蝦夷郡とする必要は必ずしもない。しかし、承和年間の俘囚騒乱の史料的根拠とされている『続日本後紀』承和四年（八三七）四月癸丑条・承和六年（八三九）年四月丁丑条にみえる俘囚の「控弦」「延蔓」は平時の俘囚の状態であり、それを国府が警戒対象としたしたために生じた表現にすぎず、ここから俘囚騒乱・民夷の対立を抽出することはできないという見解もある[21]。斉衡年間の騒擾についても、結局中央政府は援兵二〇〇〇の徴発を認めず、近城兵一〇〇〇人の「簡抜」にとどめていることが確認できるのみである。とはいえ、六国史が郡の崩壊を記録にとどめることも想定しがたい。承平年間（九三一～九三八）成立の『和名類聚抄』に斯波三郡がみえないことからも、斯波三郡が崩壊していた可能性も否定しきれない。以上のような研究史の現状を踏まえれば、斯波三郡が『延喜式』にみえないことをもって、それらが蝦夷郡だったとは即断できないのが現状である。別の側面から検討していくことが必要となる。

ここでは、八世紀の遠田郡・伊治郡を分析したさいのように、(1)郡司と(2)郡に編成された住人とに分析視角を区分して斯波三郡を検討したい。まず、(1)郡司はどうか。熊谷氏等が指摘する胆沢城井戸出土木簡の「勘書生吉弥侯豊本」は蝦夷系有力者の官人登用を示しているものの、これが蝦夷身分のままなのかどうかは不明である。同木簡の「和我連□□進白五斗」は蝦夷系の有力者が奥郡支配の基盤になっていることを示すが、これも蝦夷身分のままなのかどうかは不明である。「和我連」のように「地名＋連」姓をもっていても、「夷」身分のままの場合もある。『続日本後紀』

承和二年（八三五）二月己卯条では、「俘囚勲五等吉弥侯宇加奴。勲五等吉弥侯志波宇志。勲五等吉弥侯億可太等。賜二姓物部斯波連一」というように、吉弥侯部姓の俘囚の一部が「物部斯波連」を賜姓されている。しかし、『続日本後紀』承和七年（八四〇）三月戊子条には「俘夷物部斯波連宇賀奴」とあり、「物部斯波連」となっても、依然として俘囚身分であったことが知られる。『三代実録』元慶五年（八八一）五月三日庚戌条に「授二陸奥蝦夷訳語外従八位下物部斯波連永野外従五位下一」とみえる物部斯波連も俘囚身分だった可能性が高い。陸奥国・出羽国に俘囚の郡司は確認できないものの、このように官人に夷俘（俘囚）が存在しているとすると、夷俘（俘囚）身分のまま郡司に任用されていた可能性も否定できない。

陸奥・出羽両国ではないが、諸国移配夷俘（俘囚）のなかには権任郡司に任用された例がある。『日本後紀』弘仁三年（八一二）正月乙酉条には、

夷a外従五位上宇漢米公色男。b外従五位下爾散南公独伎。c播磨国印南郡権少領外従五位下浦田臣山人等三人。特聴二節会入京一。

とあり、冒頭の「夷」は節会入京対象者にかかるとともに、a・b・cの人物は五位の夷俘として節会入京を許可されていることになる。cの浦田臣山人のように、諸国移配夷俘については夷俘の郡司が存在したことになる。しかし、これはあくまでも権任郡司であり、正員郡司ではないことに留意しなければならない。表7の権任郡司一覧表によれば、②③⑲㉑㉒の権任大領は正員大領の存在を前提としている。⑱の郡判では正員大領が入っていないが、正員少領・主政・主帳も入っておらず、正員郡司の存在は不明である。しかし、中央政府や国司・地方官の権官は正員を前提とし、正員の職掌を補完する必要がある場合に任官される。権任郡司も正員郡司の職掌を補完するために任命されたと考えて大過ない。弘仁期（九世紀前半）の諸国移配夷俘は、口分田班給・調庸賦課という一部公民と共通する支配が進行した時期である。これに対応して「民」と「夷」の差別を前提としつつも賑給を「夷」にもおよぼす「不レ論二民

表7　権任郡司一覧（『平遺』は平安遺文）

	出典	西暦年代	史料名	国	郡	郡の等級・郷数	記事
①	『出雲国風土記』	七三三	秋鹿郡条（天平五年）	出雲	秋鹿	中・8	大領外正八位下勲十二等 権任少領従八位下蝮部臣 主帳外八位下勲十二等刑部臣
②	『平遺』一―十五	七九六	延暦十五年九月二十三日近江国大国郷売券	近江	愛智	下・6	判 大領依知秦公 権大領依知秦公「足上」 少領依知秦公 擬主長野中史
③	『平遺』一―十六	七九六	延暦十五年十一月二日近江国八木郷墾田売券案	近江	愛智	下・6	郡判 大領依知秦公「子駿河」 権大領依知秦公 少領依知秦公豊上 擬主帳野中史
④	『日本後紀』	八一二	弘仁三年正月乙酉	播磨国	印南	下・5	夷外従五位上宇漢米公色男。外従五位下爾散南公独伎。播磨国印南郡権少領外従五位下浦田臣山人等三人。特聴節会入京。
⑤	『続日本後紀』	八四〇	承和七年二月己亥条	陸奥	柴田	中・8	権大領丈部豊主
⑥	『続日本後紀』	八四〇	承和七年三月戊子条	陸奥	宮城	上・10	権大領外従六位上物部已波美
⑦	『続日本後紀』	八四一	承和八年三月癸酉条	陸奥	柴田	中・8	権大領外正八位上阿倍陸奥臣豊主
⑧	『続日本後紀』	八四八	承和十五年二月壬子条	陸奥	磐瀬	下・7	権大領外従七位上丈部宗成等特給職田。以視民有方公勤匪懈也。
⑨	『続日本後紀』	八四八	承和十五年二月辛未条	陸奥	磐瀬	下・7	権大領外従七位上勲九等丈部宗成
⑩	『続日本後紀』	八四九	嘉祥二年八月丁未条	美濃	方県	下・6	権大領外正八位下美県貞雄
⑪	『三代実録』	八六二	貞観四年三月二十日戊子条	信濃	小県	中・8	権少領外正八位下他田舎人藤雄等並授借外従五位下

⑫	『三代実録』	八六四	貞観六年七月十五日己亥条	陸奥	磐瀬	下・7	権大領外正六位上磐瀬朝臣長宗借叙外従五位下。
⑬	『三代実録』	八六六	貞観八年五月八日辛亥条	常陸	久慈	大・20	権主政 椿戸宮成（父）↓門主（子）
⑭	『平遺』一―一六五	八六六	貞観十四年三月九日貞観寺田地目録帳	美濃	不破		権少領宮勝十二月麿が貞観九年五月十五日に六十町の空閑地施入。
⑮	『三代実録』	八六七	貞観九年十月三日戊辰	石見	那賀	中・8	権大領外従八位上村部岑雄。 主帳外少初位上村部福雄復本姓久米連。
⑯	『三代実録』	八六九	貞観十一年三月十五日癸酉条	陸奥	柴田	中・8	権大領外正八位上阿倍陸奥臣永宗
⑰	『三代実録』	八七五	貞観十七年十月八日丁巳	但馬	美含郡	下・6	権大領外八位上部良氏
⑱	『平遺』一―二四一	九三二	承平二年九月二十五日丹波国多気郡司解案	丹波	多紀	中・8	郡判 国目代多紀臣基影 ― 国老日置公 ―権大領日置公 検校日置公 ―多紀公 ―多紀公 擬主政多紀 擬主帳多紀
⑲	『朝野群載』廿一	九四二	天暦五年十月十七日田地売買券文	摂津	嶋上	下・5	郡判　国目代従七位下凡河内忌寸正茂 大領従七位下三島宿祢 権大領従八位下檜前首 少領従八位下三島宿祢 天暦五年十月十七日
⑳	『太神宮諸雑事記』	一〇五九	康平二年三月十九日	伊勢	度会	上・13	権大領新家惟永

	出典	西暦年代	史料名	国	郡	郡の等級・郷数	記事
㉑	『平遺』二―九九六	一〇六五	治暦元年月日不明僧道信治田売券	伊勢	度会	上・13	郡判 大領郡務使従五位下新家宿祢（花押） 権大領新家連
㉒	『平遺』四―一七二九	一一一〇	天永元年八月三日沙弥心覚処分状案	伊勢	度会	上・13	郡判 ・・・ 大領外従五位下行兼政所兄部新家宿祢判 権大領新家連少領新家連 少領新家連 主政新家

＊森公章『古代日本における郡司制度とその実態的変遷に関する研究』（科学研究費補助金研究成果報告書、一九九八年）参照。

夷」政策が登場している（本書終章参照）。播磨国など移配夷俘が多数にのぼる国では、公民との調整もふくめて、権任郡司が特例で設置される場合があったのであろう。

　以上のように考えられるとすれば、斯波三郡においても夷俘身分のままの権任郡司が存在する余地は大いにある。加藤友康氏によれば、九世紀には郡に編成されていなかった浮浪人が官人になっている例もある。[22] 蝦夷身分のままの権任郡司や下級官人への任用の客観的条件は十分存在していた。しかし、それはあくまで臨時の権任であり、長期間任用を前提とし、承和六年（八三九）以降でも職田を支給された正員郡司（権任郡司は承和六年以降職田支給は停止）への任用はなかったのではなかろうか。浦田臣山人が権任少領だった播磨国印南郡は律令制郡である。ここからは、諸国移配蝦夷が夷・俘囚身分のまま独自の郡を形成したことまでは想定できない。

　次に、夷・俘囚身分の住人がこの印南郡という律令制郡に編成されるということはあったのかどうかについて考察したい。鈴木拓也氏は、諸国移配夷俘には当初から口分田が班給され、延暦十七年（七九八）まで調庸が賦課の対象となったとし、したがって弘仁二年（八一一）の俘囚計帳成立以前には諸国移配夷俘は公民戸籍に登載されていたとする。『和名類聚抄』の上野国碓氷郡・多胡郡・緑野郡、周防国吉敷郡には「俘囚郡」がみえ、播磨国賀古郡・賀茂郡・美嚢郡には夷俘郷がみえるのは、当該地域の移配夷俘・俘囚が公民戸籍に登載されていたことを示唆しているとする。(23)しかし、当初から口分田が班給され、調庸が収取されていたという史料的根拠は薄弱であるし、俘囚が公民戸籍に登載され律令制的郡・郷に編成されうるなら、斯波三郡が夷・俘囚身分のまま郡に編成されていた場合、『延喜式』民部上3東山道条に郡名があらわれてもいいのではなかろうか。浮浪人の場合九世紀までは村落の構成員たりえなかったが、十世紀前半段階までには村落構成員となっている。(24)和名抄に夷俘郷・俘囚郷があらわれる十世紀段階で俘囚が郡の構成員とされた時に、俘囚郷や夷俘郷という名称が生まれた可能性の方が高いのではなかろうか。和名抄における夷俘郷・俘囚郷の存在を蝦夷身分のまま編成された郡の存在の論拠とすることはできない。

あらためて諸国移配蝦夷の九世紀史料における現象のしかたをみると、①「播磨国夷第二等去返公嶋子」、②「越中国俘囚勲八等吉弥侯部江岐麻呂」③「筑後国夷第五等都和利別公阿比登」、④「近江国夷外従八位下尓散南公沢成」(25)のように、「〇〇国夷（俘囚）」であり、「〇〇郡夷（俘囚）」の例はない。『三代実録』貞観八年（八六六）四月十一日乙酉条には、④「播磨国賀古美嚢二郡夷俘長宇賀古秋野。尺漢公手纒」という、郡単位の夷俘長がみえる。夷俘長・夷長・俘囚長が移配蝦夷から選出され諸国に配置されたのは、「移配夷俘」を「推服」させる有力者を通じて支配を国家（国司）にとって安定させるためであった（『日本後紀』弘仁三年（八一二）六月戊子条）。(26)この「夷俘長」に相当する存在は、播磨国以外では⑤「安芸国俘囚長吉弥侯部佐津古」、⑥近江国の「夷長」のように、国単位で確認される。播磨国の二郡の夷俘長の現象のしかたは例外的でもあり、しかも郡に編成されているわけでもない。『日本霊異記』下巻十四話にみえる「越前国加賀郡浮浪人長」が郡名を冠しながらも、一国規模で国衙が浮浪人掌握のために設置したものであった。(27)二郡の夷俘長の場合も、国衙（専当国司）による夷俘掌握のためであり、夷俘の郡への編成にはむすびつかない。移配蝦夷が蝦夷身分のままであれば、史料上「〇〇国夷△△」というように国を規準として現象すること、夷俘長・夷長・俘囚長も基本的に「〇〇国△△長」と現象することからみて、移配蝦夷が蝦夷身分のまま律令制郡に編成されることはなかった。蝦夷のみの郡が編成されることもなかった。〈専当国司―夷俘長―移配蝦夷〉の系列で掌握されたという通説的なとらえ方でよいと思われる。

以上の考察の結果からすれば、蝦夷系住人を百姓身分でないまま郡に編成したとするのは、史料上は成立困難とせざるをえない。斯波三郡を蝦夷郡や俘囚郡とすることはできない。そもそも諸研究のいう「蝦夷郡」は、歴史用語の次元では「蝦夷を百姓身分でないまま編成した郡」や「百姓身分となった蝦夷系住人の郡」という意味内容をもちうるのだろうか。「蝦夷郡」の唯一の史料は、(1)『書紀』斉明五年（六五九）三月是月条である。ここでは阿倍比羅夫の「船師」が蝦夷国を討ち、飽田・渟代・津軽・胆振鉏の蝦夷を饗応したあと、肉入籠に入ると「問菟蝦夷胆鹿嶋・菟穂名二人進曰。可下以二後方羊蹄一為中政所上焉」との要請がある。この「政所」について『書紀』は「政所蓋夷郡乎」という注釈を加えている。これは八世紀における律令国家の認識である。つまり「蝦夷ノ郡」とは蝦夷居住域に設置され、国司が蝦夷から朝貢を受けるために設置された官衙的空間のことである。八世紀における蝦夷郡の例としては、「蝦夷郡」という史料用語はみえないものの、次の(2)『続紀』霊亀元年（七一五）十月丁丑条から実体の抽出が可能である。

(2)①陸奥蝦夷第三等邑良志別君宇蘇弥奈等言。親族死亡子孫数人。常恐レ被二狄徒抄略一乎。請於二香河村一。造二建郡家一。為二編戸民一。永保二安堵一。②蝦夷須賀君古麻比留等言。先祖以来。貢二献昆布一。常採二此地一。年時不レ闕。今国府郭下。相去道遠。往還累レ旬。甚多二辛苦一。請於二閇村一。便置二郡家一。同二百姓一。共率二親族一。永不レ闕レ貢。並許之。

この記事は①②の二つの蝦夷域における建郡のことを記す。①は香河村に郡家を建置し、編戸民となすとあるので、明らかに蝦夷は建郡によって百姓身分となる。これは住人の郡への編成といえる。これにたいして②の蝦夷須賀君古麻比留の建郡の場合は、現地が国府から遠く往還が困難なので、国司が朝貢を受ける場としての郡家を蝦夷域の現地に建置したとしている。②の内容は先掲⑴にみえる「政所」の建置と同じであり、②は蝦夷郡といえる。『天平八年（七三六）年度薩麻国正税帳』（以下、『薩麻国正税帳』と略記）高城郡条には「酒壱拾陸斛弐斗柒升柒合〈充隼人一十一郡六斛九斗一升八合当郡九斛三斗伍升九合〉」（以下、本書では史料中の〈 〉は本来細字双行であることを示す）と「隼人郡」がみえる。「当郡」とは国府のある高城郡のことである。この記載は同正税帳高城郡条にみられる。薩摩国では高城郡・出水郡以南の十一郡は「隼人郡」と認識されていたことになる。たしかに薩摩国南部十一郡は隼人の居住域である。しかし、この「隼人郡」は隼人を編成した郡の意味ではない。国府で醸造した酒は国司巡行や賑給として使用されている。「給」ではなく「充」というのは、財源とすることを意味し、住人に支給することではない。「当郡ノ酒」とあるのは、高城郡の財源となる酒を意味しており、この場合の郡は住人編成を前提とした郡を意味しない。『薩麻国正税帳』河辺郡条には、高城郡条の酒の記載に対応して「酒柒斗弐升参合〈高城郡酒者〉」とある。この「高城郡ノ酒」も郡家の財源としての酒を意味する。隼人郡は郡家の行政機能に由来する用語であり、この隼人郡も蝦夷郡同様、住人を編成した郡を意味しない。

『書紀』斉明天皇四年（六五八）七月甲申条には、「渟代郡大領沙尼具那」と「少領宇婆左」、「津軽郡大領馬武」と「少領宇青蒜」にたいする叙位のことがみえる。郡・大領・少領は明らかに大宝令文による潤色である。しかも、渟代郡・津軽郡ともに十世紀前半の『和名類聚抄』にすらみえない。渟代郡・津軽郡は渟代・津軽に建置された貢納の場たる「政所」を実体とし、大領・少領はその建置と管理にかかわった蝦夷の有力者にたいする表現であった。蝦夷を百姓身分ではないまま編成した郡は八世紀までの史料では確認できないばかりか、九世紀史料においても確認できない。

もちろん蝦夷系住人の百姓化により、郡への編成は可能となる、しかし、これは史料上の「蝦夷郡」ではない。百姓化した蝦夷系住人を編成した郡をも「蝦夷郡」とすることは実証性が稀薄であり、蝦夷と身分制との関連を考えるとき、無用な混乱を生み出しかねない。百姓化しているはずの田夷の郡を「蝦夷郡」とする誤りや、田夷の文位賜与について説明困難におちいっていることは、その問題性を象徴している。

注

（1）熊谷公男「平安初期における征夷の終焉と蝦夷支配の変質」（『東北学院大学東北文化研究所紀要』二四、一九九二年）、鈴木拓也『蝦夷と東北戦争』（吉川弘文館、二〇〇八年）一一四頁。
（2）実際、秋山元秀氏は伊治呰麻呂を栗原郡大領としながらも、栗原郡は律令制郡と異なる郡だとする（「陸奥の奥郡―律令時代における地理的諸問題―」〈『史林』五五―四、一九七二年〉）。
（3）熊谷公男「近夷郡と城柵支配」（『東北学院大学論集』歴史・地理学二一、一九九〇年）。
（4）今泉隆雄「古代国家とエミシ」（『古代国家の東北辺境支配』吉川弘文館、二〇一五年。初出は一九九二年）。
（5）河原梓水「蝦夷・俘囚への叙位―蝦夷爵制の再検討を中心に―」（『日本史研究』五八九、二〇一一年）は、今泉隆雄氏らの論理に従い（前掲注（4）論文）、田夷を「夷」つまり蝦夷身分として理解したため、田夷が文位をもつことを十分に説明できていない。しかし、後述するように田夷が王民であり百姓であるなら、文位をもつことに何の疑問も生じない。
（6）土田直鎮「公卿補任の成立」（『奈良平安時代史の研究』吉川弘文館、一九九二年、初出は一九五五年）。
（7）渟足柵―沼垂郡、磐舟柵―船舟郡、出羽柵―出羽郡、玉造柵―玉造郡、新田柵―新田郡、牡鹿柵と牡鹿郡、色麻柵―色麻郡、桃生城と桃生郡、雄勝城―雄勝郡、秋田城―秋田郡など。
（8）夷俘は俘囚をふくめた帰降した蝦夷一般のことを意味する（平川南「俘囚と夷俘」〈青木和夫先生還暦記念会編『日本古代の政治と文化』吉川弘文館、一九八七年〉）。
（9）今泉隆雄氏は遠田郡は一・五郷（余戸郷あり）の規模で正式な郡ではないとするが（前掲注（4）論文）、郡領の名称と郷数の関係も令の規定通りで、正式な律令制郡といえる。

(10) 吉村武彦「律令制的身分集団の成立―王民から公民へ―」（『日本古代の国家と社会』岩波書店、一九九六年、初出一九九三年）。『続紀』神護景雲三年（七六九）十一月己丑、宝亀元年（七七〇）四月癸巳朔。

(11) ③『続紀』天平九年（七三七）四月戊午には、「田夷遠田郡領外従七位上遠田君雄人」と並んで、「帰服狄和我君計安塁」が海道・山道の慰喩鎮撫に派遣されている。農耕を生業とする田夷にたいして、狩猟を生業とする蝦夷を山夷とする捉え方がある。しかし、『続紀』神護景雲三年（七六九）正月己亥条にみえる「三農之利益」の「三農」について、『周礼』天官、冢宰には「三農生二九穀物一」とあり、注に「鄭司農云、三農、平地・山・沢也」とみえる（岩波新古典文学大系『続紀』四、二二九頁脚注一五）。とすれば、山夷を狩猟民とする必要はなく、ただ「量二給種子一」の対象とならなかった帰降蝦夷を意味する可能性がある。

(12) 熊谷前掲注（3）論文、七六頁。

(13) 加藤友康「浮浪と逃亡」（『日本村落史講座　第4巻　政治1〔原始・古代・中世〕』雄山閣出版、一九九一年）。

(14) 竹内理三編『寧楽遺文』下、補遺一「調庸綾・墨書」、九八八頁。

(15) ⓐ『続紀』神護景雲三年（七六九）十一月己丑条、ⓑ『続紀』宝亀元年（七七〇）四月癸巳朔条、ⓒ『三代実録』貞観八年（八六六）四月十一日乙酉条。

(16) ⓓ『類聚国史』一九〇、延暦十一年（七九二）十一月甲寅条、ⓔ『日本後紀』延暦二十四年（八〇五）三月乙亥条、ⓕ『類聚国史』一九〇天長十年（八三三）二月丁亥条。

(17) 秋山前掲注（2）論文など。

(18) 『日本後紀』弘仁二年（八一一）正月丙午条。その後建置された岩手郡も同様に蝦夷郡という理解になるが、ここでは斯波三郡を中心に論じていく。

(19) 今泉隆雄「古代史の舞台　東北」（前掲注（4）書、初出は二〇〇六年）、鈴木拓也『蝦夷と東北戦争』（戦争の日本史3〈吉川弘文館、二〇〇八年〉）二三四頁。

(20) 渕原智幸「平安前期東北史研究の再検討―『鎮守府・秋田城体制』説批判―」（『平安期東北支配の研究』塙書房、二〇一三年、初出は二〇〇二年)。

(21) 窪田大介「九世紀の奥郡騒乱」(『古代蝦夷と律令国家』高志書院、二〇〇四年)。

(22) 加藤前掲注(13)論文。なお、『類聚三代格』巻六、貞観八年(八六六)十月八日太政官符、同、巻十九、寛平七年(八九五)九月二十七日太政官符参照。

(23) 鈴木拓也「蝦夷の越訴・入京―移配蝦夷と陸奥蝦夷による闘争の一形態―」(熊田亮介・八木光則編『九世紀の蝦夷』〔高志書院、二〇〇七年〕)。

(24) 加藤前掲注(13)論文。

(25) ①『日本後紀』延暦廿四年(八〇五)三月乙亥条、②『類聚国史』一九〇、天長六年(八二九)七月丙申条、③『類聚国史』一九〇俘囚、天長十年(八三三)二月丁亥条、④『文徳実録』天安二年(八五八)五月癸卯条。

(26) ④『類聚国史』一九〇、天長八年(八三一)十一月己亥条、⑤『類聚国史』一九〇、天長十年(八三三)二月丁亥条。

(27) 寺崎保広「奈良時代の浮浪逃亡と浮浪人の長」(『日本歴史』三八九、一九八〇年)。

第四章　古代天皇制と南島

一　南島研究史と問題の所在

近年の考古学のめざましい成果により、南西諸島の物産を加工した製品の出土は、弥生・古墳時代の九州のみならず、北陸・関東においても確認されているという。かつて考古学の分野では、奄美以南の中・南部圏の島嶼社会は、日本史の時代区分でいえば平安時代まで鉄器使用・農耕生産の段階になく、採集・漁撈・狩猟段階の原始的な段階にあったというとらえ方が主流であった。しかし農耕社会でなくとも、広大な領域にまたがる交易関係を基盤にした加工業の展開は、南西諸島の島嶼社会を階層社会にまで発展させたというとらえ方が、近年は主流になっている。その出発点となったのは、一九七二年の国分直一氏の指摘である。国分氏は、『続紀』にみえる一〇〇～二〇〇人におよぶ南西諸島各地からの来朝記事は、各島嶼が代表者を送り出すことができるほどの政治的社会を形成していたことを示すとしたのである。(1) その後一九八六年に、鈴木靖民氏はめざましい考古学発展の成果を包摂しながら、南西諸島島嶼が階層社会であることを前提として文献史学の立場で南西諸島とヤマト王権・律令国家の関係を本格的に論じた。(2) その後南西諸島の貝塚時代後期後半が階層社会であることを示唆する遺跡も急増し、近年は考古学でも文献史学の理解に接近しつつある。(3)

本章は主として鈴木氏以後の、ヤマト王権・古代国家と南西諸島との政治的関係を究明した論考の成果によりながらも、天皇（王権）・国家による南西諸島の政治的編成の特質やその変化の要因を、南西諸島の側ではなく、社会を総括する機能を体現する王権・天皇制の側の諸条件から究明することを目的としている。あくまでも辺境とされた南西諸島社会の歴史を究明することではなく、国家論のための南島研究を目的とする。

本章の大きな課題は二つに集約できる。従来の南島研究は、七世紀とそれより以前については、もちろんきびしい史料批判を前提としてはいるものの、『書紀』の記述を基軸に分析している。しかし、本章では『書紀』より相対的に客観性のある中国側史料を基軸に論を構成していく。これによって、『書紀』編纂段階の思想にもつながる、通時代的な帝国主義・中華思想から南西諸島の政治的編成を説明する、平板な歴史観を克服できると考える。また、時代ごとの特質をもつ南西諸島の政治的編成の変容についても、通時代的な帝国主義・中華思想の消長あるいは稀薄化という論理からではなく、王権・天皇制の基盤の変化という視点から究明していく。

本章では膨大かつ詳細な研究史は注（4）の諸論考にゆずり[4]、先行研究についても本章の議論に大きくかかわる論考を中心にとりあげたことを最初にお断りしておく。

二　「南島」前史―律令制前段階の南西諸島と王権―

1　ヤマト王権と掖玖

南西諸島のうち、『書紀』に最初にあらわれる島は「掖玖」（あるいは「夜句」）である。中国側史料の(A)『隋書』巻八十一、列伝四十六流求伝によれば、倭国使が「夷邪久国」のことを伝えたのは、大業四年（六〇八）のことである。また(B)『唐会要』倭国条によれば、永徽五年（六五四、白雉五年）のこととして、「倭国東海嶼中野人、有耶古・波耶・

多尼三国。皆附庸於倭」とある。耶古は掖玖、波耶はハヤト〈のちに「隼人」表記〉、多尼は多禰である。(A)(B)ともに原資料は八世紀まで遡及しうるとされており、(5) それぞれ(A)は六〇八年、(B)は六五四年当時の実態を示す史料といってよい。『書紀』よりも史実に近いと判断される(A)(B)の中国史料を基軸に、『書紀』の関係記事を分析していこう。

(A)『隋書』琉求伝の夷邪久を『書紀』推古紀にみえる掖玖・夜句とすることについて、諸研究の間に異論は見出せない。また(B)『唐会要』の耶古が波耶・多尼とともに現れることから、単独であらわれる(A)『隋書』の夷邪久は、『書紀』推古紀に掖玖が単独であらわれることと整合性がある。この掖玖については、現在の屋久島ではなく南西諸島の総称であるとする説もある。しかし、『書紀』において掖玖・夜句、『続紀』において夜久・益救と表記されるヤクは一貫して現屋久島にあたるとする説が妥当である。(6) また(A)『隋書』流求伝によるかぎり、『書紀』の初見である推古二十四年（六一六）以前に倭王権は掖玖についての認識があったとする説に従うべきである。その認識は推古期の王権と掖玖とのどのような関係にもとづいているのだろうか。

『書紀』推古紀にみえる掖玖・夜句関係記事は次のとおりである。

(1)推古二十四年（六一六）①三月。掖玖人三口帰化。②五月。夜句人七口来之。③七月。亦掖玖人廿口来之。先後并卅人。皆安㆓置於朴井㆒。未㆑及㆑還皆死焉。

(2)推古二十八年（六二〇）④八月。掖玖人二口流㆓来於伊豆島㆒。

①の「帰化」に対応するように、③では「安㆓置於朴井㆒」するとある。一見すると、戸令15没落外蕃条の「化外人帰化」を「寛国」に「安置」する規定に類似する。しかし、①〜④は律令法における帰化と同一ではない。③に「未㆑及㆑還皆死焉」とあることからも、掖玖への帰還を前提としているからである。ただし、①③の帰化・安置は戸令16による文飾にすぎないとしても、③で安置場所を「朴井」、④で流来地を「伊豆」とするなどの実録的要素が確認できる。また、②③は「来之」、④は「流来」とすることから、史料(1)(2)における掖玖人流来自体は事実であろう。『書紀』

掖　玖
A　大業7（608）年、倭国使、隋に「夷邪久国」の存在伝える（『隋書』流求伝）
B「掖玖人」、3月に三口帰化、5月に七口来る、7月に二〇口来る。皆朴井に安置したが、死亡。
C「掖玖人」、二口伊豆島に流来。
D　田部連を「掖玖」に遣わす。
E　田部連、「掖玖」より到る
F「掖玖人」帰化
G　永徽五年（654年）倭国東海の嶼中に野人で、耶古・波耶・多尼の三国がある。皆倭に附庸す。（『唐会要』倭国伝）

し出典名を末尾の括弧内に記す。
倭国と朝鮮諸国』青木書店、1996年、初出は1983年）に従い、推古32年（623）以降は貢納さいとする見解をとる。

においては、推古二十四年（六一六）の掖玖人帰化を掖玖人記事の初見とし、これ以前の時期に相当する『隋書』の大業四年（六〇八）におけるヤマト王権の「掖玖人」認識は排除されている。このことは、推古二十四年（六一六）以前では、ヤマト王権と掖玖人との関係には政治的な要素が稀薄だった事実にもとづいている。

掖玖人の倭国来訪の目的は南方物産の交易にあった。そのことを裏づけるのは、重要な交易品の一つの夜光貝である。夜光貝は夜久貝とも称されたが、屋久島よりも主として奄美以南に生息する。それが夜久貝と呼ばれたのは、原産地に由来するのではなく、それを招来する交易主体にもとづいていたからであろう。屋久島は農耕にめぐまれない環境ではあるが、ランドマークとなる高峰の宮之浦岳があり、対馬のように早くから交易が発達していたのではないか。鑑真をともなう多禰島をめざした遣唐使船が益救島（屋久島）に着岸したことは（『唐大和

表8　五世紀後半〜六世紀前半の「任那の調」と掖玖

	「任那の調」
587（敏達4）	①新羅、「任那の調」貢納 しかし、任那使ともなわず
607（推古15）	②新羅使、「任那使」ともない、任那調朝貢
608（推古16）	
610（推古18）	③新羅使、「任那使」ともない、任那調朝貢
611（推古19）	④新羅使、「任那使」ともない、任那調朝貢
616（推古24）	
622（推古28）	
623（推古31）	⑤新羅使、「任那使」ともない、任那調朝貢（これが最後）
629（舒明元）	
630（舒明2）	
631（舒明3）	
654（白雉5）	

注1）　出典は基本的に『書紀』。中国史料を出典とする記事は、太字と
注2）「任那の調」は、鈴木英夫「『任那の調』の起源と性格」（『古代の
れず、『日本書紀』の大化年間の「任那の調」記事についても実態はな

上東征伝』）、その傍証ともいえる。

『書紀』の論理では、推古二十四年（六一六）を掖玖人との政治的関係の起点としている。ただし、推古二十四紀における掖玖人来訪の実態は「流来」にすぎない。ヤマト王権にとっての掖玖人の「帰化」が実際に政治的な意味を帯びるのは、次掲の『書紀』の記事が示すとおり、舒明期の段階である。

(3)舒明元年（六二九）四月辛未朔条
　遣二田部連〈闕レ名〉於掖玖一。

(4)舒明二年（六三〇）九月是月条
　田部連等至レ自二掖玖一。

(5)舒明三年（六三一）二月庚子条
　掖玖人帰化。

(3)(4)の掖玖遣使により、(5)の掖玖の帰化という結果を生んでいる。先述のとおり、この帰化は「化内化」を意味しない。(3)〜(5)の掖玖人帰化の「帰化」の内実は何なのか。たとえば『書紀』斉明元年（六五五）是歳条には「蝦夷。隼人率レ衆内属。詣レ闕朝献」とあり、『書紀』では帰化に等しい内属が朝貢を実体としていたことが知られる。帰還を前提とする『書紀』における掖玖人の「帰化」は、ヤマト王権にたいする朝貢を内実としていたとしてよい。それでは、敏達期という特定の時期に、ヤマト王権が

掖玖人の来訪を朝貢関係に編成した政治的目的は、どこにあったのだろうか。本章では「任那の調」の停止との関係を重視したい。表8（九三頁）は「任那の調」の朝貢と掖玖人の帰化との対応関係を示している。これによれば、「任那の調」が停止される推古三十一年（六二三）以後の時期であり、舒明朝が開始される舒明元年（六二九）に掖玖に遣使され、掖玖が帰化つまり朝貢制に編成されている。掖玖の朝貢は「任那の調」朝貢の代替ないしは補完する政治的意味を帯びていたと考えられるのである。「任那の調」は、旧金官国王の後裔が新羅によって食邑として認められた四邑の物産を、倭王権に貢納するものだった。金官国はかつて伽耶諸国の有力な国であったが、『書紀』は金官国の別称の任那を伽耶諸国を意味する呼称とした。そして、五六二年に伽耶諸国を併合した新羅に、以後「任那使」をともなう「任那の調」の貢納を強制しようとしたのである。[7]「任那使」による「任那の調」の朝貢は、かつての伽耶諸国の従属を象徴していた。伽耶諸国の従属は倭国王の国内諸豪族の盟主としての地位を実現維持する権威の源泉であった。その伽耶諸国の従属を現出する重要な役割を、「任那の調」ははたしていた。

倭国王の権威の源泉となる「任那の調」の重要な内実は、倭国王の実効的支配外において倭国王に従属しながらも独自の秩序を構成する国王が「調」の貢上主体となっていることである。伽耶諸国の各旱岐は『書紀』においては「国王」あるいは「国王」「国主」と認識されている（『書紀』垂仁二年是歳条、継体二十三年三月是月条など）。百済・新羅の「国王」もその蔑称たる「国主」とされている。したがって、倭国王の実効的支配外の伽耶諸国＝任那の国王が、「任那使」を派遣して倭国王に、その従属を象徴する「調」を貢納する、というのが「任那の調」の重要な形式ということになる。伽耶諸国が欽明二十三年（五六二）に新羅に併合されて以降、権威の重要な源泉の一つを失った倭王権は、その回復をはかる一方で「任那の調」の代替・補完を「東国の調」に求めた時期があったと考えられる。東国は安閑期に伊甚・上毛野・武蔵に反乱の動きがあったという伝承が『書紀』に残るなど、自立度の高い地域と認識されていた（本書第五章・第六章・終章）。東国の特定地域からの調の朝貢が「東国の調」の進上として政治的に編成されていた時期があったことは、周知の『書紀』の崇峻暗殺記事で確認される（崇峻五年〔五九二〕十一月乙巳条）。「東国の調」と「任那の調」の共通性は、倭王権の遣使による「国境」（国内）観察にうかがわれる。六四二年以降新羅から旧伽耶地域を奪った百済に「任那の調」を進上させるさい、孝徳朝の王権は(a)「遣二三輪栗隈君東人一。観二察任那国堺一」と『書紀』は記している（大化元年〔六四五〕七月丙子条）。また、「東国の調」についても、その前提として(b)「遣二宍人臣鴈於東海道使一。観二東方浜レ海諸国境一」という国境（国内）観察が行われたことを『書紀』は記す（崇峻二年〔五八九〕七月壬辰朔条）。(a)は「任那の調」、(b)は「東国の調」と密接な関連がある。(8)

以上の「任那の調」の特性を簡略にまとめるなら、(a)倭国王の秩序外にある「国王」による朝貢、(b)貢納物の名称は「調」、(c)倭国王の遣使による国境（国内）観察ということになる。舒明期の掖玖の朝貢は、(a)(b)(c)の特性を満たしていたのだろうか。まず、先掲史料(3)の掖玖遣使は国境観察をともなったと考えられる。天武八年（六七九）十一月に派遣され、同十年（六八一）までに帰還した遣多禰島使は、多禰国図を献上し、風俗を報告している（『書紀』天武八年十一月己亥条、同十年八月丙戌条）。これは国境観察の結果であろう。舒明元年（六二九）四月派遣、同二年九月という同様の派遣期間となる舒明期の掖玖遣使（先掲史料(3)(4)）も、(c)国境観察をともなったと考えられる。掖玖からの朝貢主体が(a)「国王」であるかどうかについてはどうか。先掲の史料(B)『唐会要』倭国条には、「倭国東海嶼中野人。有耶古・波耶・多尼三国。皆附庸於倭」とある。耶古（掖玖）を「三国」中の国の一つとしている。『唐会要』では耶古は倭国に附庸していると記されている。(A)『隋書』倭国伝では「目二竹斯国一以東。皆附二庸於倭一」とあり、竹斯（筑紫）も倭王権の附庸とされている。ただし「耶古」の場合、『唐会要』に「倭国東海嶼中野人」とあるように、筑紫のような倭国王の実効的支配内の存在ではなく、明らかに倭国王の実効的支配（国造制・部民制）の外の存在である。また、『唐会要』の「附庸」は『新唐書』日本伝では「小王」に換言されている。もちろん、「小王」の存在は『新唐書』の解釈にすぎず、倭国側の報告内容にはない表現であろう。しかし、中国において「国」は「国王」をともなう概念であった。

『唐会要』にみえる耶古を、倭国は倭国王に従属する、実効的支配外における国王の存在する国として擬制していた。その場合の朝貢物の名称は何だったのか。『書紀』には掖玖の朝貢物の名称は記されていないので、耽羅が倭国に進上した貢納物の名称を参考にしよう。『隋書』東夷伝百済条によれば、「躭牟羅国」（耽羅）は百済の「附庸」対象であった。また『書紀』の耽羅記事においては、耽羅国王の存在は明確である。その耽羅の朝貢のための遣使を、『書紀』天武四年（六七五）八月壬辰朔条は「耽羅調使」と記す。新羅・百済・高句麗のような中国との外交権を認められる国だけでなく、耽羅のような小国の王による貢納物も倭国は「調」とした。したがって、国王の存在する国としてヤマト王権が擬制した掖玖の朝貢物も、「調」であった可能性がきわめて高い。そして、「任那の調」の代替・補完のために、『隋書』に「夷邪久国」としてあらわれる「掖玖国」は、「調」の貢進国として擬制された存在だったと考えられる。『書紀』は編纂当時の律令法の論理となるべく整合するように、掖玖を国王をともなう「国」として擬制し、その貢進物を「調」とした痕跡を消し去っている。

掖玖の政治的編成の歴史的意義は何に求められるのか。推古期段階の外交は、一九七〇年代の石母田正氏以来倭王権が朝鮮諸国を従属させる小帝国主義という論理でとらえられてきた[9]。根拠となる史料は『隋書』倭国伝の「新羅。百済皆以レ倭為二大国一。多二珍物一、並敬二仰之一。恒通レ使往来」という記述である。ここから石母田氏は大国＝帝国と解釈し、外国・他民族を抑圧しうる体制を保持し、帝国主義戦争という強力な軍事行動をしうる権力の存在を想定した。しかし黒田裕一氏によれば、『隋書』では強大な軍事力を国外におよぼしている権力は「強国」と表現され、大国は儀礼以外に冠制・楽制などを加えた礼制を形成している国のことである。ちなみに礼制を存しない権力は小国とされている[10]。『隋書』の「大国」は中華思想や帝国主義を前提としない用語なのである。大平聡氏は黒田説を継承し、推古朝の政治的課題を東アジア世界の標準である儒教・仏教の理解・摂取にもとづく「大国」の構築にもとめている。その背景には全国に拡大する屯倉・部民制を前提とする統一的体制の構築という課題があったとしている。そして、仏教・儒教導入を、そのための王権にたいする超越性の付与という脈絡で理解しようとしている。(11)妥当な見解といえよう。『隋書』によるかぎり、竹斯（筑紫）など国造制に編成された秩序内の勢力も、掖玖などの秩序外の勢力も倭との関係は「附庸」という論理でとらえており、中華思想にもとづく差異は存在していない。

2　大化改新後の王権と耶古・多尼

次に、七世紀中葉の東アジア情勢の緊張期における王権と南西諸島との政治的関係についてみていく。先掲の史料(B)『唐会要』倭国条は永徽五年（六五四年）のこととして、耶古（掖玖）ばかりでなく、波耶（ハヤト）・多尼（多禰）をも倭国の附庸対象だったとしている。孝徳期（七世紀中葉）においては、掖玖に加えて波耶（ハヤト）・多尼の三国の調が、「任那の調」の代替・補完をしていたことになる。孝徳期には「任那の調」が欠如していた。『書紀』大化年間の記事にみえる百済による「任那の調」の貢進を事実とする説もある。(12)しかし、鈴木英夫氏が明らかにしたように、大化元年（六四五）七月丁巳条にみえる「任那の調」は、六四二年以降旧伽耶諸国領有をはたした百済に「任那の調」を課したことに対応するだけで、「任那の調」の停廃文言は虚構である。(13)史料(B)『唐会要』永徽五年（六五四）にみえる「耶古・波耶・多尼」三国は「調」を貢納し、孝徳期における「任那の調」の欠如を補完・代替していたと考えられる。それでは、掖玖以降に加わった波耶・多尼は国王をともなう「国」として擬制されていたのだろうか。波耶（ハヤト）については、「隼人国公首麻呂」（天平七年〔七三五〕のいわゆる「隼人計帳」、『大日本古文書』一―六四五）の事例との関係が注目される。同計帳では「阿多隼人」「大住隼人」の姓をもつ隼人の存在が知られる。これは天武期における阿多・大隅隼人の存在とかかわる。これにたいして、「隼人国公」は阿多・大隅隼人以前における「ハヤト国」の存在を示している。「国公」はかつての「国王」に由来していると考えられる。「国王」をともなう「国」として、

南　方
倭国東海の嶼中に野人で、耶古・波耶・多尼の三国がある。皆倭に附庸す。（『唐会要』倭国伝、永徽5年条） 654（白雉5）～660（斉明6）覩貨邏・舎衛人、須弥山像造営に参列など。
多禰島人を飛鳥寺西槻下で賜饗。
多禰島に遣使（大使・小使）。
多禰島使、「多禰国図」献上、俗報告。（8月） 多禰島人を飛鳥寺西河辺で賜饗。（9月）
多禰人・掖玖人・阿麻弥人に賜禄。
遣多禰使人ら帰還。
蛮の所居求め、多禰に遣使。

尾の括弧内に記す。

倭国側が唐に報告した「波耶国」の確実な痕跡といえよう。『書紀』は律令制下の状況に整合するように、隼人服属神話を創作し、波耶国の痕跡を消し去ったのである。

「多尼国」はどうか。史料(B)『唐会要』倭国条において永徽五年（六五四）段階で、倭国の附庸対象となっていた「多尼」は、『書紀』の同時期の記述にはみえない。表9に明らかなように、『書紀』で「多禰」が登場するのは、天武六年（六七五）以降になっている。しかし、天武六年以前から多禰が倭王権と朝貢関係にあった可能性が高いことは『書

表9 7世紀後半の北方・南方関係記事

	北 方
589（崇峻2）	遣使して蝦夷国の境を観せしむ。
646（大化2）	蝦夷親附。
654（白雉5）	
655（斉明元）	北・東の蝦夷に賜饗。城養・津軽蝦夷に授位。
659（斉明5）	阿倍臣に「蝦夷国」を討たせる。（蝦夷征討は658～660） **遣唐使が唐皇帝に「蝦夷国」は倭国の東方にあると報告。遣唐使が海島中の「小国」である「蝦夷国」の俗を報告（『通典』蝦夷国伝、『唐会要』蝦夷国条の顕慶四年〔六五九〕の記事）**
660（斉明6）	阿倍臣、蝦夷をともない、「粛慎国」を討つ。
668（天智7）	近江大津宮で「夷」に賜饗（7月）。
671（天智10）	蝦夷に賜饗。
677（天武6）	
679（天武8）	
681（天武10）	
682（天武11）	「越蝦夷」（俘人70戸）を一郡に編成。
683（天武12）	
688（持統2）	蝦夷、「調賦」を負いて天武の殯に誄。（11月） 飛鳥寺西槻下で「蝦夷」に賜饗、授位、賜物。（12月）
689（持統3）	陸奥国城養蝦夷の出家認可。「越蝦夷」に仏像・仏具下賜。
695（持統9）	
696（持統10）	「越渡嶋蝦夷」「粛慎」に賜物。

注） 出典は基本的に『書紀』で。中国史料を出典とする記事は、太字とし出典名を末

紀』天武紀の記述自体のなかにある。『書紀』天武八年（六七九）十一月己亥条の多禰遣使記事以前の記事となる(a)天武六年（六七七）二月是月条の「饗二多禰島人等於飛鳥寺西槻下一」を、(b)天武十年（六八一）九月庚戌条の「饗二多禰島人等于飛鳥寺西河辺一。奏二種種楽一」の重出とする説がある。しかし、(a)では「飛鳥寺西槻下」とあるのが、(b)では「飛鳥寺西辺」となっており、(b)の「奏二種種楽一」が(a)にはみえない。(a)(b)は典拠となる原史料が異なっているとみた方がよい。『書紀』は天武八年（六七七）の遣使による多禰の入朝を初見とする編集を行ったにもかかわらず、それ以前の多禰入朝記事が混入し、整合性を欠く結果となったと理解した方が、(B)『唐会要』倭国条が永徽五年（六五四）に「多尼」は倭国の「附庸」下にあったとすることと整合的である。孝徳期には「任那の調」の代替として耶古・波耶・多尼三国の政治的編成が行われていた。

　次の斉明期はどうか。中国側の史料によれば、先掲の『唐会要』倭国条の永徽五年の記事のすぐあと、顕慶四年（六五九）の倭国使の報告として、『旧唐書』日本伝には「毛人之国」、『通典』巻一八五・辺防一・蝦夷条には「蝦夷国」が記録されている。これに対応するように『書紀』斉明五年（六五九）三月甲午条、(b)同年七月戊寅条所引「伊吉連博徳書」には「蝦夷国」のことが唯一記録されている。[14]斉明期に蝦夷が「蝦夷国」として擬制されていたことはまちがいない。斉明期の「蝦夷国」は南西諸島三国に代わるものだったのだろうか。「蝦夷国」としての「調」の貢納は、実は崇峻期まで遡及しうる可能性もある（本書終章第一節）。そして、持統二年（六八八）十一月己未条には、天武の殯宮で「負二荷調賦一」の「蝦夷」が誄をのべている。蝦夷は「調」を貢納する場合があった。

　舒明期より以前までは「任那の調」を代替する役割をはたしていたのは「掖玖国」「蝦夷国」の調だったが、六世紀中葉の孝徳期以降、『唐会要』倭国条の永徽五年（六五四）の記事にみえる「多尼国」「波耶国」の「調」が加えられた。孝徳・斉明期に倭国王にたいする求心性を高めるために朝貢の数量的拡大が必要とされたことが、多尼・波耶を新たに擬制した理由であろう。また、孝徳期における渟足・磐舟柵の設置や斉明期における阿倍比羅夫の北征は、「蝦夷国」による「調」の朝貢を強化するという政治的目的を前提としていた。

孝徳・斉明期の王権と南西諸島の島嶼の政治的関係は、どのようにとらえられるだろうか。この時期の倭王権による全国支配の特質について、仏教的天下を構想していたとする説もあるが、成立しない（本書第一章第三節）。そして調という貢納物の共通性からみて、倭国王の実効的支配の内・外で差異はなく、化内・化外の天下観も孝徳・斉明期には成立していない。『書紀』斉明六年（六六〇）七月乙卯条には、覩貨邏人が本国に帰還するさい、「願後朝㆓於大国㆒」という誓約の証しとして、自分の妻を倭国に留置するという内容の記事がある(15)。とすると、斉明期においても推古期以来の「大国」概念にもとづく対外関係が継続されていたといえよう。推古期以降の律令制前段階におけるヤマト王権は、南西諸島の個別の島嶼を固有の王の秩序のもとにある「国」として擬制した。倭国王は盟主として各地の豪族を統括する機能をはたしていた。推古期以前の段階において、盟主たる倭国王の地位を実現・維持する権威の源泉の一つは、従属的な地位にあった伽耶諸国からの朝貢であった。新羅による伽耶併合後、ヤマト王権は伽耶諸国の従属を象徴する「任那の調」の貢納を、新羅や百済に強要したものの、それは容易に実現されなかった。その代替・補完の機能の一端をになったのが、推古期以後政治的に擬制された南西諸島の「国」による「調」の貢進であった。辺境社会をいくつかの「国」として擬制し、それらの「調」の貢納により荘厳化される対外的体制を、推古期〜斉明期のヤマト王権は「大国」と概括していた。それは王権の秩序の内外の差異を前提としない体制でもあった。「大国」は「中華思想」にはもとづいておらず、南西諸島の政治的編成は、夷狄の範疇とはいえない。

3　百済の役後の王権と南西諸島

百済の役後の天智期の王権と南西諸島の関係はどうか。表9によれば、『書紀』天智紀には南西諸島関係の記事および隼人関係の記事はない。天智期は百済の役後の朝鮮半島の混乱と国内軍国体制の整備のため、「任那の調」の朝貢を実現することは困難だったであろう。また天智四年（六六五）以降天武期にかけて、新羅に併合される危機的状況にあった耽羅が、倭王権にさかんに朝貢してきている。しかし、百済の役後の倭国は、耽羅・高句麗（小高句麗国）との通交を続けながらも、それらに応える意志はなく（あるいは応えることができず）、朝鮮半島のことは新羅に委ね、その新羅を服属国と位置づけることによって、朝鮮諸国に対する優位を築こうとしたという状況にあったらしい(16)。当然、南西諸島からの朝貢を促す使節の派遣も困難だったであろうし、『書紀』における実効的支配外の朝貢例は、わずかに天智七年（六六八）、天智十年（六七一）の近江大津宮における蝦夷賜饗記事のみである。天智七年（六六八）七月の蝦夷賜饗は、同年正月の天智即位とかかわる政治的意味があったかもしれない。この蝦夷の朝貢以外に、『万葉集』に「東人の荷前」（一〇〇）として痕跡を残す「東国の調」もその代替・補完の役割をはたしていた（本書第六章）。

実際には孝徳期までに掖玖のみならず多禰の朝貢をも、ヤマト王権は政治的に編成していたにもかかわらず、先述したように、『書紀』は天武期に遣使（天武八年〔六七九〕十一月己亥条）により多禰国の朝貢がはじめて実現されたという論理を採用している。その結果を(1)『書紀』天武十年（六八一）八月丙戌条は、次のように記している。

(1)遣二多禰島一使人等貢二多禰国図一。其国去レ京五千余里。居二筑紫南海中一。切レ髪草裳。粳稲常豊。一殖両収。土毛支子。莞子及種々海物等多。

ここで「多禰国図」「其国」と記されているのは、天武期における多禰国擬制の痕跡である。ところで、『書紀』推古紀の掖玖、天武紀の多禰を、それぞれの時期における南西諸島の一定の地域を指す総称とする説が有力であるが、『書紀』の論理ではそれぞれ現在の屋久島・種子島を意味しているとすべきである。史料(1)天武十年（六八一）条にみえる「多禰国」記事は、京（飛鳥浄御原宮）・筑紫（大宰府）を基準とした位置や、俗・物産などが記されている。これは遣使による「国境」（国内）観察の結果と考えられる。そして、「多禰国の調」貢納の前提となった。また表9に明らかなように、天武期にはそれまで朝貢対象ではなかった阿麻弥（奄美大島）が加わっている（『書紀』天武十一年

(六八二) 七月丙辰条)。これは、多禰・掖玖よりもさらに南方の阿麻弥を加え、飛鳥寺西の広場において前代よりはるか広域におよぶ天武の天皇としての支配力を顕示する役割をはたすことになった。

それではなぜ、天武期に天智期に中断されていた多禰など南西諸島からの朝貢が擬制されねばならなかったのか。その理由の一つは、蝦夷や隼人がもはや「国王」をともなう「国」として擬制することが不可能になったからであろう。蝦夷についていえば、天武十一年(六八二)三月乙未条で「陸奥国蝦夷」と表記されているように、陸奥国や越国の管理下に入り、もはや「蝦夷国」を擬制することは困難となった。同様に隼人は天武十一年以降阿多・大隅隼人となり、やはり「隼人国」を擬制することは困難となった。『書紀』天武十一年(六八二)七月甲午条で阿多・大隅隼人の朝貢物が「方物」と表記されているのは、天武期の段階では「隼人国の調」を擬制することが困難となっていたからであろう(17)。

持統期の王権と南西諸島の政治的関係はどうか。表9に明らかなとおり、持統期には持統九年(六九五)の南島覓国使の派遣まで記事がない。既述のとおり蝦夷・隼人はどちらも「国王」の存在する「国」として擬制することは不可能となっていた。「東国の調」は個別人身の律令制的な個別人身的調に転回し、調物名に「東鰒」などの痕跡を留めるものの、その歴史的役割を終えていた(本書第六章第三節)。にもかかわらず、蝦夷・隼人・多禰人にたいする賜饗あるいは隼人の相撲が行われた場は、八世紀のような大極殿ではなく、斉明期と同じ飛鳥寺西の空間であった。浄御原令制下においても、擬制された諸「国」にたいする政治的位置に変化はなかったと考えられる。表9によれば、持統九年(六九五)に「蛮の所居」を求め、多禰に遣使されている。しかし、この遣使が「蛮」(南蛮)を意識したものではあっても、持統期に南西諸島が夷狄として政治的に編成された形跡はない。律令制下の四夷の天下観はいまだに成立しておらず、外交は斉明期以来の構造を十分克服したものとはなっていない。天武・持統期に化外の空間が創出されなかった大きな理由の一つは、大嘗祭の成立に示される神祇祭祀に天皇制の権威の源泉が求められはじめた段階

であったことにもよると思われる。(18)

百済の役後の天智期の王権は百姓支配を軸とする国内体制の再編成に追われ、南西諸島の政治的な編成にまではおよぶべくもなかった。天武・持統期には天武四年（六七五）に部曲の完全廃止によって公民制が成立し、持統四年（六九〇）年には前年施行の浄御原令戸令にもとづく庚寅年籍によって全国的班田収授制が実現した。また、『書紀』天武十年（六八一）七月丁酉条にみえる「祓柱奴婢」を媒介として良賤制も成立したとされている。(19)このような国内支配の進展により良人共同体や国家機構の首長たる天皇制が機能していった。しかし、天皇制支配の実効的支配外地域を化外として従属させる君主制の整備は、当該時期には実現する段階にはなかった。持統期に都城・大極殿が造営されたことによって、外交権が天皇に掌握される客観的条件が整備され、南西諸島を夷狄とする政治的編成がすすめられる。

三　南島の朝貢と天皇制

1　「南島」概念の成立と天皇

文武期から開始された「南島」からの朝貢は、律令制前段階とどのような点で異なり、どのような歴史的意義をもっていたのか。まず、南西諸島の島嶼にとっては交易の側面をもっていたにせよ、朝貢主体として政治的に擬制された「南島」概念のはたした役割は何だったのか。歴史上はじめて「南島」概念があらわれるのは、『続紀』文武二年（六九八）四月壬寅条の「遣二務広弐文忌寸博士等八人于南島一覓レ国。因給二戎器一」である。この「南島」覓国使には、『書紀』持統九年（六九五）三月庚午条にみえる遣多禰島使の「文忌寸博勢」がふくまれる。そこには「求二蛮所居一」とあり、持統九年（六九五）には四夷のうちの「南蛮」として、南西諸島の政治的編成が開始されたと考えられる。この結果は『続紀』文武三年（六九九）七月辛未条にあらわれる。

　多褹。夜久。菴美。度感等人。従二朝宰一而来貢二方物一。授レ位賜レ物各有レ差。其度感島通二中国一於レ是始矣。

日本を「中国」としていることは、「南島」が中華思想を基盤とする概念であり、南西諸島の単なる総称でないことを示す。また、『続紀』文武三年（六九九）八月己丑条の「奉二南島献物于伊勢大神宮及諸社一」によれば、南島の朝貢が天皇制と強い関係にあることは明らかである。南島概念の成立の意味を考えるさいに重要なのは、同時期に蝦夷・蝦狄の概念・呼称も成立しているという事実である。毛人（蝦蛦）から陸奥国の蝦夷・越後国の蝦狄への変化は、『続紀』文武元年（六九七）十月壬午・十二月甲辰条を初見とする。そして、文武二年（六九八）に南島概念が創出された。こうして、〈東夷・西戎・南蛮・北狄〉のうちの東夷・南蛮・北狄が設定され、西戎とみなされた新羅とあわせて四夷の天下観が成立することになる。良人共同体の首長たる天皇は、化外の「蕃夷」（＝諸蕃）にも君臨し、化内・化外双方に君臨する専制君主に昇華した。この専制君主としての地位は、大宝律令によって法制化された。

　持統期まで、エミシや南西諸島の住人にたいする賜饗の空間は、飛鳥寺の西の広場であった。ここでは槻の木に憑依する神などの第三者に、王権の実効的支配外の住人が倭国王にたいする従属を誓約する場である。しかも槻の木の広場は、倭国王以外の豪族層も保有しうる空間であり、専制君主固有の空間ではない[20]。また田島公氏によれば、律令制前段階における朝鮮諸国にたいする外交儀礼では、倭国王は外交使節に直接会見していない。それは倭国王のもとに外交権が掌握されていない段階の服属儀礼ともいえた。しかし、『続紀』文武二年（六九八）正月壬戌朔条には「天皇御二大極殿一受レ朝。文武百寮及新羅朝貢使拜賀。其儀如レ常」とあり、文武期には天皇は新羅使と会見することになる[21]。しかも儀礼空間は大極殿という天皇のみに認められた空間になっている。神などの第三者を媒介とせず、新羅使が直接的に天皇にたいする従属を誓約する客観的条件が整備されたのである。蝦夷・蝦狄・南島にたいする儀礼空間はどうか。『続紀』和銅三年（七一〇）正月壬午朔条の隼人・蝦夷が参列した元日朝賀では、天皇は大極殿で「受朝」

し、霊亀元年（七一五）春正月甲申朔条の陸奥出羽蝦夷と南島人が参列した元日朝賀でも、天皇が「受朝」した場は大極殿である。大宝律令制段階では、神などの第三者を媒介とせず、天皇は直接に化外人に従属を表明させることが可能となったとしてよい。天皇は視覚的にも新羅・蝦夷・蝦狄・南島という化外人を直接従属させる専制君主として現出されることになった。

2　南島による朝貢と天皇制

南島による朝貢は、どのような特質をもっていたのか。朝貢物は檳榔・赤木・夜光貝などで、いずれも貴族層の威信材の原材料となり、平安時代には南西諸島物産の入手をめぐり、貴族層の動きは活発化していく（注（4）の山里G・H・I論文。永山B論文）。それは逆に南西諸島側の交易を刺激したであろうが、律令国家は交易を朝貢へと政治的に編成したのであった。朝貢の頻度について六・七年に一度の周期だったとする説もあるが、南島の朝貢に隼人のような年代的周期性は見出せない。文武期以降の南島の朝貢を整理した表10に明らかなように、①文武三年（六九九）の朝貢は文武天皇のみならず、夷狄としての編成を開始した持統太上天皇の時代に対応している。②慶雲四年（七〇七）七月の南島朝貢は文武天皇のみにたいする朝貢のはずだったが、文武が六月に死去していたため入京を停止し、大宰府における賜物・叙位にとどまっている。慶雲四年のあとは③霊亀元年（七一五）となる。『続紀』霊亀元年（七一五）春正月甲申朔条は次のように伝える。

天皇御㆓大極殿㆒受㆑朝。皇太子始加㆓礼服㆒拝朝。陸奥出羽蝦夷并南島奄美・夜久・度感・信覚・球美等来朝。各貢㆓方物㆒。其儀。朱雀門左右。陣㆓列鼓吹騎兵㆒。元会之日。用㆓鉦鼓㆒自㆑是始矣。

次節で述べるように、この時は大宰府の下級官人を多褹国に派遣して、多褹に来貢する南西諸島島嶼からの交易者を朝貢に編成したのであろう。沖縄本島は遺使が多褹に滞在しているさいに来航しなかったため、この朝貢には参列

表10　八世紀における南島の朝貢と天皇

	天　皇	南　島
文武元（697）	文武（＋持統）	
文武２（698）		
文武３（699）		①南島（多褹・夜久・奄美・度感人）
慶雲４（707）	文武	②南島人　大宰府で賜物・叙位
和銅３（710）	元明	
霊亀元（715）		③南島（奄美・夜久・度感・信覚・球美等島人）
養老２（718）	元正	
養老４（720）		④南島人
神亀４（727）	聖武	⑤南島人

注）　出典は『続紀』。

しなかったと考えられる。奄美以下、沖縄より遠方の信覚（石垣島）・球美（久米島）の参列を実現し、さらに陸奥・出羽蝦夷も同一空間での儀礼に参列させている例は、この記事のみである。和銅三年（七一〇）の元日朝賀では前年征討した蝦夷と、蝦夷と同様に反乱の経緯をもち、天皇守護に奉仕させる目的で上京させた薩摩国・日向国隼人を同一空間に参列させている。天皇（元明）による支配が南北の両辺境にまでおよんでいることを、文武百官に認識させるためであろう。③霊亀元年（七一五）の場合、隼人よりさらに南方の南西諸島の住人を、陸奥・出羽蝦夷とともに同一空間に参列させ、天皇の支配力のさらなる拡大を現出している。

律令国家は③の場合、なぜそこまで大規模な服属儀礼を行ったのであろうか。一般に首皇太子の元服後最初の元日朝賀だったことも強く反映しているとされている。しかし、「皇太子始加二礼服一拝朝」はあくまで元日朝賀に便乗したかたちにおいて、皇太子の存在を文武百官に認識させようということにすぎず、皇太子列席と朝貢領域の広大さの間の関係は希薄といわざるをえない。④養老四年（七二〇）、⑤神亀四年（七二七）の場合、『続紀』は叙位・賜物を記すのみで、儀礼参加のことは記されていない（養老四年十一月丙辰条、神亀四年十一月乙巳条）。④⑤について(a)来航が十一月だから元日朝賀への参列が目的だったとする説（注（4）の鈴木A論文）と、(b)大極殿・朝堂における朝賀参列にともなうものではなく、大宰府で中央派遣官が行ったものとする説（注（4）

の山里C論文）がある。④⑤はともに叙位の場は記されておらず、その場は宮城内とするのが自然であろう。③の霊亀元年（七一五）の場合、新羅使が入朝していたにもかかわらず、蝦夷・南島人が参列する元日朝賀の場に新羅使は参列していないこと、さらに①の場合元日朝賀ではないことから、④⑤の南島人にたいする賜物・叙位は、元日朝賀以外の天皇臨御の朝貢儀礼においてであった可能性が高い。そこで、あらためて表10を概観すると、①の南島人朝貢は文武天皇と持統太上天皇、②は文武単独、③は元明、④は元正、⑤は聖武の各天皇・太上天皇にたいする朝貢であることが知られる。したがって南島人の朝貢は、天皇一代につき一度の朝貢だったのではないか[22]。八世紀前半まで、南島の朝貢儀礼は、天皇が天皇であるために必須の儀礼だったのである。ここで、中国との差異にふれておきたい。中国では辺境国からの遣使は皇帝が臨御する服属儀礼に現実に参列し、朝貢物を進上する。その朝貢物は「庭実」として視覚的に提示された上で、加工品が周辺諸国にも配分される互酬性をつうじて中華的な政治的従属関係が更新・再生産されるという循環構造にあった[23]。日本ではもちろんこのような循環構造はなく、威信材として貴族層に分配されるのがせいぜいだったし、その程度で十分なほど自己満足的で矮小な中華意識であった。

四　多褹国と南島政策

1　多褹国の成立と南島

八世紀前半の時期においては、南島による朝貢が天皇制にとって重要な意味をもっていた。蝦夷の場合においても、朝貢は天皇制にとって重要な意味をもっていたが、朝貢に加え、蝦夷域における建郡が「化外の地」の「化内化」を意味し、やはり天皇の権威を強化・拡大する役割をはたしていた[24]。南島域においても、大宝二年（七〇二）の律令国家による征討以後、多褹に国郡制が施行され、律令制国と同様の権能をもつ「多褹島」に編成された（以下、正式には「多褹（多禰）島」「島司」だが、行論のさい判別しやすいように「多褹（多禰）国」「国司」と表記する場合がある）。また、天平五年（七三三）までには、やはり南島の一つだった夜久島に郡が設置されている。この多褹建国や建郡は、はたして蝦夷域のような「化外の地」の「化内化」（あるいは、内国化・版図の拡大）を直接的な目的としていたのだろうか。また、多くの研究は、多褹建国が南西諸島の住人の活動や、南島朝貢制と密接にかかわることを指摘している。多褹にかかわる、こうした理解は妥当なのだろうか。

多褹国の起点となるのは、次掲(1)『続紀』大宝二年（七〇二）八月丙申朔条である。

(1)薩摩多褹。隔レ化逆レ命。於レ是発レ兵征討。遂校レ戸置レ吏焉。

この大宝二年（七〇二）の征討以後、多褹には最終的に「遂校レ戸置レ吏」という国制が施行される。そして、『続紀』慶雲三年（七〇六）七月己巳条に「大宰府言。所部九国三島」とあることから、遅くともこの時までには対馬・壱岐と並んで多褹「島」（＝国）という行政区分が成立していたことは確実である。和銅七年（七一四）の「多褹島印」頒賜が同年の戸籍作成と関係が深いとすれば、令制国としての基本的権能は慶雲三年（七〇六）段階ですでに行使されていたと推定される。それでは「多褹国」設置の目的は何か。研究史を簡潔にまとめておくと、(a)隼人対策、隼人・多褹の勢力分断、(b)遣唐使入唐路（南島路）の設定・維持、(c)南島人朝貢の中継地確保あるいは貢納制の拡大、(d)国制施行による版図（内国域）拡大に整理される[25]。これらの諸説を検討していく。

(a)隼人対策とする説について。これは史料(1)において、征討軍の発遣が同時に行われていることが史料的根拠である。多褹ともむすびつき律令国家に不服従の傾向をもつ薩摩域の隼人の動きを、薩摩・多褹両地域における律令制国の建置によって抑止するというとらえ方である。「逆レ命」という事態を律令国家は「隔レ化」と非難しているのであるから、「命」の内容のなかに征討を必要とした律令国家側の必要性が内在している。その必要性とは「遂校レ戸置レ吏」であろう。薩摩・多褹両地域における国郡制施行と住人の籍帳登載こそが律令国家の目的であって、隼人の反乱抑止が最終目的であったことは、この史料からはいえない。これ以後の隼人の乱に多褹国が軍事的に関与することがないことからも、薩摩・多褹建国を隼人対策とする見解は説得力をもたない。

多褹・薩摩間の勢力分断とする説についてはどうか。付言しておくと、この説では律令国家による多褹・薩摩両地域の連合を分断する動きにたいする反乱が、史料(1)の征討の要因となったとする。しかし、史料(1)から律令国家が薩摩・多褹を同時期に国制に編成しようとしたことはいえても、そのことは薩摩・多褹の地域的連合の存在や、国制施行による勢力分断の証左にはならない。(1)からいえるのは律令国家の国制施行と住人の籍帳把握を多褹・薩摩を同時に進行しようとしたところ、両地域の「隔レ化逆レ命」という状況が露呈したことであろう。(1)の「薩摩多褹」と「隔レ化逆レ命」の間に、「共に」に類する字句があれば、両地域連合の可能性はある。しかし、そうした字句がない以上、両地域同時の征討の前提に「勢力の連合」があったとはいえない。次に多褹・薩摩建国は、多褹と隼人の間の交易を中心とする交通関係の遮断をも目的としていたとする見解を検討する。その根拠の一つは、次掲の(2)『続紀』文武四年六月庚辰条にみえる「肥人」の存在である。

(2)薩末比売。久売。波豆。衣評督衣君県。助督衣君弖自美。又肝衝難波。従二肥人等一持レ兵。剽二劫覓国使刑部真木等一。於レ是勅二竺志惣領一。准レ犯決罰。

覓国使剽却事件については、(b)南島路設定・(d)国制施行についてで検討するが、ここでは隼人と多褹の相互交通と連携の存在の大きな根拠の一つである「肥人」について検討しておく。(a)説は、南九州の在地首長層が史料(2)で「従二肥人等一」とする肥人を、八世紀の令制国の範囲を越えて広範囲に活動する海人であるとする通説的見解に大きく依拠している。肥人＝海人説の出発点となった中村明蔵氏の所論は以下のとおり[26]。①『播磨国風土記』賀毛郡猪養野条にみえる「日向肥人朝戸君」という住人の記事から、肥人は播磨にも分布する。漁労だけでなく家畜も生業の一つであり、その家畜の猪（豚）は中国華南までの活動を示すことから、肥人の行動領域はきわめて広い。また、②『肥前国風土記』松浦郡値賀郷条の「白水郎《あま》」はまさしく「肥国の人」であり、「富㆓於馬牛㆒」とあることは、牧畜業にかかわる『播磨国風土記』の肥人と共通している。さらに、③同風土記の「此島白水郎容貌似㆓隼人㆒恒好㆓騎射㆒其言語異㆓俗人㆒也」という、隼人との共通性にかんする記述は、肥人と阿多隼人の相互交通の事実にもとづいている。以上のことから、中村氏をはじめとする諸研究は、薩摩・衣・肝属の在地首長が剽却事件で率いている先掲史料(2)の「肥人」を、多褹と南九州の間でも交易などに従事している海人とし、肥人は国制施行を強行する覓国使にたいして南九州の在地首長らと利害が一致したため、行動をともにしたとするわけである。

しかし、肥人＝海人とする理解は、はたして妥当なのだろうか。まず、中村氏の根拠の①「日向肥人」は移動の経緯に由来する人名にすぎず、朝戸君が行っている猪養を肥人一般の属性とすることは穏当ではない。②「富㆓於馬牛㆒」は松浦郡値賀郷の白水郎（海人）が馬牛を多く保有するという特筆すべき状況を記述したにすぎず、ここから肥人＝白水郎という論理を抽出することはできない。③は松浦郡値賀郷の白水郎の容貌が隼人に似ていると指摘しているだけで、白水郎の海人としての属性が、隼人と共通しているとすることはできない。通説的理解の根拠となる隼人＝海人説は史料的根拠をもたない[27]。

多褹・薩摩の交易を中心とする在地社会固有の交通が存在したことは否定しないが、両勢力が律令国制施行によって既存の交通が遮断されることに、抵抗の主要因があったことは史料からはいえない。また、交通の遮断に意味があるなら、隼人側についてはなぜ薩摩国だけの建国で、剽却事件の一つが起きた肝属のある大隅域では建国がなされなかったのかということの説明がつかない。

(b)南島路の設定・維持についてはどうか。文武四年（七〇〇）に「竺志総領」の処罰対象となった南島覓国使剽却事件を、南島路設定と南島路維持にかかわる薩摩・多褹の国評（郡）制施行を任務とし、それを強行しようとする覓国使にたいする抵抗とする説がある。根拠となる史料は、先掲の(2)『続紀』文武四年六月庚辰条である。これについて、薩摩・頴娃・肝属の三勢力が同盟して反抗したとする見解にもとづき、田中聡氏は在地勢力が覓国使を「連れ去られねばならなかった」のは、覓国使による南島路設定の結果失われる、南島との交通関係をもつ自分たちの勢力の拠点を守る必要があったからだとする（注（4）田中A論文、一一六頁）。しかし、三勢力の同盟を史料から導くことはできない。そもそも、三勢力による剽却事件は同時に起きたのではない。すでに多くの論考で指摘されているように、史料(2)は、文武三年（六九九）に帰還した南島覓国使が、文武四年に中央で申告した事件にたいする政府の対応を記録したものである。剽却事件にたいする裁定は同時に行われたが、個々の剽却事件は覓国使の航行途上で時期的に同時ではなく、個別に分散的に起きたものである。南島覓国使はその名称のとおり、新たな「国」の発見を職掌とするのであって、律令制「国」の建置とは無縁である。しかも任務の対象地は「南島覓国」の呼称の示すとおり南西諸島であり、薩摩・大隅域ではない。「剽却」は「脅迫」「威嚇」の意味であり、「連れ去られた」事件は田中氏の拡大解釈にすぎない。とすれば、威嚇事件の起こった薩摩・大隅域は「南島」への経由地にすぎず、事件はたとえば覓国使が食料・水などの供給を在地首長層に求めたことなどをめぐって起きた可能性が想定される。覓国使に令制国や評制施行にかかわる任務などなかったとするのが妥当であろう。

　また、覓国使の呼称は南島路設定という任務にもなじまない。そもそも南島路否定説の方が説得力がある。最大の根拠となる『唐大和上東征伝』にみえる鑑真の航路も、当初から南島路をめざしたとは明記されていない。南路による帰朝航路をとっていたものの、自然条件による偶然の結果沖縄経由となった可能性の方が高い。『続紀』天平勝宝六年（七五四）二月丙戌条によれば、天平七年（七三五）・天平勝宝六年（七五四）に、律令国家は「南島」の島嶼の「島名并泊㆑船処。有㆑水処。及去就国行程」を明記した牌を設置している。これは「漂著船人」に、「所㆓帰向㆒」を知らせるためのものであり、通常の入唐のためのものではないという説には、やはり説得力がある。[28] また、南島経由が非常時の帰航路として想定されていたとしても、先掲の『続紀』天平勝宝六年二月丙戌条によるかぎり、牌の設置やその後の修理も大宰府管理下で行われており、多褹国が主要な担い手だったことを示す史料はない。(b)南島路など唐との交通路の設定は、多褹国建置の目的ではない。

(c)南島人朝貢の中継地確保あるいは貢納制の拡大という説はどうか。多褹建国後、『続紀』によれば信覚・球美島まで朝貢が拡大している。信覚は現石垣島、球美は現久米島とする通説に従えば、沖縄島以南の島嶼まで朝貢が拡大していることになる。にもかかわらず、朝貢してきた島嶼に沖縄本島はない。沖縄が南島朝貢記事にみえないことについて、山里純一氏は沖縄は拒否したからだとしている（注（4）の山里C論文）。信覚（石垣島）・球美（久米島）の朝貢を記する『続紀』和銅七年（七一四）十二月戊午条の場合、「太朝臣遠建治」を南西諸島への遣使だとするのが穏当とすれば、この遣使の少初位下という位階は大宝令位階制（三〇階制）の最下位であり、他の遣使よりきわめて低い。和銅七年遣使はおそらく大宰府の最下級官人だったと考えられ、多褹国より以南への渡航を任務とはしていなかったのではないか。多褹国に交易目的で来航する南西諸島島嶼の住人を元日朝賀の朝貢に参列させたため、この遣使滞在中に多褹国に来航してこなかった沖縄の儀礼参列は実現しなかったと考える。しかし、南島人の朝貢の確保だけなら、遣使の派遣で実現は十分可能である。また国府を設置しなくとも、既存の国府からの国司の派遣で十分ではなかろうか。結果として多褹国は南島朝貢の確保に関与したことは事実ではあるが、それが国制施行の直接の目的とは思われない。

(d)国制施行による版図（内国）拡大についてはどうか。実際に『続紀』霊亀元年（七一五）春正月㈰朔条に「南島」の一つとしてみえる「夜久」が、『続紀』天平五年（七三三）六月丁酉条には、「益救郡」（他に馭謨郡もあった）に編成されていることが確認される。山里氏が明らかにしたとおり、屋久島は霊亀元年（七一五）から天平五年の間に国郡制に編成されたのである（注（4）の山里F論文）。現象面だけみると、屋久島の郡制への編成は、蝦夷域と同様に、「化外の地」の「化内化」の意味をもっていたかにみえる。しかし、化外の夜久島に益救郡あるいは馭謨郡を建郡したことは『続紀』の記事にはない。建郡は公式令3論奏式条の対象となっているように、太政官が発議する重要事項の一つであることから、化外の蝦夷域における建郡はしばしば『続紀』などに記事が残っている。『続紀』に記録のない夜久における建郡は、直接的には版図拡大や化内化を目的としたものではない可能性が高い。

以上のことから、多褹国建置の第一義的な目的を、(a)隼人対策、隼人・多褹の勢力分断、(b)遣唐使入唐路（南島路）の設定・維持、(c)南島人朝貢の中継地確保あるいは貢納制の拡大、(d)国制施行による版図（内国域）拡大のいずれにも求めることは妥当でないことが明らかとなった。

2　多褹国の存在意義と南島

多褹国の存在意義は、後の多褹国廃止の史料から抽出できる。『日本紀略』天長元年（八二四）十月丙子朔条には「停㆓多褹島司㆒、隷㆓大隅国㆒」という簡単な記事しかないものの、この前提となった(3)『類聚三代格』巻五、天長元年（八二四）年九月三日太政官謹奏は、詳細な内容を記載している。内容の詳細な分析は先行研究に譲るが、史料(3)太政官謹奏やその他の関係史料からいえるのは、八世紀段階で財政基盤が脆弱であるにもかかわらず、多褹には中央派遣官が常駐する官衙が設置され、国郡制や住人の籍帳による把握がすすめられたことである。それはなぜか。史料(3)太政官謹奏によれば、九世紀段階ではもはや多褹国存在の意味がない理由としている、「件島南居㆓海中㆒。人兵乏弱、在㆓於国家㆒良非㆓扞城㆒」、「南溟淼々。無㆑国無㆑敵」にこそ、多褹国設置の存在意義があったとするのが妥当である。つまり、八世紀初頭における多褹国の主要な存在意義は、南方海洋の「扞城」として、「南溟」の「敵国」にたいする防衛にあった。このことは別の事実から傍証される。

多褹国が建置された八世紀初頭前後は、いまだ唐・新羅の侵攻にたいする警戒は解かれていない。文武二年（六九八）五月には、大野・基肄・鞠智の三城、同年八月・翌年三月には高安城、文武三年（六九九）には玄界灘に面する三野・稲積二城がそれぞれ修理されている（『続紀』文武二年五月甲申条・同八月丁未条・文武三年九月丙寅条・同十二月甲申条）[29]。このうち、鞠智城は大野・基肄城からかなり離れており、九州北方に向かう防衛というより、東シナ海・不知火海の西側に向かう防衛拠点の意味があったのではないか。さらに、東シナ海向けの防衛のためにこそ、薩摩・多褹の国制施行が必要とされたのであろう。一般に指摘されているように、斉明期に来訪した覩貨邏（堕羅）人から、中央政府は南西諸島が唐と交通している何らかの情報を入手していたはずである。律令国家が南西諸島方面からの唐の侵攻を現実のものとして想定し、防衛のための措置を講じたことは十分にありうる[30]。さらに、屋久島における建郡も軍事・防衛との関係で理解されるのではないか。益救建郡は蝦夷域の建郡のように『続紀』の記事にあらわれない。益救建郡については、天皇制にかかわる化内化の意義が認識されていなかったのである。『唐大和上東征伝』によれば、天宝十二年（七五三年、天平勝宝五年）十一月十六日に中国蘇州を出航した鑑真一行は、阿児奈波島（沖縄本島）に到着したあと多禰に向かうが、到着したのは益救島であった。その後薩摩国阿多郡に到着している。つまり、唐が日本にたいする軍事行動をとったさい、夜久島にまでおよぶ可能性があることは、南島人入朝の当初から情報を収集していたはずであり、律令国家の支配層には十分認識されていたはずである。国郡の建置は多褹島のみでは不十分であり、夜久島もその対象とする必要があった。夜久島における建郡は、律令国家の最南端防衛を補強するためであった。

最南端防衛に益救建郡あるいは多褹国に関係することは、「益救神」の存在によって、より確かとなる。永山修一氏は、九世紀初頭の史料である『新抄格勅符抄』神事諸家封戸の部に載録されている「益救神」に注目し、九世紀以降の益救神の地位低下は、多褹国設置の目的が無意味化したことに起因するとした（注（4）の永山A論文）。永山氏が明らかにしたように、九世紀前半まで益救神は南九州から南島にかけてただ一つ神封設定の対象となっており、益救神は南九州を代表する神社だったが、十世紀の『延喜式』段階では小社の七座の一つとされ、大隅国桑原郡鹿児島神社が大社となっている。さらに、天喜二年（一〇五四）二月二十七日大宰府符（『平安遺文』三―七一二）によれば、肝属・馭謨・熊毛の三郡の計九二の明神の名を列記しているなかで、神位は馭謨郡（屋久島）が最高で従四位下、熊毛郡（種子島）が最高で従三位、肝属郡が最高で従二位であり、大隅国一国のなかでも下位に転落している。しかし、益救神の地位の低下を、永山氏のいう隼人対策・遣唐使南島路維持・南島朝貢確保という多褹国設置の目的の無意味化から説明できるだろうか。『新抄格勅符抄』で益救神の封戸が記載されている部分の成立年代は、延暦三年（七八四）年が下限となる可能性も高い(31)。そこで益救神だけでなく、大宰府管内における神封が設置され、律令国家にとって重要とされている諸神の位置の特徴を抽出してみる必要がある。『新抄格勅符抄』大宰府管内諸社神封列記にある諸神が存在するのは、筑前五社・肥前一社・壱岐一社、対馬一社・多褹一社であり、これらは、西海道の北・西・南の防衛線に位置している。そして、『延喜式』段階では、益救神の神格の低下だけでなく、壱岐一社・筑前二社が官社外となっている。これは、九世紀以降唐・新羅の侵攻の可能性がほとんどなくなったことに起因する。それを裏づけるように、対外防衛を目的とする防人が、延暦二十三年（八〇四）に対馬を除いて廃止となり、防人の基盤となる軍団兵士制も天長三年（八二六）年に西海道で全廃となっている。夷俘（服属蝦夷）による防人も九世紀後半までには消滅している。『新抄格勅符抄』大宰府管内諸社神封列記にある諸神のうち、『延喜式』の官社とされた筑前三社・肥前一社・対馬一社は、貞観年間以降の新羅寇賊にたいする抑止力に転換しているとみるべきである。

迂遠な論証となったが、多褹国建置あるいは夜久島の郡編成が唐の侵攻にたいする最南端の防衛と関係することは、「益救神」の存在からより確実にいえるのである。文武期には〈東夷・西戎・南蛮・北狄〉の四夷の天下観にもとづく化外・化内の双方に君臨する専制君主たる天皇制が確立した。南西諸島は中華思想の「南蛮」にもとづく「南島」とされ、天皇一代に一度の朝貢はその権威の源泉として機能した。多褹の国郡制編成は多褹島（国）の成立と停廃の状況からみると、その存在意義は南方からの唐の侵攻にたいする軍事的な側面にあった。多褹国が南島政策とむすびつくことはあっても、それは多褹国建置の直接的目的ではない。

五　南島政策の変容と天皇制

1　南島の赤木朝貢と天皇制

南島人の都城における朝貢儀礼記事は、神亀四年（七二七）を最後に途絶えてしまう。通説的理解では、(a)律令国家支配層の「小帝国意識」の後退、あるいは(b)南島にたいする関心の稀薄化にその要因が求められている。まず、(a)律令国家支配層の「小帝国意識」の後退について言及しよう。[32]多くの論者が「小帝国主義」（本書でいえば中華意識・中華世界）の後退が、南島朝貢の消極化・途絶につながったという理解を示している。しかし、九世紀に至るまで新羅にたいして従属姿勢を強制していること、渤海を諸蕃として政治的に編成していること、蝦夷を夷狄として征夷などの諸政策を遂行していることなどから、八世紀中期以降における「小帝国主義」・中華意識の後退を南島の都城への朝貢が消極化したことの要因とすることは適切ではない。本来日本の律令国家の化外の政治的編成は、多くの論考が指摘するように、主観的・独善的・自己満足的な性格を特質としている。中国的な化外認識からいけば、四夷は蕃夷（諸蕃）であり、すべて固有の王と秩序（風俗）をともなう「国」だったのである。しかし八世紀初頭の日本にとって、従属させることが現実的に可能な中国的な中華意識における「蕃夷」といえる存在は、西戎たる新羅しか存在しなかった。そこで、律令国家は固有の王と秩序（風俗）をもたない北方住人を蝦夷・蝦狄、南西諸島住人を南島として設定した（本書第一章）。八世紀中葉に渤海が加わるものの、[33]新羅・渤海を従属的朝貢国としえたのは、儀礼の場における遣使の次元においてでしかなく、藤原仲麻呂の新羅征討計画を除けば、新羅を征討するという現実性はなかった。八世紀中葉以降南島記事が消えていく理由を、小帝国主義・中華意識の後退に求めることは妥当ではない。

次に、(b)南島にたいする関心の稀薄化というとらえ方を検討したい。南西諸島からの朝貢記事が消えることの要因

表11　八世紀における蝦夷・南島の朝貢

	天皇	蝦夷	南島
文武元（六九七）	文武（＋持統）	a陸奥蝦夷 b越後蝦狄	
文武二（六九八）		c越後国蝦夷 d陸奥国蝦夷（六月・十月）	
文武三（六九九）		e越後蝦狄	①南島（多褹・夜久・奄美・度感人）
慶雲四（七〇七）	文武		②南島人　大宰府で賜物・叙位
和銅三（七一〇）	元明	f征夷後の蝦夷と上京隼人	
霊亀元（七一五）		b陸奥出羽蝦夷	③南島（奄美・夜久・度感・信覚・球美等島人）
養老二（七一八）	元正	h出羽・渡嶋蝦夷	
養老四（七二〇）			④南島人
神亀四（七二七）	聖武		⑤南島人
神護景雲三（七六九）	称徳	i陸奥蝦夷　朝賀	
宝亀三（七七二）	光仁	j陸奥出羽蝦夷	
宝亀四（七七三）		k陸奥・出羽夷俘	
宝亀五（七七四）		l出羽蝦夷・俘囚	

注）出典は『続紀』。ただし養老2年の蝦夷のみは『扶桑略記』養老二年十一月乙亥条による。

を支配層の「関心の稀薄化」に求める論に従うのなら、同様の傾向を示す蝦夷についても、支配層の「関心の稀薄化」が進行していたことになってしまう。表11によれば、神亀年間以降都城における朝貢儀礼への参列がなくなるのは、南島人だけではない。養老二年（七一八）以降宝亀三年（七七二）まで、蝦夷も儀礼参列の記事はない。蝦夷については斉明期から宝亀年間まで毎年宮都への朝貢を定例としていたとする説もある[34]。しかし、都城への朝貢は『続紀』に記録が残ることが多い。毎年朝貢説の根拠の一つとなっている表11のj・k・lの毎年朝貢は、渤海と蝦夷が同一儀礼空間に存在するという唯一ともいえる事例からして、光仁期特有の事情によると考えられる。都城への朝貢の消極化は、日本古代における夷狄政策全体の問題である。

都城における南島の朝貢儀礼は行われなくなったものの、天皇にたいする朝貢という基本構造が存続していたことを示すのは、天平期のものとされている次掲①②の大宰府不丁地区出土木簡である。

①「＜梅美島×」（『大宰府史跡出土木簡概報』（二）―一二四）

②［＜伊藍島□□×」（同右、一二五）

①の「梅美島」は奄美大島、②の「伊藍島」は沖永良部島とするのが通説的理解である。①②木簡にみられる南西諸島からもたらされた物産は、どのような性格をもっていたのだろうか。①②木簡は、当初大宰府で整理・保管のために付けられたものとされ、その後各国郡における作成の可能性と、貢上染物所にあった可能性が指摘されたが、産地ではなく、九州島内で付けられたという鈴木靖民氏の見解に従うべきである（注（4）の鈴木B論文）。①②にかかわる天平期における大宰府と南島物産の関係を推測しうる史料は、十世紀の『延喜式』にある。『延喜式』民部下53年料別貢雑物条の大宰府の項には「赤木。南島所ㇾ進。其数随ㇾ得」という規定がある。これは延喜内蔵寮式54諸国年料供進条に「大宰府所ㇾ進」として「赤木廿村〈有二増減一〉」とあるのに対応し、南島の赤木は大宰府から中央へ送進され、民部省で勘会を受けた後、内蔵寮で保管されたことが、山里純一氏によって明らかにされている。さらに山里氏は、加工されず材料のまま供進される赤木は、租税ではなく南島からの朝貢物としてもたらされたものであり、律令国家による南島支配の「証」だったとする（注（4）の山里G論文）。

ここで重要なのは、『延喜式』民部下53年料別貢雑物条が「南島所ㇾ進」とすることである。『延喜式』民部下63正税交易雑物の陸奥国の項では「葦鹿皮。独犴皮数随ㇾ得」とあるが、交易雑物なので当然のことながら渡島蝦夷が「所ㇾ進」とはない。南島赤木の場合、交易が実態だったとしても、「朝貢」という政治的編成がなされていたことは重要である。そして、年料別貢雑物は八世紀まで遡及しうるとされている[35]。したがって、①②の大宰府出土木簡は、まさに八世紀中葉における「南島所レ進」(南島からの朝貢)の存在を示しているのである。

中央で赤木を保管する内蔵寮は、本来天皇に供進される物品の管理官司である。また、内蔵寮から供出された赤木は、内匠寮で位記の軸を作成する(『延喜式』内匠寮35位記料条)。内匠寮も主として天皇の供御物を製作する官司であり、位階が天皇によって賜与されるものである以上、その証明となる位記も天皇の下賜物としての性格をもつ。天皇に直接仕奉する内廷的官司を媒介に南島朝貢物の赤木が加工品として臣下にまで行き渡ることによって、天皇による南島「支配」が律令国家の支配層の共通認識として維持・再生産された。

延喜内蔵寮式54諸国年料供進条で「大宰府所レ進」とされた「赤木廿村」は、大宰府保管段階では、①の「俺美島」、②の「伊藍島」という固有島嶼名を冠していた。それが『延喜式』民部下53年料別貢雑物条大宰府の項にあるように、「赤木。南島所レ進」という政治的編成がなされていたのは、大宰府から都城に送進された段階においてである。十世紀段階での想定は困難なものの八・九世紀を通じて、都城における儀礼に南島人が参列しなくとも、南島の天皇にたいする朝貢は観念の上で存続していた。蝦夷の場合、九世紀段階で地方官衙への朝貢がさかんに行われたが、八世紀段階でも蝦夷郡における朝貢の例はある。『続紀』霊亀元年(七一五)十月丁丑条には、須賀君古麻比留は昆布を現地の閇村におかれた蝦夷郡で、天皇の代理人であるクニノミコトモチ(国司)にたいして朝貢をしている[36]。そして、先掲の『延喜式』民部下63正税交易雑物条の陸奥国の項にみえる「昆布」は、『延喜式』段階では「朝貢」あつかいではないが、八世紀における蝦夷の朝貢物に由来している。『延喜式』にみえる大宰府の南島物産は、八世紀中葉においては都城での儀礼における南島人朝貢物であった。

2　南島の消滅と貴駕島・南蛮奄美

『続紀』から南島朝貢記事が消えても、南島の天皇にたいする朝貢は支配層の認識から消えることはなかった。それでは、支配層から「南島」概念が消失するのはいつの段階で、なぜ「南島」概念は消失するのか。「南島」概念の基盤となる南西諸島の個々の島嶼にたいする支配層の認識は、八世紀をつうじて断絶することなく存続した可能性が高い。根拠は大宰府によって南西諸島の島嶼に設置された牌（立て札）である。天平勝宝五年（七五三）に、遣唐使帰朝を契機として大宰府によって南西諸島の島嶼に牌が設置されている。『続紀』天平勝宝六年（七五四）二月丙戌条には、次のようにある。

勅二大宰府一。去天平七年。故大弐従四位上小野朝臣老遣二高橋連牛養於南島一樹レ牌。而其牌経レ年今既朽壊。宜下依レ旧修樹。毎レ牌顕二著島名并泊レ船処。有レ水処。及去就国行程一。遥見二嶋名一。令中漂著之船知上所二帰向一。

牌には島の名、船の停泊場所、水のある場所、この先の「国」までの行程、遠くにみえる他の島の名を記載してあったことが知られる。おそらく中央政府や大宰府は、これに対応する島の名称中心の一種の「海図」を所蔵し、遣唐使もこの種の「海図」を携行していた可能性が想定される。最初の牌は天平七年（七三五）に設置されたことが知られるが、この年の牌の建立も『続紀』天平六年（七三四）十一月丁丑条にみえる遣唐使帰朝を契機としている。この二度の牌設置は、『延喜式』雑42大宰樹牌条に同様の規定がある。『続紀』の牌設置の内容と一致する延喜雑式の規定は、十世紀段階ではもちろん死文化し、南西諸島の島嶼に牌が立てられることはなかったと思われる。とはいえ、個々の島嶼名は九世紀段階においても支配層の認識のなかには存在していたのではないか。ここで重視したいのは、島嶼名の公式記録における現象のしかたである。『続紀』の神亀四年の南島人朝貢記事のあと、南西諸島の記事があらわれるのは、鑑真一行をともない天平勝宝五年（七五四）に帰朝した遣唐使一行の記事においてである。それは、『続紀』の記事と『唐大和上東征伝』からなる。国郡制下にある多禰・益救より以南の島嶼名で『続紀』にあらわれるは「奄美島」（奄美大島）のみであり、「阿児奈波島」（沖縄本島）は宝亀十年（七七九）成立の『唐大和上東征伝』にしかあらわれない。国家側にも阿児奈波島についての何らかの記録はあったはずである。にもかかわらず、『続紀』の一連の記事には、国郡制外の島嶼は奄美島しか記されていない。朝貢の経緯がない阿児奈波島については、国史から排除する意図があったのではないか。とすると天平勝宝五年（七五三）段階においても、南島の朝貢にたいする支配層の認識は稀薄化してはいないことになる。

　したがって、四夷の天下観にもとづく南島概念の変容を論じるさいに重要なのは、南西諸島の個々の島の認識の稀薄化ではなく、南島概念の稀薄化あるいは消失ということになる。そのことを端的に示すのは、十世紀末における奄美海賊にたいする呼称である。『権記』長徳三年（九九七）十月十一日条は、肥前・肥後・薩摩で略奪行為を行っていた集団に「南蛮賊徒」という呼称を付与している。『日本紀略』は単に「南蛮」とする。ここでは、「南島」概念に代わって「南蛮」の呼称が積極的に用いられていることが注目される。古代における「南島」用語の使用の終焉に近いと思われる例が『本朝月令』にある。同書は六月朔日「造酒正献二醴酒一事」で「上古之代」の口醸酒について「今南島人所レ為如レ此」という注記をほどこしている。『本朝月令』は朱雀期（九三〇～九四六年）ごろの成立とされているので、十世紀半ばには「南島」から「南蛮」への転換があったとすることが可能ではなかろうか。

「南蛮」には相即的な関係にあった「南島」観念と分離し、奄美人の海賊的行為を王朝的秩序にたいする侵害と位置づける積極的な政治理念が示されている。また「南蛮」の呼称は、奄美諸島以南にたいする九世紀以降の異土観を基盤とする表現である。村井章介氏によれば、九世紀以降支配層は日本列島の周辺地域について、天皇の徳化のおよばない「化外」とする中華意識が後退し、ケガレが充満し悪鬼の所在する異域（本書では「異土」）と観念するようになる。ただし九世紀段階は中華意識による観念と、異土観念は混在していただろう（本書終章）。琉球は空海の『性霊集』におさめられた八〇四年の詩作では「留求（琉球）之虎性」が記述され、八五三年の円珍渡唐のさいには「琉求の噬う所と為る」ことが恐れられている。[37] この琉求人＝食人鬼観は、十二世紀の『今昔物語集』、一三二二年の『元亨釈書』にも継承されている。

村井氏は琉求人＝食人鬼観に大きく影響したのは、『隋書』琉求伝の食人習俗記事だとする。しかし、中華思想にもとづき包摂の論理をふくむ南島概念を、敵対的な「南蛮」観に転換させた原動力は、九世紀における天皇（古代国家）の実効的支配外である辺境域全体の異土化の進行であった。奄美以南の島嶼域は、ケガレの充満する異土と観念されていく。さらに奄美以南の海域が異土とされたのは、王土の最南端が多褹より南方の「貴駕島」になったことによる。貴駕島は九世紀代以降奄美以南と九州間の交易の拠点となっていく。[38] 十一世紀半ばに成立した『新猿楽記』には商人の首領の八郎について「東臻二于浮囚之地一、西渡二於貴駕之島一、交易之物、売買之種、不レ可二称数一」と記述している。貴駕島は奄美諸島以南の夜久貝・硫黄などにとどまらず、唐物・東南アジア物産の交易の拠点でもあった。『日本紀略』長徳四年（九九八）九月十四日庚午条には、「大宰府言下上下二知貴駕島一捕二進南蛮一由上」とあり、貴駕島は王朝国家の下知がおよぶ領域となっていたこととされている（注（4）の永山B論文）。むしろ、貴賀島は交易による富を創出する島と観念され、交易を妨害する奄美以南は「南蛮」として排除されるべき領域となったのである。つまり、「南島」概念が稀薄化・消失していくのは、九州と南西諸島間の交易の発展のなかで、一方の交易の環だった貴賀島が王朝国家の最南端の領域に、もう一方の交易の環だった奄美は排除され、食人悪鬼の住む琉球観とむすびつき、「南蛮」概念が生じていったのである。

南西諸島の政治的編成の変遷は、古代国家の帝国主義の消長というより、社会を総括する王権・天皇制自体の変化を旋回基軸としていた。南西諸島の主体的な動きは交易を基本としていた可能性が高いが、古代国家はこれを天皇にたいする朝貢として政治的に編成した。南島のみならず蝦夷の都城における朝貢が八世紀中葉以降『続紀』の記事から消えていくのは、天平期における天皇制が、一時期その権威や正統性の源泉を、中華思想より仏教の「仏国土」に求めるようになったことに起因している。[39] 八世紀中葉以降九世紀段階においては、大宰府が入手した南西諸島物産を中央送進の段階で南島からの朝貢として政治的な編成が行われ、南島朝貢制は支配層の観念の次元で維持されていた。しかし、十世紀段階ではもはや「南島」観念は消失し、奄美海賊が「南蛮賊徒」と観念されたり、琉球が食人鬼の住む異土と観念されるに至る。この南方域における辺境観念の変化は、九世紀以降天皇の権威の源泉が中華世界の君主たる地位から、「清浄なる天皇」に転換され、奄美以南は天皇の支配する王土から排除されたことによる（本書終章参照）。もっとも、貴賀島と奄美島を分断するかたちで観念の変化が生起したのは、十世紀における東アジア地域の大転換のなかでの境界領域の生成とかかわっている。摂関期には、東北中部から道南にかけての地域と同様、南九州と薩南諸島にかけての地域は、内・外の人・物・情報が濃密に行き交い混じり合うひろがりをもった境界領域としての性格を強めていき、南九州の島津荘はそうした境界領域への介入を前提として成立した。[40] 境界領域における経済活動は、南九州からの介入だけでなく、大陸・朝鮮半島そして奄美以南からの介入によって活性化した。これらの勢力による交易の延長線上に海賊行為は生じているが、王朝国家と対抗する奄美の海賊行為は、「南島」観念から分離した「南蛮」観念によって表現されるに至る。

注

（1）国分直一『南島先史時代の研究』（慶友社、一九七二年）。
（2）鈴木靖民「南島人と日本古代国家―奄美・沖縄社会のグスク時代前夜―」（『日本古代の周縁史』岩波書店、二〇一四年、初出は一九八七年）。
（3）安里進・山里純一「琉球」（上原真人他編『列島の古代史　一　古代史の舞台』〔岩波書店、二〇〇六年〕）。
（4）本文に記したように、詳細な研究史と関係論考については、次掲の諸研究を参照。

鈴木前掲注（2）論文。本章での引用は鈴木A論文とする。

鈴木靖民「古代喜界島の社会と歴史像」（注（2）書、初出は二〇〇八年）。本章での引用は鈴木B論文とする。

田中聡「隼人・南島と国家―南方の国制施行―」（『日本古代国家の自他認識』塙書房、二〇一五年、初出は一九八九年）。

本章での引用は田中A論文とする。

田中聡「日本古代『夷狄』通史―蝦夷・隼人と南島の社会―」（同右書、初出年は二〇〇四年）本章での引用は田中B論文とする。

永山修一「キカイガシマ・イオウガシマ考」（笹山晴生先生還暦記念会編『日本律令制論集』（吉川弘文館、一九九三年））。

本章での引用は永山A論文とする。

永山修一「中世日本の琉求観」（『沖縄県史　各論編　第三巻　古琉球』沖縄県教育委員会、二〇一〇年）。本章での引用は永山B論文とする。

山里純一「掖玖と琉球」（『古代日本と南島の交流』吉川弘文館、一九九九年、初出は一九九四年）。本章での引用は山里A論文とする。

山里純一「南島覓国使の派遣と南島人の来朝」（同右書、初出は一九九一年）。本章での引用は山里B論文とする。

山里純一「律令国家の南島支配」（同右書、初出は一九九二年）。本章での引用は山里C論文とする。

山里純一「遣唐使航路『南島路』の存否をめぐって」（同右書、初出は一九九二年）。本章での引用は山里D論文とする。

山里純一「南島出土の開元通宝」（同右書、初出は一九九二年）。本章での引用は山里E論文とする。

山里純一「古代の多褹嶋」（同右書、初出は一九九六年）。本章での引用は山里F論文とする。

山里純一「南島赤木の貢進・交易」（同右書、初出は一九九五年）。本章での引用は山里G論文とする。

山里純一「夜光貝と檳榔の交易」（同右書、一九九九年）。本章での引用は山里H論文とする。

山里純一「文献史料からみた琉求・南島」（上原他編前掲注（2）書）二〇〇六年。本章での引用は山里I論文とする。
（5）榎本淳一「『太平寰宇記』の日本記事について」（『唐王朝と古代日本』吉川弘文館、二〇〇八年、初出は一九九六年）・河内春人「『新唐書』日本伝の成立」（『東アジア交流史のなかの遣唐使』汲古書院、二〇一三年、初出は二〇〇四年）。

（6）注（4）の田中A論文は、推古紀の「掖玖」は屋久島や屋久島をふくむ薩南諸島などではなく、琉求（現沖縄島）だったとする。根拠の一つは音韻にある。田中氏は①『隋書』の「琉求」を『太平寰宇記』の「幽求」と同じとし、②ここから琉求が「ユーチュー」「ユークー」と発音された可能性を想定し、③「夷邪久」の夷がかつてはR音に近い音だったとすると、④隋ではR音のある琉求、倭人はR音のない「掖玖」となった可能性があり、いずれも実体は沖縄だったとする。きわめて迂遠で前提の多い理解といわざるをえない。「夷」がR音に近かったとしても（④）、「夷邪」を「リュウ」や「ユー」音として使用するとは思えない。また、八世紀の『唐大和尚東征伝』には「阿児奈波島」としかなく琉求が登場しないことからみて、倭国側に琉求の認識はなかった。また、大業六年（六一〇）の隋による琉求征討により（『隋書』帝紀三煬帝上・列伝二九陳稜）、琉求国が消滅すると、ヤマト王権と結びつくことによって政治的に優位に立とうとする集団が、推古紀にみえる掖玖人であるとしたが、「琉求人」の倭国への来朝が征討の六年後というのは、整合性に難があるのではないか。

　山里純一氏は、掖玖は屋久島ではなく、屋久島を含む大隅半島以南の島を指していたとする（注（4）の山里A論文）。山里氏は『隋書』流求伝では流求遠征で隋軍が流求から奪い取った「布甲」について、倭国使が「此夷邪久国人所﹅用也」と述べていることから、この流求との関連であらわれる夷邪久は流求域をふくんでいたとする。しかし、倭国使の認識が流求にまでおよんでいた可能性は低い。

（7）鈴木英夫「『任那の調』の起源と性格」（『古代の倭国と朝鮮諸国』青木書店、一九九六年、初出は一九八三年）。「任那の調」についての詳細な研究史についても同氏の論考、および鈴木靖民「七世紀東アジアの争乱と変革」（『新版日本の古代　第二巻　アジアからみた古代日本』角川書店、一九九二年）・坂元義種「東アジアの国際関係」（『岩波講座日本通史　第2巻　古代1』岩波書店、一九九三年）、李成市「六―八世紀の東アジアと東アジア世界論」（『岩波講座日本歴史　第2巻　古代2』岩波書店、二〇一四年）参照。

（8）石上英一「日本古代における調庸制の特質」（『歴史学研究　一九七三年度大会別冊特集号』青木書店、一九七三年）。

（9）石母田正「古代における『帝国主義』について」（『石母田正著作集　第四巻』岩波書店、一九八四年、初出一九七二年）。

（10）黒田裕一「推古朝における『大国』意識」（『国史学』一六五、一九九八年）。

（11）大平聡『聖徳太子―倭国の『大国』化をになった皇子―』（吉川弘文館、二〇一四年）。『書紀』の欽明紀・推古紀には「大国」の用例がみられる（後述するように斉明期にも用例がある）。推古十六年（六〇八）六月丙辰条は小野妹子が「唐」（隋）を「大国」とする用例だが、欽明十五年（五五四）十二月条は百済が「日本」（倭国）を「大国」とする用例となっている。『隋書』という中国側の史料だけでなく、『書紀』においても六世紀後半以降の倭国が「大国」化の実現を模索していたという痕跡が残されている。

(12) 廣瀬憲雄「皇極紀百済関係記事の再検討」（『日本歴史』七八六、二〇一三年）は、これが百済による「任那の調」貢納の最初であるとし、乙巳の変との関係を重視する。

(13) 鈴木前掲注（7）論文。『書紀』大化五年（六四九）是歳条の「新羅王遣沙喙部沙飡金多遂為レ質」も新羅による「任那の調」停止と評価できる記事ではない。

(14) 本書第Ⅰ部第一章参照。『書紀』景行二十七年二月壬子条、景行四〇年是歳条の蝦夷記事は「日高見国」のこととしているので、「蝦夷国」史料としては除外しうる。

(15) この「大国」を「ヤマト」（あるいはミカド）と訓読する例もある。しかし、「ヤマト」の訓読は『釈日本紀』のものであり、『書紀』編纂時代の概念とは無縁である。

(16) 森公章「古代耽羅の歴史と日本」（『古代日本の対外認識と通交』吉川弘文館、一九九八年、初出は一九八六年）。

(17) 一方、「蝦夷国」の消える天武期以後の持統二年（六八八）十一月己未条にみえる蝦夷の「調賦」は、一見矛盾する例となる。しかし、天武殯宮儀礼の蝦夷が陸奥国・越国を冠しないことからみて、特殊な場における誇大な処遇の所産と思われる。また、『続紀』天平元年（七二九）六月庚辰条以降にみえる隼人の「調」も、「隼人国」消滅以後の「隼人の調」となり、一見矛盾するかのようにみえる。しかし、これは「薩摩国・大隅国」の隼人の調であり、「隼人国の調」ではないことに留意すべきである。

(18) 伊藤循「大嘗祭の酒と村落祭祀」（吉村武彦編『日本古代の国家と王権・社会』（塙書房、二〇一四年））。

(19) 神野清一「天武十年紀の天下大解除と祓柱奴婢」（『日本古代奴婢制の研究』名古屋大学出版会、一九九三年、初出は一九八〇年）。班田制について、服部一隆氏は浄御原令段階で班田が実施されたのは畿内のみであったとする（「班田収授法の成立とその意義」（『班田収授法の復原的研究』吉川弘文館、二〇一二年、初出は二〇〇七年））。服部氏の論拠は、『書紀』の持統紀には畿内への班田大夫派遣記事（六年九月辛丑条）のみで、全国的班田のことがないことである。しかし、膨大な浄御原令班田制についての膨大な研究史を想起するなら、服部氏の解釈はあまりにも単純素朴にすぎ、恣意的といわざるをえない。ちなみに『書紀』の歴史観では、すでには孝徳期に全国的班田が行われているため（白雉三年〔六五二〕）、持統紀の記事では畿内のみでも、それは当然全国的班田を前提としたものである。持統紀の記事を、当該期の班田が畿内のみだったとする根拠にはできない。

(20) 伊藤循「古代国家の蝦夷支配」（鈴木靖民編『古代王権と交流』1〔名著出版、一九九六年〕）。多様な「槻の木の広場」の存在については、北條勝貴「日本的中華国家の創出と確約的宣誓儀礼の展開―天平期律令国家を再検討する視点として―」（『仏教史学研究』四二―一、一九九九年）参照。

(21) 田島公「外交と儀礼」（岸俊男編『まつりごとの展開　日本の古代7』〔中央公論社、一九八六年〕）。

(22) 遣唐使派遣も送迎使を除けば、二〇年周期ではなく、天皇の代替わりごとが意識されていた（坂上康敏『平城京の時代』〔岩波書店、二〇一一年〕）。

(23) 渡辺信一郎『天空の玉座』（柏書房、一九九六年）第Ⅲ章第三節。

(24) 伊藤前掲注（20）論文。

(25) 主要な関係論文を以下に記しておく（注（4）参照）。(a)(b)(c)説は、永山修一「天長元年の多褹島停廃をめぐって」（『史学論叢』一一、一九八五年）、永山A論文、山里F論文。田中A・B論文は(a)説を強調（ただし、永山A論文は薩摩・多褹の交易路遮断説はとらない）。熊田亮介「古代国家と蝦夷・隼人」（『古代国家と東北』吉川弘文館、二〇〇三年、初出は一九九四年）、同「古代国家と南島・隼人」（『歴史評論』五五五、一九九六年）は(a)(c)(d)説を強調。鈴木A論文は(b)(c)(d)説強調。

(26) 中村明蔵「肥人をめぐる諸問題」（『熊襲・隼人の社会史研究』名著出版、一九八七年、初出は一九八三年）。

(27) 肥人は『万葉集』二四九六に「肥人の額髪結へる染木綿」が詠みこまれている。染木綿は延喜隼人司式にみえる隼人の赤白木綿のことである。肥人の歌に続く二四九七には「隼人の名に負ふ夜声」が詠まれており、肥人は隼人のことと考えられる。また、賦役令10辺遠国条集解の古記は「夷人雑類。謂毛人。肥人。阿麻弥人類」というように、毛人と南島の阿麻弥の間においている肥人は隼人と互換性がある。さらに肥人を姓にふくむ人名の例は、①正倉院宝物銘文越後国庸布の「肥人呰麻呂」（『寧楽遺文』下巻九九〇頁）、②『天平十年（七三八）度駿河国正税帳』の「肥人部広麻呂」、③『播磨国風土記』賀毛郡条の「日向肥人朝戸君」、④天平五年（七三三）の右京計帳の「阿多肥人床持売」（『大日本古文書』一―四九九）、個人名とする例は、⑥『万葉集』八三四の「田氏肥人」があげられる。とくに④「阿多肥人」は「阿多隼人」と互換性がある。そして、『本朝書籍目録』二帝紀の末尾近くに「肥人書」「薩人書」が載録されている。和田英松『本朝書籍目録校證』（明治医書院、一九三六年）は、『釈日本紀』開題を根拠に肥人書は醍醐天皇の時代（延喜年間）までは大蔵省の御書中にあったとし、薩人書は薩摩人のことだとする。天皇に関係のある「肥人」「薩人」は『万葉集』にも詠まれた肥人・隼人のことと考えられる。史料(2)の肥人は隼人の呼称適用以前の南九州住人の呼称であろう。薩摩・大隅国の隼人上京制の成立にともない、史料(2)の肥人は隼人に呼称が変化すると考えられる。

(28)　『延喜式』大蔵省94入唐大使条にみえる「奄美等訳語」を、南島路実在の根拠とする説もある（注（4）山里D論文）。しかし北路をとらないのに新羅の訳語が存在することは、奄美訳語も同様であり、南島路実在の根拠にはならない。また、注（4）の山里E論文は、奄美諸島・琉球諸島から出土する開元通宝を、南島路を航行した遣唐使がもたらしたとするが、開元通宝出土例が、八重山諸島・沖縄諸島に多く、南島路の拠点だとする奄美諸島に少ないのは、その推察の不確かさを物語る。

(29)　大宝律令編纂時には瀬戸内沿岸や西海道の多数の朝鮮式山城の維持がはかられていたことについては、大高広和「八世紀西海道における対外防衛政策のあり方と朝鮮式山城」（『鞠智城と古代社会』熊本県教育委員会、二〇一三年）参照。これらの諸城を九州北部に比定すべきことは平川南「古代の城柵に関する試論―『古代国家と辺境』へのアプローチ―」（原始古代社会研究会編『原始古代社会研究』〔校倉書房、一九七八年〕）、鈴木拓也「文献史料からみた古代山城」（『条里制・古代都市研究』二六、二〇一一年）参照。

(30)　大隅域において国制が施行されなかったのは、東シナ海に面していなかったからであろう。大隅域の国制施行は、地方支配が強化される和銅元年体制下で、全国的に令制国の分割が進展した和銅六年（七一三）のことである。大宝二年（七〇二）段階における大隅国建置は、中央政府にとって重要課題ではなかった）。

(31)　飯田瑞穂「新抄格勅符抄」（『国史大系書目解題　上巻』吉川弘文館、一九七一年）。

(32)　ただし、本書では日本古代においては、「帝国主義」あるいはそれと相即的な「民族」は存在しえないという提言に従い（大町健「日本古代の『国家』と『民族』・『帝国主義』」（『宮城歴史科学研究』六五、二〇〇九年）、中華意識・中華世界という概念でとらえるべきと考えている。

(33) 大町健「東アジアの中の日本律令国家」（『日本史講座2　律令国家の展開』東京大学出版会、二〇〇四年）。

(34) 今泉隆雄「蝦夷の朝貢と饗給」（『古代国家の東北辺境支配』吉川弘文館、二〇一五年、初出は一九八六年）。

(35) 早川庄八「律令財政の構造とその変質」（『日本古代の財政制度』名著刊行会、二〇〇〇年、初出は一九六五年）。

(36) 伊藤前掲注(20)論文。

(37) 村井章介「中世日本列島の地域空間と国家」（『アジアの中の中世日本』校倉書房、一九八八年、初出は一九八五年）。

(38) 注(4)の鈴木B論文。奄美大島も九州と南西諸島との交易の重要な環をなすが、貴駕島と奄美大島の位置づけの差異が何に起因するのかが今後課題となろう。九世紀代以降、喜界島に集中して九州との関係を示す遺物が多く確認され、喜界島が九州（大宰府）から強く意識されていた可能性が高まったことは、貴賀島が現在の喜界島だった可能性も出てきたことを示すという（注(4)の永山B論文）。

(39) 大平聡「天平期の国家と仏教」（『歴史学研究』五九九、一九八九年）。

(40) 小川弘和「東アジア・列島の中の平泉」（柳原敏昭編『東北の中世史1　平泉の光芒』〔吉川弘文館、二〇一五年〕）。

第Ⅱ部　古代天皇制と化内辺境——東国・国栖・隼人——

第五章　武蔵の乱をめぐる東国の国造制と部民制
―「東国の調」の前提―

一　『書紀』安閑・宣化紀をめぐる問題

『書紀』安閑元年（五三四）閏十二月是月条後半（後述の安閑紀(5b)）は、在地豪族どうしの抗争に上位に位置する在地豪族とヤマト王権が関与した可能性を示す特異な伝承的記事である。安閑紀(5b)は、「武蔵国造」の地位をめぐる抗争を次のように伝える（行論上①～③に区分する。）

①武蔵国造笠原直使主与二同族小杵一相二争国造一。〈使主。小杵。皆名也。〉経レ年難レ決也。

②小杵性阻有レ逆。心高無レ順。密就求二援於上毛野君小熊一。而謀レ殺二使主一。使主覚之走出。詣レ京言レ状。朝庭臨断。以二使主一為二国造一。而誅二小杵一。

③使主悚憙交レ懐。不レ能二黙已一。謹為二国家一奉レ置二横渟・橘花・多氷・倉巣。四処屯倉一。是年也。太歳甲寅。

史料(5b)の示すところは次のとおりになる。①「笠原直使主」と「小杵」の国造位をめぐる争いが長期にわたった。②小杵が上毛野君に支援を要請すると、使主は「上京」して朝廷（ヤマト王権）に「臨断」を求めた。ヤマト王権は「使主」の国造補任を決定した。上毛野君に支援を求めた小杵は「誅罰」される。③使主は喜悦し、ヤマト王権に四か所の屯倉を献上する。以上の内容からなる(5b)の武蔵の乱の伝承は、『書紀』の論理においては、もちろん四か所の屯倉設置の由来を語ることに意味がある。[1] 武蔵における四屯倉の設置に限らず、即位、大臣・大連の任命、遷都、后妃、崩御・埋葬という各「天皇紀」に共通する記事および国家安寧の酒宴記事を除けば、安閑紀はほとんどが屯倉設置記事で構成されている。次の宣化紀も各「天皇紀」と共通の記事と物部麁鹿火薨去記事を除けば、「任那」救援記事とかかわる那津官家の記事がすべてだともいえる。安閑・宣化紀からなる『書紀』巻十八は、「全国」各地の屯倉設置とその経営の由来を伝承的に語ることを本旨とする。巻十八（安閑紀・宣化紀）のあとの巻十九（欽明紀）が仏教公伝をふくめほとんど対外関係記事で構成されているのとは対照的である。

宣化紀の屯倉記事が対外的緊張に対応する屯倉（官家）の運用にかかわる伝承であるのにたいして、安閑紀の記事は屯倉の設置と経営にかかわる伝承が中心である。安閑紀における屯倉設置記事(1)〜(6)を概観すると以下のようになる。

(1)元年四月己丑朔条　伊甚国造が贖罪として伊甚屯倉を献上。膳臣大麻呂が関与。

(2)元年七月辛酉朔条・(4)元年閏十二月壬午条三島県主飯粒が献上した良田により三島竹村屯倉が成立し、大河内直味張が贖罪として田部を献上。大伴金村が関与。

(3)元年十月甲子条小墾田屯倉・桜井屯倉設置と毎国田部の関係。難波屯倉設置と毎郡钁丁との関係。大伴金村が関与。

(5a)元年閏十二月是月条前半　廬城部連枳莒喩が贖罪として廬城部屯倉と釆女献上。物部尾輿が関与。

(5b)同右後半　武蔵国造氏一族の抗争と四屯倉設置。

(6)二年五月甲寅条　各地に二六屯倉設置。

『書紀』における安閑紀をはじめとする屯倉設置記事は、欽明・推古紀の屯倉設置を中心に意図的な整合性が看取されることから、安閑紀の屯倉設置記事は『書紀』編者の述作にすぎないとする見解がある。[2] ただし、この見解でも武蔵の争乱自体は信憑性が高いとする。そして、武蔵の争乱と四屯倉設置はともに歴史的事実としながらも、本来因果関係のなかった両者を『書紀』の編者が一つにまとめて作り上げたとする見解にも発展する(3)。この論理に従えば、国造制と屯倉を分離してとらえることにもつながる。しかし、両者を切り離して理解することははたして妥当なのだろうか。

本章ではまず安閑紀(5b)が安閑が倭国王だった時期の歴史的事実かどうかはひとまずおいて、武蔵の争乱伝承を中心に分析することを通じて、武蔵と上毛野における国造制と屯倉制の成立、さらにその後の部民制の展開との関係について検討したい。

二　「武蔵国造」の成立とその意義

1　「武蔵国造」の成立

安閑紀(5b)①に「与二同族小杵一相二争国造一」とあることは、冒頭に「武蔵国造笠原直使主」とあるのと大きく齟齬している。国造位を争いながら冒頭で使主がすでに国造を冠することはありえない。②に使主の上京後「朝廷臨断」により「以二使主一為二国造一」とあるのとも齟齬する。冒頭の「武蔵国造」は追記であるということにとどまらない。『書紀』の歴史観（論理）では「成務朝」ですでに全国的に国造・県稲置は成立している（『書紀』成務五年九月条）。安閑紀でも武蔵国造はすでに存在していなければならない。ここに国造の字句があることは、使主・小杵の段階で武蔵に国造が存在していたことを意味しない。使主の氏姓となっている「笠原直」は、次に述べるように、かえってこの時点における武蔵国造不在の証左となる。国造の氏姓は一般に「地名＋カバネ（君・臣・直など）」である。国造名はその管轄する地域名でなければならない。武蔵国造の氏姓も「武蔵＋カバネ」でなければならない。しかし、安閑紀には「武蔵国造笠原直」とある。「笠原」は地名としては武蔵国内埼玉郡笠原郷（『和名類聚抄』）および、郷里制下の男衾郡鶏倉郷笠原里が確認できる（天平六年十一月「調布墨書銘」『寧楽遺文』下―七八四）。しかし、いずれも一般的な国造の領域の後身となる郡規模に満たない。『和名類聚抄』の郷名を冠する国造として、(a)闘鶏国造（大和国山辺郡都祁郷）、(b)久努国造（遠江国山名郡久努郷）、(c)筑紫米多国造（肥前国三根郡米多郷）などがある。しかも国造の氏姓として、(a)は少なくとも「闘鶏＋カバネ」であること、(4) (b)が久努臣、(c)が米多君であることは確認できる。(5) 一般に郷名にかかわる国造であっても、X国造―X郷―「X＋カバネ」氏姓であり、Xはすべて共通する地名となっている。武蔵国造の氏姓が「笠原直」というのは、想定が困難である。またウヂ名の一般的成立状況からみても、「笠原直」は国造の氏族名として想定が困難である。稲荷山古墳出土鉄剣銘にみえる「地名＋尊称」を連ねた系譜は同族グループの同時代における現実の同盟関係（ヨコの広がり）をタテの祖名連称（ウヂの歴史）に置き換えたものとされている。(6) 五世紀後半段階で氏は未成立といえよう。ウヂ名（それと部・カバネ）の最初の同時代史料は、島根県松江市岡田山一号墳出土鉄刀銘の「額田部臣」である。この前方後円墳は六世紀半ばから後半の築造とされている。ウヂ名・部・カバネは五世紀末から六世紀前半に成立したことになる。(7) そして、臣・連・君など、直以外のカバネを称する国造は、国造に任ぜられる以前からそのカバネを賜与されていたとされている。(8)

以上のウヂ名の成立や成立時期にかんする現在の諸研究を参照する時、国造氏族名としての「笠原直」は想定が困難である。実際に『日本後紀』弘仁二年九月壬辰朔条には「出羽国人少初位下无邪志直膳大伴部広勝」という人名がみえる。『続紀』によれば八世紀には「東海道・東山道」あるいは「坂東諸国」から出羽柵・雄勝城への移住が国家的にすすめられている。この「无邪志直膳大伴部広勝」も武蔵から出羽への移住者の系譜を引き、「无邪志国造」一族に由縁のある人物だったと考えられる。「武蔵国造」の「武蔵」は『続紀』和銅六年（七一三）五月甲子条に「畿内七道諸国。郡郷名着二好字一」とあるように、風土記撰上を契機として改定された地名表記である。武蔵・武蔵国造は和銅元年以前の段階では、无邪志国・无邪志国造という表記だったはずである。地名は改定されても氏族名はそのまま残存したのであろう。武蔵の国造氏族は国造制編成と同時に、「无邪志直」というウヂ名を賜与されたことはまちがいない。少なくとも「安閑天皇」の段階で武蔵国造が存在しているとすれば、その氏姓が「笠原直」とあるはずはない。安閑紀(5b)は伝承的記事ではあるが、国造の氏姓の一般通則から逸脱していることは、かえって「笠原」という名をもつ人物が潤色ではなく、実在したことを示唆している。それは武蔵国造にはじめて補任された人物にかかわる呼称ということになる。安閑紀(5b)は武蔵に国造制が成立した事実に根ざす伝承といえよう。

2　「武蔵国造」の成立と上毛野君

武蔵国造の成立時期については後に確定することとして、ここでは武蔵国造成立の政治的意味について論じたい。ただし、安閑紀(5b)では屯倉設置のこと以外は具体的な内容に乏しい。これにたいして、年代の近い磐井の伝承からはもう少し具体的な内容をたどることができる。磐井を国造とする史料は、『書紀』継体二十一年(五二七)六月甲午条のみであり、『古事記』には「竺紫君石井」、筑後国風土記逸文(『釈日本紀』巻十三)には「竺紫君石井」とのみある。国造という記載はない。『書紀』が磐井を国造とするのは、既述のように「成務朝」に国造は設置ずみであるという論理的(歴史観的)要請による。筑紫君という氏姓はどうか。先行研究によれば直ではない君は、国造制前段階でもありうる。『書紀』継体二一年(五二七)六月甲午条では、磐井は中央豪族である近江毛野との関係を「今為㆓使者㆒。昔為㆓吾伴㆒。摩㆑肩触㆑肘。共器同食」と主張している。筑紫君磐井は近江毛野と同じく中央に出仕し、倭国王に「奉事」する関係にあることから「筑紫君」という氏姓を賜与されていたと考えられる。しかし、国造ではなかった。筑紫君が国造制に編成されるのはいつか。『書紀』欽明十五年(五五四)十二月条には、新羅と交戦していた百済を救援する倭国軍のなかに「筑紫国造」がみえる。百済聖明王の子はこの筑紫国造の活躍を賞讃し、「鞍橋君」と呼んでいる。筑紫国造の氏姓は「筑紫君」であり、筑紫君が欽明期には国造になっていることが確認できる。とするなら筑紫君が国造とされたのは、『書紀』継体二十二年（五二八）十一月甲子条に「遂斬二磐井一。果定二疆場一」とあること、同継体二十二年十二月条に「筑紫君葛子恐レ坐二父誅一。献二糟屋屯倉一。求レ贖二死罪一」とあることから、通説のように「疆場」の設定と屯倉の設置を契機として、磐井の子葛子の段階で筑紫君が国造に補任されたとするのが妥当であろう。

筑紫君を国造に編成した意義はどこにあるのか。継体紀の二十一年（五二七）六月甲午条には、磐井が①「火・豊二国」を勢力下においてヤマト王権に反抗し、②「誘二致高麗百済新羅任那等国年貢レ職船一」とあるようにヤマト王権の外交を妨害したこと、③新羅に併合された喙己呑・南加羅の奪還と「任那」への「再併合」のためにヤマト王権が派遣した近江毛野の六万の軍を遮ったこと、④この磐井の乱を鎮圧するために、物部麁鹿火の派遣を決定したことが記述されている。『書紀』における磐井の乱の一連の記述は、武蔵の乱と同様伝承的であり、ヤマト王権のイデオロギーや『芸文類聚』による粉飾に満ちている。しかし、継体紀で朝鮮諸国の船を「誘致」したことは粉飾だとしても、朝鮮諸国と独自の外交を展開しようとしたことは事実である。新羅からの「貨賂」とあるのも、外交関係にともなう贈与というのが実体であろう。こうした事態は、ヤマト王権にとって外交権を失うかもしれない存亡の危機だったとする評価が妥当である(9)。在地首長による独自の外交権の掌握という状況は、筑紫君に限定されない。越の地方豪族の道君による外交権の行使の痕跡を示すのは、『書紀』欽明紀三十一年（五七〇）四月乙酉条・同四月乙酉条・同四月是月条・同五月条である。道君は『書紀』では「郡司」とあるが、『国造本紀』でいう賀我（＝加宜）国造であり、道君が外交を行いえたのは加賀から越前まで支配がおよんでいたからだとされている。広域の支配力をもつ豪族が外交権を行使しうる状況は、六世紀中葉ですらありえたのである(10)。

しかし、筑紫君による外交権の行使は朝鮮三国を対象とし、道君より深刻な事態であった。ヤマト王権は外交権を掌握することによって、豪族連合の盟主的地位に立ち、倭国王たりえた。ヤマト王権以外に外交権を行使する勢力があらわれれば、ヤマト王権は盟主的地位を失いかねない。外交権をめぐるヤマト王権と筑紫君の対立に磐井の乱の特質がある。筑紫君による独自の外交権の行使を可能にしたのは、「火・豊」という広大な地域に影響力をおよぼしていたからである。その影響力は石人・石馬の分布などによって示されている。阿蘇凝灰岩でつくられた石人・石馬などの形象物は、磐井の本拠地の八女古墳群を中心として、北部・中部九州の第一級の前方後円墳にみられるとされている。北九州から山口を含む軍事施設としての神籠石の分布を磐井の労働動員力の所産とみる見解もある。[11] 広域にわたる勢力基盤をもつ筑紫君は、外交権の掌握によってヤマト王権と同質の「王権」に昇華する可能性があったと考えられる。その可能性をヤマト王権が軍事力で破砕したことは、継体紀によって知ることができる。

『書紀』継体二十二年十一月甲子条に「遂斬二磐井一。果定二疆場一」とあり、磐井の敗戦後に筑紫君の「疆場」つまり勢力範囲（「疆場」）は限定されることになる。乱以前には筑紫・火・豊の広大な範囲の上位権力だった筑紫君の勢力範囲は、乱以前とくらべればきわめて限定された領域に縮小した。後に胸形君（『書紀』天武二年〔六七三〕二月癸未条）の後裔氏族宗形朝臣は「筑前国造」になっていた（『類聚国史』十九、延暦十七年〔七九八〕十月丁亥条）。また、宗形氏は国造・郡司・神主をつとめ、出雲国造のように神宮采女を認可されている有力な氏族であった。[12] この筑前国造は六世紀まで遡及できないものの、筑紫君の国造としての「疆場」は、令制下の筑前にまでおよぶものではなくなっていたと考えられる。筑紫君の「疆場」画定、つまりは国造制の導入によって、北部九州に形成されかかった筑紫君を上位権力とする萌芽的な「地域的統一王権」は解体し、ヤマト王権による在地支配が強化されることとなった。

武蔵の乱についても同様の事態が進行したはずである。安閑紀(5b)②には小杵が「求二援於上毛野君小熊一」とあることから、通説的には笠原直使主と小杵の支配領域（ほぼ令制武蔵国の領域）には上毛野君の政治的影響力が強大だったと推定されている。考古学の側からかつて甘粕健氏は、六世紀前半とされる関東西部における鈴鏡の分布、五世紀中葉～後半の南武蔵の古墳における石製模造品の分布は、政治的連合にもつながる可能性を内包する上毛野氏の影響力を示すとした。甘粕説はいまだに有力な推論である。(13)甘粕説にたいしては主として考古学の側からの批判が顕著である。(14)全国的に分布する石製模造品と鈴鏡が「上毛野政権」から配布されたような状況が見出せない限り、上毛野と武蔵との関係には賛同しがたいとする批判はその一つである。しかし甘粕氏が指摘するように、関東西部における鈴鏡分布は上毛野地域に濃厚である。石製模造品も上毛野のものをモデルとしているとされている。埼玉古墳郡の稲荷山古墳と群馬県高崎市平塚古墳は相似墳だという指摘もある。これらは武蔵にたいする上毛野君の影響力の強大さを示すとしてもよい。

文献史料の面でも上毛野君は特別な存在である。「国造本紀」における上毛野国造は唯一「定賜」の定型句のない唯一の例としてすでに指摘されている。『書紀』崇神四十八年四月丙寅条において、「東国を治めしむる」ことを定められた豊城命は上毛野君・下毛野君の始祖とされている。また、同応神十五年八月丁卯条・仁徳五十三年五月条では、それぞれ上毛野君の祖が百済・新羅に派遣された伝承がある。これは上毛野君が朝鮮外交にもかかわっていたことから生まれた伝承的記事であろう。実際古墳から出土する中国・朝鮮系の遺物から日本海経路による上毛野君と独自の外交関係も想定されている。(15)軍事力としても上毛野君はヤマト王権のなかで重要な位置を占めていた。『書紀』舒明九年（六三七）是歳条には、その妻が活躍する上毛野君形名（方名）の蝦夷征討の伝承がある。『書紀』天智二年（六六三）三月条では百済救援のため中央豪族の将軍にまじって上毛野君稚子が「前将軍」として派遣されている。東国のなかで上毛野君は重要な位置を占めるだけでなく、ヤマト王権にとっては軍事的にも重要な位置を占めていた痕跡がみられる。安閑紀(5b)に「上毛野君小熊」とのみ記され国造が冠されていないのは、武蔵の乱の段階まで国造ではなく、上毛野氏が国造制に編成される以前に君のカバネを賜与されていたことを意味する。それは筑紫君と同様、六世紀初頭までに上毛野氏が中央に出仕して、倭国王との間に「奉事」の関係をもっていたからである。武蔵には君のカバネ姓者は見出せない。

東国において上毛野君は九州における筑紫君と同じように軍事的・外交的力量を保持することで、関東西部の在地首長にたいして強大な影響力を行使していた。ただし、武蔵の乱以前の段階で上毛野君が武蔵の首長権を裁定しうる権力を、本来有していたとまではいえないのではないか。上毛野君が政治的に武蔵の首長層の上位にあったなら、少なくとも国造（実態は首長位）をめぐる争いが、安閑紀(5b)①に「経レ年難レ決」とあるような、長期間にわたることはなかったはずである。しかし、武蔵の乱の段階では上毛野君が上位権力をもつ可能性を開きつつあったと考えられる。武蔵における首長位をめぐる抗争への干渉を通じて、上毛野君は武蔵の在地首長にたいして上位の政治的権力者（萌芽的な「地域的統一王権」）の地位に立とうとしていた。広域にわたる在地の首長位の裁定権を上毛野君が行使することは、やはり上毛野君の権力がヤマト王権と同質の「王権」に昇華する可能性を内包している。使主を支援し小杵と上毛野君の結合を破砕することは、ヤマト王権にとって存亡の危機にかかわる事態だったにちがいない。筑紫君と同様上毛野君を上位権力とする東国における萌芽的な「地域的統一王権」も、武蔵の乱にたいするヤマト王権の軍事的行動によって破砕された。安閑紀には、小杵の誅罰記事に類する上毛野君小熊の誅罰記事はない。このことのみで武蔵の乱に介入した上毛野君にたいする処置はなかったとすることはできない。磐井の乱の『書紀』の記述は物部系氏族の氏文に依拠し[16]、安閑紀(1)の伊甚屯倉設置は膳氏（あるいは高橋氏）の氏文に依拠しているとみられる。そして安閑紀(5b)も特定の氏族の「氏文」を素材とし、武蔵における四か所の屯倉の設置の由来を、武蔵国造となる氏族の動きとの関係で伝承的に記述することに主眼がある。中央豪族や上毛野君の関与の具体的様相を実録的に記述する意図は稀薄となっている。にもかかわらず、上毛野君の介入が記されていることは、その勢力の強大さの証明とすらなる。上毛野君武蔵の乱後に上毛野君にたいする処置は、後述のごとく当然あったとしなければならない。武蔵の乱は強大な権力をもっていた上毛野君の介在を抜きにしては考えられない。

3　ヤマト王権と国造制

関東西部や北部・中部九州における国造制成立の政治的意味はどこにあるのか。部民制とは違い、国造制は令制の地方支配につながる新しい側面をもった支配方式だとする評価がある(17)。このような評価は①『書紀』継体二十二年（五二八）十一月甲子条に「遂斬二磐井一。果定二疆場一」とある「疆場」画定を、国造制施行にともない国造の管轄領域が境界で区分されたという理解にもとづいている。もう一つの史料的根拠は②『書紀』崇峻二年（五八九）七月壬辰朔条にある次の記事である。

②遣二近江臣満於東山道一使レ観二蝦夷国境一。遣二宍人臣鴈於東海道一使レ観二東方浜海諸国境一。遣二阿倍臣於北陸道一使レ観二越等諸国境一。

国造制を律令制的支配に継起する支配制度とする説は、史料①の「疆場」や史料②の「国境」の境界を第一義とする領域の画定にかかわると理解する。篠川賢氏は、倭国王に屈服した在地首長を国造に任ずることで漸次に国造制が成立したのではなく、この施策により東国における国造制が六世紀末に成立し、西国は磐井の乱後の六世紀中葉に成立したとする(18)。しかし、①継体紀の「定二疆場一」や②崇峻紀の「国境を観る」に「境界を第一義とする領域の設定」の意味はあるのだろうか。②からいえば、「国境を定む」ではなく、「国境を観る」からは境界線との関係は読み取れない。②の「境」は「境界線」の意味だけでなく、「境域内」の意味であろう。また②を国造制の成立と関連させるなら、「蝦夷国」に国造が存在することになるが、蝦夷域に国造が存在したことを示す史料はない。さらに既述したとおり、筑紫君の国造としての支配領域には、令制の筑前国域まではふくまれなかった。国造制を成立せしめる①継体紀の「疆場」とは、律令制下の国のような地域と人間集団を区分する境界線を第一義とする行政区分のことではない。上毛野国造の領域と武蔵国造の領域は境界をはさんで隣接するわけではない。それぞれの支配領域にすぎない。しかも飛び地的に存在しうる支配領域である。関東西部の国造はそれぞれ広大な領域を管轄するのにたいして、関東東部

（現千葉・茨城県域）の国造はそれよりは狭い領域（とはいえ郡の分割がありうる程度の領域）を管轄するにとどまる。国造制には大小さまざまな規模がある。それは狩野久氏がいうように、国造になった在地首長の存在形態に規制されたからである。ヤマト王権の政治編成によるものではない。ヤマト王権は彼らにたいしてカバネの賜与を通して一定の政治編成を行ったにすぎない。[19]『隋書』倭国伝は七世紀初頭の「全国」支配を「有㆓軍尼一百二十人㆒。猶㆓中国牧宰㆒。八十戸置㆓一伊尼翼㆒。如㆓今里長㆒也。十伊尼翼属㆓一軍尼㆒」と記述している。倭国の全国支配は一二〇人の「国」からなり、その下位には「八十戸」を統括する「稲置」を置くとしている。「国」は国造制下の国、「稲置」は「県稲置」を実体としている。国は『隋書』に「人」とあるように、国造の人格的支配に依拠した支配組織である。稲置も「戸」という人的区分を基準としている。国造の管轄する領域内の一部のミヤケには「稲置―八〇戸」体制が存在した可能性は高い。[20]いずれにせよ、国造―県稲置による支配は人的区分による領域支配にとどまり、境界線によって領域が区分される律令制下の「国」とは編成原理が根本的に異なっている。[21]国造制の成立はヤマト王権による支配が国家段階になったことを意味しない。

　国造制成立のもう一つの歴史的意義は、倭国王と在地首長層の関係の転換にある。中央豪族近江毛野と在地首長筑紫君磐井は、既述のごとくかつては「吾伴」といえる立場にあった（『書紀』継体二十一年〔五二七〕六月甲午条）。両者は同盟関係として上下の差異のない段階にあったとも評価されている。[22]五世紀段階では、江田船山古墳出土鉄刀銘に「治天下獲（獲）□□□鹵大王世奉事典曹人」、稲荷山古墳出土鉄剣銘に「世々為杖刀人首奉事」とあるように、在地首長は世襲ごとに子弟を倭国王の居住する宮へ奉仕させた。「人」制にもとづく関係は、倭国王と在地首長の関係が個別的な人格的隷属関係であったことを示している。[23]国造制に転換してからは、基本的に在地首長は中央に出仕することはなくなる。東国に関していえば、上毛野氏はこれ以前の段階で、武蔵にまでその影響力をおよぼし、「笠原氏」の上位の首長であったが、以後はともに国造という対等の立場に落とされたともいえる。[24]「火葦北国造刑部靫部阿利斯登之子」の日羅が大伴金村を「我君」としているように（『書紀』敏達十二年〔五八三〕是歳条）、在地首長は中央豪族の従属的地位となったのである。とはいえ、それまでは個々の倭国王との人格的関係によって実現していた「奉事」は、国造に補任されることによっていわば恒常的関係の側面をもつ。王権からのさまざまな物資、労働力の提供を義務とする代償として、地域支配権を王権から保証されることになる。(25) 武蔵国造についていえば、上毛野君のような強大な地方豪族の圧力から解放され、「无邪志直」の氏姓を賜与されることによって、自己の拠点とする地域の首長位を、擬制をふくめ同族関係にある他の在地首長層に奪還される脅威からも解放されることになったのである。

三　武蔵国造と屯倉

1　武蔵国造の管轄領域

先行研究はいずれも武蔵国造が後の令制武蔵国一国を管轄したことを前提としている。はたしてその理解は成立するのか。乱後に使主が献上した屯倉は、横渟・橘花・多氷・倉樔の四屯倉であった。武蔵国造の管轄領域確定にとって重要なのは、まずこれら四屯倉の位置であろう。屯倉比定地に関する一九七〇年代における通説は、甘粕健氏に代表される次のような説である。(26) 国造の氏族名である笠原直の笠原は埼玉郡笠原郷（＝鴻巣市笠原付近）に比定される。その奥津城は埼玉古墳群に求められる。使主は埼玉古墳群がある後の武蔵北部を勢力範囲とした。一方、小杵は南部（多摩川・鶴見川下流域の古墳群）を勢力範囲とした。古墳時代後期に多摩川下流域の古墳が衰退するのは、この内乱以降、国造位の継承は北武蔵の勢力に固定され、南部勢力は衰退したからである。それでは、使主がヤマト王権に献上した四か所の屯倉の比定地はどうなるのか。橘花屯倉は、令制下の橘樹郡内（川崎市・横浜市北部）の鶴見川水系、倉樔屯倉は令制久良郡であり、大岡川・帷子川流域（横浜市南部）、多氷（あるいは多末）屯倉は令制多摩郡内多摩川流域にあったとする。この三か所は南武蔵に位置し、敗北者の小杵の支配領域から献上されたとする。もう一つの横渟屯倉は令制横見郡（埼玉県比企地方）で北武蔵となる。四か所の屯倉は令制武蔵国にまたがり、武蔵国造の支配領域はほぼ令制武蔵国一国規模ということになる。また、六世紀以後巨大古墳が築造される埼玉古墳郡のある北武蔵を使主の本拠地とする。武蔵の乱は、北武蔵の勢力（使主）と南武蔵の勢力（小杵）の抗争ということになる。これは現在でも最も有力な説である。

しかし、甘粕説には主として考古学の側からの批判が多い[27]。考古学の分野では、五世紀～六世紀前半における南・北武蔵はそれぞれ異なる文化圏を形成していたと考えられるとして、南北武蔵の対立を説く甘粕説は成立しがたく、武蔵の乱は北武蔵の地域内における争乱である蓋然性が高いという説が有力である。これにたいして、考古学の側でも、六世紀～七世紀に埴輪（生出窯産）・土器（比企型坏）の流通が埼玉古墳郡を頂点に橘花・多氷・倉樔屯倉の所在する東京湾岸まで及んでいること、複室構造の胴張り石室をもつ古墳が南・北武蔵で共通することなどから、古墳時代後期に武蔵は一つのまとまりとして認識できる可能性も指摘されている。しかし、埼玉古墳群出現以後の南北武蔵が「一つのまとまり」であるとすれば、直線距離にして七〇キロも離れた地域に埼玉の首長の支配権がおよび、奈良盆地の三倍近い面積を一人の首長が治めることになってしまう。上毛野・下毛野の事例を考えても破格の勢力圏ということになる。以上のことから、城倉正祥氏は、令制武蔵国一国規模の武蔵国造の支配権は想定できないとする。穏当な見解であろう[28]。さらに城倉氏は、南・北武蔵の埴輪・土器や石室の広がりを政治的統合によるものではなく、北武蔵に出現した強固な地域社会の影響圏・流通経済圏内に南武蔵が包摂されていたことによるとしている。ただしこれによるなら、南武蔵における屯倉設置の意味は不明となってしまう。国造補任と屯倉設置の密接な関連を語る安閑紀の論理を軽視すべきではない。

ここでは四か所の屯倉をすべて南武蔵に比定する鈴木靖民氏の説に注目したい[29]。鈴木説は、従来説で一つだけ北武蔵に比定されていた横渟屯倉を、鎌倉初期の和歌に詠まれている「玉の横野」との関連で理解する。確かに鈴木説の方が音韻的に類似しており、合理的である。「多氷《オオヒ》」も「多末《タマ》」の誤写とすると、横渟屯倉と同じく多摩川流域の屯倉ということになる(30)。四屯倉はすべて南武蔵となり、四屯倉の設置を北武蔵との関係でとらえる根拠の一つは消滅する。武蔵国造の本拠地を北武蔵とする別の根拠は、①安閑紀(5b)の「笠原直」の「笠原」を、『和名類聚抄』の「埼玉郡笠原郷」とむすびつけることである。さらに、②埼玉古墳群の築造者の後裔が武蔵国造につながっていくとすると、埼玉郡に隣接する足立郡を本拠地とする律令制下の国造氏は丈部直（のち武蔵宿祢）であり、埼玉古墳群中の稲荷山古墳出土鉄剣銘にみえる杖刀人とも系譜的につながるとすることである(31)。

　まず、②から検討しよう。埼玉郡に隣接する足立郡の郡領氏族である武蔵宿禰不破麻呂さらには弟総は、確かに武蔵国造となっている（『続紀』神護景雲三年〔七六九〕八月庚午条、『類聚国史』一九、延暦十四年〔七九五〕十二月戊寅条）。しかし、足立郡の丈部直は「大部直」であり、丈部直ではなく大部直だったとし、『日本霊異記』下巻第七話の武蔵国多磨郡小川郷人正六位上「大真山継」は「丈部直山継」だったとする説がある(32)。また、天平勝宝五年十一月ごろの「庸布墨書銘」（『正倉院宝物銘文集成』三一四）には、外正八位下勲二等で武蔵国横見郡少領の「杖部直」（闕名）が存在している。丈部直は埼玉郡周辺にしか存在しなかったということはできない。しかも、武蔵宿禰氏が国造に補任されたのは、律令制下の一国国造である、六世紀代の国造につながるとは必ずしもいえない。また、武蔵宿禰の武蔵国造補任は神護景雲元年（七六七）十二月甲申条においてであり、その二日前にあたる同年同月壬午条において丈部直不破麻呂に武蔵宿祢が賜与されている。この武蔵宿禰不破麻呂と同日に陸奥大国造となった道嶋宿祢嶋足が、ともに恵美押勝乱の功臣（おそらく授刀衛に所属）であることからみて、不破麻呂も同様の功臣であろう。足立郡の武蔵宿禰氏は恵美押勝の乱後にはじめて武蔵国造になった可能性が高い。すでに指摘したとおり「无邪志直」が実在したことは明らかであり、足立郡の丈部直は本来国造氏族ではなかった。「无邪志直」はむしろ埼玉・足立以外の他地域に存在した可能性すらある。①についていえば、すでに指摘したように、「笠原」という地名は埼玉郡笠原郷だけではない。武蔵国男衾郡鵜倉里笠原里がある（天平六年調布墨書銘、『寧楽遺文』下—七八四頁）。信濃国高井郡には笠原神社がある（『延喜式』神名下5信濃国条）。池邊彌『和名類聚抄郡郷里驛名校證』（吉川弘文館）索引によれば、頭字に「笠」がつく地名は約一〇、二字目に「原」がつく地名は約一八〇ある。南武蔵に笠原の地名が存在した可能性も否定しきれない。笠原直の本拠地を埼玉郡や北武蔵に限定する必要はない。

以上のように、南・北武蔵の政治的統合を示す考古学的証左がなく、埼玉郡あるいはその周辺以外に「无邪志直」が存在する可能性もあり、ヤマト王権に献上された四屯倉がすべて南武蔵に存在したとすれば、「无邪志直」という国造氏が所在したのは、むしろ南武蔵だったと解釈できる。「国造本紀」は令制武蔵国内に存在した国造として、无邪志・胸刺・知々夫の三国造を記載する。无邪志国造・胸刺国造について「定賜」の対象となったのは、无邪志が「兄多毛比命」、胸刺が「伊狭知直」だとする。それぞれ異なっている。しかし、先行研究が指摘するように、胸刺の場合「伊狭知直」は无邪志国造となった「兄多毛比命」の「児」とされている。どの「天皇」の時に国造に「定賜」となったのかの記載もない。さらに胸刺国造の存在を示す史料は「国造本紀」以外にはない(33)。无邪志国造と胸刺国造は本来どちらもムサシ国造の表記にすぎなかったのが、後に別々の国造と解釈されるに至ったのであろう。令制武蔵国の範囲には知々夫国造と无邪志国造が存在するのみであった。无邪志国造が四屯倉の所在した南武蔵の在地首長だったとすれば、北武蔵には国造が存在しなかったとしてよい。律令制の武蔵国府は多摩川流域に設置される。それは四屯倉が南武蔵に設置され、国造の存在もふくめ中央政府との関連が濃厚であったことによる。北武蔵や秩父が令制武蔵国に編入されたのは、旧荒川水系による流通経済や文化的要素が共通する地域であったことによると考えられる。律令制下の一国国造と異なり、国造制は「全土」を境界によって区分し、「全土」をおおいつくす支配制度ではなかった。南武蔵に国造制が導入されて以降、伴造—部民制によって北武蔵の在地首長層はヤマト王権の新たな支配体制に編成さ

れていったのである。(34)

2　武蔵国造の支配と屯倉

国造制と密接な関連をもつ屯倉制のもつ意味はどこにあるのか。第一項ですでに述べたように、各地に設置された屯倉の由来を説明することにおいて、安閑紀は『書紀』の構成上重要な役割を付与されている。まず安閑紀の武蔵国造伝承の(5b)③にみえる四屯倉はどのような性格をもっていたのであろうか。武蔵国造との密接な関連がうかがわれる屯倉の性格を論じる前に、屯倉一般についての研究史を確認しておきたい。屯倉は『書紀』の仁徳紀などに地溝開発との関連で登場する。ここから稲穀収取を目的とするヤマト王権の直轄地とされ、その経営は一部の直接経営の屯倉を除いてその経営を国造など在地豪族の支配に依存していたとされてきた。(35)その後、稲穀収取に限らず多様な物資の収取にかかわることが明らかにされる一方で、屯倉を土地支配の中心的内容とするヤマト王権の直轄地とする理解は、現在もなお有力な潮流をなしている。(36)これにたいして舘野和己氏は、地溝開発・稲穀収取を目的とする『書紀』の「前期屯倉」は存在を証明する考古学的証左などはないとして、それまでの見解を大きく転換させた。そして、『書紀』以外の諸史料をふくめるとミヤケの用語の使用範囲は広く、ミヤケは直接的には中心的管理施設を意味することから、ヤマト王権がさまざまな目的のために置いた政治的・軍事的拠点であるとした。(37)また諸研究が指摘するように、屯倉は当然農業・非農業にわたる生産物の貢納や兵力・労働力などの徴発にも関与したであろう。

以上の研究史をふまえ、武蔵（本来は无邪志）国造と屯倉の関係について考察したい。四つの屯倉は多摩川水系および大岡川か帷子川流域に位置していた。これは南から東京湾に入り、多摩川水系をたどり南武蔵内陸部とむすぶ交通路上に屯倉が設置されたことを意味する。この交通路との関係は他の事例でも確認できる。安閑紀(6)に列挙された二六の屯倉のうち筑紫・豊・火の屯倉は、井上光貞氏の研究に従えば、(Ⅰ)周防灘―響灘―宗像を結ぶ経路と、(Ⅱ)周防灘―（内陸部）―糟屋屯倉を結ぶ交通経路上に設置されている。糟屋屯倉はかつて筑紫君が設置した外交拠点であり、(II)は糟屋屯倉とヤマト王権とをむすぶ陸上の交通路である。(I)はヤマト王権による沖の島祭祀との関係および糟屋屯倉との関係で設定された海上の交通路であろう。これら九州の屯倉の由来を語る伝承は『書紀』にはない。しかし、糟屋屯倉との関係が読み取れることは、磐井の乱後の処理との関係を物語るといえよう。

ともあれ、国造制とかかわる屯倉が、交通路と密接にかかわることは、『播磨国風土記』飾磨郡の飾磨御宅条からもうかがえる。これは意伎・出雲・伯耆・因幡・但馬の五国造が贖罪として献上したという飾磨御宅の伝承である。この五国造は律令制下の七道制とは異なり、播磨経由でヤマト王権との交通路をつかっている。後世でも因幡国まで播磨経由の交通路が利用されたことは、『時範記』に明らかである。但馬国が播磨経由の交通路にかかわったことは、『播磨国風土記』の他の伝承からも確認できる。揖保郡越部里条にみえる越部屯倉の伝承（安閑紀(6)二年五月甲寅条を下敷きにしてつくられている）に、この屯倉を設置したのは、但馬君小津だったとある。飾磨郡安相里条には当該地に「品太天皇」が但馬より来たとあり、この時の非礼の贖罪として但馬国造が「塩代田」とそのための耕作民を献上した伝承が載せられている。飾磨郡飾磨御宅条にみえるヤマト王権の「召使」（使者）が国造の所在地へ向かう交通路上に設置されたのが、飾磨御宅だったことがわかる。

『書紀』顕宗即位前紀は億計王（後の仁賢天皇）・弘計王（後の顕宗天皇）発見伝承を載せるが、発見したのは「播磨国司」が新嘗供物を徴収するために来訪した明石郡（『播磨国風土記』では美嚢郡）の縮見屯倉首の新室宴の場においてである。「国司」は『書紀』による潤色である。本来はヤマト王権の「使」だったと考えられる。また、伝承は発見の場を新室宴の場とするが、それは縮見屯倉首の催す私的な新嘗の場に参加したことによるのであり、新嘗供物を徴収する場はあくまでも縮見屯倉でなければならない。そして、ヤマト王権の「使」は、『書紀』顕宗二年十一月条の「一云」がいうように「巡㆓行郡県㆒収㆓歛田租㆒也」という役割を負っていた。「郡県」は中国的表現である。郡は国造領域を、県は県稲置にも通じる国造領域内の屯倉を前提とする潤色ではなかったか。したがって、舘野和己氏が明らかにしたとおり、ヤマト王権の使者が「所レ遣来、宿停而、為レ政之所」（『出雲国風土記』神門郡日置郷条）が屯倉であり、ヤマト王権がさまざまな目的のために置いた政治的・軍事的拠点であった(38)。国造より下位の在地首長層が管理する屯倉を拠点として、ヤマト王権の使者が「巡検」したのである。

武蔵国造の管轄する南武蔵においても、献上された屯倉はヤマト王権の使者が東京湾岸から多摩川水系沿いに「巡検」する交通路上に存在した。南武蔵だけではなく、上毛野国造の領域には安閑紀(6)二年五月甲寅条にみえる緑野屯倉が設置された。緑野屯倉は上毛野南部で河川・陸上交通の結節点であり、やはり交通路にかかわっていた。上毛野地域には、緑野屯倉以外にも高崎市所在の山上碑・金井沢碑の碑文からは、その北方である令制の群馬郡下賛郷に「佐野三家」が存在したことが推定されている(39)。佐野の地はその地名が『万葉集』東歌に読み込まれるほど（三四〇六・三四一八・三四七八）、在地社会の共通認識となる重要地点であった。佐野三家は烏川沿いの河川交通にもかかわる結節点に位置し、上毛野国造領域内の屯倉は東京湾から旧荒川・利根川水系に沿って「巡検」するヤマト王権の使者にかかわる交通路上に置かれたのであろう。屯倉はヤマト王権と政治的につながる交通路と密接な関係において設置された。安閑紀にみえる九州北部の諸屯倉は沖の島祭祀や、新たにヤマト王権の東アジア外交の拠点となった糟屋屯倉(40)につながる交通路上に存在した。安閑紀にみえる各地の屯倉設置について、外交との関係を重視する説もある(41)。しかし、九州北部の外交拠点と結ぶとともに、瀬戸内の交通拠点を掌握し、吉備対策にもかかわっていたとする理解が穏当ではなかろうか(42)。

屯倉は原初的には国造制に付随するヤマト王権の支配拠点であり、伴造―部民制は本来屯倉制とは関係なかった(43)。国造は(1)裁判権または刑罰権、(2)軍役を含む徴税権、(3)勧農を核とする行政権、(4)祭祀権、(5)校田権・班田権を行使していた(44)。たとえば、『隋書』倭国伝には「其俗殺人強盗及姦皆死。盗者計レ贓酬レ物。無レ財者没レ身為レ奴。自余軽重。

或流或杖」という倭国における裁判について伝える。ここには没官という日本固有の刑罰をふくみながら、徒を除く中国的刑罰が継受されていることが認められる。[45]『筑後国風土記』逸文（『釈日本紀』巻十三）によれば、磐井の墓には磐井が居館内で裁判権を行使していたことを示す「別区」が存在していたという伝承があったという。磐井の墓とされる岩戸山古墳にはその痕跡がある。[46]またすでにふれたように、『播磨国風土記』飾磨郡安相里条には、国造が「塩代田廿千代」を献上したという伝承が載録されている。ここには国造が代単位で土地を掌握していたことがうかがえる。[47]また、律令制前段階における国造の存在が疑われる大隅・薩摩、東北北部を除けば、「国造本紀」に載る国造の分布範囲では律令制的班田が実現されていた。国造制が存在しなかった隼人域・蝦夷域には班田制が施行できなかったことも、国造が班田権を行使していたことを物語る。「百代三束」の代制にもとづく原田租は国造制段階まで遡及し、かつて国造制的校班田が機能していた可能性は高い。

国造制下ではある程度統一的な制度（国造法）が存在した。それは在地首長の支配を制限する側面があったものの、在地首長の支配を正当化し、強化・補完する側面をもっていた。西日本では外交関係を契機として屯倉が成立した可能性も想定されるが、ヤマト王権が派遣した「使者」は屯倉を拠点に国造の支配領域を「巡検」し、在地首長の貢納・奉仕をうながすだけではなく、ある程度統一的な諸制度を伝播させたのではないか。武蔵国造が支配する南武蔵は屯倉を通じて、ヤマト王権の多様な物的・人的動員に対応するとともに、ヤマト王権の使者が伝播する統一的制度によって、自己の支配を補強しえたのである。

四　武蔵国造と伴造・部民制

屯倉をヤマト王権の政治的・軍事的拠点とする舘野和己説が提示されて以降も、屯倉の経営は国造に委任されたとしながらも、国造の支配領域を割いて設定された地、つまり、ヤマト王権の直轄地とし、直接的な人民支配が進展していたとする理解は、いまだに有力である(48)。しかし、一方では律令制的戸籍支配に近い支配形態とされてきた児島・白猪屯倉の経営の実態が、律令制的籍帳支配にはほど遠いということが論証されており(49)、屯倉は面的支配というより拠点を確保するものであったという理解も一方の有力な理解となる(50)。また、国造の服属・貢納はヤマト王権にとっては副次的なものにすぎず、部民を支配するための屯倉が一般的であり、全国にきめこまかくおかれていたが、部民制（これに付随する屯倉制）は廃止され公民制に転換されるという新たな大化改新肯定論も提示されている(51)。武蔵国造の領域に設定された南武蔵の屯倉は、律令制的支配に近いヤマト王権の直轄地といえるのか、また武蔵国造の支配はヤマト王権にとって副次的であり、部民制や部民制にともなう屯倉が一般的だったのか。

1　屯倉と大宅

まず、屯倉はヤマト王権の直轄地か否かという問題から考察しよう。そもそも、国造の贖罪として献上されたという伝承中の屯倉は、本来は在地首長層の「大宅」であったと考えられる。吉田孝氏によれば、ミヤケのヤケは原初的には敷地と建物という一区画の施設を意味し、それを起点としてさまざまな機能をふくめた観念となっていく。屯倉は朝廷・倭国王に属するヤケであったが、「大宅」（オオヤケ）は在地首長の共同体的機能にかかわる存在であった(52)。国造と同様、ヤマトにおける在地首長の側面をもっていた葛城円大臣は、贖罪として「奉三献臣女韓媛与二葛城宅七区一」という条件を申上した（『書紀』雄略即位前紀（安康）三年八月条）。この「葛城宅」は葛城氏が支配する「大宅」であろう。「葛城宅七区」は『古事記』安康段には「五処之屯宅」とあり、さらに「所謂五村屯宅者、今葛城之五村苑人也」という分註が付されている。葛城氏の「大宅」だった「宅七区」は律令制下では「五村屯宅」（「屯宅」はミヤケと読まれたであろう）となり、「苑人」によって耕作されている。「苑人」は、養老職員令50園池司条に「正一人。

〈掌。諸苑池。種二殖蔬菜樹菓等一事。〉佑一人。令史一人。使部六人。直丁一人。園戸」とある「園戸」のことである。「葛城宅」のうちには、蔬菜の生産にかかわる「大宅」があったと考えられる。蔬菜生産にかかわる「大宅」が「献上」後に屯倉とされたことは、二条大路木簡の一つから判明する。「越仕丁」（つまり園池司条の「直丁」）が「瓜」の輸送にかかわっている蔬菜地を「意保御田」（大屯田）と呼んでいる天平八年の年紀をもつ木簡がある。(53) この事例から在地首長の献上伝承にみえる屯倉は、その「大宅」を継承していたといえよう。その維持・経営は国造が在地首長として保有している既存の支配力に依存していたことになる。

　国造は屯倉を直接管理経営したわけではない。「播磨国赤石郡」の縮見屯倉（『播磨国風土記』美嚢郡条では志染屯倉）の経営は、国造の下位の在地首長である縮見屯倉首が行っていた。安閑紀(4)元年閏十二月壬午条によれば、現地の田地管理者が三島県主だったのにたいして、钁丁を差発するなど竹村屯倉の経営責任は大河内直味張という国造にあった。『書紀』欽明紀・敏達紀にみえる児島・吉備の屯倉は田部によって経営されていたが、ヤマト王権から派遣された「田令」が現地で屯倉の管理にあたったとしても、「田部丁」という「钁丁」と共通する性格をもつ労働力を「吉備五郡」という比較的広い領域から徴発しえたのは、国造の支配力であった。(54) 縮見屯倉も現地の管理は屯倉首が行うが、経営責任は国造にあったとするのが妥当であろう。また国造より下位の在地首長は国造氏族と同族あるいは擬制的同族関係にあったのであろう。屯倉の経営は在地首長層の「大宅」の経営と構造的な差異はなかったと考えられる。武蔵国造の支配領域に設置された四屯倉も、无邪志直氏が令制下の多磨郡・橘樹郡・久良郡の三郡域におよぼしていた支配力によって経営されていたが、現地の管理は令制の郡レベルの下位の在地首長が管理にあたったのであろう。したがって、屯倉は国造領域を割くことによって成立したものでもなく、直接的な人民支配も実現していなかった。

2　伴造―部民制と屯倉

それでは、国造制にともなう屯倉は副次的であり、伴造―部民制にともなう屯倉が一般的だったといえるのか。安閑紀によれば、(1)元年四月癸丑朔条の伊甚屯倉、(2)元年七月辛酉朔条・(4)元年閏十二月壬午条の三島竹村屯倉は、春日部という名代の部民とのかかわりを暗示しながらも、春日部設置のことはない。(3)元年十月甲子条の小墾田屯倉・桜井屯倉・難波屯倉も「天皇」「皇后」「妃」の名代の部民との関係を暗示しながらも、それらの名代設置のことはない。また『書紀』継体八年（五一四）正月条には、春日部の名代との関係を暗示する匝布（佐保）屯倉の設置伝承がある。しかしここにも名代設置のことは記されていない。これらの『書紀』の伝承の特徴は、(1)伊甚、(2)(4)三島竹村、(3)小墾田・桜井・難波、継体八年紀にみえる匝布という諸屯倉が、本来名代の部民とは関係がなかった歴史的事実を示している。屯倉は原初的には国造制との関係で設置されたのである。

部民制と屯倉の関係が生じるのは、国造制が広汎に成立して以降であろう。『書紀』敏達十二年（五八三）是歳条には「火葦北国造刑部靫部阿利斯登」がみえ、「火葦北国造」が「刑部靫部」という部民を管掌する在地伴造でもあったことがわかる。『常陸国風土記』行方郡条にみえる「茨城国造小乙下壬生連麿」・「那珂国造大建壬生直夫子」という立評人は、国造（茨城直・那珂連）が壬生部の在地伴造を兼ねる例である[55]。このように、国造制成立以後、国造が在地伴造を兼ねることは広汎にありえたのではなかろうか。また、安閑紀(5a)元年閏十二月是月条の廬城部屯倉の事例は、初発から廬城部（伊福部・五百木部とも表記）という部民制にかかわる屯倉が設置される場合もあった可能性を示す。ただし、廬城部連は采女を出仕させていることから、国造級の上位の在地首長層が在地伴造であり、屯倉の現地管理者ではなく経営責任者ではなかったか[56]。

国造あるいは国造級の在地首長が在地伴造となり、伴造―部民制とかかわる屯倉も在地社会に設置されていく。しかし、これとは別に国造支族あるいは国造より下位の在地首長が在地伴造となり、部民制にかかわる屯倉を管掌する状況が進展していったと思われる。たとえば『書紀』清寧二年十一月条によれば、「縮見屯倉」も縮見屯倉首忍海部造細目が現地の管理者であった。この縮見屯倉首は『播磨国風土記』美嚢郡志深里条では「志深村首」とあり、国造より下位の在地首長である。さらに縮見屯倉首は忍部造とあるから、忍海部という部民の在地伴造でもあったことになる。国造管轄下の屯倉が部民支配の屯倉に転換した例であろう。このような在地伴造が出現するのはなぜなのか。

ここであらためて、武蔵・上野において在地伴造となった氏族について、〈X部＋カバネ〉の氏姓の分布からその特性を抽出し、既存の国造制との関連を考察したい。表12・表13はそれぞれ武蔵国・上野国におけるカバネ姓者の存在を郡ごとに表示している。もちろんこれらのカバネ姓者は在地首長層そのものではないかもしれないが、律令制下におけるカバネ姓者の存在は、かつての在地首長の存在を反映していると考えて大過ない。表12・表13によれば、まず注目されるのは武蔵では直姓が、上野国では君姓が多いことである。カバネ姓をもっていたと思われる在地首長層は、武蔵国では国造氏族无邪志直の、上野国では同様に上毛野君の同族あるいは擬制的同族関係にあったと推定される国造より下位の在地首長だったことが知られる。[57] また、武蔵国では无邪志国造の支配領域である多磨郡・橘樹郡にも、⑥⑨⑫から部民制が浸透していることが確認される。さらに⑫からは、橘樹郡には国造氏族と擬制をふくめて同族関係にない在地首長が在地伴造となった例の存在が知られよう。⑥⑨⑪⑫以外は武蔵国造の支配領域外であり、国造支配の空白領域について、ヤマト王権あるいは中央豪族は伴造―部民制を介して支配力をおよぼしていったのであった。上野国ではどうか（表13）。武蔵国との差異は、〈地名＋君（公）〉のカバネ姓者の存在である。㉔・㉕は上毛野君一族、④⑥は上毛野君の支族か擬制的同族関係にあった上位の在地首長層であろう。その他⑯の「臣」をもつ氏族以外は、上毛野君の擬制的同族関係にあった。いずれにせよ、④⑥⑭⑮以外は国造より下位の在地首長だったであろう。

当初国造制と屯倉制によって、ヤマト王権による新たな在地支配は強化され、国造制の空白地域を埋めるかたちでその後も国造制的支配は進行していった。しかし、その一方で国造制を通じたヤマト王権の支配が領域的だとすると、伴造―部民制は個別的でタテ系列の支配であったため、国造制の支配領域にも入り込み、国造管下の人民集団に対する分割支配が進行した。そのことによって国造の在地支配権は揺さぶりをかけられたのであった。[58] 部民制を在地社会に浸透させていったのは、「火葦北国造刑部靫部阿利斯登之子」の日羅が、国造・地方伴造として中央伴造の大伴金村を「我君」としているように（『書紀』敏達十二年（五八三）是歳条）、大伴氏や物部氏・蘇我氏のような中央豪族や上宮王家のような王族であった。これは中央の豪族や王族の一方的な強圧によって推進されたわけではない。国造の支族や国造より下位の在地首長は、中央豪族や王族とむすびつくことによって、自己の在地支配を強化することができた。それゆえ国造以外の在地首長は部民制的関係を積極的に受容したのである。さらに伴造制にもとづき中央権力と結合した下位の首長層は、国造が保有していた屯倉の経営権をも行使するように至ったのである。『書紀』大化元年（六四五）八月庚子条には「若有㆓求㆑名之人㆒。元非㆓国造。伴造。県稲置㆒而輙詐訴言。自㆓我祖時㆒。領㆓此官家㆒。治㆓是郡県㆒」とあり、国造以外に在地の伴造・県稲置が「官家」（屯倉）の管掌者となっている状況がうかがえる。

3　伴造―部民制の展開と在地社会

部民制の進展の結果、国造によって統一されてきた在地社会は分裂し、秩序の動揺が顕著となっていった。たとえば、令制下総国印旛郡・埴生郡の地域は印波国造の支配領域であり、印波連が本来国造氏族であったが、ここから部民制によって中央の王族とむすびついた大生部直が優勢となり、埴生郡の立評人となった。[59]『和名類聚抄』によれば、印旛郡には三宅郷がある。印波国造はこの「三宅」との関連で補任された経緯が読み取れる。大生部直は印波連とは異なる直のカバネ姓からみて同族関係ではなかった。また令制埴生郡域を基盤とし、令制印旛郡域を基盤とする印波連より下位の在地首長だったであろう。これが中央の王族と直接関係をむすび「大生部直」という在地伴造となり、自立性を強めた。ただし、印波連に代わる勢力になったわけではない。中央の王族と直接関係をむすび「大生部直」

という在地伴造が自立化をとげたが、それが埴生郡の分立という在地社会の分裂状況を生み出した要因であった。先にみた『常陸国風土記』行方郡条の「茨城国造小乙下壬生連麿」「那珂国造大建壬生直夫子等」という伴造を兼ねる国造が、それぞれの基盤に依拠して立評を申請したことは、国造制のもとでの在地社会が部民制によって分裂したことを端的に物語る。表12・表13から読み取れる武蔵国・上毛野をはじめとする東国における部民制の進行は、国造によ

表12　武蔵国のカバネ姓者

氏姓・名	本貫地	史料
①大伴部**直**赤男	入間郡	『続紀』宝亀八年六月乙酉条
②大伴**直**中麻呂・荒当	加美郡	天平勝宝五年十一月付「庸布墨書銘」（寧下―784）
③大伴部**直**牛麻呂	加美郡	〃
④宍人**直**石前	加美郡	〃
⑤大（丈）部**直**不破麻呂	足立郡	『続紀』神護景雲元年十二月壬子条
⑥丈部**直**山継	多磨郡	『霊異記』下―七（仲麻呂政権下）
⑦杖部**直**（闕名）	横見郡	天平勝宝五年十一月ごろ「庸布墨書銘」（『正倉院宝物銘文集成』3
⑧檜隈舎人**直**由加麿	加美郡	『続後紀』承和七年十一月己巳条
⑨刑部**直**国当	橘花郡	天平勝宝八歳十一月「調布墨書銘」（寧補一―5）
⑩刑部**直**道継・真刀自咩	多磨郡	『続後紀』承和十三年五月壬寅条
⑪无邪志**直**膳大伴部広勝	出羽国	『後紀』弘仁二年九月壬辰朔条
⑫飛鳥部**吉志**五百国	橘花郡	『続紀』神護景雲二年六月癸巳条
⑬入間**宿**・広成	入間郡	『続紀』神護景雲二年七月壬午条（物部から改賜姓）
⑭小子**宿**・身成	武蔵国	『後紀』弘仁三年三月癸卯条

注1）⑤は丈部直ではなく大部直の可能性が高い（佐伯有清『新撰姓氏録考証編第一二』〔吉川弘文館、一九八一年〕、360頁）。

注2）⑥は大直ではなく、丈部直の可能性が高い（佐伯有清『新撰姓氏録考証編二』〔吉川弘文館、一九八二年〕、46頁）。

注3）⑪は出羽国人ではあるが、氏姓からみて本来は武蔵国住人の系譜をもつ移住者である。

表13　上野国のカバネ姓者

氏姓・名	本貫	史料
①石上部**君**諸弟	碓氷郡	『続紀』天平勝宝元年五月戊寅条
②磯部**君**牛麻呂	群馬郡	神亀三年三月二十九日高田里知識結（金井沢碑）
③磯部**君**身麻呂	群馬郡	〃
④池田**君**目頬刀自	群馬郡	神亀三年三月二十九日高田里知識結（金井沢碑）
⑤他田部君足人	新田郡	天平勝宝四年十月「調黄・墨書銘」（『寧楽遺文』下784頁）
⑥上毛野坂本**公**黒益	碓氷郡	『続紀』神護景雲元年三月乙卯条
⑦檜隈**君**老刀自	佐位郡	『続紀』神護景雲元年三月乙卯条
⑧梔前部**君**賀味麻呂	佐位郡	天平感宝元年八月「調庸墨書銘」（『寧楽遺文』下785頁）
⑨額田部**君**馬稲	緑野郡	某年「調布墨書銘」（寧下785）
⑩壬生**公**郡守	甘楽郡	『後紀』弘仁四年二月丁酉条
⑪壬生**公**石道	群馬郡	『三実』貞観十二年八月十五日乙未条
⑫物部**君**午足	群馬郡	神亀三年三月二十九日高田里知識結（金井沢碑）
⑬物部**公**蜷淵	甘楽郡	『続紀』天平神護元年十一月戊午朔条
⑭上毛野**臣**甥	多古郡	天平十三年調布墨書銘集成二〇四
⑮上毛野**臣**足人	勢多郡	『続紀』天平勝宝元年閏五月癸丑条
⑯丈部**臣**子羊	新田郡	『続後紀』承和十年三月丁酉条（これ以前「犬養」）

る支配と在地社会の分裂をすすめ、在地社会の秩序は大きく動揺していったのである。『書紀』大化二年（六四六）八月癸酉条では、ウヂ名の混乱により「遂使二父子易レ姓。兄弟異レ宗。夫婦更互殊レ名。一家五分六割」という社会の分裂状況を表現している。

この分裂状況を生み出した要因は部民制の進展にあるが、それはそのまま部民制が社会の主要な構成要素となっていたことまでも意味しない。同条には「始二王之名名一。臣連。伴造。国造。分二其品部一別二彼名名一。復以二其民品部一交雜使レ居二国県一」とあるように、伴造を兼ねた国造もその分裂を促進させたことを指摘している。また『書紀』大化元年（六四五）九月甲申詔では、「臣連等。伴造。国造」が「割二国県山海林野池田一。以為二己財一。争戦不レ已」という土地支配の分裂状況を生み出し、国造制的班田を機能不全に追い込んでいることが知られる。『書紀』大化元年（六四五）八月庚子条の鐘匱の制には在地伴造が裁判権を行使しえたことを示している。これも国造裁判権を機能不全に追い込んでいる。このように六世紀中葉には部民制は社会の分裂を生み出し、もはや国造制では社会を総括することが困難となっていた。中央政府は国造制を評制に転換することによって、在地社会の分裂を止揚しようとしている。その政治的意図は、茨城国造・那珂国造に評を編成させていることにもあらわれている。部民制を公民制に転換することによって律令制支配が実現するのではない[60]。大化改新の段階では、国造制・部民制を温存したまま、両者を評制によって総括する制度が創出されたのであった。

かつて、「伴造的国造」が他地域より多いことが東国の特色であることから、東国をヤマト王権の直轄的地域だったとする説がまず提唱された。これにたいして、下位の在地首長にたいするヤマト王権の支配が国造級の在地首長を介した間接的支配だったことから東国は自立的だったする説が併存してきた。その国造制にみられる自立性こそが部民制を広く生み出した基盤であったとする折衷的見解も近年提唱されている。自立・非自立という問題より、伴造―部民制が国造制による支配を突き崩した直接的要因であり、その結果進行した在地社会の分裂が国造制を機能不全に追い込んだことの方が重要であろう。伴造―部民制と国造制の併存を前提としながら、新たな在地社会の総括という役割を担う評制がまずもって東国に施行されたのは、東国を自立性豊かな地域として畏怖していたことにもよるが、伴造―部民制による在地社会の分裂が最も進行していたことにもよるのではなかろうか。

五　東国の調へ

武蔵の乱ののち、南武蔵と上毛野は国造制に編成され、屯倉が設置された。在地首長は「疆場」によって勢力範囲を制限される場合もあったが、逆にそれによって他の在地首長の干渉を排除する役割もあった。ヤマト王権は使者を屯倉に派遣し、ヤマト王権が必要とするさまざまな人的・物的資源を各地から調達するとともに、使者を通じて国造の支配権を補強するさまざまな統一的制度を伝播した。部民制が展開して在地伴造も屯倉を管掌するようになるのは、国造制が全土的に成立して以降であろう。それまでは国造制とそれにともなう屯倉制による支配が、ヤマト王権による在地支配の主軸だった。

国造制支配とそれにともなう屯倉が設置された点で、武蔵の乱と筑紫の磐井の乱は共通性がある。ただし、それらの年代が『書紀』の記述のとおり、継体期・安閑期のことだったとすることには懐疑的な研究も多い。『書紀』の屯倉の設置年代に信がおけないとなると、筑紫君の乱後の継体期における糟屋屯倉の設置時期はほぼ信頼できるとしても、武蔵の四屯倉や上毛野の緑野の設置を安閑期とすることは困難となる。とはいえ、乱そのものの原因は同根である。筑紫君磐井が外交権を行使し、上毛野君小熊が武蔵の首長位をめぐる抗争に介入しえたのは、倭国王の盟主的権威が動揺したからである。倭国王を盟主として在地首長を編成する政治的秩序は、倭の五王の時代までは中国皇帝による冊封と府官制への編成によって維持されてきたとされている[61]。倭国王による外交上の大きな役割の一つはそこにあった。しかし、六世紀における朝鮮半島・中国情勢の大きな変化は、倭国王による冊封と府官制の称号獲得や、倭国王の権威の源泉となっていた伽耶諸国からの朝貢を困難にした。倭国王の盟主としての地位は大きく動揺することになる。そのようにみると王統が変化した六世紀前半に、東西で大きな乱が起きる客観的条件は潜在していたといってよい。

『書紀』の安閑紀に集中する多数の屯倉は、確かに安閑在位の二年余りで成立したとすることは現実的ではない。ここで、吉村武彦氏が仏教伝来との関係が深い欽明は倭国の外交権を代表していたこと、安閑紀には内政記事が多いことを指摘していることに注目したい[62]。また、継体の死後安閑と欽明が同時に即位し、安閑・宣化の朝廷と欽明の朝廷が対立抗争したとする「辛亥の変」を示す直接的証拠に乏しく、二朝対立は想定しがたいという説には説得力がある[63]。二朝対立ではなく、安閑・宣化は継体時代から自己の倭国王時代にかけて主として内政にかかわり、欽明は即位前のいずれかの段階から渡来系氏族を組織していた蘇我氏の後援のもとで外交にかかわっていたのではないか。とすると、安閑紀にみえる屯倉は安閑が倭国王だった二年間に成立したのではなく、勾大兄が継体即位当初から推進してきた内政の成果を、『書紀』編者が一括して「安閑天皇」の治績としたことによるのではないか。(64)

継体六年（五一二）に大伴金村らが百済に「任那四県」の割譲を決定した直後の勾大兄の言動を、『書紀』は「大兄皇子前有㆓縁事㆒。不㆑関㆑賜㆑国。晩知㆓宣勅㆒。驚悔欲㆑改」と記す（同年十二月条）。勾大兄皇子（安閑）は「国賜ふ」（四県割譲）の「宣勅」を直後に知って驚き、それを撤回させようとした。実現はされなかったが、倭国王の外交にたいして発言権をもつ大きな政治力を即位前からもっていたことは確実である。そして、『書紀』が「前有㆓縁事㆒」とするのは、安閑には「任那四県」の割譲という外交上の重要問題に関与できない事情があった。それは内政をおいて他には考えられない。内政とはもちろん各地の国造補任・屯倉設置にかかわる。これには宣化もかかわっているかもしれない。安閑の和風諡号は「広国押武金日」（ヒロクニオシタケカナヒ）、宣化は「武小広国押盾」（タケヲヒロクニオシタテ）である。安閑・宣化ともに「武」（タケ）という軍事力を象徴する字句を諡号中にもつ。諡号に「武」（タケ）をもつ倭国王は、『書紀』中でも安閑・宣化以外には雄略（大泊瀬稚武＝オオハツセノワカタケ）しかない。軍事力を背景として各地の国造・屯倉の設置に関与したことにかかわる諡号ではなかろうか。(65) 多数の屯倉設置は確かに安閑紀元年（五三四）・二年という限定された時期の歴史的事実とはいえない。しかし、安閑が勾大兄の段階から長期にわたる内政権の行使にかかわることは事実だったと考えられる。武蔵の乱は筑紫の乱と同様、継体・安閑期のヤマト王権による在地首長の政治的編成の動揺を契機として、東西でほぼ同じ時代に起こった大きな動乱であった。『書紀』に記録が残ったのは、二つの乱のもつ意味の大きさにかかわっていたのである。

最後に東国の調と国造制との関係を展望しておきたい。東国住人はこれまで考察したように、しばしば反乱を起こす「荒ぶる民」であり、自立的な存在としてヤマト王権から認識されていた。そのため、六世紀末～七世紀後半の時代に、倭国王の権威の源泉の一つとしてヤマト王権の実効的支配外からの朝貢国に擬制された（本書第六章参照）。「東国の調」の貢納儀礼は、自立的な東国の服属を現出するための重要な役割をはたした。東国の調の内容には「東細布（アヅマタヘ）」（二六四七）以外に信濃の「麻布」（「信濃布」）・「望陀の布」などの国名・郡名を冠する物産がふくまれていたとするのが一般的理解である。[66]また、貢納対象は令制以前の東国の屯倉や国造領とされている。[67]しかし、東国の調の貢納主体を屯倉と国造の二つとすることは妥当だろうか。その点をまず、東国の調の系譜を引くと思われる賦役令や『延喜式』などにみえる東国諸国の貢納品のうち、次掲(1)～(4)の「東」を冠する品目から究明したい。それらはかつて東国の調にふくまれていた物産が、律令制的な個別人身賦課の税に転回したものと考えられるからである。

（1）東木綿　賦役令1調絹・条の調副物、『延喜式』
（2）東絁　平城宮木簡（概報一―一二、同二九―四三）、『続紀』『延喜式』
（3）東席　『延喜式』
（4）東鰒　平城宮木簡（概報二三―一七）、『延喜式』

東を冠しない(1)′木綿、(2)′絁、(3)′席、(4)′鰒は、いずれも『延喜式』で東国の貢納品のなかに確認することができる。それらは(1)～(4)の隠れた基礎であった。ここで(4)東鰒の場合、『延喜式』斎宮78調庸雑物条には「東鰒三百斤。〈安房〉」とある。東鰒の実体は安房鰒だったのである。なぜ東鰒が安房鰒だったのか。佐藤信氏によれば、律令制下の安房は上総国管轄下の時期はあったが、天皇の食膳にかかわる御食国であった。[68]そして、『高橋氏文』が語るように内膳司長官（奉膳）をつとめる膳氏（天武期に高橋氏に改賜姓）とのかかわりが強く、大膳職には御食都神として安房大神が祀られていた。川尻秋生氏は『類聚三代格』巻十、天平三年（七三一）九月十二日勅により、史実として八世紀に宮中安房大神の奉斎に安房の在地社会がかかわっていたことを明らかにした。[69]しかし、『高橋氏文』だけでなく、『古語拾遺』も忌部氏による布の生産と安房大神のむすびつきについて語る。佐藤氏は『高橋氏文』『古語拾遺』双方の主張を史実にもとづくとし、安房では複数の中央氏族が在地社会と関係をむすび、重層的な支配構造がみられるとする。

これにたいして、川尻氏は安房国に忌部の痕跡が稀薄なことから、忌部を虚構とする。これにたいして、吉村武彦氏は忌部の史料に乏しいが、安房大神・神郡（神戸）との関係で忌部が存在した可能性があることを指摘している。(70)『延喜式』における安房国の貢納品は鰒と布に大別することが可能であり、現存史料に安房の忌部が稀薄だとしても、布生産にかかわった忌部氏と鰒の貢納にかかわった膳氏の二氏がそれぞれが同時期に安房に勢力基盤をもち、安房大神とむすびつくことはありうる。安房大神は海にかかわるだけでなく、耕地や山野河海全体にかかわっていたのであり、そのような性格をもつ神格を奉斎することはタテ割りの支配を行う伴造では不可能であった。領域的支配を行う国造でなければならなかった。『国造本紀』に安房国造として大伴部直という在地伴造を記すのは、国造級の在地首長が存在しなかったため､伴造を国造としたことを示す。佐藤信氏は律令制前段階の安房は鰒の貢納地域であり､『高橋氏文』が伝えるように、鰒の貢納は中央の膳氏―安房の大伴部（膳大伴部〈『書紀』景行五十三年十月条〉）の部民制的な関係で行われていたことを推定している。また、「大伴部」の設定に関しては、奈良時代の安房国木簡史料に大伴部姓者が多くみられることから史実だったとする。ところが、律令制下においては安房鰒は東鰒とされ、そこにおいては部民制的関係は捨象されている。それはなぜなのか。

『国造本紀』には、阿波（安房）国造には「成務朝」に大伴直大滝を定めたとある。大伴直は安房域内の膳大伴部を統括する伴造に相当する。安房では中央氏族が部民制（壬生部・日下部・白髪部・大伴部など）を基盤に個別に地方豪族とむすびついた結果、地方伴造は複数存在することになった。しかし、安房国域の前方後円墳の確認例は少なく、継続的に造営されている地域はない。(71)安房には国造級の在地首長は存在しなかった。したがって、安房では大伴直という伴造氏族が国造の役割をはたす必要があったのであろう。伴造―部民制的関係や屯倉を総括する立場にある安房国造が、東国の調の貢納主体として必要とされたのである。東国の調を構成していた安房の鰒は、律令制下には個別人身的支配を媒介に東鰒という調に転回する。そして、佐藤氏によれば現在知られる安房国木簡史料の範囲内では、海岸に面していない地域も調として鰒を貢納し、律令国家にとって安房国は鰒の貢進国として位置づけられていた。この国造制にもとづく東国の調の鰒の貢納が、律令制下で個別人身の調に転回したため、安房の調には多様な種類の鰒がふくまれることになったのであろう。木簡史料によれば、安房と同様に若狭は塩、伊豆は堅魚の貢納国であり、海のない内陸部にもそれらの貢納はおよんでいた(73)。いずれも若狭国造・伊豆国造（『国造本紀』）による貢納が、律令制下においても規定性を維持していたことによる現象である。東国の調を貢納したのは国造と屯倉だったとする説が有力ではあるが、国造制・伴造―部民制を基盤として屯倉に収納される貢納品を、東国の調として朝貢する主体となったのは国造だったのである。

注

（1）津田左右吉『日本古典の研究』下（岩波書店、一九五〇年）。
（2）原島礼二「『書紀』の屯倉設置記事」（『古代文化』二六―一、一九七四年）。
（3）沼野勉「武蔵国造の争乱」（金井塚良一他編『鉄剣を出した国』（学生社、一九八〇年））
（4）闘鶏国造は「国造本紀」にはみえない。『書紀』允恭二年二月己酉条では、闘鶏国造は允恭皇后にかつて礼を失する行為をしたことから、「闘鶏稲置」に貶められている。この記事は氏姓確定という『書紀』の論理に位置づけられる、允恭の氏姓にたいする権限を説明する伝承にあらわれる。『書紀』仁徳六十二年是歳条には「闘鶏稲置大山主」がみえる。闘鶏国造の氏姓は「闘鶏という地名＋カバネ」が想定されている。
（5）佐伯有清『新撰姓氏録　考證編』第一～第六（吉川弘文館、一九八一～一九八三年）。
（6）義江明子「鉄剣銘『上祖』考」（『国立歴史博物館研究報告』一五二、二〇〇九年）。
（7）吉村武彦「古代社会と律令制国家の成立」（『日本古代の社会と国家』岩波書店、一九九六年）、同『ヤマト王権』（岩波書店、二〇一〇年）第五章。

（8）篠川賢『日本古代国造制の研究』（吉川弘文館、一九九六年）第一編第三章。
（9）佐藤信「『大臣外交』についての一考察」（村井章介・佐藤信他編『境界の日本史』〈山川出版社、一九九七年〉）。
（10）舘野和己「越の国々と豪族たち」（『新版古代の日本7　中部』角川書店、一九九三年）道君は越国造であったとする見解もある（佐伯有清『新撰姓氏録の研究　考證編　第二』〈吉川弘文館、一九八二年〉一七七頁）。また、江田船山古墳から出土した百済系の金銅製の沓・冠は、地方豪族独自の通交経路の存在によるらしい（森公章「国造制と屯倉制」〈『岩波講座日本歴史　古代2』岩波書店、二〇一四年〉）。
（11）鬼頭清明「六世紀までの日本列島―倭国の成立」（『岩波講座日本通史　古代1』岩波書店、一九九三年）。
（12）中村英重「神主の形態と氏神・氏上」（『古代氏族と宗教祭祀』吉川弘文館、二〇〇四年、初出は一九八九年）。
（13）甘粕健「武蔵国造の反乱」（『古代の日本7　関東』角川書店、一九七〇年）、同「『武蔵国造の乱』再検討」（大田区立郷土博物館『武蔵国造の乱―考古学で読む『書紀』―』〈東京美術、一九九五年〉）。
（14）これらの記述をふくめ武蔵争乱にかんする考古学の側からの詳細な研究史は清水久男「『武蔵国造の乱』への招待」（大田区立郷土博物館『武蔵国造の乱―考古学で読む『書紀』―』〈東京美術、一九九五年〉）・城倉正祥「武蔵国造の争乱―研究の現状と課題―」（『史観』一六五、二〇一一年）による。城倉論文は考古学の分野だけでなく、文献史学の研究史も緻密に整理している。
（15）シンポジウム記録「東アジア史からみた観音塚・観音山古墳の系譜」（高崎市教育委員会編『古代東国と東アジア』〈河出書房新社、一九九〇年〉）。
（16）磐井の乱を鎮圧したのは「物部荒甲之大連・大伴之金村連二人」だとする『古事記』継体段の記事が事実だとすると、大伴金村のことが記されていない継体紀の記述は、物部系氏族の「氏文」に依拠したからだとみることができる。
（17）平林章仁「国造制の成立について」（『龍谷史壇』八三、一九八三年）。篠川賢『国造制の成立と展開』（吉川弘文館、一九八五年）
（18）篠川前掲注（17）書、七三～七四頁。
（19）狩野久「部民制・国造制」（『岩波講座日本通史　古代1』岩波書店、一九九三年）。

(20) 新川登亀男「列島日本の社会編制と大陸・半島アジア世界」(早稲田大学アジア地域文化エンハンシング研究センター編『アジア地域文化学の発展―21世紀COE研究修正―』(雄山閣、二〇〇六年))。毛利憲一「六・七世紀の地方支配―国の歴史的位置―」(『日本史研究』五二三、二〇〇六年)。
(21) 大町健「律令的国郡制の成立」(『日本古代の国家と国郡制』校倉書房、一九八六年。初出は一九七九年)。
(22) 仁藤敦史「『辛亥』銘鉄剣と『武蔵国造の乱』」(『古代王権と支配構造』吉川弘文館、二〇一二年、初出は二〇〇七年)。
(23) 鬼頭前掲注(11)論文。ただし鬼頭氏は、人制ではなくトモ制としている。五世紀段階は部民制ではなく、人制という部民制の前段階の制度であったことを提唱したのは、吉村武彦「倭国と大和王権」(『岩波講座日本通史　古代1』岩波書店、一九九三年)。
(24) 舘野和己「ヤマト王権の列島支配」(歴史学研究会・日本史研究会編『日本史講座　第1巻』(東京大学出版会、二〇〇四年))。
(25) 舘野前掲注(24)論文。
(26) 甘粕前掲注(13)論文。
(27) 以下の研究史は、城倉前掲注(14)論文による。
(28) 城倉前掲注(14)論文。安閑紀(5b)の「武蔵国造笠原直使主与同族小杵」からみて、小杵も笠原直である。両者が南・北武蔵にまたがる広大な地域に存在したとすることは、笠原の地名を共有することと適合しない。令制国規模の広域国造とされる出雲国造についても、本来出雲国域には出雲臣と神門臣が、それぞれ地方的伴造を統括する立場にあったとされており(平石充「出雲の部民制・国造制」(『歴史評論』七八六、二〇一五年))、一国規模を管轄したかにみえる出雲国造の姿は、八世紀段階のものだった可能性が高い。
(29) 鈴木靖民「南武蔵と大和王権」(『川崎市史　通史編Ⅰ』第一編第五章第一節、一九九三年)。
(30) かつては荏原郡大井駅との関係を重視する関和彦「『武蔵国造』と多摩」(『月刊　歴史手帖』二三―一〇、一九九五年)の説に従った(伊藤循「筑紫の反乱と武蔵の反乱」(吉村武彦編『古代を考える　継体・欽明朝の内乱と仏教伝来』吉川弘文館、一九九六年))。ここでは慎重を期し「多末」の誤写として多摩川流域に比定しておく。

（31）森前掲注（10）論文、九三頁。

（32）佐伯有清『新撰姓氏録の研究　考證編第二』（吉川弘文館、一九八二年）四四頁。『日本霊異記』のこの部分は脱文・誤写があり、佐伯説が成立する可能性は高い。

（33）无邪志国造・胸刺国造・知々夫国造のうち、『古事記』は无耶志国造（神代・宇気比段）のみ、『書紀』も武蔵国造（神代第七段第三の一書）のみを記す。「高橋氏文」は無邪志国造・知々夫国造を記す。いずれにも「胸刺国造」はみえない。

（34）伴造もミヤケを管理することは、『書紀』大化元年（六四五）八月庚子条に、「元非二国造。伴造。県稲置一而輙詐訴言。自二我祖時一。領二此官家一。治二是郡県一」とあることによって確認され、部民制にも屯倉が付随する（舘野前掲注（24）論文）。安閑紀(5a)元年閏十二月是月条の廬城部屯倉は、采女を同時に献上していることからみて、この場合伴造が国造と同質の側面をもつことが推定される。

（35）石母田正『日本の古代国家　石母田正著作集　第三巻』（岩波書店、一九八九年、初出は一九七一年）。井上光貞『飛鳥の朝廷』（小学館、一九七四年）。

（36）平野邦雄『大化前代政治過程の研究』（吉川弘文館、一九八五年）。狩野前掲注（19）論文。

（37）舘野前掲注（24）論文。

（38）舘野前掲注（24）論文。『出雲国風土記』の「為レ政」の「政」（マツリゴト）は、仕奉（ツカエマツル）の具体的行為であり、貢納や労役もふくむ。（吉村武彦「仕奉と貢納」〔『日本古代の社会と国家』岩波書店、一九九六年、初出一九八四年〕）。屯倉の一般的機能を示す字句といえる。

（39）尾崎喜左雄「上野三碑と那須国造碑」（『古代の日本7　関東』角川書店、一九七〇年）。前沢一之『古代東国の石碑』（山川出版社、二〇〇八年）。

（40）笹川進二郎「『糟屋屯倉』進上の政治史的考察」（『歴史学研究』五四六、一九八五年）。

（41）石母田前掲注（35）書、第四章。仁藤敦史「古代王権と『後期ミヤケ』」（前掲注（22）書、初出は二〇〇九年）。

（42）森前掲注（10）論文。

（43）狩野前掲注（19）論文、二四〇頁。

(44)　石母田前掲注(35)書。吉村武彦「律令制的班田制の歴史的前提について―国造制的土地所有に関する覚書―」(井上光貞先生還暦記念会編『古代史論叢　中』〈吉川弘文館、一九七八年〉)。
(45)　井上光貞「隋書倭国伝と古代刑罰」(『井上光貞著作集』第二巻、岩波書店、一九八六年、初出は一九七六年)。
(46)　岩戸山古墳が磐井の墓であることを疑問視する見解もある(岡田精司「風土記の磐井関係記事について」〈『神々の祭祀と伝承　松前健古稀記念論文集』同朋社出版、一九九三年〉)が、諸史料との整合性から岩戸山古墳が磐井の墓である可能性は非常に高い。
(47)　森前掲注(10)論文、九七頁。
(48)　たとえば狩野前掲注(19)論文、二四〇頁。狩野氏は屯倉を国造領域を割いたものとし、そこでは人民の直接的支配が進展したとする。
(49)　仁藤前掲注(41)論文。
(50)　森前掲注(10)論文。
(51)　吉川真司「律令体制の展開と列島社会」(『列島の古代史8　古代史の流れ』岩波書店、二〇〇六年)、同『飛鳥の都』(岩波書店、二〇一一年)。
(52)　吉田孝「イヘとヤケ」(『律令国家と古代の社会』岩波書店、一九八三年)。
(53)　奈良文化財研究所『平城宮発掘調査出土木簡概報』二十二―一一(一九九〇年)。舘野和己「畿内のミヤケ・ミタ」(山中一郎・狩野久編『新版日本の古代五、近畿Ⅰ』〈角川書店、一九九二年〉)。
(54)　史料中の「籍」の実態は田部の「丁籍」「名籍」である。在地首長ではなく中央派遣の田令が、田部を具体的に把握するための帳簿にすぎない。田戸も田部の掌握にかかわり、内部の戸口の把握にまでおよぶという史料的根拠はない。
(55)　敏達期に百済国王・ヤマト王権双方に従属した日羅は、『書紀』敏達十二年(五八三)是歳条によれば、「火葦北国造刑部靫部阿利斯登之子」であった。火葦北国造は刑部という名代の部民の在地伴造でもあった。火葦北国造および刑部靫部はいわば職掌を示しており、この段階では氏姓ではない。火葦北国造の氏姓は何か。『書紀』同条の日羅殺害後の顛末を伝える伝承的記事には「葦北君」がみえ、日羅の眷属は「葦北君」という氏姓をもつ集団であった。日羅を「子」とする「火葦北国造刑部靫部阿利斯登」の氏姓は火葦北君である。『書紀』は「○○国造△△」と表記するとき、氏姓を記さないことがある。『常陸国風土記』茨城国造小乙下壬生連麿・那珂国造大建壬生直夫子等も国造名・伴造名のみで、それぞれ「茨城連」「那珂直」という国造氏としての氏姓は省略されていると考えられる。

(56)『書紀』は廬城部屯倉は春日部采女との関係を記し、春日部との関係を暗示しながらも、部民制の関係を明示していない。ただし、屯倉献上者の廬城部枳莒喩は、『書紀』雄略三年四月条にも廬城部連武彦の父として登場するように、『書紀』編纂の上で混乱がみられる。

(57)ちなみに出雲国では出雲臣の関係で臣をもつカバネ姓者が多いことは、すでに指摘されている。

(58)狩野前掲注(19)論文。平石充氏の前掲「出雲の部民制・国造制」(注28)は、国造あるいは国造級大首長による下位の地方伴造の統括機能を推測する。平石氏は、出雲では部民制は大首長と小首長の対抗関係からは形成されず、首長制の重層的構造を基盤としているとする。しかし、狩野久氏のいうような部民制を媒介とする新たな関係が、首長制的構造を分裂させる側面をも想定すべきではないか。

(59)川尻秋生「大生部直と印波国造」(『古代東国史の基礎的研究』塙書房、二〇〇三年、初出は二〇〇一年)。『先代旧事本紀』巻五天孫本紀に「物部印波連」とあるのは、国造氏族の印波連氏が在地伴造となって以後の氏族名であろう。

東国ではなく播磨国の例ではあるが、坂江渉氏は、五世紀代に伊和君氏は播磨国全体を支配圏としたが、その後石作連氏が伊和君氏の勢力範囲に進出し、伊和君氏の勢力は後退したとする(「『播磨国風土記』からみる地域間交通と祭祀」〔『日本古代国家の農民規範と地域社会』思文閣出版、二〇一六年、初出は二〇一二年〕)。また、直木孝次郎氏は伊和君氏に代わって播磨中央部に勢力を保持するに至った佐伯直氏が播磨国造に補任されたとする(『兵庫県史』一〔兵庫県、一九七四年〕三八八頁)。しかし、『国造本紀』には令制播磨国域の国造として針間国造(西部)・針間鴨国造(中部)・明石国造(東部)が記されている。また『播磨国風土記』によれば、伊和君氏と関係の深い伊和大神の国占め伝承の分布は、令制播磨国西部である。伊和君氏は五世紀代には、令制の播磨国西部を勢力範囲としていたといえる。六世紀代に伊和君氏が国造だったかどうかは不明であるが、六世紀以降部民制を媒介として中央豪族と結びついた佐伯直氏・石作連氏が分立し、佐伯直が針間国造(播磨西部)に補任されるにいたったと考えられる。『播磨国風土記』にみえる記紀神話系の葦原志許乎命の国占めは佐伯直の支配とかかわらないだろうか。

(60) また、森公章氏や浅野啓介氏によれば、『続紀』宝亀四年（七七三）五月辛巳条からは「庚午之年。長直籍」、同神護景雲元年（七六七）三月乙丑条からは「粟凡費籍」の存在したことが知られる（森公章「倭国から日本へ」〈同編『日本の時代史』三、吉川弘文館、二〇〇二年〉、浅野啓介「庚午年籍と五十戸制」〈『日本歴史』六九八、二〇〇六年〉）。したがって、浅野氏が明らかにしたように、庚午年籍にもとづく造籍には二種類あり、①有姓者は氏別の籍に、②部姓や無姓者は居住地にもとづく五十戸単位の籍に編成されたとするのが妥当であろう。庚午年籍段階に至っても、公民制は成立してはいない。

(61) 鈴木靖民「東アジア諸民族の国家形成とヤマト王権」（歴史学研究会・日本史研究会編『講座日本歴史　第一巻』〈東京大学出版会、一九八四年〉）。ただし大平聡氏は、倭王武による宋皇帝にたいする官職除正要求は代替わり直後ではないことから、前方後円墳築造を介した部族連合首長としての性格から脱却ははたしてないものの、それまでの倭国王とは異なる段階にあるとしている（「ワカタケル―倭の五王の到達点―」〈鎌田元一編『古代の人物』1、清文堂、二〇〇九年〉）。

(62) 吉村武彦『古代王権の展開』（集英社、一九九一年）第一章。

(63) 吉村武彦『ヤマト王権』（前掲注（7））、同『蘇我氏の古代』（岩波書店、二〇一五年）。

(64) 仏教公伝は倭国王となる以前から外交権を代表していた欽明にかかわり、欽明の倭国王の時期のこととして記述した『書紀』は、公伝の年代を実際より後に位置づけることになった可能性はないだろうか。

(65) 継体はオホドという実名は伝わるが、諡号は伝わらない。とすると安閑が諡号をもつ最初の倭国王となる。安閑は隔絶した権威をもちはじめた倭国王だった可能性が高い。これらの諡号の実在性については東野治之「史料と史実―天皇の和風諡号を例に―」（『岩波講座日本歴史月報』5、岩波書店、二〇一四年）参照。

(66) 吉村前掲注（7）（63）書。

(67) 若月義小「『東国の調』の実態と性質―ミヤケの収取機構との関連で―」（『立命館文学』五二一、一九九一年）、田島公「『東人の荷前』（東国の調）と『科野の屯倉』―十巻本『伊呂波字類抄』所引『善光寺古縁起』の再検討を通して―」（吉村武彦編『律令制国家と古代社会』塙書房、二〇〇五年）。

(68) 佐藤信「古代安房国と木簡」（『日本古代の宮都と木簡』吉川弘文館、一九九七年、初出は一九九三年）。以下、佐藤氏の見解はこれによる。

(69) 川尻秋生「古代安房国の特質—安房大神と膳神—」(『古代東国史の基礎的研究』塙書房、二〇〇三年、初出は二〇〇一年)参照、以下、川尻氏の見解はこれによる。

(70) 吉村武彦「古代の房総」(『千葉県の歴史　第二版』山川出版社、二〇一二年)。亀谷弘明「安房国の木簡と古代氏族」(『古代木簡と地域社会の研究』校倉書房、二〇一一年、初出は二〇一〇年)は、八世紀の木簡にみえる若麻績部・神麻部の分布から、安房神社の祭祀には大伴部以外に麻績部の関与も想定されるとする。

(71) 安房には確定が困難と思われるものをふくめても、前方後円墳は三例しかない(近藤義郎編『前方後円墳集成　東北・関東編』(山川出版社、一九九四年))。

(73) 馬場基「荷札が語る古代の税制」(木簡学会編『木簡から古代がみえる』(岩波書店、二〇一〇年))。なお、亀谷前掲注(71)書(初出は一九九五年)も参照されたい。

第六章　東人荷前と東国の調

一　東国の調と東人荷前の存在年代

本章のすべての出発点は、『万葉集』（巻二―一〇〇）におさめられた一つの歌にある。

　東人の荷前《のさき》の篋の荷の緒にも妹は心に乗りにけるかも　禅師

久米禅師と石川郎女の間にとりかわされた五首のうちにふくまれるこの相聞歌は、当事者たちの意図を超えて、はからずも古代東国論にかかわる重要な問題を提起している。周知のように、荷前とは年末に幣物を諸陵墓に奉献する儀礼である。制度の内容が明確となる九世紀以降にあっても、この歌の「東人の荷前」（以下、「東人荷前」と略記）に類する特定の地域名を冠する荷前の例は存在しない。『万葉集』「東人荷前」歌はきわめて特異な性格を内包するものであることが知られる。

東国が律令国家やヤマト王権において、重要な構成要素であったことは諸研究の共通理解ではあるが、どのような意味において重要なのか、ということになると論が分かれる。(a)東国を、防人や中衛府舎人（東舎人）を出すような直轄地的地域ととらえる理解と、(b)将門の乱などを生ぜしめる潜在的エネルギーに満ちた自立的地域ととらえる理解[1]とが、いわば対蹠的な関係をなして存在している。いずれかの理解を選択しようとする場合、「東国の調」に象徴される東国貢進物の評価が分岐点となるといっても過言ではない。東国の調については、租税制あるいは服属儀礼などさまざまな視覚から議論が展開されてはいるものの、定説はないというのが現状ではなかろうか。理由の一つに、東国の調の史料は次掲の『書紀』崇峻五年（五九二）十一月乙巳条を唯一とする、という古代史特有の史料的制約の問題があることも否めない。

馬子宿禰。詐二於群臣一曰。今日進二東国之調一。乃使三東漢直駒。弑二于天皇一。

東国の調はこのように劇的な崇峻暗殺の場面に偶然現われるにすぎない。しかし、それが群臣も参列する朝廷の服属儀礼にかかわっていることは諸研究が注目しているように重要なことである。とはいえ崇峻五年紀のみでは、東国の服属は、直轄地的支配を基礎としていたのか、自立的領域にたいする支配を基礎としていたのかを断定する決定打とはならない。そこで東国の調との密接な関連が想定される東人荷前が、東国の特異な性格の特質に迫る重要な鍵をにぎることになろう。

本章の最終的課題は、東人荷前をめぐる王権（天皇制）と東国の関係の特質を明らかにすることであるが、それにはまず東人荷前がどのような内容をもつ貢納制度であったのか、存在年代はどの時期なのかという基礎的問題に言及しておく必要がある。なぜなら、荷前は調・田租のどちらにかかわる儀礼なのかについては、十分な検討がなされないまま荷前の意義や起源が論じられているが、調・田租のどちらをとるかによって理解にかなりの振幅が生じると思われるからである。また、存在年代が確定されなければ、貢進制度に対応する中央権力—東国の政治的編成の形態を特定することができず、古代東国論の座標軸のうちに東人荷前の位置を確定することは困難となるからである。

まず、荷前の内容から検討しよう。荷前にかかわる貢進物を調とみることについては、『儀式』『延喜式』によるかぎり異論のないところであろう。調以外に初穂の介在を認め、むしろ初穂の方を重視する見解も有力であり、影響力もある。代表的なのは、屯倉から倭国王の祖先神にたいする新穀献上を荷前の起源とする岡田精司氏の説である。[2] 新

表14　延喜式「荷前」の古訓

番号	条　文		文　言	古　訓	登載諸本
①	伊勢大神宮式	神嘗祭条	調荷前	ハツヲ	九条家本
②	〃	〃	〃	ハツニ	一条家本
③	〃	〃	〃	ハツニ	一条家本
④	〃	度会宮条	〃	ハツヲ	九条家本
⑤	〃	〃	〃	ハツニ	一条家本
⑥	祝　詞　式	祈年祭条	荷前	ハツヲ	九条家本
⑦	〃	春日祭条	御調能荷前	ハツヲ	内閣文庫本
⑧	〃	平野祭条	〃	ハツホ	内閣文庫本
⑨	〃	月次祭	荷前	ハツヲ	九条家本
⑩	陰 陽 寮 式	荷前日条	〃	ノサキ	金剛寺本

穀進上を荷前の起源とする根拠は明示されてこなかったが、おそらく平安期の神社の幣物に稲があることや、『延喜式』の荷前の古訓に稲の初穂につながる「ハツホ」「ハツヲ」が存在することなどから発想されたのではないか。しかし、表14に明らかなように、由来が明らかな表記は「調荷前」「御調能荷前」である。ハツホ・ハツヲは初穂・初尾であり、ハツホには稲穂のみならず、海幸・山幸の初物貢納もふくまれていた(3)。したがって、『延喜式』の古訓とその初穂・初尾の語義からすれば、「東人荷前」の「荷前」は「調の初物」である可能性が高い。そして、公的性格が強いとされる(a)貞観講書私記・(b)延喜講書私記（藤波本『令義解』の神祇令仲冬条の書入れ(4)）には、次のようにある。

(a)貞観講書私記云。……上卯（相嘗祭）先祭二調庸荷前及当年新穀於諸神一。下卯（大嘗祭）欲レ嘗二新穀一。以二其前一。

(b)延喜同私記云。調庸荷前先祭二神祇一。号二相嘗祭一。後奉二山陵一。号二荷前一也。

(a)では明らかに調庸荷前と新穀は区別され、(b)は(a)を踏襲しながらも簡略に記しているが、荷前は調庸のみにかかわり、しかも後述する山陵祭祀との関係が述べられている（本章第二節3）。『万葉集』東人荷前も調との関連が強い儀礼であり、調制の転回過程との関連で分析することの方が実態を正しくとらえることになろう。東人荷前が調制との関連が強いとしても、それはどのような調であったのか。律令制段階に到達していれば、それは個別人身的賦課の調となる。それ以前の段階とするなら、いわゆる大化改新詔第四詔の「田之調」「戸別之調」や固有法的ツキ制としての「東国の調」との関連が問題となる。調制の諸形態が中央権力―東国の政治的関係を媒介にして存在する以上、どの段階の調を実態とするかによって東人荷前の存在意義もかなりの振幅をもつのは当然であろう。このようなきわめて重大な問題とかかわりをもつことが想定されるが、どの段階の調を前提としているかは、結局『万葉集』「東人荷前」歌がどの年代の歌なのかを明らかにすることからしか出発することはできない。当該歌は「久米禅師娉二石川郎女一時歌五首」（巻二―九六〜一〇〇）のうちに含まれる両者の相聞歌のうち久米禅師の歌である。両者とも伝未詳で年代の特定は困難とはいえ、『万葉集』では「近江大津宮御宇天皇代〈天命開別天皇謚曰二天智天皇一〉」とある諸歌の一つとされていることから、天智期の作歌とみてさしつかえあるまい。そして、恋愛の成就のために「東人荷前」を引き合いに出すのであれば、それは同時代の貴族層の共通認識でなければ有効性と説得性をもたない。当該歌はまさに天智期の実態をもとにして作成されたと考えて大過ない[5]。「東人荷前」歌は、天智朝における租税制や服属儀礼あるいは王権の構造的特質にかかわる重要な問題を内包している。以下、東人荷前の周辺に存在する諸制度をも検討し、そのもつ歴史的意義を追究していく。

二　荷前の起源と東人荷前の成立

1　荷前の起源にかんする諸説の検討

荷前儀礼がいつ、どのような地域を対象として成立したのかが解明されなければ、天智期の東人荷前の前提となる調（以下これを「東国の調」と区別するために便宜的に「東人の調」と呼称する）に付随した服属儀礼のもつ歴史的意義がどこにあるのかを解明することは不可能である。荷前の起源について検討を加えることは、避けることのできない作業なのである。

荷前の起源に関する諸説のなかで通説的位置をしめるのは岡田精司氏の研究である。岡田説によれば、ヤマト王権の全国支配は宗教的には農耕儀礼の王権による掌握という形式をとり、国造管理下の屯倉で秋のニヒナメ＝ヲスクニ儀礼における初穂貢上が行われたのにたいして、六世紀中葉に成立する官人直轄型屯倉においては、秋に直轄領から「荷前使」が宮廷にのぼり、倭国王の祖先神に初穂貢上を行う慣行が存在していたという。つまり、古代王権の直轄地的地域における服属儀礼の全国的拡大として大化前代から律令制までの荷前儀礼の展開をとらえることになる。

岡田氏同様、荷前の起源を大化前代に遡及させるのは新井喜久夫氏である。新井氏は、延喜諸陵寮式にみえる陵墓歴名の分析の結果、大后制の成立する六―七世紀頃に荷前領幣制度が確立し、そのための陵墓歴名帳が存在していたとする。[6] 成立期における荷前儀礼の対象地域については言及していないものの、延喜諸陵寮式と六―七世紀の荷前領幣制の直接的継譜関係を立論の基礎としていることから推して、新井氏が岡田説のようにヤマト王権の実効的支配下に入った地域における荷前儀礼の成立を前提としていると考えられよう。岡田・新井両説にたいする積極的批判はなく、荷前は大化前代の六世紀頃に実効的支配下に入った地域における服属儀礼として成立していた、とするのが通説的理解ということになる。

直接的に大化前代の段階に荷前の起源を求めようとする研究方法をとらずに、確実に荷前慣行の存在を検証できる時点から遡及して荷前の起源を確定していこうとするのが西牟田崇生氏・服藤早苗氏の研究である。[7] 西牟田氏は、荷前の初見史料は『日本紀略』天長三年（八二六）十二月丙午条「分㆑使奉㆓諸陵荷前幣㆒」であるが、『続日本紀』天平二年（七三〇）九月丙子条、天平勝宝六年三月丙午条に荷前に類する記事のみえること、職員令19諸陵司条の義解に「荷前」の記述があることから、大宝令施行前後に令の規定にしたがって荷前が確実に実施されていたとする。服藤氏は九世紀以降の内容の確定された荷前を、(α)治部省諸陵寮主宰の一般的陵墓にたいする常幣と、(β)天皇親祭で特定の陵墓にたいする別貢幣とに区分したうえで、王権における「家」の成立という独自の問題意識から、とくに(β)別貢幣の成立について論及し、その成立を天平期に求めた。そして(α)常幣については、岡田・新井両氏の研究に全面的に依拠し、大化前代の屯倉制的支配にその起源を求めたのである。

まず、諸説の問題点を指摘しておこう。岡田氏は、荷前の起源をヤマト王権の直轄領における服属儀礼とするが、それは荷前が伊勢神宮と特定陵墓に供献されている平安期の実態からの類推にすぎず、何らかの史料的根拠を示しているわけではない。岡田説は論証されたものとはいいがたい。『書紀』顕宗即位前紀からは確かに中央派遣の「播磨国司」による縮見屯倉からの田租徴収＝初穂貢納の事例がうかがい知られる。しかし、これは新嘗のための初穂貢納であり、第一節で提示した貞観講書によるかぎり、大嘗祭における新穀＝初穂貢上は荷前には包摂することのできない貢進物である。顕宗即位前紀の例はかえって岡田説否定の根拠となろう。新井説は延喜諸陵寮式の陵墓歴名が六―七世紀の実態を反映していることを根拠とした立論であり、服藤氏が依拠するなど有力な見解となっている。史料の検討もふくめ、次節で十分吟味したい。

西牟田氏の研究は、葬送にたいする汚穢観念の成立という視角からの荷前儀礼の分析という点では評価できる。しかし、服藤氏の批判のごとく、九世紀以降の荷前を、(α)常幣と(β)別貢幣とに区分して追究しようとする視角に欠けているうえ、職員令19諸陵司条義解の「荷前」を大宝令段階にも敷衍しようとするなど不適当な論証も看取され、西牟田説を前提に論を展開することは困難である。服藤説の場合、荷前を九世紀的な(α)常幣と(β)別貢幣とに区分して考察する分析視角は継承すべきである。だが、(β)別貢幣の成立を天平期に求める見解は論証が十分とは思われず、検討を必要とする。また(α)常幣については、無批判に新井・岡田説を受容するなど問題なしとはいえない。

以上の諸説の検討の結果、荷前の起源を大化前代に求めること、実効的支配外下に入った地域を対象とした服属儀礼とすることが通説的理解となっていることが知られた。以下の節では、新井説を主要な検討対象として大化前代における荷前の存否について論じ、さらに服藤説の検討を媒介にして七、八世紀における荷前の成立過程について論を展開したい。その後、節をあらため、荷前の対象地域についても考えていく。

2 大化前代における荷前の存否—延喜諸陵寮式陵墓歴名の分析—

大化前代にはたして荷前は存在したのであろうか。祭祀のもつ意義をひとまず捨象して儀礼構造の根幹を極端に抽象化すれば、荷前とは死者の埋葬後一定期間を経た墓所に貢納物を奉献する儀礼ということになる。考古学の成果からこのような祭祀が大化前代に存在したことはいえるであろうか。被葬者死亡時に首長権の継承儀礼をふくめた墓前祭祀が行われていたことは、遺構・遺物の側面からいえるであろうが、被葬者の埋葬後一定期間を経た後の墓前祭祀の例は存在しない。考古学的には大化前代における荷前の存在を示す証左はない。文献史料ではどうか。陵墓にたいする献物の史料的初見は、『書紀』天武元年（六七二）七月壬子条の「於二神日本磐余彦天皇之陵一。奉二馬及種々兵器一」である。これは壬申の乱における勝利を祈願して大海人皇子軍が神武陵に武器などを奉献したことを示す。この記事以前には、いわゆる大化の薄葬令も含めて埋葬時にかかわる記事は散見しうるが、埋葬後一定期間を経た陵墓にたいする貢物奉献記事は皆無である。六—七世紀の時期の歴史を叙述する『古事記』『書紀』などから、大化前代における荷前の存在を主張することはできない。したがって八世紀以降の史料から大化前代の荷前の存在を検証する方法しか残されていないことになるが、実際このような分析方法で六—七世紀における荷前頒幣制度の存在を主張したのが新井喜久夫氏である。新井氏の論点は次のようになる。

(1) 延喜諸陵寮式陵墓歴名によると、「皇后」墓・「皇太子」墓・「天皇」の父母墓は歴名に均一に分布しているのではなく、ほとんど継体—大化期に集中的・相互関連的に存在している。また、大后＝「皇后」墓はこの時期登載されるのが常態となっていた。

表15　陵墓歴名一覧

注1）『延喜式』五四七—五五五頁による。２）番号に○印のあるのは近陵・近墓。３）班幣の×印は頒弊対象外。

番号	被葬者	陵墓名	墓守	班幣
1	ホノニニギ	日向埃山陵	無	
2	ヒコホデミ	日向高屋山上陵	無	
3	ウガヤフキアエズ	日向吾平山上陵	無	
4	神武天皇	畝傍山東北陵	守戸5	
5	綏靖天皇	桃花鳥田丘上陵	守戸5	
6	安寧天皇	畝傍山西南御陰井上陵	守戸5	
7	懿徳天皇	畝傍山繊沙渓上陵	守戸5	
8	孝昭天皇	掖上博多山上陵墓	守戸5	
9	孝安天皇	玉手丘上陵	守戸5	
10	孝霊天皇	片丘馬坂陵	守戸5	
11	孝元天皇	剱池嶋上陵	守戸5	
12	開化天皇	春日率川坂上陵	京戸10	
13	崇神天皇	山辺道上陵	守戸1	
14	垂仁天皇	菅原伏見東陵	守戸3	
15	景行天皇	山辺道上陵	陵戸1	
16	成務天皇	狭城盾列池後陵	守戸5	
17	仲哀天皇	恵我長野西陵	守戸4	
18	神功皇后	狭城盾列池上陵	守戸5	
19	応神天皇	恵我藻伏崗陵	守戸3	
20	仁徳天皇	百舌鳥耳原中陵	陵戸5	
21	履中天皇	百舌鳥耳原南陵	陵戸5	
22	反正天皇	百舌鳥耳原北陵	陵戸5	
23	允恭天皇	恵我長野北陵	守戸4	
24	安康天皇	菅原伏見西陵	守戸3	
25	雄略天皇	丹比高鷲原陵	陵戸4	
26	清寧天皇	河内坂門原陵	陵戸4	
27	顕宗天皇	傍丘磐杯丘南陵	守戸3	
28	仁賢天皇	埴生坂本陵	守戸5	
29	武烈天皇	傍丘磐杯丘北陵	守戸5	
30	継体天皇	三嶋藍野陵	守戸5	
31	安閑天皇	古市高尾屋陵	守戸2	
32	宣化天皇	身狭桃花鳥坂上陵	守戸5	
33	欽明天皇	檜隈坂合陵	陵戸5	
34	敏達天皇	河内磯長中尾陵	守戸3	
35	用明天皇	河内磯長原陵	守戸3	
36	崇峻天皇	倉梯陵（陵地なし）	無	?
37	推古天皇	磯長山田陵	陵戸1　守戸4	
38	舒明天皇	押坂内陵	陵戸3	
39	孝徳天皇	大坂磯長陵	守戸3	
40	皇極天皇	越智崗上陵	陵戸5	
○41	天智天皇	山科陵	陵戸6	
42	天武天皇	檜隈大内陵	陵戸5	
43	持統天皇	〃	無	
44	草壁皇子	真弓丘陵	陵戸6	
45	文武天皇	檜前安古岡上陵	陵戸5	
46	元明天皇	奈保山東陵	守戸5	
47	元正天皇	奈保山西陵	守戸4	
48	藤原宮子	佐保山西陵	守戸5	
49	聖武天皇	佐保山東陵	守戸5	
50	藤原光明子	佐保山東陵	守戸5	
51	廃帝（淳仁）	淡路陵	守戸1	
52	孝謙（称徳）天皇	高野陵	守戸5	
○53	施基皇子（光仁父）	田原西陵	守戸5	
54	光仁母（紀氏）	吉隠陵	守戸5	
55	光仁天皇	田原東陵	守戸5	
56	井上内親王	宇智陵	守戸1	
57	高野新笠	大枝陵	守戸5	
○58	桓武天皇	柏原陵	守戸5	
○59	藤原乙牟漏	高畠陵	守戸5	
○60	早良親王皇	八嶋陵	守戸2	
61	藤原帯子	河上陵	守戸5	

62	藤原旅子	宇波多陵	守戸5	
63	高志内親王	石作陵	守戸5	
64	橘嘉智子	嵯峨陵	守戸3	×
65	平城天皇	楊梅陵	守戸5	
㊅㊅	仁明天皇	深草陵	守戸5	
㊅㊆	文徳天皇	田邑陵	守戸5	
68	藤原順子	後山科陵	仮陵戸5	
㊅㊈	藤原沢子	中尾陵	陵戸5	
㊆⓪	光孝天皇	後田邑陵	陵戸4	
㊆①	藤原胤子	小野陵	陵戸5	
72	藤原明子	白河陵	陵戸3	
73	藤原温子	後深草陵	守戸3	
74	ヤマトタケル	能褒野墓	守戸3	
75	飯豊皇女	埴口墓	守戸3	
76	春日山田皇女	古市高屋墓	守戸2	
77	手白香皇女	衾田墓	無	
78	彦五瀬命	竈山墓	守戸3	
79	石姫皇女	磯長原墓	守戸3	
80	広姫	息長墓	守戸3	
81	押坂彦人大兄皇	成相墓	守戸5	
82	田村皇女	押坂墓	無	
83	五十瓊敷入彦命	宇度墓	守戸2	
84	菟道稚郎皇子	宇治墓	守戸3	
85	大伴皇女	押坂内墓	無	
86	茅渟皇子	片岡葦田墓	無	
87	吉備姫王	檜隈墓	無	
88	聖徳太子	磯長墓	守戸3	
89	鏡女王	押坂墓	無	
90	高市皇子	三立岡墓	無	
91	磐之媛	平城坂上墓	無	
92	淳仁皇后(当麻氏)	淡路墓	守戸5	
93	桓武太皇太后	牧野墓	守戸1	
94	太皇太后(大枝氏)	大野墓	守戸1	
95	藤原良継	阿陁墓	守戸1	

96	安倍命婦	村国墓	守戸1	
97	山背大兄王	平群郡北岡墓	墓戸2	×
98	間人女王	龍田清水墓	墓戸2	×
99	石前女王	龍田苑部墓	墓戸2	×
100	藤原不比等	多武岑墓	無	
101	藤原武智麻呂	後阿陁墓	守戸1	
102	藤原百川	相楽墓	守戸1	
103	淳和外祖母	後相楽墓	無	
104	伊予親王	巨幡墓	守丁1人	
105	橘清友	加勢山墓	守戸1	
106	仁明外祖母	小山墓	守戸2	
107	藤原冬嗣	後宇治墓	守戸2	
108	藤原美都子	次宇治墓	無	
109	源潔姫	愛宕墓	守戸1	
110	桓武夫人	大岡墓	守戸1	
111	藤原良房	後愛宕墓	守戸1	
112	藤原乙春	深草墓	守戸1	
⑪③	仲野親王	高畠墓	墓戸1	
⑪④	仲野妃	河嶋墓	墓戸1	
⑪⑤	藤原数子	八坂墓	墓戸1	
⑪⑥	藤原総継	拝志墓	墓戸1	
⑪⑦	藤原基経	次宇治墓	墓戸1	
⑪⑧	藤原高藤	小野墓	墓戸1	
⑪⑨	宮道列子	後小野墓	墓戸1	
120	藤原時平	宇治墓	墓戸1	

(2)　反逆の経緯のある蘇我氏系の「皇女」であるために、墓の記載が『書紀』では意図的に削除されたと考えざるをえない欽明の「皇女」の大伴皇女と石前（磐隅）皇女の墓が延喜式陵墓歴名に存在している。

(3)　(1)(2)の事実は六世紀に陵墓歴名が確実に存在したことを示している。

(4)　古墳巨大化の五世紀に陵守制が創設され、六世紀頃に頒幣制が加わって、そのための台帳として陵墓歴名が作成され、陵墓管理の体制が整備されていった。

(1)〜(3)については事実として否定しようがない。しかし、(1)〜(3)にもとづいて(4)を主張することには、さしたる史料的根拠はなく、ある意味で論理の飛躍がある。たとえば六世紀段階で一定の陵墓歴名の原形が成立していたとしても、はたしてそれが即荷前頒幣制を前提としていたといえるであろうか。荷前頒幣と六世紀の陵墓歴名を結びつける一つの史料的根拠は、陵墓歴名の97山背大兄王、98間人女王、99石前女王に付された注記である（なお番号については表15参照）。

平群郡北岡墓〈山背大兄王。在二大和国平群郡一。兆域東西三町。南北二町。墓戸二烟。〉
龍田清水墓〈間人女王。在二大和国平群郡一。兆域東西三町。南北三町。墓戸二烟。〉
龍田苑部墓〈石前王女。在二大和国平群郡一。兆域東西二町。南北二町。墓戸二烟。〉
右三墓。不レ入二頒幣之例一。

新井氏は、これら三墓は陵墓歴名登載当初頒幣の対象となっていたが、後に頒幣対象から除外されるに至ってまとめて頒幣対象の後にうつされ、「不レ入二頒幣之例一」という注記が付されたものとみている。しかし、「不レ入二頒幣之例一」という注記が、97〜99の諸墓を除く諸陵墓歴名が頒幣のために作成されたことを示す根拠となるとは思われない。むしろこの注記こそ、逆に六世紀の陵墓歴名が頒幣のために作成されたものではないことを物語る。そのことを傍証するのは64橘嘉智子の墓の次の記載である。

嵯峨陵〈太皇大后橘氏。在二山城国葛野郡一。兆域東西六町。南二町。北五町。守戸三烟。不レ入二頒幣之例一〉

おそらく嵯峨陵が頒幣から除外されたのは、仁和三年（八八七）の阿衡事件（橘広相の関与）以後であろう。それ以前は守陵・頒幣の対象であったに相違ない。新井氏の指摘どおり、いったん陵墓歴名に登載されればそこから除かれることはなかったとしても、一族の者の反乱失脚事件などがあると、頒幣の対象外とされるような処置はあったのであろう。嵯峨陵の場合、延喜式段階で「不レ入二頒幣之例一」の注記が加えられたと考えられる。

97山背大兄は皇極二年（六四三）没、98間人女王は欽明の女、用明の皇后で推古二十九年（六二一）没、99石前女王は欽明の女で没年不明であるが、97・98の没年との差が大きい可能性が高い。没年代がそれぞれ相違すること、しかも没年が後の97が、没年が先の98より前に配列されていることから考えて、本来連続した記載ではなかったはずである。それが、それぞれ本来の位置から除かれて現在の連続した位置に配列されたのは、頒幣から除外された時期が同一であったからにほかならない。それぞれ別々の時期の除外であれば、64嵯峨陵の例のように墓所名の下の所在地部分に「不レ入二頒幣之例一」の注記が付されるはずである。つまり、97〜99の三墓は六―七世紀の段階ではなく、もっと後の八世紀以降の頒幣制成立の段階で、特定の価値観を基準にして同時期に一括して頒幣対象から除外された可能性が高いのである。したがって、それ以前には頒幣を目的に陵墓歴名が作成されたのではなかった。それでは、(α)六世紀の陵墓歴名作成の目的は何か、(β)陵墓歴名のうち97〜99の三墓が頒幣対象から除外されたのはなぜか、ということが次に問題となる。

(α)六世紀における陵墓歴名作成の目的から論じよう。契機の一つとして原帝紀の成立があげられる。原帝紀の内容は、㈠続柄、㈡名、㈢皇居と治天下、㈣后妃と皇子・皇女、㈤宝算・崩御の年月日・山陵から構成されていた[8]。系譜などをめぐって原帝紀には史実とはみなせない要素を含むとされているもの[9]の、本章にとっては㈤の山陵の記載が重要となる。山陵は過去の天皇の実在を可視的に現出する構造物であり、それが皇子・皇女の実在の具現化にも適用され、墓所の確認が行われたことが想定される。原帝紀成立が六世紀であることは、陵墓歴名成立の時期と符号しており、このような推定を裏づけるものとなろう。

そして、原帝紀の陵墓記載を具現化するための陵守の配備が必然化されたのである。頒幣の対象外となった97～99の三墓に墓戸が設置されていることはその証左となる。『延喜式』段階の陵墓の警衛には、陵戸・墓戸・守戸が存在した。墓戸とはどのような性格をもつのか、(1)延喜諸陵寮式20陵戸墓戸条と(2)養老喪葬令1先皇陵条をもとに確認しよう。

(1)凡山陵者。置二陵戸五烟一令レ守之。有功臣墓者。置二墓戸三烟一。其非二陵墓戸一。差点令レ守者。先取下近二陵墓一戸上充之。

(2)凡先皇陵。置二陵戸一令レ守。非二陵戸一令レ守者。十年一替。兆域内。不レ得二葬埋及耕牧樵採一。

(2)の「非陵戸」は『延喜式』の守戸に相当し、公民からの一時的転用であったのにたいして、陵戸は一時的転用などではなく、身分的に固定された存在であった[10]。(1)の「非陵墓戸」は(2)の「非陵戸」に対応することは明らかであるから、(1)の陵戸・墓戸も(2)の陵戸に対応する。したがって墓戸も身分的に固定された存在ということになる。表15によれば、墓戸が設置されているのは上記三墓以外に113～119の七墓である。これらが重要な墓所たる近墓にふくまれていることは、97～99の墓戸も身分的に固定された存在という考え方を確固たるものとする。陵戸は律令制段階で新たに設置されたものではなく、大化前代以来山陵に付随しており、譜第的性格が強い。また大宝令以前の段階では陵と墓の区別がなく、ともに山陵と呼称されていた。97～99の三墓はかっては山陵だったのであり、墓戸はそれに付随する陵戸であった。墓戸が譜第的性格が強く大化前代にまで遡及しうるとすれば、陵墓歴名の本来的目的は墓所の警衛にあったことになる。しかし、このように主張するには、もう一つ解決しなければならないことがある。実は陵墓歴名中には守戸の存在しない陵墓が存在するのである。それらを表15から抽出しよう。

1ホノニニギ　2ヒコホホデミ　3ウガヤフキアエズ　36崇峻天皇　43持統天皇　77手白香皇女　82田村皇女　85大伴皇女　86茅淳皇子　87吉備姫王　89鏡女王　90高市皇子　91磐之媛　100藤原不比等　103淳和外祖母　108藤原美都子

　これらの守戸のない陵墓の存在は、はたして六世紀の陵墓歴名が守陵を直接的目的として作成されたとする本節の主旨をくつがえすことになるのだろうか。検討を加えよう。まず、1～3には次のような注記が付されている。

　已上神代三陵。於㆓山城国葛野郡田邑陵南原㆒祭之。其兆域東西一町。南北一町。

田邑陵は67文徳陵のことである。1～3は67の守戸によって兼守されたことになる。36崇峻は特殊な死亡の経緯をもち、「無㆓陵地㆒」とあることから警衛すべき陵地が早くから不明となっていたのであろう。36は八世紀で頒幣すら行われなかった可能性があり、除外してさしつかえない。43持統陵は42天武陵と同一山陵であり、42の陵戸によって兼守されていた。77手白香墓は「山辺道勾岡上陵」（13崇神陵戸）によって[11]、82田村皇女墓・85大伴皇女墓・87吉備姫王墓・89鏡女王墓は38舒明陵戸によって、91磐之媛墓は18神功陵戸によって、103淳和外祖母墓は102藤原百川墓の守戸によって、108藤原美都子墓は107藤原冬嗣墓の守戸によって兼守されていた。したがって警衛の存在しない陵墓は実際には、86茅渟皇子墓、90高市皇子墓、100多武峰の三墓にすぎない。

　ところが、86・90・100の守戸の存在しない三墓は、97・98・99の三墓と同列に論ずることのできない性格をもっている。表15をみれば明らかなように、歴名には空白の時期があり、前後の間に断絶を想定する必要がある。確かに先皇陵は一つの脱漏もないが、それは連続性を特質とする皇統のイデオロギーから容易に首肯されよう。しかし有功臣墓をみると、八世紀の皇后に相当する孝徳の「皇后」間人皇女、天智の「皇后」倭姫女王の墓が登載されていない。これはわずか二例にすぎない、ということではすまない重大な問題の存在を示唆している。実は大化―持統（＝大宝令制前）の「皇后」墓が皆無であることを意味するのであって、これは継体―大化の「皇后」墓がほとんど登載されていることからすれば特異な現象である。さらに90高市墓も本来歴名には登載されていなかった可能性が高い。90高市墓は100多武峰墓＝藤原不比等墓と同時に歴名に登載されたと思われる。新井喜久夫氏によれば、天平年間に不比等墓の陵墓歴名編入を契機に有功王墓は有功臣墓へと変質を遂げるが、不比等の歴名編入を可能にしたのは不比等と同様にかつて「太政大臣」であった高市の墓の歴名編入であった。新井氏によれば、それはちょうど非皇親の光明子立后の実現のために、伝承的存在たる磐之媛の例をとりあげ、さらにそれを具現化するため天平期に91磐之媛陵の造営と歴名登載を強行したのと同様の構造と関連性をもつ。90高市・91磐之媛という連続する陵墓歴名の配列は、天平期の政治史との脈絡ではじめて理解できる現象といわざるをえない。59の崇峻陵が存在しなかったように、86茅渟王墓も七世紀には存在しなかったであろう。八世紀初頭の『書紀』完成を契機として編入されたのではなかろうか。そして、89鏡女王墓も藤原鎌足の室ということで歴名に登載されたとするなら、それは不比等墓と同様天平期であったろう。

やや強引の誇りは免れないものの、以上の考察が妥当とすると、陵墓歴名は大化―大宝（あるいは天平）年間に断絶があり、歴名作成には、(A)継体―大化、(B)天平期以降の二つのピークが存在したとすることもそれほど不自然ではない。とすると、(B)の時期の86・90・100に守戸がないのは八世紀の陵墓祭祀の問題であり、六世紀の97～99にかかわる陵墓祭祀の問題とは分離して考えねばならないことが明らかとなる。おそらく(B)天平期の陵墓歴名のピークは、後述するように頒幣制の成立に対応するものであり、したがって頒幣の対象となっても守戸のない墓が存在するわけである。(A)の時期の97～99は造営当初から守陵を目的として歴名に登載されたが、天平期の段階で頒幣制が実施された時に、何らかの理由で頒幣対象から除外されたのである。97～99に一括して「不ㇾ入㆓頒幣之例㆒」の注記が付されていること、天平期の歴名登載である100不比等墓の前にこれら三墓の記載があることは、本章の推論を補強している。

最後に、冒頭で提起した(β)なぜこれら三墓が頒幣の対象とされなかったのか、ということに簡単に触れておきたい。

97山背大兄は厩戸皇子の男で、母は蘇我馬子の女の刀自古娘である。98間人女王は欽明の女で、母は蘇我稲目の女の小姉君、99石前女王は欽明女で、母は蘇我稲目の女の堅塩媛である。三者の共通性は、ともに蘇我氏出身者を母にもつことである。蘇我氏出身者を母にもつ皇族はほかにも存在するが、それでも蘇我氏出身者を母にもつことが何らかの理由にはなっているものと推定しておく。

以上、考古学的知見からも、文献史料の面からも大化前代に荷前の存在を主張することはできないことを論じた。

3　荷前の成立と東人荷前

大化前代において荷前が存在したことがいえないとすれば、荷前はいつ、どのような地域を対象としたのかについては、存在が確実である九世紀から逆に遡及していく分析方法が現在のところ最も有効であろう。あらかじめ、整備された段階の荷前の儀礼構造を服藤氏の研究に従って整理しておく。『儀式』『延喜式』における荷前は、(α)常幣と(β)別貢幣に区分されている。(α)常幣は、①治部省諸陵寮管掌で行われ、②専当上卿参議がいるだけで、治部省の官人・各陵墓の預人による運営であり、③当年の調の初物が奉献されるという構造となっていた。これにたいして、(β)別貢幣は、①′天皇が主宰し、②′荷前使として派遣されたのは参議以上の官人であり、③′常幣よりも高級で大量の、内蔵寮で製造された繊維製品などが奉献される儀礼であった。さらに(α)常幣は「班幣」であるのにたいして、(β)別貢幣は「奉幣」であった。整備された段階の荷前は、(α)常幣にせよ、(β)別貢幣にせよ、古代国家の実効的支配地域の調、あるいは調が二次的に転化した物産を陵墓に奉献する意味をもっていたと概括することができる。そして、九世紀の荷前から遡及させる方法にもとづく研究の成果によれば、(β)別貢幣の成立は弘仁—天長の九世紀前半とされていた。[12] (α)常幣はそれ以前の成立となっている。服藤氏は(β)別貢幣の成立を八世紀段階にまで遡及させようとする。そのさいの論理的出発点となるのは(1)『日本後紀』延暦二十四年（八〇五）四月甲辰条である。

(1)令下二諸国一。奉二為崇道天皇一建二小倉一。納二正税卌束一。并預中国忌及奉幣之例上。謝二怨霊一也。

崇道天皇（早良親王）墓は『儀式』では別貢幣であり、『延喜式』では近陵となっている。それは(1)の「国忌及奉幣之例」と密接な関係をもつとして、別貢幣・国忌という論理を他史料にも適用するのである。そのような論理の適用によって、服藤氏が別貢幣の成立を示すとした史料を検討しよう。

(2)『続日本紀』宝亀二年（七七一）十二月丁卯条

勅。先妣紀氏。未レ追二尊号一。自レ今以後。宜レ奉レ称二皇太后一。御墓者称二山陵一。其忌日者亦入二国忌例一。設斎如レ式。

(3)同、天平宝字四年（七六〇）十二月戊辰条

勅。太皇太后。皇太后御墓者。自レ今以後。並称二山陵一。其忌日者亦入二国忌例一。設斎如レ式。

(2)は光仁生母の紀橡子、(3)は大皇太后の藤原宮子、皇太后の藤原光明子の諸墓を山陵に編入し、国忌の例に加えたことを示す。服藤氏は、光仁生母の忌日が和銅二年（七〇九）九月十四日、宮子は天平勝宝六年（七五四）七月十九日、光明子は天平宝字四年六月七日であるにもかかわらず、国忌編入がことさらに十二月に行われているのは、別貢幣の対象陵墓となったからであるとする。しかし、(2)・(3)のいずれにも(1)にみえる「奉幣之例」とするというような明確な文言はない。別貢幣の対象となったとするのも推測の域を出ない。(2)・(3)から別貢幣の存在を主張することはできない。

(4)『続日本紀』天平勝宝七年（七五五）十月丙午条

遣二使於山科ⓐ。大内東西ⓑ。安古ⓒ。真弓ⓓ。奈保山東西等山陵ⓔ。及太政大臣墓一。奉幣以祈請焉。

服藤氏は、ここで『儀式』『延喜式』でも別貢幣対象陵墓あるいは近墓として特別視されている太政大臣（藤原不比等）墓が、ⓐ天智、ⓑ天武・持続、ⓒ文武、ⓓ草壁、ⓔ元明・元正などの国忌対象の七陵とともに奉幣の対象となっていることは、(1)の延暦二十四年の論理を踏まえれば、別貢幣対象陵墓として成立していたことを示すとした。さら

に服藤氏が根拠とするもう一つの史料をみよう。

(5)『続日本紀』天平二年（七三〇）九月丙午条

遣レ使以二渤海郡信物一。令レ献二山陵六所一。并祭二故太政大臣藤原朝臣墓一。

ここでも、故太政大臣（不比等）墓と当時の国忌対象に被葬者が一致する山陵六所（天智・天武・持統・元明・草壁・文武陵）の特別視が看取できることから、服藤氏は(4)同様別貢幣対象陵墓が天平二年段階で成立していたと結論する。しかし、(4)・(5)を別貢幣の成立との関連でとらえることは可能なのだろうか。服藤氏が国忌・別貢幣対象を論理化するさいの根拠となった(1)延暦二十四年（八〇五）の史料よりも若干古い(6)『類聚三代格』巻十二、延暦十六（七九七）年四月二十三日官符で延暦期の状況を把握したい。

(6)太政官符

応レ停三土師宿禰等例預二凶儀一事

右太政官今月十四日論奏偁。（中略）而黐掌二凶儀一不レ預二吉礼一。夫喪葬之事人情所レ悪。専定二一氏一為二其職掌一。於レ事論レ之実為レ不レ穏。臣等伏望。永従二停止一。縦有二吉凶一。同二於諸氏一。其殯宮御膳誄人長。及年終奉幣諸陵使者。普択二所司及左右大舎人雑色人等一充レ之。伏聴二　天裁一謹以申聞者画聞既訖。省宜下承知。年終幣使者。依二治部省移一。差二蔭子孫散位位子等一充上レ之。自今以後永為二恒例一。

種々の凶事が土師氏に集中している事態が問題とされ、年終奉幣陵使については「蔭子孫散位位子」から任命することが決定されている。注目すべきは、後の荷前使に相当する使が「年終奉幣陵使」と称されていること、延暦十六年（七九七）以前はそれが土師氏に集中されており、参議以上を奉幣使とする後の別貢幣的な制度には発展していないことである。おそらく、延暦十六年段階では陵墓一般を対象とした奉幣制度は存在していても、(β)別貢幣に相当する奉幣制度は未分化だったのではなかろうか。特別視される陵墓が存在しなかったというのではない。恒常的制度としては未確立だったということである。史料(4)・(5)は天平―天平勝宝年間に特定陵墓に対する認識が生成したことを示すが、(4)は太上天皇不予にもとづく奉幣、(5)は渤海朝貢に対応する奉幣であり恒常的なものとはいいがたい。(4)・(5)と(6)の延暦期の実状とをあわせて考えるなら、天平年間に(β)別貢幣が成立していたとはいえない。さらに関係史料を分析しよう。

(7)『続日本紀』天平十四年（七四二）五月庚申条

遣㆓内蔵頭外従五位下路真人宮守等㆒。賷㆓種々献物㆒奉㆓山陵㆒。

(8)同、天平勝宝四年（七五二）閏三月乙亥条

遣㆓使於ⓐ大内。ⓑ山科。ⓒ恵我。ⓓ直山等陵㆒。以告㆓新羅王子来朝之状㆒。

(9)同、天平勝宝六年三月丙午条

遣㆑使奉㆓唐国信物於山科陵㆒。

(7)にみえる山陵とは同年四月に崩壊した越智山陵＝皇極陵のことである（『続日本紀』天平十四年五月癸丑条）。(5)の天平二年の「山陵六所」のような特定陵墓にもふくまれない皇極陵が、後の別貢幣の財政支出を担当する内蔵寮の奉幣対象になっている。内蔵寮が関与する特定陵墓の分化は進んでいないだけでなく、特別臨時の山陵奉幣にさいしてのみ内蔵寮が関与したことが知られる。(8)は奉幣を示す記事ではないが、「新羅王子来朝」という特別の事態を山陵に報告するのは、ある意味で蕃国の朝貢物を奉幣するのと類似の性格をもつ。そのさい、ⓐ天武・持統、ⓑ天智、ⓓ元明・元正と並んでⓒ恵我の仲哀・応神・允恭も特別視されている事実を看過してはならない。(9)では唐国の信物が天智陵のみに奉献されている。(8)がたとえ伝承の次元にせよ新羅征討に関係した「天皇」にたいする報告、(9)が百済の役で唐とかかわった天智にたいする奉献を意味していようとも、これらの事実からは特定陵墓にたいする恒常的奉献儀礼（＝別貢幣）と比較したさい、陵墓の特定化も、奉献の恒常化も未確立であったことが確認できるのである。

八世紀後半の段階では荷前の存在は確認できるとはいえ、(α)常幣・(β)別貢幣のような制度上の区分は成立していなかった。(β)別貢幣はおそらく、通説どおり弘仁期以降の成立であろう。[13] それでは(α)常幣的な恒常的山陵奉幣としての荷前の成立はどの時点に求めることが可能なのか。それを示すのは(10)『続日本紀』天平元年（七二九）八月癸亥条である。

(10)諸大陵差レ使奉レ幣。其改二諸陵司一為レ寮。増レ員加レ秩。

天平改元にともなう諸大陵にたいする一斉奉幣の記事である。簡略であるが、その提起する意味は大きい。まず「諸大陵」という表現は(4)天平勝宝七年の七陵や(5)天平二年の「山陵六所」のような特定陵墓に限定されない、広範囲の山陵を示している。それを裏づけるのは諸陵司の寮への機構的拡大・再編である。これ以前には特定陵墓にたいして、臨時に単発的に行われるにすぎなかったのが、天平元年以降に多数の陵墓を対象として定期的奉幣を実施するようになった。「増員」を目的とする諸陵司の寮への官司制的拡大もこれに対応するための処置であった。たかだか六所か七所の特定陵墓の奉幣に官司の拡大は不用であろう。諸陵寮のまま九世紀でも常幣が運営されていることは推定を確かなものとする。

これまでの考察により、(β)別貢幣的荷前の成立は九世紀以降であり、(α)常幣的荷前の成立は天平元年以降であることが知られた。しかし、このことは天平元年以前に荷前が存在しなかったことまで意味しているのではない。あくまでも多数の陵墓にたいする定期的な奉幣という構造をもつ常幣的荷前の成立は天平元年以降と主張したいのである。[14] 本章で追究する東人荷前は、常幣のような全国一律に収奪された、普遍性をもつ個別人身的調を前提とする荷前とは性格を異にする。むしろ、特定の地域名を冠する新羅の調のような蕃国の調の山陵奉幣に近似する性格をもっている。東人荷前に最も類似する例の史料上の初見は、(11)『続日本紀』文武二年（六九八）正月庚辰条である。

(11)遣二直広参土師宿祢馬手一。献二新羅貢物于大内山陵一。

土師氏が山陵奉幣使となっている事実は、史料⑹延暦十六年（七九七）格にうかがわれる土師氏に山陵奉幣使が集中している状況にまで連続する側面をもっていることを物語る。また、大内山陵（天武陵）という特定の山陵にたいする臨時の奉幣であること、それが新羅貢物＝新羅調のような蕃国の調にもとづく奉幣であることに特質が求められる。これ以前の⑿『書紀』持統六年（六九二）十二月甲申条にやはり新羅の調が登場する。

⑿遣㆓大夫等㆒。奉㆓新羅調於五社。伊勢・住吉・紀伊・大倭・菟名足㆒。

山陵ではなく神社奉幣ではあるが、奉献されているのは、地域が特定されている蕃国の調である。史料⑾の文武二年（六九八）の事例をも含めて考えるなら、七世紀後半の時期には「蕃国」の調（蕃国概念は七世紀にはないが「蕃国」として便宜的に用いる）の荷前類似儀礼が存在していたことになる。この後、天平元年以降常幣が成立しても、史料⑸の天平二年には渤海信物が、史料⑼の天平勝宝六年には唐国信物が奉幣されているのは、こうした七世紀後半～八世紀初頭の山陵奉幣の慣行が継続して行われたことを示す。七世紀後半～八世紀にかけて「蕃国」の調にもとづく荷前がみられ、八世紀中葉以降実効的支配下に入った地域の荷前がみられることは、史料の偶然性によるのではなく、荷前が「蕃国」の調に起源をもつことすら示唆しているようにみえる。常幣的荷前は、「蕃国」の調の臨時奉幣を歴史的前提として成立する。このような「蕃国」の調に付随する荷前類似儀礼の脈絡のなかで、天智期の東人荷前もとらえられるべきである。したがって、荷前はヤマト王権の直轄領における服属儀礼に起源をもつとする岡田精司氏の推論も成立しない。また、直轄領ではなくとも実効的支配下に入った領域からの調貢進に付随する服属儀礼という、九世紀的荷前から抽象された内容とも異質のものとして東人荷前を再検討する必要がある。それによっておのずから、東国＝直轄地的地域とみるか、東国＝自立的地域とみるかの結論も出るはずである。

三　東人の荷前の歴史的意義

1　東人の調の歴史的実態

荷前の成立が七世紀後半の蕃国の調と密接な関連をもっていたとすると、東人荷前はどのような歴史的意義をもっていたのか。それを追究するためには、東人荷前の前提となる調（＝「東人の調」）の歴史的実態を解明しておく必要がある。調といっても、発展段階を論理的に辿ると、諸段階を想定せざるをえないからである。廻り道をいとわずに調制度の変遷を概観しておきたい。

石上英一氏の研究(15)をもとに、本章の問題意識に従って述べよう。まず、初源的段階として共同体内部の供給制度たるツキがあった。これが服属儀礼を媒介にして支配共同体にたいする供給制度に転化し、さらに恒常的性格を付与されてヤマト王権にたいする国造による貢納を実態とする固有法的ツキ制が成立する。六世紀に新羅で行われていた服属地域からの貢納を調とする制度・概念が移入され、固有法的ツキ制は「東国の調」のような調の呼称をもつ貢納制度に変化する。東国の調は、新羅・百済・任那の調など、朝鮮諸国の調と同様の性格をもっていた。本章では石上氏のいう固有法的ツキ制と新羅の調とが結合した段階の調をツキ制的調と呼び、後の律令制的な個別人身賦課の調と区別することにしたい。もっとも両者は密接に関連している。律令制的調成立の一つのコースとして、律令制的百姓支配を媒介にしてツキ制的調が個別人身的調に転回するのである。

天智期の東人の調は、(α)ツキ制的調であったのか、それとも(β)個別人身的調であったのか。もし(α)ツキ制的調の段階であったとすると、七世紀後半の新羅の調に付随する荷前とほぼ同次元の意義を、東人荷前はもっていたことになる。(β)個別人身的調であったとすると、九世紀的な古代国家の実効的支配地域との関連の強い荷前がすでに七世紀後半に存在し、蕃国のツキ制的調に付随する荷前と併存していたことの意義があらためて問われなければならない。ところが、問題はもっと複雑である。大化前代はツキ制的調の存続期、浄御原令制以降は個別人身的調の存続期であったとすることに異論をさしはさむ余地はない。しかし、両者の間に位置する天智期は調制のどの段階であったのかを確定することはなかなか困難である。加えて、大化改新詔第四詔に登場する「田之調」「戸別之調」（以下「田調」「戸調」と略記）の問題も絡んでくる。本章の論理展開にかかわる範囲で論及しよう。

田調・戸調の問題から検討する。改新詔の田調・戸調についての諸説を、ひとまず内実の問題を捨象して、樋口知志氏に従って大雑把に整理すると、⑴後の律令制的調のイメージにもとづく述作ととらえる実在否定説、⑵実在は認めるとしても大化期ではなく天智期頃の制度だったとする説、⑶大化期の税制として実在したとする説とに分類できる[16]。そして、田調・戸調と律令制下の調製品を規格の側面で綿密に検討した結果にもとづき、⑶説を主張する樋口知志氏の説が妥当であろう。樋口氏の指摘のごとく、律令制下の調の織物規格は田調の織物規格の二次的変形とみた方が合理的であること、田調の絹・布の四丈＝匹・端制は北魏・北周の影響とみなすのが適切であることなどから、大化の戸調・田調は大化期に実在の調制とすることは妥当である。それでは、大化の田調・戸調が天智期まで継続した調制かというと、これも簡単に結論することはできない。大化―天智の間には、大化二年（六四六）八月癸酉詔の「男身之調」の問題が存在するからである。しかし、田調・戸調は人民からの直接的収奪ではなく、在地首長層の手工業経営を媒介とした収奪とされている。そこに投入される男子労働力に焦点をあてれば、田調・戸調は「男身之調」となるという樋口説が妥当であろう。大化―天智の間の調制は田調・戸調であったことになる。

問題はこれでかたづくわけではない。同じ天智期の間に田調・戸調が律令制的個別人身の調に転回している可能性も否定できないからである。この点は残存史料から確定するしかない。そこで、大化―持統の調収奪にかかわる史料を列挙したのが表16である。表16からただちに読みとれるのは、天武紀以前の調収奪にかかわる史料が圧倒的に少な

表 16　『日本書紀』調関連記事

番号	年代（年・月・日）	内　容	対象範囲
①	白雉元・2・甲甲	穴戸国司が白雉を献じたので穴戸の調役を復す	一国
②	天智5・秋	租調を復す	天下
③	天武2・3・壬寅	備後国亀石郡の課役を免ず	一郡
④	天武5・5・庚午	調を進る期限を過ぎた国司の犯状を宣す	一国
⑤	〃 5・5・甲戌	下野国凶作により、調の貢進期限違期を申すも天皇聴さず	一国
⑥	〃 6・9・己丑	浮浪人の課役を本貫・逃亡先の両方で徴収	個人
⑦	〃 10・8・丙子	帰化した三韓の諸人の10年の調税および子孫の課役を免ず	個人
⑧	〃 12・正・丙午	天下百姓の課役を免ず	天下
⑨	〃 13・11・庚戌	土佐国司、調を運ぶ船の故失を申す	一国
⑩	〃 13・是歳	伊賀・伊勢・美濃・尾張4国は、調年は役免、役年は調免とする	一国
⑪	〃 14・7辛未	東山道の美濃国以東、東海道の伊勢以東の有位者の課役を免ず	一国
⑫	朱鳥元・9・甲申	天下の調を半減し、徭役を免ず	天下
⑬	持統2・6・戊戌	天下の調賦を半免	天下
⑭	〃 4・正・庚午	鰥寡孤独などの調役を蠲服す	個人
⑮	〃 5・3・甲午	近江以下5国の騎士の戸・諸国の荷丁や行宮を造る丁の調役を免ず	個人
⑯	〃 6・3・庚子	四畿内の百姓で荷丁となった者の調役を免ず	個人
⑰	〃 6・5・庚午	贄を進上した紀伊国の人々の調役・雑徭を免ず	個人
⑱	〃 6・閏5・丁未	伊勢大神が「伊勢国の調役免」奏上	一国
⑲	〃 6・7・乙未	相模国御浦郡の二年の調役を免ず	一郡
⑳	〃 8・3・乙亥	近江国益須郡の調役・雑徭を免ず	一郡
㉑	〃 10・4・戊戌	百済の役で捕虜となった伊予国と肥後国の人の戸の調役を免ず	個人

注1）　大化以降の記事である。
注2）　ツキ制的調については除く。

いのにたいして、天武紀以降になると頻出するようになる傾向である。とりわけ注目すべきは、⑤天武五年（六七六）に律令制段階と類同性をもつ国司による貢調を示す記事が現われること、⑥天武六年に浮浪人の課役が問題化していることなど、個別人身的調の存在を前提としなければ解釈のつかない現象が天武期に出現していることである。七世紀の調の荷札木簡からも、個別人身賦課税としての調は天武期には確実に成立していたことはいえるが、それより前には遡及しないことが明らかになっている[17]。天武期にはツキ制的調とは異質の律令制的調に共通する個別人身的調が成立していたと考えて間違いなかろう。それが表16の⑬以下に明らかなように持統期の浄御原令調制へと継起的な発展を遂げていくのである。

天武期なかばには確立していた個別人身的調は何を基礎にして実現されたのか。それは天智九年（六七〇）の庚午年籍をおいてほかはない。庚午年籍については、さまざまな知見が現在では加わってはいるが、井上光貞氏がその古典的ともいえる研究で論証したように、(1)全国的規模で作成され、(2)全人民規模を対象としたとする基本的理解だけはくつがえらない[18]。とすれば、論理的には天智九年（六七〇）の庚午年籍を契機に中央政府による全人民の個別人身的把握が実現し、それを媒介として田調・戸調が個別人身的調に転回するという過程をたどるはずである。そして天智期は庚午年を分水嶺として田調・戸調と個別人身の調の両方が存在していたことが論理的にはいえることになる。しかし、後者が存在していた可能性はきわめて低いといわざるをえない。なぜなら天智期は天智十年（六七一）十一月までであり、庚午年籍の作成を命じてからわずか一年余で幕をとじる。庚午年籍が作成命令後すぐに完成したとは考えられない[19]。常陸国における辛未年籍（庚午年の翌年籍）の存在から全体としては二年以上の歳月を費やしたことは明白である。また、庚午年籍が完成したからといって、それをすぐに調の収奪に利用することも困難である。以上から天智期には戸籍把握を媒介とした個別人身的調は存在していなかったと考えられる。東人の調の歴史的実態は間違いなく田調・戸調である。

2　東人荷前の歴史的意義と東国貢進物

東人荷前の歴史的意義を解明するまで、もう一歩のところであるが、そのためにはまたもや迂遠な考察を必要とする。前節では意図的に回避してきた田調・戸調の収奪原理と内容を明確にしておかなければならない。田調・戸調とりわけ田調の賦課形態については、樋口知志氏の整理に従い、(α)戸ごとの田地賦課とする説、(β)集落の田地を賦課単位とする説、(γ)在地首長領にたいする一括賦課とする説とがある。[20]いずれの説をとるかは『書紀』大化紀に現われる「班田」「造籍」をどのようにとらえるかにかかわってくるが、石母田正氏が指摘しているように、「班田」は「各首長の領域内において調の賦課の対象となるべき田地の総面積」の把握、「造籍」は「領域内の民戸の総数の登録・調査」とするのが妥当と考える。[21]東国国司詔に端的に示されるように、大化の中央政府は国造制的支配の内部秩序を基本的に変更しようとはしていない。必要とされたのは、中央政府の経費に確固たる基盤を与えるための、国造領域にたいする税の賦課基準の設定にすぎなかったのであり、国造制的支配の再編成ではなかったのである。田調・戸調を在地首長にたいする一括賦課とする(γ)説を基本的には継承すべきである。

田調・戸調は、民戸からの直接的収奪ではなく、田積・戸数を基準とした国造領域あるいは評造領域からの貢納に重要な意味があった。たしかに品目・賦課基準などの側面では統一的税制をもつには至ってはいる。しかし、田調・戸調は服属地域からの王権に対する貢納に重要な意味があり、ツキ制的調の段階をいまだに脱していないといえる。田調・戸調は統一税制的な外貌を呈してはいるものの、律令制的個別人身的調のように天皇にたいする公民の負担という原理によって収奪されるデスポット段階の税制には昇華しておらず、あくまで在地首長がプリムス＝インテル＝パーレスの段階を完全には脱却していない倭国王に貢納するツキ制的調の性格を何ら変更するものではなかったのである。それは表17に掲げた大化―持統のツキ、前項表16の実効的支配下に入った地域にかかわる調の記事を比較すれ

表17　『日本書紀』諸国の調記事分布

年代	新羅	百済	高句麗	任那	その他
大化元	○	○		○	
3	○		○		
4	○				
白雉元	○	(○)	(○)		
2	○	○			
3	○	○			
4	○	○			
斉明元	○	○	○		
2			○		
天智元		○			
2		○			
5			○		耽羅
7	○	○			
8	○				
10	○	○	○		
天武元			○		
4	○		○		
5	○				耽羅
6					
7	○				
8	○				
9	○				
10	○				
12	○				
14	○				
朱鳥元	○				
持統 2					蝦夷
〃 6	○				

注1）大化―持統紀にもとづき、年に2度のものも○印は一つである。
注2）(○) は本文ではなく「或本云」による。

ば一目瞭然である。表16によれば、大化―天智の実効的支配下に入った地域の調にかかわる記事は希薄であるのにたいして、表17にうかがわれる朝鮮諸国からのツキ制的調の朝貢記事は頻出している傾向が把握できよう。むろん潤色も想定する必要もあるが、両者の差は歴然としており、潤色を差し引いても大化―天智の調が「蕃国」からの調もふくめて、各地からの調の貢納はツキ制的調の段階にあったことは動かない。

諸地域からの調も多数存在するなかで、宮廷歌謡でことさらに東人荷前が詠まれたのは、東国の貢進する田調・戸調が特殊な位置を占めていたからである。その特殊性とは、当然東国以外の他の諸地域からの調の存在を押しのけて、東国の田調・戸調のみが荷前に編成されていることの特殊性である。すでに述べたように、天智期をふくむ七世紀後半に実効的支配下に入った地域ではなく、「蕃国」から貢納されるツキ制的調に付随する儀礼に荷前の起源は求められる。天智期の東人荷前もこのような蕃国の調に付随する儀礼との脈略でとらえられるべきである。蕃国の調との共通性は、第一に任那の調、新羅の調のように「固有名詞＋調」の名称で特殊化されていることである。荷前の対象となった東人の調は「東の調」と称されたと考えられる。根拠は、養老賦役令1調絹絁条の調副物規定中に存在する「東木綿」である。同条には他にも固有名詞を冠する貢進物として「美濃絁」「望陁布」「近江鮒」「安芸木綿」があるが、これらが国名・郡名であることからすると、[22]「東木綿」の「東」は国を超える領域概念であり、きわめて特殊であることに気づく。[23]このような東国の在地首長制の貢納する調の転回によって律令制的調が完成するというのが本章のとらえ方であるが、それで調の成立がすべて説明できると考えているわけではない。今津勝紀氏は、賦役令1調絹絁条にみえる「近江鮒」を、律令制段階の伴造―部民によるミツキとしての二へ貢上の転化形態としている。[24]これにたいして、「東木綿」は前段階の「東の調」の継譜をひく貢納物であり、その展開の結果成立したことを端的に表現している。「東の調」は新羅の調などの「蕃国」の調と名称の点で類似性をもつ。

「蕃国」の調との第二の共通性は、貢納時の荷の形態である。『万葉集』によれば「東人荷前の箱」は「荷の緒」で結ばれていたことが知られる。九世紀の荷前は各地から貢進された調をもとに、諸陵寮や内蔵寮が箱に納入して荷前幣を準備したのにたいして、東人荷前は在地から中央に送進される段階で箱におさめられ緒で結ばれていたのである。

この荷の緒については、『延喜式』祝詞3祈年祭条からその具体像を復原することが可能である。

坐四方国者。天[a]能壁立極。国能退立限。青雲能靄極。白雲能墮坐向伏限。青海原者棹柁不レ干。舟艫能至留極。大[b]海尓舟満都都気弖。自[c]レ陸往道者荷緒縛堅弖。磐根木根覆佐久弥弖。馬爪至留限。長道無間久。立都都気弖。狭[d]国者広久。峻国者平久。遠国者八十綱打掛弖引寄如レ事。皇太御神能寄奉波。荷前者……

荷前がどこから、どのようにして貢進されてくるかを祝詞は理念的に描写している。(a)は荷前を貢進する四方国の理念的な範囲を、垂直軸・水平軸を基準に描写している。(b)は荷前の貢納される過程を大海→陸路の順で説明し、(d)は狭論な地域、山岳におおわれる地域、天皇の居所への遠隔な地域からの貢進の様相を誇大に説明している。荷の緒は荷前を馬にくくりつけるための手段としてとらえる説もあるが、祈年祭祝詞の論理をみると、(b)では陸路にさしかかったさいの荷の状態を意味している。確かに「馬爪至留限」とあり、馬の使用も前提となっているが、その直前の「磐根木履佐久弥弖」は、人間の陸路進行の様相を描いており、荷の緒を馬に限定する解釈は一面的にすぎる。荷の緒は駄馬にせよ人担にせよ、陸路をとるかぎり予想される荷の崩壊を防止する物理的手段であると同時に、「魂の緒」に象徴されるように物品を結ぶ呪術的手段であったとするのが妥当である。延喜祝詞式は、中央で幣物が準備される九世紀段階の二次的変形を遂げた荷前ではなく、在地社会からの直接的貢進を前提とした本源的・理念的な荷前の形態を叙述している。つまり、本来的な荷前は中央送進以前に、荷の緒で結い堅められていたのである。この形態は「蕃国」の調と類似する。『書紀』持統三年（六八九）五月甲戌条では、王権は新羅の調に対して内容に問題を認め「調賦与二別献一。並封以放還之。」という処置をくだしているが、封＝「ゆひかためる」のは貢納前の形態にもどすことであり、本来調が箱に納められ、緒で封じられていたことを意味している。新羅の調も現地で封じられ海路→陸路を経由して倭国王に貢納されるのである。これは、東人荷前が荷の緒で結ばれていたのと同じ形式であったことを物語る。

東人の調と「蕃国」の調にみられる共通性は、東人の調とそれに付随する荷前が「蕃国」の調とその山陵奉幣と類似する側面のあることを意味している。天智期の東人荷前は、田調・戸調の形態をとり、内国化された他の地域と同様の統一基準にもとづく調を貢進したとはいえ、新羅や百済などと同様の「蕃国」的あるいは自立的な地域としての位置づけをもっていたのである。それでは東人荷前のもつ歴史的意義とは何か。換言すれば、東人荷前が大化前代の東国の調の遺制などではなく、天智期の王権にとって必須の構成要素となっていたのはなぜなのか、ということである。それは天智期の王権がいまだにデスポットの段階に達していない、天武期と比較したさいの王権の脆弱性に起因している。七世紀後半に展開した浮浪の発生による在地の共同体的秩序の動揺と、そこから帰結される王権の動揺に加えて、白付江の敗戦以降王権をおそった未曾有の危機に直面して、天智政権は国内の再編成を余儀なくされたが、そのためには強力な求心性をもつ王権を必要とした。天武にみられる壬申の乱後の現人神のような神的権威が未成熟な段階で、王権の求心性を高めるためには、王権にたいする「蕃国」的な調の貢納という対外的条件を必要とした。そこに、「蕃国」の調と共通性をもつ東人の調および東人荷前の歴史的意義が求められるのである。(25)

天智期に東人荷前が重要な役割をはたしたことの意味は、当該期の倭をめぐる国際的環境の問題から照明されねばならない側面もある。天智期には百済は滅亡しており、百済王族を倭王権に対峙する「蕃客」として存在させ、その服属を象徴化することはできたが、(26)現実に百済からのツキ制的調の貢納の場面を設定するような、可視的な服属儀礼実現の途は閉ざされていた。天智期では天智七年（六六八）以前の段階では、新羅との緊張関係もあり、新羅使も来朝していない。そうした特殊な対外的事情のもとでは、東国に「蕃国」的性格を付与して、荷前儀礼に編成することは切迫した要求であったにちがいない。東人荷前が消滅するのは、東人の調のツキ制的性格が払拭される時期を待たねばならない。おそらく天武期に入って、個別人身的支配が実現され、デスポット的性格が強化されると、東人荷前儀礼は歴史的使命を終え、内国化された他の地域と同様普遍的な律令制的調のなかに解消されていったのであろう。(27)その後確かに東国貢進物が律令制的調制のもとで特殊な位置を付与されることは表面上なかったが、それで東国が調制の次元での特殊性を喪失したわけではない。養老賦役令1調絹絁条にはすでに指摘したように「東木綿」のような特殊な東国貢進物が存在する。これこそ、東国の調から継起的に転回してくる東国貢進物なのである。そして、律令制下の地名を冠するさまざまな東国貢進物の存在も、東国の調の遺制とはとらえられない。まさに律令制段階の天皇制―東国の関係からその歴史的意義を解明する必要がある。九世紀『入唐求法巡礼行記』にみえる「あずま絹」、十世紀中葉成立の『将門記』にみえる「東絹」は、八世紀の「東絁」の系譜を引く特別な繊維製品としての性格をもっている。

注

（1）(a)は井上光貞「大和国家の軍事的基礎」（『日本古代史の諸問題』、思索社、一九六一年）、「大化改新と東国」（『井上光貞著作集　第一巻』岩波書店、一九八五年、初出一九六三年）など。(b)は西山良平（「古代国家と地域社会」〔『古代の日本』15、中央公論社、一九八七年〕）など。
（2）岡田精司「律令的祭祀形態の成立」（『古代王権の祭祀と神話』塙書房、一九七〇年）。以下、岡田氏の見解はこれによる。
（3）吉村武彦「新嘗祭と初尾儀礼」（『日本古代国家の展開　上巻』思文閣出版、一九九五年）、大津透「貢納と祭祀」（『古代の天皇制』岩波書店、一九九九年、初出は一九九五年）。
（4）早川庄八「貞観講書と延喜講書」（『日本古代の文書と典籍』吉川弘文館、一九九七年、初出は一九六六年）。
（5）小川靖彦氏は、『万葉集』巻二原形部の天智朝の相聞歌の編集方法は、元明朝（首皇子の皇位継承方法を視野に入れながらの政治的起源を天智朝に求めるという、強い政治性をもつとする。しかも、その天智朝は、歴史的事実というよりも、元明朝の現実が作り上げた《始原》としての天智朝であるとする（「始原としての天智朝―『万葉集』巻二の成立とその編集（その一）〈書物としての『万葉集』〉―」（『青山語文』三四、二〇〇四年）。以下小川氏の引用はこれによる。
（6）新井喜久夫「古代陵墓制雑考」（『日本歴史』二二二、一九六六年）、以下新井氏の見解はこれによる。
（7）西牟田崇生「山陵奉幣に関する一考察」（『神道史論叢』国書刊行会、一九八七年）。以下、西牟田氏の見解はこれによる。服藤早苗「山陵祭祀より見た家の成立過程―天皇家の成立をめぐって―」（『家成立史の研究―祖先祭祀・女・子ども―』校倉書房、一九九一年、初出は一九八七年）。以下、服藤氏の見解はこれによる。
（8）井上光貞「帝紀からみた葛城氏」（『井上光貞著作集　第一巻』岩波書店、一九八五年、初出は一九五六年）。
（9）川口勝康「在地首長制と日本古代国家―帝紀批判と部民史論」（『歴史学研究』別冊特集、一九七五年）。
（10）「陵戸」の呼称は養老令にはじまる可能性が強く、大宝令以前は「陵守」であったと思われる（神野清一『律令国家と賤民』

〔吉川弘文館、一九八六年〕）。

(11) 77手白香墓は陵墓歴名では大和国山辺郡所在で、「山辺道勾岡上陵戸兼守」とあるが、同歴名の13崇神陵は大和国城上郡所在で「山辺道上陵」とあり、微妙なくいちがいをみせる。しかし、『古事記』崇神天皇段には「御陵在㆓山辺道勾之崗上㆒也」とあり、30墓は13陵の陵戸による兼守であったことは確実である。とすると、77墓の山辺郡の記載と13墓の城上部の記載のくいちがいは、実在地が郡を違えてはいるが、近接しているか、郡の領域の変化を反映しているか、そのいずれかであろう。

(12) 鎌田正憲『荷前奉幣制度の研究』上・下（『國學院雑誌』二九―一・二、一九二三年）、高取正男『神道の成立』（平凡社、一九七六年）など。

(13) 北康宏「律令国家陵墓制度の基礎的研究」（『史林』七九―四、一九九六年）、「律令陵墓祭祀の研究」（『史学雑誌』一〇八―一一、一九九九年）、吉江崇「荷前別貢幣の成立―平安初期律令天皇制の考察―」（『史林』八四―一、二〇〇一年）も、服藤説を批判し、別貢幣の成立を弘仁年間とする。吉江氏は服藤説の重要な根拠の一つである国忌と別貢幣の密接な関連について、両者は必ずしもむすびつかないことを指摘する。

(14) 北康宏、前掲「律令国家陵墓制度の基礎的研究」（注(13)）は、常幣が元明期を上限として開始された可能性を指摘する。その論拠は、持統五年（六九五）に陵戸設置が開始されると、それをふまえた新しい先皇陵歴名が作成されはじめるが、その完成を元明朝とすることである。しかし、先皇陵守衛を目的とする陵戸・守戸の設置と、荷前献上にかかわる常幣儀礼は、相即的なものではなく、相互に別個の目的によるものであり、北氏の論は常幣成立の根拠にはならない。史料⑽「諸大陵差㆑使奉幣。其改㆓諸陵司㆒為㆑寮。増㆑員加㆑秩。」とあるように、諸大陵に遣使奉幣のために諸寮司が諸陵寮に拡充された天平元年（七二九）こそが、常幣の創始年だったとすべきである。

(15) 石上英一「日本古代における調庸制の特質」（『歴史学研究』別冊特集、一九七三年）。

(16) 詳細な研究史は樋口知志「律令的調制成立の前提」（『歴史学研究』五九八、一九八九年）参照。以下の樋口氏の見解はこれによる。

(17) 市大樹・竹本晃「『評制下木簡集成』総説」（奈良文化財研究所編『評制下木簡集成』〔東京大学出版会、二〇〇六年〕）。

(18) 井上光貞「庚午年籍と対氏政策」（『井上光貞著作集　第四巻』岩波書店、一九八五年、初出一九四五年）。

(19) 井上前掲注(18)論文。
(20) 詳細な研究史は樋口前掲注(16)論文参照。
(21) 石母田正『日本の古代国家』(『石母田正著作集　第三巻』岩波書店、一九八九年、初出は一九七一年)、第二章。
(22) 美濃・近江・安芸は国名、望陁は上総国の郡名である。美濃絁・望陁布の特殊性は東国の調との関連でとらえられている(宮原前掲注(60)論文〔『古代東国の調庸と農民』岩田書院、二〇一四年、初出は一九七七年〕)が、東国の調は賦役令のなかでは「東木綿」との関連が強いと考えられる。
(23) 東=アヅマはサツマと対称性をもち、王権からみた辺境をさし示す地域概念である(西郷前掲注(3)論文。確かに、薩摩は令制国一国であり、アヅマ=東は令制国数か国にまたがる概念であるが、律令制的行政機構の要素を捨象した、天皇にたいする関係では両者は共通性をもつ。そして、アヅマは本来は坂東=現関東地方に相当する地域であったと考える。荒井秀規「『東国』とアヅマ—ヤマトから見た『東国』—」(関和彦編『古代東国の民衆と社会』〔名著出版、一九九四年〕)によれば、坂東という地域概念の成立については、八世紀の蝦夷政策との関連でとらえる説が大勢を占める。しかし、「坂東」は八世紀の政治的要請から生まれた地域概念であるが、坂東と地域は重なる部分が多いとしても、アヅマは政治的要請から生まれたものではなく、ヤマト王権からみて異質性をもつ地域にたいする観念だったのではないか。東国観念は西から東におよび、アヅマは東から西へおよぼされて拡大されたが、原アヅマは「坂東」に相当する地域であるとすべきである(高橋富雄『辺境』〔教育社、一九七九年〕)。
(24) 今津勝紀「律令調制の構造とその歴史的前提」(『日本古代の税制と社会』塙書房、二〇一二年、初出は一九九二年)。ニヘがミツキの範疇にふくまれるか否かは吟味を要する問題であるが、律令制的な調のなかに部民制的収奪に起源をもつものがあることは否定できない。「美濃絁」なども、長幡部による生産に起源をもっている(早川庄八「古代美濃の手工業」〔『日本古代の財政制度』名著刊行会、二〇〇〇年、初出は一九七一年〕)。ただし、部民制収奪からの転回を基本的なコースとしたのでは、律令制的調の一般的性格を説明することはできない。
(25) 小川靖彦氏は「東国」による調の朝貢に重要な意味があるのなら、『万葉集』100番歌には「東の調」とあるべきだとした。そして、調ではなく荷前とあることに重要な意味を求め、元明ら巻二の編集者は天智朝における全国統治の確立と、それを支える先皇の霊威をそこに見出そうとしたとする（前掲注（4）論文）。しかし、本章は100番歌が元明期ではなく天智期において、荷前として東人の調を先王陵に献上した可能性から論じている。東人となっているのは、ツキ制的調の性格を残す戸調・田調に転回しているからであろう。歌では「東人」でも、荷前献上のさいには「東の調」だったと考えている。史料⑾『続日本紀』文武二年（六九八）正月庚辰条や史料⑿『書紀』持続六年（六九二）十二月甲申条に、「新羅国の調」とはなく「新羅の調」とあることとも整合的であろう。

(26) 長瀬一平「白村江敗戦後における『百済王権』について」（『千葉史学』六、一九八五年）。

(27) 田島公氏は、天智期における「東人荷前」の実態を科野のミヤケからの貢納とする（「『東人の荷前』（東国の調）と『科野の屯倉』―十巻本『伊呂波字類抄』所引「善光寺古縁起」の再検討を通して―」（吉村武彦編『律令制国家と古代社会』塙書房、二〇〇五年））。根拠は次のとおり。⑴『万葉集』96～100番の五首一組の歌のうち96～99までが信濃の真弓を詠んだものであることから、100番歌の東人も信濃の人であり、「東人荷前」の「東人」は科野の人である。⑵『伊呂波字類抄』に引く所謂「善光寺古縁起」には推古期に科野国造の支族と思われる若麻績氏が、中央から善光寺の縁起にかかわる仏像をもたらしたとある。この伝承の背景には、麻布生産にかかわる若麻績氏が科野のミヤケから荷前（初尾としての調）を貢納するために中央との間を往還していた事実を背景としている。⑶若麻績氏が生産にかかわっていた麻布は、『延喜式』の「信濃布」であり、この科野の麻布こそ「東人の荷前」であり、「東国の調」の可能性が高い。以上の田島説に疑問を述べておく。⑴について。96～99は「心を引く」が歌の中心であるため、「信濃真弓」「梓弓」が詠み込まれているが、問題の100番歌「東人荷前」は「乗る」を引き出すために読み込まれている。小川靖彦氏がいうように『万葉集』巻二の96～100番歌が天智と東国支配の関係を感得させる意図があったとしても、その地域はあくまでも東国であり、信濃のみではない。100番歌「東人」の「東」を信濃には限定できない。したがって⑶でいう若麻績氏がかかわっていた麻布が『延喜式』の「信濃布」になっていく可能性は高いが、それが「東国の調」であったことは確実ではない。また、若麻績氏の中央との往還が部民制的支配にかかわる貢納であっても、往還の安全保障はなされるはずであるから、「善光寺古縁起」は「東国の調」貢納の史料的根拠とはならない。また、科野にかぎらず一般論でいえば、すでに明らかにしたように屯倉を拠点とする貢納であっても、「東国の調」の貢納主体は国造である（本書第五章参照）。

第七章　天皇制と吉野国栖

一　国栖研究史と問題の所在

記紀や『新撰姓氏録』では、吉野国栖は神武以来天皇に仕奉したとされている。『書紀』応神十九年十月戊戌朔条にみえる次掲の吉野国栖の風俗記事は、天皇・中央政府との関係を次のように記す。

夫国樔者。其為レ人甚淳朴也。毎取二山菓食一。亦煮二蝦蟆一為二上味一。名曰二毛瀰一。其土自レ京東南之。隔レ山而居二于吉野河上一。峯嶮谷深。道路狭巘。故雖レ不レ遠二於京一。本希二朝来一。然自レ此之後。屢参赴以献二土毛一。其土毛者栗菌及年魚之類焉。

吉野国栖は山を隔てた「吉野河上」に住み、山の果実を採取し、蝦蟆を「毛瀰」（上味）とする「淳朴」な住人とされている。また、応神以降しばしば上京して「栗・菌・年魚」などの土毛を献上することになると伝える。これに続く記述によれば、吉野宮行幸のさいには、吉野国栖は醴酒を献じ、「歌訖即撃レ口仰咲」（口を打って大笑いの所作をする）という仕奉をしている。この歌謡と所作は、九世紀以降の儀式書にみえる吉野国栖の「古風」や「歌笛」の奏上につながっていく。吉野国栖は天皇にたいして従属的であり、芸能・貢納の面で一般百姓とは異なる特殊な仕奉をしている。記紀で国栖といえば、この吉野の国栖しか存在しない。

ところが『常陸国風土記』茨城郡条では、後述のように国栖は土蜘蛛でもあるという認識を示すことによって、国栖は諸国風土記の土蜘蛛とむすびつき、国栖・土蜘蛛はかつては諸国全土に存在していたという、古代国家の拡大された歴史認識につながっている。吉野国栖・国栖・土蜘蛛は、諸研究ではどのようにとらえられているのか。一九六〇年代に芸能史的観点から研究した林屋辰三郎氏は、記紀・風土記をもとに国栖・土蜘蛛を先住土着民とし、帰服させた吉野国栖は全土の国栖の代表であるとした。また、吉野国栖の歌舞奏上は、ヤマト王権による国内の統一過程における地方芸能の吸収される、最初の姿として保存されたとした。(1) 記紀をはじめとする古典の諸注釈も国栖・土蜘蛛をことごとく先住土着民としている。さらに、二〇〇〇年代に入って発表された和田萃氏の専論も、国栖は王権に従った時期が古かったことが、きわだった差としてあらわれているとしている。(2) 現在までの研究は、国栖を国巣＝「クニス」、つまり先住民（民族）とする戦前の喜田貞吉以来の枠組を超えるものではないということが知られる。(3) しかし、吉野国栖ははたして諸国全土の国栖・土蜘蛛を代表しているのだろうか。国栖あるいは土蜘蛛を先住土着民（あるいは先住民族）とする論理を、記紀の神話や伝承的記事から抽出することは可能なのだろうか。

これらの点を究明するには、まず『常陸国風土記』の国栖を媒介にして、諸国全土への広がりをみせる土蜘蛛の論理的起点ともいうべき、吉野国栖の特質を明らかにしておく必要があろう。具体的には、(1)①歌笛奏上とそれにともなう所作という吉野国栖の天皇にたいする仕奉内容や、②御贄（大贄・土毛）の朝貢物のもつ意味を究明しなければならない。この問題は第二節で論じる。また、(2)国栖と土蜘蛛が『常陸国風土記』において同一の存在とされた理由を解明する。吉野国栖は国栖・土蜘蛛を代表しており、諸国国栖・土蜘蛛とあわせてこれらを先住土着民だとする通説的理解を検討する（第三節）。そして、(3)吉野国栖による仕奉が、いつ、なぜ成立したのか、国栖がさらに諸国全土の国栖や土蜘蛛と同一化されていくのはなぜなのかという点について、第四節で論じたい。

表 18　国栖の仕奉

	応神記	応神紀	新・姓氏録	儀式・延喜式
献上物	大贄・大御酒	土毛・献醴酒	七節御贄	御贄
仕奉内容	撃口鼓、為伎而歌	歌之既訖。則打口以仰咲。	仕奉神態	奏歌笛
備考	恒至于今詠之歌也。	今歌訖即撃口仰咲。		大嘗祭は奏古風

二　律令制下の天皇と吉野国栖

1　八世紀における吉野国栖の仕奉

律令制下における吉野国栖の天皇にたいする仕奉の明確な規定は、律令や『続日本紀』にはみえない。最初の明確な規定が確認できるのは、弘仁十二年（八二一）撰進、天長十年（八三三）補訂の『内裏式』である。『内裏式』では、元日節会・正月七日節会（白馬節会）・正月十六日踏歌節会・十一月新嘗会（豊明節会）において、すべて「吉野国栖於二儀鸞門外一奏二歌笛一、献二御贄一」とある[4]。九世紀後半成立の『儀式』巻三によれば、諸節会における「吉野国栖在二儀鸞門外一、供二御贄一、奏二歌笛一」が定型化されている（ただし九月九日菊花節儀は承明門外）。また、大嘗祭においては「宮内官人率二吉野国栖十二人、楢笛工十二人、〈並著二青摺衫一〉一入レ自二朝堂院南左掖門一、就レ位奏二古風一」とあり、歌笛が「古風」とされている。これは十世紀の『延喜式』でも基本的に踏襲されている。要するに九世紀以降における吉野国栖の仕奉内容は、諸節会において「歌笛」を奏して「御贄」を献上すること、天皇即位関連祭儀の一つである大嘗祭においては、「古風」を奏することとまとめられる。

それでは、『内裏式』以前の史料では、国栖の仕奉はどうなっているのか。『儀式』『延喜式』と諸史料を比較したのが表18である。『新撰姓氏録』では七節御贄とある。『延喜式』では吉野国栖の仕奉は諸節会と大嘗祭であり、天暦三年（九四九）正月廿七日太政官符にも「毎年七節御贄」とある（『類聚符宣抄』巻七）。九世紀までに七節会に仕奉するように整備されたのであろう。国栖の献上物の名称は、『新撰姓氏録』・儀式書では「御贄」であるが、『古事記』では大贄、『書紀』では土毛となっており、八世紀段階ではその名称は定まってなかった可能性が高い。仕奉の中心となる歌笛奏上も記紀では「歌」のみであり、「笛」はみえない。六国史における国栖の初見史料である『日本後紀』逸文の天長九年（八三二）春正月乙未朔条には「吉野国栖歌笛」が記されているので（『類聚国史』七一、朝賀）、八世紀後半以降に歌謡のみではなく、笛をともなう儀礼に再編成されたことが知られる。表18に明らかなように、歌謡にともなう所作について応神記では「恒至二于今一詠之歌也」、応神紀では「今歌訖即撃レ口仰咲」としており、記紀は八世紀前半における国栖の仕奉内容を前提として記述している。そこで次に、(1)応神記・(2)応神紀を比較分析することにより、八世紀前半における吉野国栖の仕奉内容とその意味について論じることにしたい。

(1)『古事記』応神段

①又。吉野之国主等。瞻二大雀命之所レ佩御刀一。歌曰。

(A)本牟多能。比能美古。意富佐邪岐。意富佐耶岐。波加勢流多知。母登都流芸。須恵布由。布由紀能。須加良賀志多紀能。佐夜佐夜。

（誉田の、日の御子、大雀、大雀、佩かせる大刀、本吊ぎ、末振ゆ、冬木の、素幹《すから》が下木の、さやさや）

②又。於二吉野之白梼上一。作二横臼一而。於二其横臼一醸二大御酒一。献二其大御酒一之時。撃二口鼓一。為レ伎而歌曰。

(B)加志能布邇。余久須袁都久理。余久須邇。迦美斯意富美岐。宇麻良尓。岐許志母知袁勢。麻呂賀知

（白梼《かし》の生《ふ》に、横臼を作り、横臼に、醸みし大御酒、美味らに、聞しめしもち飲せ、まろが親）

③此歌者。国主等献二大贄一之時々。恒至二于今一詠之歌者也。

(2)『書紀』応神天皇十九年十月戊戌朔条

a　幸二吉野宮一。時国樔人来朝之。因以二醴酒一。献二于天皇一。而歌之曰。

(C)伽辞能輔珥。予区周塢菟区利。予区周珥。伽綿蘆淤朋瀰枳。宇摩羅珥。枳虚之茂知塢勢。磨呂餓智。

（白梼《かし》の生《ふ》に、横臼を作り、横臼に、醸みし大御酒、美味らに、聞しめしもち飲せ、まろが親《ち》）」

b　歌之既訖。則打㆑口以仰咲。

c　今国欆献㆓土毛㆒之日。歌訖即撃㆑口仰咲者。蓋上古之遺則也。

d　（第一節で掲げた吉野国栖の風俗記事）

(1)応神記の①に該当する内容と(A)歌は、応神紀にはみえない。八世紀の朝廷祭儀のさいに、国栖が(A)歌を奏上したかどうかは不明とせざるをえない。これにたいして、(1)応神記②の大御酒の献上は、(2)応神紀aの醴酒（一夜でできるとされる甘い酒）献上に、(1)応神記②の(B)の歌と「撃㆓口鼓㆒。為㆑伎而歌」という所作は、(2)応神紀bの(C)の歌とcの「歌之既訖。則打㆑口以仰咲」という所作に、(1)応神記の③の大贄献上は、(2)応神紀のcの土毛献上に対応している。所作が歌いながらなのか、歌い終わったあとなのか、また献上物の名称が大贄か土毛かの相違はあるものの、八世紀における国栖の歌奏上の起源を説明する説話となっている。応神記の大御酒、応神紀の醴酒献上のことは、記紀以外にはみえない。これは、(2)応神紀aに「幸㆓吉野宮㆒」とあるように、吉野宮行幸時に限定される仕奉内容だったのではなかろうか。とくに持統期は在位中三一回、退位後も一回の吉野宮行幸が行われている。そのさいに大御酒の献上儀礼も行われたのではなかろうか。ともあれ記紀の微妙な差異は、八世紀前半においては献上物の名称もふくめ、国栖の仕奉内容がまだ確定していなかったことを示唆している。さらにいえば、(2)応神紀dに「本希朝来。然自㆑比之後。屢参赴」とあることは、国栖の上京は定例化されていなかった可能性すら示唆してはいないだろうか。『延喜式』神名上6大和国条の高市郡には、「気吹雷響雷吉野大国栖御魂神社二座」がみえる。和田萃氏によれば、気吹雷はおそらく雷丘で祀られていた神であり、「吉野大国栖御魂」が国史大系がいうように注の文だとすると、吉野の国栖に信仰されていた響雷吉野大国栖御魂は壬申の乱後、天武により飛鳥（高市郡）に勧請されたのではないかという[5]。これが事実だとすれば、律令制初期には国栖を上京させることは定例化していなかったことになるのではないか。

とはいえ、(1)応神記③の「此歌」は明らかに(B)歌であり、(2)応神紀の(C)歌とまったく同一である。(1)応神記②の「撃二口鼓一。為レ伎而歌」の伎は、『新撰姓氏録』大和国神別の「国栖」条にみえる「仕二奉神態一」の神態に一致する。神態は『類聚国史』八、弘仁十四年（八二三）十一月癸亥条では大嘗祭における大嘗儀を意味し、延喜中宮職24大殿祭条の神今食・新嘗祭の「神態」も神事の部分のみを意味する。延喜大膳式下の「諸節神態」も炭を用いる場合があることから、大嘗・新嘗のような神事を意味することが知られる。したがって、国栖の奏上する歌や所作は、神事にも相当する効果が期待されていたことになる。その効果とは何か。(1)応神記②の「撃二口鼓一、為レ伎」と(2)応神紀bの「打レ口以仰咲」、cの「撃レ口仰咲」は、アイヌのレクツカラという技に似ているという。口を手の掌で丸く蔽って一種の呼吸をもって喉をならすと、あたかも鼓から音が出たような、一種の鼓音が出る。一方が歌いながら他方がこのレクツカラをやると、あたかも唄に鼓を入れたように聞こえる。国栖の歌もこれに類似していたのではないか、とされている。[6]「仰ぎて咲ふ」については、久米歌が奏上の後大いに笑うことが想起される。これは敵または悪魔を圧服するための呪的所作であり、国栖の笑いは寿福を招き寄せる意味をもつ呪法だとされている。[7]

この国栖の仕奉がきわめて重大な呪的効果が期待されていたことは、次の『類聚国史』七一、天長九年（八三二）正月乙未朔条に示されている。

御二大極殿一。受二朝賀一。畢御二紫宸殿一。中務省進二七曜暦一。宮内省奏二氷様一。例也。吉野国栖奏二歌笛一。但依二新誕皇子薨一。不レ奏二音楽一。賜二親王已下五位已上被一。

大極殿における元日朝賀のあと、紫宸殿において元日節会が行われ、七曜暦の進上、氷様の奏上とならんで、国栖の歌笛の奏上がなされている。注目すべきは、「新誕皇子薨」で雅楽寮による音楽奏上が停止されても、国栖歌笛は奏上されていることであろう。七曜暦は天体暦であり、職制律20玄象器物条で私蔵禁止とされた。また雑令8秘書玄象条によれば、秘書あつかいの「天文図書」に相当し、中務省の厳重な管理下に置かれていた。氷様は一年間の豊凶とかかわっていた。これらは、天皇の天下支配と密接に関連するため、元日朝賀では恒例として進上あるいは奏上された。しかし、必ずしも「恒例」とされていなかった吉野国栖による歌笛奏上が、「皇太子薨」にもかかわらず行われたのは、雅楽寮の音楽にはない特別の意味があったからということになる。神事ともいえる国栖歌笛が、年頭にさいして天皇の寿福つまりは長寿と治世の永続化を実現する大きな呪的効果が期待されたからに他ならないだろう。

2　吉野国栖の献上物と呪力の淵源

次に、節会において歌笛とともに献上される吉野国栖の献上物はどのような意味をもっていたのだろうか。前掲史料(2)『書紀』応神十九年の戊戌朔条のd（「はじめに」で掲げた吉野国栖の風俗記事）は、献上物を①「土毛」とし、その内容を、「栗菌及年魚」としている。『古事記』応神段では②「大贄」、九世紀以降の儀式書では③「御贄」としている。まず、①土毛とは何か。『令集解』賦役令7土毛条古記は「土毛。謂草木也。其地所レ生。謂二之地毛一。当国所レ出。皆是土毛耳」とする。義解・令釈も基本的に同じ解釈である。要するに、土毛はその土地の産物という意味になる。「土毛」自体には天皇にたいする献上品という意味はない。次に贄とは何か。贄についての膨大な研究史については他の論考にゆずるとして、[8] 贄は一般に服属集団が支配者に貢納する「服食物」であり、大贄・御贄は天皇の供御物だとされている。[9] 国栖の御贄についていえば、『類聚三代格』巻一、寛平七年（八九五）六月廿六日太政官符は狩猟禁止となる地域における国栖の活動を「供御」のためとしており、確かに国栖の献上物は天皇の供御物の性格をもつ。しかし、節会のさいにのみ献上される国栖の贄は、天皇の日常の供御のための食物とも異なる。また、国・郡・里といった一連の律令制的行政機構を通じて収取される贄を「大贄」、特定の専業集団による贄や国衙が責任をもって多様な収取形態で収取する贄を「御贄」とする説もあるが、[10] 吉野国栖は大蔵省管轄だったと考えられ、[11] ②の『古事記』の

「大贄」も一般的な贄の特質からは説明できない。

また調が祭神料となるのにたいして、贄は節会料となるともされている。[12] ただし『延喜式』宮内59国栖条によれば、仕奉の国栖は一二人、笛工は五人にすぎず、『類聚符宣抄』巻七、寛仁二年（一〇一八）十一月十日民部省勘文によれば、大和国国栖戸は一五烟にすぎない（林屋辰三郎氏は笛工二人はこのころは山城国綴喜郡に居住していたとする）。ここから献上される物はわずかな数量にすぎない。国栖の仕奉において、御贄の貢納が中心的な位置を占めるとは思われない。国栖が献上する御贄は象徴的な意味しかもたないことは、容易に理解される。要するに国栖の献上物は、さまざまな天皇供御に直接的に関与する律令法外の服食貢納物であることを指標として、ニヘとして把握されるようになり、さらに節会に供されることから「御贄」という呼称に落ち着いていったと考えられる。儀式書でいえば、歌笛の奏上が国栖の仕奉の本義であり、御贄は歌笛奏上の呪能の淵源につながるものだったとするのが妥当であろう。

第一節で指摘したように、諸風土記によれば、吉野国栖以外に諸国全土に国栖や国栖につながる土蜘蛛が存在していた。にもかかわらず、吉野の国栖が天皇の仕奉をになうことになったのはなぜなのか。川副武胤氏は吉野国栖の特徴について、次のように言及する。『古事記』にあって、まず字句の次元ですでに吉野はきわだった瑞祥性を付与されている。また、神武記の東征にさいして登場する「阿陀之鵜養之祖」の「贄持之子」、「吉野首等祖」の「井氷鹿」、「吉野国巣の祖」の「石押分之子」は、三柱とも「国神」とされている。「言趣」の対象となったはずの大国主之神、熊野山の荒神、大物主も国神とされていないのにたいして、『古事記』の歴代天皇巻で国神が吉野においてのみあらわれることは、きわだった特徴といえる。また『古事記』神武段で「吉野国巣」と表記されていたのが、『古事記』応神段においては「吉野国主」と表記されている。「国主」は『古事記』においては新羅国主・百済国主などヤマト王権以外の国王に使用される称号である。「異国」の国王を指す場合にとくに使用されるのと同じほどの重要な意味を、国神の登場と等しく吉野という地なるがゆえにもたせている。[13] 川副氏が指摘しているように、吉野三神が国神とされ、国栖が国主とされたことは、吉野が持統期以降「吉野国」とも観念されていたことにもよる（『万葉集』三六の柿本人麻呂の長歌）。吉野は吉野国という地名に示されるように、特別な地域であった。

吉野の瑞祥性が天皇に特別な呪力を付与するという認識は、記紀の神武東征神話にうかがうことができる。『古事記』神武東征段では、熊野山で荒神の毒気に苦しんだあと、「吉野河之河尻」から入り三柱の国神に奉迎される。吉野入りのあと兄宇迦斯・土雲八十建を誅滅し、大和平定をはたす。『書紀』神武即位前紀戊午年条では、神武は熊野を経て菟田に入り、兄猾を誅殺したあと、吉野で吉野首祖・吉野国樔部祖・阿太養鸕部始祖に出会う。その後、八十梟帥・長髄彦・土蜘蛛を誅滅して大和平定をはたす。記紀のいずれも大和平定が、吉野訪問のあとというのはやはり吉野の瑞祥性とかかわる。神武の進行を妨害する荒神に表象される熊野の地名も、あるいは吉野の瑞祥性との対比で創出された可能性もあるのではなかろうか[14]。また、神武紀では八十梟帥誅滅のさいには、香具山の埴土で作った祭器で吉野の丹生川上で天神地祇を祭っている。吉野が瑞祥性に満ち、天皇位を支える重要な土地であったことが、古代国家がかつて全土に存在したと構想する国栖のなかで、それらの代表かどうかは後述するとして、とくに吉野の国栖のみが儀礼に編成された理由であった。

それでは次に、吉野の国栖の呪能の源泉は何だったのかということについて論究したい。神武の大和平定に先立ち吉野に立ち寄ったさいには、『古事記』では「吉野河之河尻」から上流に進み、そこで吉野首等の祖に遭遇したあと、「入二其山一之」という移動により吉野国巣之祖に奉迎される。国栖の居住域は山岳地帯となる。また、既掲の応神紀十九年十月戊戌条では、吉野国栖の居住域はより具体的に「其土自レ京東南之。隔レ山而居二于吉野河上一。峯嶮谷深。道路狭巘。」とある。また、吉野国栖に直接かかわるわけでないが、『類聚三代格』巻一、寛平七年（八九五）六月二十六日太政官符では、八世紀後半以降祈雨・止雨を願う重要な神社となる大和国丹生川上雨師神社は、その所在地の特性が「不レ聞二人声一之深山吉野」と認識されていた。この官符によれば、九世紀末の段階で国家的な祈雨・止雨儀礼で重

居住環境	天皇との関係	備　考
(押二分巌一而出来)	天皇行幸を迎える	生尾人、吉野首等の祖も生尾
室	抜刀一時打殺也	生尾人
(披二磐石一而出)	天皇行幸を迎える	有尾、吉野首部始祖も有尾
丘の岬、坂下、	不肯来庭→誅滅	其為レ人也身短而手足長。与二侏儒一相類
山の石窟(石室)・野	不従皇命→誅滅	豊後風土記の諸郡土蜘蛛記事に継承
—	殺	
—	誅	土蜘蛛の田油津媛は誅され、兄夏羽は逃走

要な役割をはたした丹生川上雨師神社の狩猟禁止地域で、天皇供御のための食物採集を行っていたのは「国栖戸百姓」と浪人であり、一般百姓は居住していなかった。『懐風藻』72の紀男人〈天平十年〈七三八没〉の漢詩「扈従吉野宮」では、吉野は「仙霊宅」とされている。吉野国栖は古代の観念でいえば、身分・性差にかかわりない「ふつうの人」に相当する「常人」が居住しない地域の住人といえよう。[15]吉野国栖は「常人」の居住域外の深山に住むがゆえに、常人にはない呪能があるとされたのであろう。その歌謡と呪的所作は、天皇の寿福と在位中の息災を目的としていた。吉野国栖の献上する御贄の「栗菌及年魚之類」は、常人の居住域外の深山を象徴していた。[16]節会において吉野国栖が呪的効果が期待される呪的所作をともなう歌笛を奏し、呪的効果の源泉である「非常人の境界」の御贄がそれを補完したのであろう。

三　吉野国栖と諸国国栖・土蜘蛛

前節で明らかにしたように、吉野国栖の歌笛奏上と所作は、天皇の長寿と在位の永続化を目的とする呪的仕奉である。それを吉野の国栖が担った理由は吉野が瑞祥性を特徴とする地域であったことにより、国栖の呪能の源泉は深山に居住する「非常民」たることにあった。それではこの吉野国栖と諸国全土の国栖、それとつながる土蜘蛛はどのような関係にあると、古代国家は認識していたのだろうか。記紀における国栖と土蜘蛛の記事を整理した表19、および諸国風土記における国栖と土蜘蛛の記事を整理した表20を参照しながら、

表19　記紀の国栖・土蜘蛛

	所載条(年・月・日)	呼　称
①	神武記	吉野国巣之祖
②	〃	忍坂の土雲八十建
③	神武紀戊午年	吉野国樔部の始祖
④	〃　己未年	大和三処・高尾張村の土蜘蛛
⑤	景行紀 12・10	碩田国の土蜘蛛
⑥	〃　18・6・癸亥 3	玉杵名邑の土蜘蛛津頬
⑦	神功摂政前紀	山門県（筑後国）の土蜘蛛

論じていく。

表19①③の「天皇との関係」に明らかなように、吉野国栖は記紀の伝承では最初から天皇にたいして従順で、一般百姓とは異なる特殊な仕奉をする存在である。しかし表20①②④⑤の『常陸国風土記』における国栖は、天皇の「命」「化」に従わないとされている。にもかかわらず、吉野の国栖と『常陸国風土記』の国栖が同一呼称とされたのはなぜなのだろうか。とくに同風土記茨城郡条では、次のように、国栖にとどまらず、土蜘蛛にもつなげる認識を示す。

古老曰。昔。在㆓国巣㆒。〈俗語。都知久母。又云。夜都賀波岐。〉山之佐伯・野之佐伯。普置㆓堀土窟㆒。常居㆑穴。有㆓人来㆒。則入㆑窟而竄之。其人去更出㆑郊以遊㆑之。狼性梟情。鼠窺狗盗。無㆑被㆓招慰㆒。弥阻㆓風俗㆒也。

ここで国栖は「俗語」とありながらも「都知久母（土蜘蛛）」「夜都賀波岐（八掬脛）」と同一とされている。そして、表20の「呼称」に明らかなように、『常陸国風土記』以外の諸風土記ではほとんどが「土蜘蛛」であり、八掬脛（夜都賀波岐）は①㉗のみにみえる。かつて全土に存在していた土蜘蛛は国栖あるいは八掬脛でもあるという共通認識が、八世紀の支配層にはあった。しかし、国栖を土蜘蛛・八掬脛（以下、例が少ないので土蜘蛛にふくめることにする）と同一とする認識ははたして記紀にはあるのだろうか。

まず、『古事記』では、表19①吉野国巣・②土蜘蛛はもちろん呼称が相違し、両者を同一の住人とする記述は存在しない。『書紀』はどうか。表19③の吉野国樔部を「有尾」とするが、④の土蜘蛛は侏儒に類似するとしている。『古事記』とは違い、『書紀』にはその異形性の詳細な要素については共通点はない。しかし表19の居住環境をみると、①③は穴で吉野国栖は「厳・磐」、②④で土蜘蛛は「室」（おそらく石室・土窟）や丘陵先端部・坂下などである。これらは穴

居住環境	天皇（時代）	天皇との関係	備　考
堀土窟、常居穴	―	無被招慰、弥阻風俗 （大臣族黒坂命討伐）	俗語都知久母、又云夜都賀波岐、 山之佐伯・野之佐伯
堀穴造堡	崇神	荒賊→討滅	
―	倭武天皇	縁其逆命→略殺	1人は従属
小抜野付近に居住	倭武天皇	違命背化→斬滅	1人は姉妹引率し従属
―	古	誅滅	兎上命（海上国造）発兵
堡（＝土窟）	昔者	―	
山	昔者	―	
後に禰疑野	景行	親欲伐此賊	
柏峡大野	景行	欲伐	
後に宮処野	景行	為征伐	
鼠石窟	景行	悉誅殺	
後に網磯野	景行	―	擬為御膳。作田獦。其獦声甚譟
「此山有大磐窟」	景行	不従皇命→悉誅滅	
「朝来名峯」	崇神	拒桿皇命→伐	勅遣肥君等祖健緒組伐之
郡の北の山？	昔者	―	土蜘蛛の女の示唆に従い荒神鎮める
（造堡隱之）	日本武尊	不従皇命→皆悉誅之	
―	景行	誅滅	
―		恒拒皇命→勅命誅滅	
「此嶋雖遠・・」	景行	誅滅を免れ御贄貢納	
山頂	景行	常捍皇命→掩滅	
造堡隱居、不肯降服	景行	不肯降服→免死？	遣陪従紀直等祖穉日子、以且誅滅
―	景行	神代直に捕獲させる	三つの玉を獲得する説話
「村」	景行	捍皇命→誅之	
磯（高く険しく草木なし）	神功		神功難破し、土蜘蛛に救われる
恒居穴中	神武	―	
石室（要害地）	景行	不順上命→征討	日本武尊に詔して征討
―	崇神	―	土雲の後
朝来名嶺	崇神	常逆皇命→皆悉誅	肥君等祖健緒組が誅滅

居につながる。ここでは吉野国栖・土蜘蛛の間に共通性が看取される。⑤の山・野という土蜘蛛の居住環境も吉野国栖に共通する。常民の非居住域の住人で穴居であり、異形であるという点で、吉野国栖と土蜘蛛は本来同一次元の存在である。両者の分岐点は吉野に居住するかどうか、従順であるかの差異でしかない。

そして、表19の⑤⑥⑦に明らかなように、『書紀』において土蜘蛛は、大和以外に拡大している。この『書紀』の吉野国栖・土蜘蛛の構想を前提として、諸国風土記における国栖・土蜘蛛伝承が記述されたことは、表20⑥〜⑬の豊後風土記における土

表20　風土記の国栖・土蜘蛛

		郡	郷・里	呼　称
①	常陸	茨城	—	国巣
②	〃	行方	（香澄里）	国栖
③	〃	〃	当麻	佐伯
④	〃	〃	当麻・芸都	国栖
⑤	〃	国栖	太田・薩都	国栖
⑥	豊後	日田	石井	土蜘蛛
⑦	〃	〃	（五馬山）	土蜘蛛
⑧	〃	直入	柏原郷・禰疑野	土蜘蛛
⑨	〃	〃	〃　・蹶石野	土蜘蛛
⑩	〃	〃	球覃・宮処野	土蜘蛛
⑪	〃	大野	（海石榴市血田）	土蜘蛛
⑫	〃	〃	（網磯野）	土蜘蛛
⑬	〃	速見	—	土蜘蛛
⑭	肥前	総記	（肥後国のこと）	土蜘蛛
⑮	〃	佐嘉	—	土蜘蛛
⑯	〃	小城	—	土蜘蛛
⑰	〃	松浦	賀周里	土蜘蛛
⑱	〃	〃	大家島（郷）	土蜘蛛
⑲	〃	〃	値嘉郷	土蜘蛛
⑳	〃	杵島	（嬢子山）	土蜘蛛
㉑	〃	藤津	能美郷	土蜘蛛
㉒	〃	彼杵	速来村	土蜘蛛
㉓	〃	〃	浮穴郷	土蜘蛛
㉔	〃	〃	周賀郷	土蜘蛛
㉕	摂津国風土記逸文			土蛛
㉖	陸奥国風土記逸文			土知朱
㉗	越後国風土記逸文			八掬脛
㉘	肥後国風土記逸文（益城郡）			土蜘蛛

蜘蛛誅滅伝承が、表19⑤の土蜘蛛誅滅伝承と地名・人名の多くが一致していることによって確認できる。国栖・土蜘蛛・八掬脛を記述の上で同一とするのは、確かに『常陸国風土記』のみである。しかし、この『常陸国風土記』の認識は諸風土記の認識の暗黙の前提でもあると考えられる。まず、次掲の居住環境からみよう。

(1)穴居とする――①⑤⑪⑬⑯㉑㉕㉖
(2)野とする――④⑧⑨⑩⑫
(3)山とする――⑦⑬⑭⑮⑳㉘
(4)遠島とする――⑲
(5)荒れた磯とする――㉔

(1)~(5)の共通点は、一般百姓の山野・野という常人の非居住域で、穴居たる点である。これはすでにみた記紀の吉野国栖・土蜘蛛と共通している。この野・山や穴居という未開ともいえる性格は、実は国栖や土蜘蛛を先住土着民とする現在までの通説の論拠となっている。この国栖・土蜘蛛＝先住土着民説は妥当なのか。

吉野国栖は天皇にたいする従属・仕奉を特色とする「今」との関係が強調され、吉野国栖は歴史的実態をともなっていた。土蜘蛛はどうなのか。伝承の時代観にかかわる土蜘蛛の記載は表19によると、次の通りである。

(a)神武――㉕
(b)崇神――②⑭㉗㉘

『日本書紀』		
条　文	始祖名	始祖記述
神武即位前紀戊午年八月乙未	磐排別之子	吉野国樔部始祖
応神紀「今」の記述――今国樔献二土毛一之日		

『日本書紀』		
条　文	始祖名	始祖記述
神代下段本文	火闌降命	是隼人等始祖也
「今」の記述――至今不離天皇宮墻之傍。代吠狗而奉事者矣。		

(c)景行――⑧⑨⑩⑪⑫⑬⑰⑲⑳㉑㉒㉓
(d)日本武尊（倭武天皇）――③④⑯㉖
(e)神功――㉔
(f)昔者・古――⑤⑥⑦⑮

(a)神武㉕は、摂津国風土記である。これは記紀における神武東征伝承から派生している。(b)崇神は、記紀では天神地祇之社を定め「天下」の平安と「人民」の繁栄を可能にし、四道将軍を派遣・戸口調査・課役賦課を開始し、「任那国」から朝貢を受けている。神武とならび「御国肇天皇」（ハツクニシラススメラミコト）と位置づけられている。[17] (c)景行・(d)日本武尊は東西辺境の征討、(e)神功は三韓征討を行い、天皇に反逆する国内外の勢力の従属を実現する。この記紀の認識を前提にして、諸国風土記での土蜘蛛征討伝承が記述されている。いずれも雄略以降のような全国平定の何らかの実態をもつ実在性の高い天皇ではなく、伝承的天皇の時代の次元で土蜘蛛征討が記述されていることを重視しなければならない。また、記紀・諸風土記の記述では、各地の土蜘蛛はほとんど誅滅され、「遠い時代」にすでに全土に存在しないことになっている。これらにたいして、明らかに誅滅されなかった土蜘蛛も存在する。⑫では天皇に御膳

表21　記紀における吉野国栖・隼人の祖と「今」

『古事記』			
吉野国栖	条文	始祖名	始祖記述
	神武記	石押分之子	吉野国巣之祖
	応神記「今」の記述——恒至二于今一　詠之歌者也		
『古事記』			
隼　人	条文	始祖名	始祖記述
	天孫降臨	火照命	阿多君之祖
	「今」の記述——至今。其溺時之種々之態。不絶仕奉也。		

をすめている。⑲では誅滅を免れ、御贄を貢納している。㉑も免死となった可能性が想定される。⑮では荒神を鎮め、㉒では難破した神功を救っている。しかし、重要なのは、これらの吉野以外の国栖・土蜘蛛には、「始祖」「祖」の記述が一切なく、「今」（八世紀段階）のことが何も語られないことである。表21に明らかなように、記紀の伝承では吉野国栖と隼人は、いずれも始祖を明記され、「今」（八世紀前半）との関係が記述されている。吉野以外の国栖・土蜘蛛と吉野国栖・隼人との間のこの差異は、何にもとづいているのか。

隼人・吉野国栖は八世紀（「今」）の段階で儀礼における仕奉の事実があったため、それを説明し、仕奉を正当化するための「始祖（祖）」「今」の記載が必要であった。しかし吉野以外の国栖・土蜘蛛については八世紀に儀礼仕奉の事実はなかったし、そもそも吉野以外の国栖・土蜘蛛などは存在しなかった。したがって、「始祖」や「今」についての記述は必要がなかったのである。「土蜘蛛」（異形の非常民）のもととなる何らかの伝承はあったのかもしれない。しかし、それを全土に拡大し、土蜘蛛という統一性を付与したのは八世紀の古代国家であった。国栖・土蜘蛛は先住土着民などではなく、古代国家が創出した虚構の住人群だったのである。

天皇に歌笛を奏上し、御贄を献上する国栖にはなぜ吉野が冠せられるのか。それは、国栖は土蜘蛛と同一であり、かつては全土に存在していたとする「歴史」の論理が古代国家の側に存在したからである。記紀や風土記の説話の次元においては、そのうち天皇に仕奉するに至った国栖は、吉野の国栖のみになる。しかし、事実は逆である。

吉野の国栖の仕奉に、全土の「常民」の非居住域住人を代表する性格を付与するために、国栖が土蜘蛛と接合され、『書紀』においては景行紀・神功紀における西海道の土蜘蛛誅滅伝承が創出された。さらに、『常陸国風土記』のように天皇にたいして反逆的な国栖が、土蜘蛛との接合を前提として創出されたのであろう。

それでは『古事記』では大和に限定されていた土蜘蛛伝承は、なぜ『書紀』では全土に拡散され、さらに風土記では国栖に接合されたのか。まず、すでに述べたように土蜘蛛・国栖の居住環境が、常人の「非居住域」と設定されたことがかかわっているのではないか。風土記における国栖・土蜘蛛の居住環境は、表20に明らかなように、野・山・遠島・荒地という常人の「非居住域」であり、穴居であった。吉野国栖も居住環境は「其土自レ京東南之。隔レ山而居二于吉野河上一。峯嶮谷深。道路狭巇《さがし》」とあるように一般百姓には居住困難な山岳地帯である。また、『万葉集』巻十に「国栖《くにす》らが春菜摘むらむ司馬の野のしばしば君を思ふこのころ」（一九一九）とあるように、吉野国栖は、風土記にみえる国栖・土蜘蛛の居住環境であり、常人の非居住域である「野」の住人とも観念されていた。さらに吉野国栖は、「夫国樸者。其為レ人甚淳朴也。毎取二山菓食一。亦煮二蝦蟆一為二上味一。名曰二毛瀰一」（応神紀十九年十月戊戌朔条）とあるように、蝦蟆（谷蟆）という象徴的な生物と密接に関連している。

蝦蟆（谷蟆）は、百姓居住域外の象徴である。『本朝月令』所引の『高橋氏文』に谷蟆について次のように記す。

山野、海河者、多邇久々乃佐和多流岐波美、加幣良乃加用布岐波美、波多乃広物、波多乃狭物、毛乃荒物、毛乃和物、供御雑物等、兼摂取持天、仕奉止依賜、

天皇の山野河海にたいする統治権のおよぶ範囲は、山野なら「多邇久々乃佐和多流岐波美」つまり谷蟆〈蝦蟆〉が渡り歩く際まで、河海なら「加幣良乃加用布岐波美」つまり櫂へらが通う際（船で行き着くはて）までであったことが知られる。祈年祭祝詞・月次祭祝詞からも同様の論理が看取される（『延喜式』祝詞3・9）。祈年祭祝詞には「皇神能敷坐島能八十島者。谷蟆能狭度極。塩沫能留限」、月次祭祝詞には「皇神乃敷坐島乃八十島者。谷蟆能狭度極。塩沫乃留限

利」とある。内陸は谷蟆の渡り歩く限りまで、海洋は船の櫂による「鹽沫」がみえる限りが、皇神（つまりは天皇）の敷き坐せる（統治する）領域と観念されていた。谷蟆（蝦蟆）は内陸における常人の非居住域の象徴である。その象徴となる谷蟆（蝦蟆）を吉野国栖は「上味」としている（『万葉集』二一六一には吉野の「かはづ」を詠んだ歌もある）。吉野国栖は明らかに内陸山野における常人の境域外の住人（非常人）であった。そして、天皇に歌笛を奏上し、御贄を献上する国栖にはなぜ吉野が冠せられるのか。それは、国栖は土蜘蛛と同一であり、かつては全土に存在していたとする天下観と「歴史」の論理が古代国家の側に存在したからである。記紀や風土記の説話の次元においては、非常人のうち天皇に仕奉するに至った国栖は、吉野の国栖のみになるからである。

記紀や風土記の説話の次元とはいえ、なぜ吉野国栖は全土の国栖・土蜘蛛と接合されていったのか。それは一九六〇年代に林屋辰三郎氏が指摘していたように、吉野国栖は諸国全土の国栖・土蜘蛛を代表していたからであった。しかし、それは先住土着民の代表などではない。国栖・土蜘蛛は先住土着民として構想されたのではなく、一般百姓の非居住域に住む非常民であり、吉野国栖はその非常人の代表だったのである。土蜘蛛は歴史的実態をもたない伝承の次元の存在であり、先住土着民とする通説はまったく成立しない。吉野国栖は、まずその非常人のもつ呪能と吉野というきわめて大きな祥瑞性によって、天皇を内部から守護する仕奉に編成された。さらに、律令制が施行され、天皇は日本的な中華世界の化外・化内双方に君臨する支配者として仮構されたが、伝統的な内陸・海洋における常人の非居住域にたいする支配も、あわせて天皇の権威を支える要素として構想された。そのような全土の国栖・土蜘蛛の代表が吉野国栖とされたのは、四夷の天下観以外に日本的な天下の要素が包摂されたことによる。

四　吉野国栖の成立

1　吉野宮造営と国栖

吉野国栖の天皇にたいする仕奉はいつ、なぜ成立したのか。神武即位前紀の吉野国樔部の祖による奉迎伝承はもちろん史実ではない。神武東征伝承自体は、(a)天孫降臨（ホノニニギの葦原中国への降臨）↓(b)ホノニニギとコノハナサクヤヒメとの婚姻およびヒコホホデミとトヨタマヒメとの婚姻による天孫の地霊および水霊の呪能の獲得↓(c)カムヤマトイワレヒコが大和入りするさいのタカミムスヒ神の「顕斎《うつしいわい》」による天孫（皇孫）の神武天皇としての即位という記紀の論理のうちの、(c)部分に位置づけられる。(18)そして、これは実は大嘗祭の祭儀に一致する。すなわち大嘗における(a)′神座（寝座）は天孫降臨を、(b)′由加物・供神御雑物は山海の政を、(c)′天皇の新穀にもとづく飲食はタカミムスヒ神の顕斎を、それぞれ表象していると考えられる。また、大嘗祭は①隼人の風俗歌舞、②吉野国栖の古風、③久米舞などの奏上をともなう。①は皇孫の水霊・地霊の呪能の獲得、②③は皇孫の大和入りを表象している。(19)神武即位前紀における吉野国樔部の祖の奉迎説話は、壬申の乱のさいに大海人が吉野を経由した事実に根ざしてはいる。ただし事実としては、むしろ大嘗祭における吉野国栖の仕奉を説明（正当化）するために、同時に天皇による全国統治が悠久無限であることを示すために創作されたのである。

『書紀』応神十九年十月戊戌朔条は、応神による「吉野宮」行幸の時が、吉野国栖の仕奉のはじまりだとしている。「吉野宮」との関係が吉野国栖仕奉の創始を検討するさいの指標の一つであることは間違いない。ただし、吉野宮跡であることが確定した宮滝遺跡の遺構が七世紀中ごろより以前に遡及しないことから（下層は弥生・縄文時代の遺跡）、(20)応神記・紀、雄略紀の吉野国栖伝承は史実ではないとされている。それでは次に『書紀』斉明二年（六五六）是歳条に吉野宮造営のことが記されている斉明期についてはどうか。吉野宮として確定された宮滝遺跡は、第一期は七世紀中頃を中心とした時期（斉明期ごろ）、第二期は七世紀後半から八世紀初頭（持統期ごろ）、第三期は八世紀前半から中頃（聖武期の「吉野離宮」）、第四期は九世紀末から十世紀初頭頃の年代観が与えられている。[21] 出土土器類から斉明期の吉野宮とされる第一期の宮滝遺跡は、河岸段丘第二段に存在する。東西約五〇メートル、南北約二〇メートルの不整形で、中島をともなう広大な池が中心的施設だったとされている。池の西側に配置された鍔付土管は給排水に用いられたとみられている。また、東西三五メートルの柵列が確認されている。さらに、第一期宮滝遺跡は、八世紀に祈雨・止雨祭祀の対象とされた吉野水分嶺に比定される青根ケ峯を望める位置を選んで造営されているという坂靖氏の見解が有力である。[22] したがって、以上の考古学の成果から知られるところでは、斉明期吉野宮と国栖との関係は不明といわざるをえない。

そもそも第一期宮滝遺跡に相当する斉明期の吉野宮造営の目的は、どこにあるのか。祈雨から説明する見解が考古学では通説的位置を占める。しかし、坂氏によれば、宮滝遺跡第一期の遺構は中島をもつ不整形の池を中心とし、同時期の明日香村嶋の庄遺跡・桜井市上之宮遺跡の園池遺構にも類似するという。確かに『書紀』斉明五年（六五九）三月戊寅朔条には「天皇幸二吉野一而肆宴焉」とあり、吉野宮の園池で宴会が催されていることが確認できる。しかし、これは有間皇子事件をはさんだ紀温湯行幸から正月三日に帰還のあと、三月一日の吉野、同月三日の近江平浦の行幸となっており、この時の吉野宮行幸が祭祀とかかわるかどうかは不明である。何よりも斉明期における吉野宮造営の理由は、『書紀』斉明二年是歳条全体の論理に沿ったものでなければならない。斉明は皇極時代に祈雨に成功した経緯をもつ。『書紀』皇極元年に臣下のどの祈雨祭祀も成功しなかったのにたいして、同年八月甲申朔条には皇極のみが飛鳥川上流の「南淵河上」の祭祀によって祈雨に成功したことが記されている。[23] しかし、吉野宮について同様のことがいえるのだろうか。斉明期における吉野宮の造営のことは、『書紀』斉明二年（六五六）是歳条に記されている。しかし当該条は、(1)後飛鳥岡本宮に宮室を起こし遷都したこと、(2)田身嶺（多武峰）に両槻宮を造営したこと、(3)香具山の西から石上山に至る「狂心渠」を引き、さらに吉野宮を造営したこと、(4)後飛鳥岡本宮で百済使が鸚鵡を献上したこと、(5)（後）飛鳥岡本宮に火災があったこと、という一連の後飛鳥岡本宮関連記事からなる。吉野宮造営あるいは行幸の目的は、後飛鳥岡本宮にかかわる一連の造営記事の一つであることから究明する必要がある。

そこで重要となるのは、考古学による発掘成果をふくめた近年の飛鳥京（後飛鳥岡本宮）の理解である。川口勝康氏によれば、斉明期の後飛鳥岡本宮、田身嶺の両槻宮とそれをめぐる垣、「狂心の渠」によって運び上げられた石を積み重ねた「宮の東の山」の石垣などの「興事」は、倭国王の権威を強化するための大規模な装置づくりであった[24]。そして、水落遺跡に存在した漏刻は水にかかわる。斉明期に水落遺跡と一体化していた石神遺跡は、石敷広場があり、外国使節などの饗応施設であった。そこに置かれ、現在「須弥山石」「道祖神」と呼ばれている石造品は噴水施設でもあった。近接する亀形石槽・酒船石は飛鳥京への水の供給設備であることが判明した。しかも、亀形石は導水・浄化装置によって「聖なる水」が得られると考えられた可能性が高い[25]。このように飛鳥全体が「水の都」であった可能性が高く[26]、ここでは「聖なる水」が重要な意味をもった。とすると、王権の純化をはかる斉明にとっては、それまでの飛鳥川の水との関連では不十分となる。そこで王権の独自性を現出するために見出されたのが「吉野の水」だったのではないか。吉野川水系の水は奈良盆地（国中）を潤すことはないが、その瑞祥性・神聖性は飛鳥京についても有効だと考えられていたことは、その後の律令国家による吉野水分嶺や丹生川上神の信仰・祭祀によって裏づけられる[27]。このような考古学の成果や文献史料から考える限り、斉明期に吉野の水との関連は想定できたとしても、吉野国栖との関連を想定する根拠はない。

次の天智期はどうか。天智紀の吉野関連記事は天智十年（六七一）の大海人の吉野宮入りしかない（『書紀』天智十年〔六七一〕十月壬午、天武天皇即位前紀）。吉野宮は斉明二年造営以来、中央政府によって維持され、当初の祭祀は継続していたことが想定される。この祭祀には吉野国栖の関与は認められない。『類聚三代格』巻一、寛平七年（八九五）六月廿六日太政官符によれば、大和国丹生川上雨師神社の祭祀は、大和《おおやまと》神社神主―別社丹生川上雨師神祝祢宜等の関係で行われていたことが看取される。大和神社（大倭坐大国魂社）神主の大和氏は、倭国造の倭直の後裔である。倭直氏は天武十二年（六八三）に倭連、同十四（六八五）年に倭忌寸、天平九年（七三七）に倭宿祢（大倭宿祢）を賜姓されている。この大和国造の大和氏が全土の祈雨・止雨にかかわる丹生川上社の祭祀の上位に位置していたが、在地における祭祀は大和神社の「別社」の神祝・祢宜が執行していた。在地の神祝・祢宜とは、吉野郡領氏族から選定されたはずである。吉野郡領氏族としては、『続日本後紀』嘉祥元年（八四八）十一月辛未条に「大和国吉野郡大領吉野連豊益」がみえる。さらに、『書紀』天武十二年（六八三）十月己未条で、「吉野首」に連を賜姓したことがみえる。『書紀』神武即位前紀戊午年八月乙未条や『古事記』神武段の東征伝承において、吉野国栖の祖とともにあらわれる吉野首の祖は、吉野における祈雨・止雨祭祀に関連して記述されたのであり、斉明～天智期の吉野宮は吉野国栖との関係をもたない。[28]

次に和田萃氏が壬申の乱のさいに吉野国栖との交流を想定した天武期はどうか。天武は壬申の乱にさいして斉明期以来維持されてきた吉野宮に隠棲した。しかし、即位の吉野行幸は天武八年（六七九）のみである（同年五月甲申条）。「吉野の盟い」[29]で周知の皇親の結束がはかられたこの行幸は、五月五日に行われていることからみて薬猟を目的としていたみてよい。天智期の著名な蒲生野の薬猟も天智への支配層の服属と結集をはかるものであった（『書紀』天智七年（六六八）五月五日条）。したがって、天武八年（六九七）の吉野行幸には吉野国栖との関係は見出せない。

以上、天武期以前の吉野宮は全土の祈雨・止雨という「水」の祭祀とかかわる場であり、吉野宮行幸にも吉野国栖との関係は検出できない。

表22　広瀬竜田祭祀と祈雨・止雨祭祀

	広瀬・龍田祭祀		祈　雨	止　雨
	4月	7月		
天武4(675)	癸未(10)		6月是月	
天武5(676)	辛丑4	壬午16		
天武6(677)		癸亥3		
天武7(678)				
天武8(679)	己未9	壬辰14		
天武9(680)	甲寅10	辛巳8		
天武10(681)	庚子2	丁丑10		
天武11(682)	辛未9	壬寅11		
天武12(683)	戊寅21	乙巳20	7月庚子15	
天武13(684)	甲子13	戊午9		
天武14(685)	丁亥12	乙丑21		
朱鳥元(686)		甲寅16		
持統元(687)				
持統2(688)			7月丁卯11、丙子20	
持統3(689)				
持統4(690)	己酉3	癸巳18	4月戊辰22	
持統5(691)	辛亥11	甲申15		5月戊子18
持統6(692)	甲寅19	甲辰11	6月甲戌11	
持統7(693)	丙子17	己亥12	7月辛丑14・己卯16	
持統8(694)	丙寅13	丁酉15		
持統9(695)	丙戌9	戊辰23	6月己卯3	
持統10(696)	辛巳10	戊申8		
持統11(697)	己卯14	丙午12	6月（癸卯？）	
文武2(698)			4月戊午29、5月甲子5	
			6月丙申28	
大宝元(701)			4月戊午15、6丙寅25	
大宝二(702)			6月丙寅25、	
大宝三(703)			7月丙午17	
慶雲四(704)			6丙子22、7月壬辰9	

2　持統期の吉野宮行幸と国栖

持統期についても宮滝遺跡（吉野宮）から吉野水分嶺（青根ケ峯）を望むことができることを理由として、吉野宮は遊園のための施設ではなく、祈雨と関係をも目的としていたとする見解が有力である[30]。しかし、表22に明らかなように、天武四年（六七五）以降中央政府は風雨順調の実現を目的とする広瀬・龍田祭祀を行っている。広瀬・龍田の両社は奈良盆地に存在するが、『延喜式』祝詞によれば、その祭祀は大和一国に限定されるものではなく、それぞれ「天下乃公民乃取作礼留奥都御歳」（5広瀬大忌祭条）、「天下乃公民乃作物」（6龍田風神祭条）の豊穣を目的としている。また、表22によれば両祭

表23　歴代天皇吉野行幸

	出発月日	備　考
斉明五 659	3/1	斉明二 656 吉野宮造営。『万葉集』75 も斉明五行幸
（天智十 671）		大海人隠棲 10/17〜翌年 6/24
天武八 679	5/5	「吉野の盟」、5/5 は薬猟の日にあたる
680〜 688 行幸なし		
持統三 689	1/18、8/4	4/13 草壁死去
持統四 690	2/17、5/3、8/4、10/5、12/12	持統四 1/1 即位
持統五 691	1/16、4/16、7/3、10/13	
持統六 692	5/12、7/9、10/12	
持統七 693	3/6、5/1、7/7、8/17、11/5	
持統八 694	1/24、4/7、9/4	12/6 藤原遷都
持統九 695	2/8、3/12、6/18、8/24、12/6	
持統十 696	2/3、4/28、6/18	
持統十一 697	4/7	6/?持統、病　8/1 持統、文武に譲位
698〜 700 行幸なし		
大宝元 701	2/20	
大宝元 701	6/29	持統太上天皇吉野離宮行幸
大宝二 702	7/11	12/22 持統太上天皇死去
養老七 723	5/9	
神亀元 724	3/5	『万葉集』929 左注は神亀二年五月。聖武 2/4 即位
天平八 736	6/27	『万葉集』1005 も天平八

祀は『書紀』では記事がない場合があるものの、天武四年（六七五）以降持統期にかけて毎年四月・七月に定期的・継続的に祭祀が行われていたことが読み取れる。『続日本紀』では大宝神祇令で両祭祀が規定されたことにより、両祭祀は記事として残されなかったとしても、広瀬・龍田祭が天武四年以降連綿と行われていたことは確実であろう。また表22に明らかなように、両祭祀以外にも臨時の祈雨・止雨祭祀が天武朝以降行われていた。持統による吉野行幸が祈雨や天候にかかわるとする説は疑問ではないか。

持統期の吉野宮とされる第二期の宮滝遺跡は第一期同様、河岸段丘第一段に存在するが、かなりの変化がみられる。まず、池の東側は祭祀が継続されていたものの、西側は鍔付土管が廃棄されるなど、その機能はいちじるしく低下したと考えられている。また、持統期の第二期の施設は斉明期の第一期の施設を踏襲し、なおかつ拡張していたとみられ、二間×四間の東西方向の掘立柱建物が一棟、園池遺構と国道の間から西にかけて数列の柱列などがみつかっている。一定の範囲のなかに建物群が整然と並ぶという状態ではなかったらしい(31)。持統期の吉野宮は宮都の「水」にかかわる斉明期の祭祀を一部継承しつつも、別の意味をもつようになっていたことが看取されよう。

表23によれば、太上天皇時代の一回をふくめ三二回にもおよぶ持統の吉野行幸は、それだけで前後の天皇にはみられない特徴となっている。また、行幸の実施が季節に関係がないこと、同時に広瀬・龍田両祭祀や祈雨・止雨祭祀が行われていることから、持統の吉野行幸を「水」や「雨」の祭祀を第一義の目的とすることは穏当ではない。

『書紀』応神十九年十月戊戌朔条（「はじめに」で掲げた史料、ここでは「応神紀」と略記）には、『書紀』にとっての「今」として「其土自レ京東南之」とある。吉野を東南とする京は、倭京か藤原京である(32)。とするとこの応神紀の伝承の「今」は、持統の時代である可能性が高い。しかも、応神紀には「幸二吉野宮一。時国樔人来朝之」とあり、ここには儀式書にはみえない醴酒（大御酒）献上が記されている。大御酒献上はまさに持統期特有の儀礼ではなかったか。「雨」や「水」との直接的関係にはない持統の吉野行幸は、吉野国栖の上京制成立以前の現地における仕奉とかかわっていたのではないか。第二節でみたように、儀式書で呼称が固定的な「御贄」が記紀では「大贄」「土毛」とあること、「歌笛」が「歌」とあることは、吉野国栖の仕奉が八世紀前半までに儀礼として形式面で流動的だったことを示唆している。それは応神紀に「本希二朝来一。然自レ此之後。屢参赴以献二土毛一」とあることは、「今」つまり持統期段階でもなお吉野国栖の上京は「屢」＝不定期だったのである。

表23に明らかなように年間五回におよぶ時もある持統の吉野行幸は、儀式書で御贄・歌笛奏上を諸節会においてとする吉野国栖の仕奉の頻度に照応している。表23によれば、さらに持統十一年（六九七）六月には持統の病気、八月には持統譲位・文武即位のことはあるものの、持統十一年二月以降大宝元年二月まで吉野行幸の記事がないのは、吉野国栖の上京制がはじまり、『儀式』として形式が整備されつつあったことを示すとすると、整合的な解釈が可能であ

る。『書紀』や『続紀』で雄略以降の吉野国栖の記事がないのは、記紀の論理では応神までに吉野国栖の上京制が整備されたことになっているためであろう。また、応神紀以降斉明紀以前で吉野行幸記事があるのは雄略紀のみである（二年十月癸酉・丙子条、四年八月戊申条）。これは『万葉集』巻一が雄略―舒明―皇極（斉明）―天智―天武―持統―文武・元明の各天皇を追って、持統系統の正当性を示す役割をはたしていたとされているように、持統・文武にとって雄略が「始祖」として重要な意味をもっていたからであろう。(33) 自らの「始祖」とした雄略の記録として吉野行幸記事を載せることは、持統期における吉野国栖との関係を正当化するためには必須の前提だったといえよう。

かくして、吉野国栖の仕奉および上京制が成立したのは持統期であることが明らかとなった。持統はなぜ、吉野国栖の仕奉を創始したのか。表23にも示したとおり、天武の死後皇位を継承するはずだった草壁が死去する持統三年（六八九）四月以前から、持統の吉野行幸が開始されている。また、自らの血統の文武が即位する年である持統十一年（六九七）から持統の吉野行幸は、しばらく停止している。第二節で明らかにしたように、吉野国栖の仕奉の第一義的な目的は、天皇の寿福と在位の永続化（あるいは在位中の息災）を呪的に実現することにある。とすれば、当初の吉野行幸と吉野国栖との関連は、草壁の寿福や持統自らの皇位の永続化あるいは在位中の息災を実現しようとするものではなかったか。

斉明～天武期までの吉野宮は、「水の都」ともいうべき後飛鳥岡本宮と関連するが、吉野国栖との関係は検出されない。持統の代に天皇の寿福と在位中の息災と在位の永続化をはかる吉野国栖の呪的効果が期待され、頻繁な吉野行幸が行われたが、律令体制の成立と並行して吉野国栖の上京制に移行し、頻繁な吉野行幸は停止する。記紀における神武東征伝承に吉野国栖の始祖が登場するのは、大嘗祭における吉野国栖の仕奉を正当化すると同時に天皇の天下支配が悠久無限であることを認識させるためであった。神話から事実を抽出するのではなく、事実から神話を説明しなければならない。

大宝元年（七〇一）の文武・持統、大宝二年（七〇二）の文武による吉野行幸は持統期の吉野行幸とは異なる意味をもっていたことになる。吉野現地における吉野国栖との関係はさらに希薄化したのであろう。文武期よりあとは、行幸記事の間隔が長くなり、元明期には吉野行幸の記事すらない。芳野監がおかれていた養老七年の元正、神亀元年・天平八年の聖武の吉野行幸は、どのような意味をもっていたのだろうか。宮滝遺跡の発掘調査によれば、八世紀前半～中ごろには吉野宮の立地や構造が変化している。聖武の時期を中心とする第三期の宮滝遺跡は最も規模が大きく、第一、第二期から約六〇メートル西に移動している。そして、縄文時代の遺物包含層の上に方位を磁北にとる奈良時代の大規模な石敷きの遺構や掘立柱建物が検出されている[34]。また、第一・第二期の遺構群である斉明朝・持統朝の吉野宮は水分山である青根ヶ峯の望める場所に造営されたのにたいして、第三期の遺構群である聖武朝の吉野離宮は青根ヶ峯を望む位置にない[35]。さらに、第一期には吉野宮の中心的施設だったと考えられている池跡からは、八世紀前半に廃棄された祭祀用の大量の土器が出土している。池の施設は奈良時代の元正期もしくは聖武期の頃に全く不要のものとなり、祭祀に使用された土器群もその時に廃棄されたものと考えられている[36]。霊亀二年（七一六）四月の和泉監設置とほぼ同時期に大倭国から芳野監が分立したとされている。監は職（左右京職・摂津職）や国に準ずる行政単位で、唐の京県畿県の制に倣い、離宮の所在地に置かれ、離宮の事務を管理したとされている。吉野宮は「吉野離宮」として、天皇の宮城の一分枝として位置づけられ、磁北の正方位を基準とする建物配置となる。ここに至り、吉野宮は吉野国栖はもちろん、祈雨・止雨との関係も稀薄となった。吉野国栖も体制内化していったと考えられる。

注

（1）林屋辰三郎「中世芸能史の研究」（岩波書店、一九六一年）第二章。林屋氏の見解はすべてこれによる。
（2）和田萃「吉野の国栖と王権・国家」（『歴史評論』五九七、二〇〇〇年）。

（3）喜田貞吉「国栖と国樔部」（『喜田貞吉著作集』第8巻、平凡社、一九七九年、初出は一九三八年）。

（4）また、新嘗会を除いて「若有二蕃客一不レ奏レ歌。他皆放レ之」とあり、蕃客（このころは渤海使）が参列した場合、御贄だけ献上し、歌笛は奏上しない規定だったことが知られる。この他の儀式書における国栖の参列については、永田一「俘囚の節会参加について―隼人・吉野国栖との比較を通じて―」（『延喜式研究』二三、二〇一〇年）参照。ちなみに永田氏は『内裏式』ではじめて隼人のことが規定され、『儀式』ではじめて俘囚のことが規定されることを、隼人・俘囚（蝦夷）支配の変化から説明している。しかし、弘仁式の詳細な規定が不明なため、事実関係は確定できない。あるいは、『内裏式』では蕃客が儀礼に参列する場合、さまざまな儀式が停止になったり、通例と変更されている例が多い。蕃客との関係で隼人・俘囚の規定が『内裏式』に明文化されなかった可能性もあるのではなかろうか。

（5）和田前掲注（2）論文。

（6）田辺尚雄『日本音楽史』（東京電機大学出版部、一九六三年）。

（7）土橋寛『古代歌謡全注釈　古事記編』（角川書店、一九七二年）および土橋寛『古代歌謡全注釈　日本書紀編』（角川書店、一九七六年）。

（8）樋口知志「贄と公出挙をめぐって」（吉村武彦・吉岡眞之編『争点日本の歴史　第三巻　古代編Ⅱ』〈新人物往来社、一九九一年〉）。

（9）たとえば、勝浦令子「律令制下贄貢納の変遷」（『日本歴史』三五二、一九七七年）参照。

（10）鬼頭清明「贄貢進についての再検討」（『文化財論叢』〈同朋舎出版、一九八三年〉）。

（11）原口耕一郎「国栖の歌笛奏上とこれに関わる官司」（『人間文化研究』〈名古屋市立大学大学院人間文化研究所〉四、二〇〇六年）。

（12）梅村喬「律令財政と天皇」（『日本史研究』二三五、一九八二年）。

（13）川副武胤「古事記吉野考」（『古事記年報』一八、一九七六年）。和田萃氏は、神仙思想における仙薬の一つとなる水銀の鉱床が豊富に存在したこと、国土の順調な風雨にかかわると考えられていた吉野水分嶺（青根ケ峯）が存在していたことにより、吉野が清浄な神仙境とされていったとしている（「古代の吉野」〔増補吉野町史編集委員会編『増補吉野町史』吉野町、二〇〇四年））。

（14）熊野の山を死者の世界、海を常世へ通じる他界とする見解もある（和田萃「吉野・熊野の験者」（『日本古代の儀礼と祭祀・信仰』塙書房、一九九五年、下巻Ⅴ章第八、初出は一九八五年））。

（15）「常人」は「常」が「いつも」を意味せず、「ふつう」「なみ」の意味。たとえば、『三代実録』元慶八年（八八四）五月廿九日戊子条「晋書志云。丞相非二常人之職一」、同仁和元年（八八五）閏三月六日辛卯条「左弁官使部大石益行妻産レ女。無二臂大孔一、糞出二自口一。但其陰如二常人一。数日而死。」、『令集解』職員令60隼人司条穴記「其歌儛。不レ在二常人之歌儛一」、『万葉集』四〇八の「常人の恋ふ」などがある。

（16）『書紀』天智十年（六七一）十二月癸酉条には、年魚は天智の殯宮儀礼の祭に詠まれたとされる、「み吉野の、吉野の鮎、鮎こそは、島傍《しまへ》も良《え》き、え苦しゑ、水葱《なぎ》の下《もと》、芹の下、吾は苦しゑ」の童謡が掲げられている。年魚（鮎）は吉野を象徴する土毛であった。また、象徴にとどまらず、それらの服食物は無病長寿の効果があると観念されていた可能性もある。たとえば菌は『書紀』皇極三年（六四四）三月条には、倭国菟田郡の菟田山で採取された「紫菌」を煮て食べた押坂直らが無病長寿となった話が載録されている。

（17）吉村武彦「ヤマト王権の対立と律令制国家の形成」（『列島の古代史8　古代史の流れ』岩波書店、二〇〇六年）。

（18）菊地照夫「書評溝口睦子著『王権神話の二元構造—タカミムスヒとアマテラス—』」（『歴史評論』六二四、二〇〇三年）、同「天武朝期の新嘗と諸国大祓」（服藤早苗他編『ケガレの文化史』（森話社、二〇〇五年））など。

（19）伊藤循「大嘗祭の酒と村落祭祀」（吉村武彦編『日本古代の国家と王権・社会』（塙書房、二〇一四年））。

（20）和田萃「持統女帝の吉野行幸」（『日本古代の儀礼と祭祀・信仰』（塙書房、一九九五年、初出は一九八六年）下巻Ⅴ章第七）。

（21）前園實知雄「考古学からみた宮瀧遺跡」（桐井雅行監修『憧憬古代史の吉野—記紀・万葉・懐風藻の風土—』（吉野町観光経済課、一九九二年））。

（22）坂靖「最近の宮滝遺跡の調査から—園池遺構を中心に—」（増補吉野町史編集委員会編『増補吉野町史』（吉野町、二〇〇四年））。以下、坂氏の見解はこれによる。

（23）和田萃氏は、ここから斉明のシャーマン的性格を指摘する（前掲注（20）論文、一七九頁）。

(24)　川口勝康「古代の飛鳥について」（『東京都立大学人文学報』三二、二〇〇四年）。
(25)　和田萃『飛鳥―歴史と風土を歩く―』（岩波書店、二〇〇三年）、川口前掲注（24）論文。
(26)　河上邦彦『飛鳥を掘る』（講談社、二〇〇三年）、千田稔『飛鳥』（中央公論社、二〇〇一年）。
(27)　川口前掲注（24）論文。
(28)　和田萃氏は祈雨・止雨の祭祀対象は八世紀前半までは『延喜式』祝詞3の祈年祭祝詞にもみえる吉野水分嶺（青根ケ峯）であったが、八世紀後半以後より上流の丹生川上社（『続日本紀』天平宝字七年（七六三）五月庚午条初見）に移るとしている（前掲注（2）論文）。しかし、『書紀』神武即位前紀戊午年九月戊辰条には倭直―丹生川上のことが記述されており、『書紀』編纂時には丹生川上社の祭祀は機能していたのではないか。
(29)　和田萃「薬猟と本草集中」（『日本古代の儀礼と祭祀・信仰』塙書房、一九九五年、初出は一九七八年、中巻Ⅳ章第三）。
(30)　和田前掲注（20）論文、坂前掲注（22）論文。和田氏は斉明・持統のシャーマン（巫女）的性格さえ指摘する。
(31)　前園前掲注（21）論文
(32)　和田前掲注（2）論文。
(33)　小川靖彦「持統王家の集としての『万葉集』巻二」（『日本女子大学紀要、文学部』五〇、二〇〇一年）、同「持統系皇統の始祖としての雄略天皇」（『日本女子大学紀要、文学部』五二、二〇〇三年）。
(34)　坂前掲注（22）書。
(35)　前園前掲注（21）論文。
(36)　坂前掲注（22）論文。

第八章　隼人研究の現状と課題—永山修一氏『隼人と古代日本』とその後—

特異な様相を呈する隼人支配の特質の解明は、古代国家による辺境支配のもつ歴史的意義にかかわるだけではなく、天皇制の特質にもかかわる重要なテーマといえよう。副題にかかげた永山氏の著作『隼人と古代日本』（同成社、二〇〇九年、以下永山著書とする）は、これまでの隼人研究の総決算の意味をもつばかりでなく、隼人を「擬似民族集団」として措定する画期的な観点を提示した。永山氏の著書を中心に、今後も隼人研究が展開していくことはまちがいない。そこで、本章では永山氏の所論とその後の隼人に関する諸論考を検討し、今後の隼人研究の課題を提起する。それには隼人研究史における永山説の座標軸的位置を確認しておく必要があるが、まず永山著書以前の研究史を概観しておきたい。

一　永山氏の著書以前の隼人研究

戦前の隼人研究は異民族論の観点から行われ、喜田貞吉に代表される研究では、主として風俗、容貌、言語などが問題とされた[1]。戦後一九五〇年代までの井上光貞氏の部民・軍事制度の研究、林屋辰三郎氏の儀礼研究[2]、あるいは一九六〇年代までの乙益重隆氏らの墓制研究[3]などがすぐれた実証的成果を出しながらも、やはり喜田の異民族論に規定されていることによる限界性をもつことは、永山著書が明快に描き出したところである。

隼人に関する民族論的視点を払拭し、歴史学的考察を豊かにしたのは、永山著書ではふれられていない一九六〇年代の高橋富雄氏の辺境人論、石母田正氏の化外人・夷狄論であろう。高橋氏は隼人・蝦夷は異民族ではなく、倭人のうちの「辺境のまつろわぬ民」（＝辺境人）であったことに、古代国家の征討の対象になった要因を求めた。(4)石母田氏は古代国家は「諸蕃」たる朝鮮諸国と、「夷狄」たる隼人・蝦夷を古代国家の実効的支配外にある化外人とし、これらの化外人と国家的支配のもとにある化内の双方に君臨することによって、天皇は専制君主として存在しえたとした。(5)また、律令国家による中華思想を前提として化外の諸蕃や夷狄を従属させる体制を、古代帝国主義としてとらえた。一九七〇年代における井上辰雄氏の隼人論は、辺境人論と夷狄論にもとづいており、辺境人たる隼人支配の特殊性の基盤を隼人が夷狄とされたことに求め、律令制支配への編成という脈絡で隼人政策をとらえた。(6)一九七〇年代後半から井上辰雄氏の研究を批判的に継承し、隼人研究をリードしたのは中村明蔵氏である。中村氏は隼人と民族論との関係には言及せず、また一九八〇年代から有力化した古代帝国主義論を採用せず（中華国家とする）、南九州において焼畑農耕と狩猟を主要な生業とし、一般「公民」と異なる属性をもつ集団が隼人とされたこと、隼人は古代国家の中華思想を充足させるべく朝貢制を強制されたこと、朝貢制に付随してさまざまな仕奉をも強制されたことなどを主張した。(7)

中村氏らの研究に並行して、石上英一氏は一九八〇年代に辺境人論と古代帝国主義論にもとづき、古代国家による隼人・蝦夷の服属過程を描写した。「異民族」ではない蝦夷・隼人を征討・支配する古代帝国主義は古代専制国家の存立基盤となっていたとした。また、石上氏は同時期における蝦夷の異質性を強調する視角とエスニシティー論とを融合し、蝦夷・隼人は古代国家を帝国主義として存立させるために、倭人との共通性を意図的に隠蔽して異質性を強調することで国家が政治的に創出した擬似民族集団であるとした。(8)このあとに、永山氏の研究が位置づけられる。

二　永山氏『隼人と古代日本』と問題点

前節で概観した一九九〇年代までの隼人研究と、めざましい考古学的研究の成果を包摂して、永山氏は新たな隼人論を提起した。永山氏は、長期にわたる原始・古代の南九州において、南九州住人が隼人とされたのはわずか一二〇年あまりにすぎず、しかも夷狄とされたのはほんのわずかの期間でしかないことから、この特殊な認識・時代を相対化するための南九州の古代史叙述を最大の目的としている。そのためのキーワードは、石上英一氏が提唱した「擬似民族集団」説である。そして、八世紀をつうじて隼人は夷狄身分だったとする通説的理解に疑義を呈し、永山氏は隼人が夷狄とされたのは八世紀前半までであり、中葉以降は「夷人雑類」であったとするなど、画期的な隼人論を提起している。永山著書を解釈すると、次のような論理構成となる。

(1)　隼人朝貢開始の天武期以前〔第一章「古墳時代の南九州」〕

(2)　隼人朝貢期〔第二章「隼人の登場」〈開始〉、第三章「隼人の戦いと国郡制」〈律令制浸透期〉、第四章「隼人支配の特質」〈八世紀における支配の特質〉〕

(3)　隼人朝貢停止期〔第五章「隼人の『消滅』」〕

(4)　隼人消滅以後〔第六章「平安時代前期の南九州」〈九・十世紀〉・第七章「平安時代中期の南九州」〈摂関期〉〕

永山著書を、論理構成にしたがって概観しよう。(1)天武期〔朝貢開始〕以前の南九州と隼人について。一九七〇年代以前の古墳時代の隼人に言及する研究は、既述のとおり、井上光貞氏の部民論、林屋辰三郎氏の芸能論においても隼人＝異民族説が前提とされていた。また、乙益重隆氏らによる南九州の墓制論では「孤立性と停滞性」が強調されていた。このように、一九七〇年代までの諸研究は、戦前の喜田貞吉による隼人論の影響を払拭できていない。一九八〇年代以降の考古学では、従来隼人特有の墓制と解釈されてきた地下式横穴墓・地下式板石石室墓は、むしろ畿内型高塚古墳との関係において築造されたことが明らかとなり、古墳時代における南九州と畿内との関連は否定できず、古墳時代における南九州の「孤立性と停滞性」を強調する説は後退していた。しかし、一九九〇年代以降の考古学における墓制・土器・鉄鏃などの分析によれば、古墳時代後期以降の大隅・薩摩の隼人域では「ヤマト政権」との関係が希薄化しており、この異質性が隼人の「擬似民族集団」化の前提となる。

(2)八世紀（朝貢期）の南九州と隼人について。『書紀』天武十一年（六八二）七月甲午条の「隼人多来。貢㆓方物㆒。是日。大隅隼人与㆓阿多隼人㆒。相㆓撲於朝庭㆒。大隅隼人勝之」は、隼人朝貢（つまり隼人支配）の確実な初見史料である。したがって、天武期以前の隼人支配の存在につながるとされる史料や考古学上の痕跡は、隼人のものではない。景行記・紀などの熊襲は過去においてヤマト王権に服属した南九州住人ではあるが、これはのちの曽君（大隅側）につながる強大な勢力の存在を意味しても、あくまでも「荒々しいソ（曽）」であって隼人ではない。八世紀以降の諸県舞の存在などから、日向国諸県君の服属は五世紀に遡及する可能性もある。履中記・紀（後掲の史料1・2）にみえる近習隼人などはその反映だと仮定しえたとしても、隼人とするのは後世の潤色であり、天武期以前の隼人の存在証明たりえない。

天武期の隼人は、古墳時代後期以降、文化的独自性と異質性を高めていた南九州住人を、中華思想の夷狄観にもとづいて政治的に編成した隼人という「擬似民族集団」であり、主として日本の古代国家の中華思想を充足する朝貢儀礼を強制するために成立した。中央政府にとって南九州は、朝貢によって天皇制を荘厳する夷狄である隼人の居住地として位置づけられると同時に、最終的にはその地域に律令制度を浸透させ、華夏と同様な支配を実現すべき地域として位置づけられた。また、大隅・薩摩域は律令制による①国郡制支配、②籍帳支配、③班田制、④田租・調庸制が完全には浸透しておらず、律令制を浸透させようとする国家の政策にたいして、南九州住人はしばしば「戦い」（「反乱」の語は中央史観によるとする）を起こしたので、当該地域には蝦夷支配と同様、国内に城柵が建置される。また、城柵設置、公民郡・非公民郡による支配などの点で、隼人政策は東北辺境における蝦夷政策との共通性をもつ。さらに、天平八年（七三七）度『薩麻国正税帳』（以下『薩麻国正税帳』と略記）の分析によれば、律令制は非隼人郡（公民郡）である国府周辺から徐々に隼人郡に浸透していったことが知られる。その結果「戦い」も起こらなくなり、八世紀中葉には隼人は夷狄身分ではなくなる。しかし、依然として国司の直接的支配はなく、郡司の「自治」を前提とする統治が行われていた。この段階の隼人は夷狄身分ではなく、中国の羈縻州支配に類似する「夷人雑類」身分といえる。

(3)朝貢停止と南九州の隼人について。『類聚国史』一九〇、延暦二十年（八〇一）六月辛未条にみえる「停㆔大宰府進㆓隼人㆒」により、大隅・薩摩両国からの上京隼人制は停止になった。この直前の『類聚国史』一五九、延暦十九年（八〇〇）十二月辛未条に「収㆓大隅・薩摩両国百姓墾田㆒。便授㆓口分㆒」とあるように、隼人居住地における班田が実施されている。八世紀後期までに大隅・薩摩域では籍帳支配が確立し、班田制の実施による隼人にたいする律令制の完全適用により、「隼人朝貢制」は停止になる。公民化したため、夷人雑類としての朝貢をともなう上京隼人は意義を失ったからである。律令制の「浸透」を促進した要素として、通説では他国からの移配された柵戸、仏教布教、郡司層の存在が指摘されている。これに加えて、首長層の子弟が上京して大舎人となり、官僚的習熟をはたして郡司となるというシステム、国府間道路、国府・郡家間道路の存在、律令的祭祀の展開なども、隼人社会に律令制を「浸透」させた要素といえる。

(4)朝貢制停止以後の南九州について。隼人朝貢停止後、隼人の呼称は消滅する。ここから隼人は天武期～桓武期までの朝貢制に規定されて出現した呼称であり、政治的必要性により編成された「擬似民族集団」といえる。また、律令制の適用により大隅・薩摩両国では、八世紀と比較して十世紀まで郷数増加が著しく、正税公廨の出挙量も増大し財政の自立化が実現した。通説では大隅・薩摩域の歴史は普遍的な日本史のなかに埋没する傾向にあるが、実は律令制適用以後も財政の厳しさは続き、南九州住人にたいする差別視は消滅せず、隼人とは呼ばれなくとも「野族」という認識が存続した（『文徳実録』仁寿三年（八五三）七月丙辰条）。これに続く平安中期の通説的歴史像は受領支配が進行し、荘園制が形成されていくとしている。しかし、南九州では複雑な様相を呈し、日本最大の荘園となる島津荘の成立には、「受領」化した大宰府官長、薩摩国司、在地有力者間の対立・抗争や摂関家の利害という諸要素がかかわっている。また、島津荘成立の大きな要因として、中央貴族の需要を高めてきたヤコウガイなどの南方物産の集散地たる南九州の「境界領域」としての特性が重視される。以上が永山著書の論旨である。

永山氏は、天武期より以前、とりわけ古墳時代における南九州住人の隼人としての近畿移住を強く否定し、天武期以降の朝貢の開始をもって隼人支配の開始とする中村明蔵氏の説を徹底化した。そしてこれにとどまらず、律令制が浸透しはじめる天平期以降の隼人は唐制の羈縻州支配に類似する夷人雑類身分として把握されていたとして、一九六〇年代以来通説化していた隼人＝夷狄論を隼人支配当初のみの認識として相対化した。ここに隼人研究史における永山説の大きな意義の一つが求められる。さらに、隼人は国家の政治的要請により創出された概念であり、石上英一氏のいう「擬似民族集団」とすべきことを提唱した。隼人消滅以後の南九州史については、普遍的な日本史に埋没させることなく、南海世界をふくめた巨視的な観点から南九州史を躍動的に描き出している。永山著書がこれまでの隼人に関する諸研究を総括し、高いレベルの到達点を示していることはまちがいない。

しかし、なお重大な点について問題が残るといわざるをえない。(1)古墳時代の隼人の存在を否定する見解、(2)八世紀の隼人を夷狄・あるいは夷人雑類とし、百姓身分とはしないという見解、(3)上京隼人制の終焉を蝦夷政策と共通する古代国家による辺境政策の進展との関連でとらえる見解は、史料解釈をふくめ問題が多い。次に、この三点について検討し、研究史上の課題を提示したい。ただし、(1)は朝貢制に隼人支配の起点を求める永山氏の論理からすれば、

(1)は古墳時代の隼人というよりは、天武期以前の隼人の問題とした方が適切である。

三　天武期より以前の「隼人」の存否

天武期以前に隼人は存在しなかったという永山氏の説の出発点は中村明蔵氏の所論である。(9) 中村氏の論拠は次の〔α〕・〔β〕の二点に集約できる。

〔α〕　隼人の漢字表記が中国における中華思想の「南」の呼称である「烏準」を源流としている。南九州の隼人は、天皇を荘厳するために夷狄として朝貢を強制されることになった。したがって、中華思想が成立していない天武期より以前に隼人は存在しない。

〔β〕　『書紀』天武十一年（六八二）七月甲午条より以前にみえる記紀の隼人記事・伝承は、中国の思想や八世紀の実態にもとづく潤色であり、歴史的事実ではない。

永山氏の所論は、この中村氏の〔α〕・〔β〕の論をさらに発展させたものである。〔α〕′夷狄観念にもとづく朝貢の開始が隼人を創出し、朝貢の停止によって隼人は消滅するとし、そこから隼人は政治的に創出された「擬似民族集団」とする立場に立った。さらに、〔β〕′天武期以前における隼人の存在について、永山氏は以下のような(a)～(c)の論拠で否定した。

(a)　考古学的成果にもとづき、大隅・薩摩両国の隼人郡域では古墳時代後期（六世紀）になると、高塚古墳をはじめとする畿内の文化的影響がなくなることから、鹿児島県の隼人域と畿内との関係は存在しない。したがって、七世紀より以前に隼人は存在しない。

(b)　天武紀より以前の記紀の隼人記事・伝承については、さらに次の①～④の論点でその実在性を否定した。①考古学的には天武期以前の鹿児島県域（八世紀の隼人域）に畿内との関係は想定できなくとも、日向域では畿内との関係が想定されるが、それらは日向からの畿内への出仕者が記紀において隼人と潤色されたものである。②景行紀日本武尊伝承の熊襲を天武期以前の隼人とする見解もあるが、熊襲は「荒々しいソ（曽）」を意味し、曽君という有力者から創出された伝承であり、隼人とは無関係である。③天武紀より以前の『書紀』の隼人朝貢記事は八世紀の実態にもとづく潤色であり、天武期より以前の隼人朝貢の事実を意味しない。④履中記紀、清寧紀・敏達紀にみえる「近習隼人」は中国思想の潤色であるとともに、日向域などからの出仕者を隼人と潤色したにすぎず、天武期以前の隼人の出仕の事実にもとづいていない。

(c)　隼人を個人名にもつ例は、エミシ（蝦夷・毛人・蝦蛦）を個人名にもつ例よりも少なく、なおかつエミシをもつ人名は大化前代から存在するが、ハヤトは八世紀以降である。これはハヤトの成立が天武期以降であることと対応する。

多岐にわたる「天武期以前隼人不在論」について、永山氏説を補強・補完する永山氏以外の研究にもふれながら、それぞれ簡潔に検討していくことにする。まず、〔α〕隼人は朝貢制との関係において成立するという点について。隼人は夷狄として朝貢をはたすことを第一の目的としていたのだろうか。中村明蔵氏によれば、隼人の呼称は天武期における四神思想中の南に位置する「鳥準」の影響で成立し、それ以前に隼人は存在しないとする。隼人には守護人としての側面と、夷狄としての側面があり、前者を近畿隼人が担い、後者を大隅・薩摩両国隼人が担ったとする中村説のうち、永山氏は夷狄としての隼人の朝貢の開始を天武十一年（六八二）からとして、隼人の性格を論じたのであった。しかし、八世紀の隼人の居住地は西海道である。その地名に端的なように「西」である。南方との関係の強い隼人の呼称は、律令制下における「西」を夷狄とするには適当でない呼称といえる。〈東夷・西戎・南蛮・北狄〉の中華思想に対応する化外は、日本の場合東夷・北狄はエミシを東・北に分割した蝦夷・蝦狄、南蛮は南島、西戎は新羅である（本書第一章）。天武期には多禰（多褹）の政治的編成が模索されたが、夷狄としての南島は成立していない。夷狄観念が未成立である天武期に、夷狄の朝貢を想定し、なおかつ隼人に夷狄としての朝貢の意味を求めることは困難であろう。

次に〔β〕天武期以前の隼人が存在しなかったとする点については、(a)考古学的考察、(b)『書紀』天武紀以前の史料論、(c)隼人人名論の各論点に分けて論じることにする。(a)八世紀の南九州隼人居住域に古墳時代後期における畿内との関係を示す痕跡が稀薄であることから、永山氏は『書紀』天武紀以前の記紀のおける隼人記事および近習隼人伝承は後世の実態による潤色とする。しかし、天武期より以前の隼人を八世紀隼人域の住人とする必要はない。天武紀・持統紀の隼人が阿多・大隅隼人とされたのは、それ以前の鳥準とむすびつかない（隼人という漢字表記以前の）「ハヤヒト」と区別する意味があったことが想定される。それは六世紀においてもヤマト王権との政治的関係が存続していた日向域住人がハヤヒトだった可能性を示唆している。それゆえ永山氏らは、(b)の①のように、天武期以前における日向域と隼人との関係を否定する論を展開している。永山氏は、天武紀より以前の近習隼人は、日向域からの朝廷出仕者を八世紀の隼人の実態や中国の思想により潤色したものであるとし、日向域と隼人との関係を否定する。しかし、なぜ日向域の朝庭出仕者を「隼人」として潤色しなければばならないのだろうか。潤色がありながらも、ハヤヒト存在の何らかの記録があったからこそ、潤色されたのではないか。日向域の住人がハヤヒトだった可能性は否定できない。阿多・大隅隼人に転換された時点で、日向域の隼人は記録から消滅した可能性も想定できる。

次に(b)の②「熊襲論」はどうか。記紀の伝承では天武紀以前の景行記紀に南九州を舞台とする熊襲征討だ位置づけられ、この熊襲は大化前代における隼人の別称だとする根強い見解がある。これを否定するため、中村明蔵氏はまず熊襲の語義と実態について、「クマ」は「強く健し」などの形容詞であり、「ソ」は六世紀ごろの曽君を中心とする鹿児島湾深奥部の連合勢力であるとした。そして、景行記紀の熊襲伝承は曽君にたいする支配をヤマト王権による古い征討伝承として造作したものであるとした[10]。永山氏は中村説に従い、熊襲は六世紀における曽君を実態とするから、天武期以前の隼人につながらないとする。しかし小林敏男氏が明らかにしたように、「襲（曽）国」実在の根拠の中核である曽君が大勢力であったことを示す古墳などの考古学的な証左もなく、配下に中小首長を従えていたという文献史料的根拠もない[11]。曽君が有力化するのは八世紀になって国家権力と積極的に結びついてから以降であり、服属させるべき大勢力だったことはない。クマソが曽君という一豪族の服属・支配を正当化するために創出されたとは考えられない。前述のとおり、神話的次元における日向の対極概念として創出されたのがクマソ（隈《クマ》の背《ソ》）であろう。クマソが曽君の服属伝承であれば、記紀に「熊襲〇〇は曽君の祖なり」の記述があってしかるべきだが、それはない。クマソは神話的次元の存在であり、日向が隼人との関係で南九州に位置づけられたため、クマソも南九州に位置づけられることになったのであろう。わずかに「鹿文」などの大隅域の地名があらわれるのはそのことによる。しかし、ここから曽君の支配領域に「鹿文」を比定することは、やはり無意味なのではなかろうか[12]。熊襲伝承は南九州住人を「荒ぶる民」とし、「荒ぶる民」の呪能をもつ南九州住人の天皇への従属・仕奉を正当化するために造作された。熊襲伝承は確かに天武期以前の隼人の存在とはむすびつかないものの、隼人と無関係とすることもできない。

(b)の③『書紀』天武紀以前の『書紀』の隼人朝貢記事から八世紀における隼人を夷狄とする説についての反論は、第九章で展開する。そこで次に④の「近習隼人論」に言及する。大化前代の近習隼人に関する史料の要約を以下に掲げる。

〔史料1〕『古事記』履中段

履中に墨江中王の殺害を命じられた水歯別命が、墨江中王の近習隼人であった曽婆訶理をはかって、墨江中王を矛で刺殺した。しかし、主殺しは不義であるとして曽婆訶理は誅殺される。

〔史料2〕『書紀』履中即位前紀

瑞歯別皇子は住吉仲皇子の近習隼人の刺領布をはかり、刺領布に仲皇子を刺殺させる。刺領布は瑞歯別皇子の臣下となるが、木菟宿祢の進言を入れ、主君殺しを理由に刺領布を殺害する。

〔史料3〕『書紀』清寧元年十月辛丑条

雄略が埋葬された陵墓の側で、隼人が昼夜哀号し、食を与えてもくわず、七日にして死んだ。

〔史料4〕『書紀』敏達十四年（五八五）八月己亥条

敏達の殯宮儀礼で、蘇我馬子と物部守屋の対立から不穏な状況となった。そこで三輪逆は隼人に殯庭を警衛させた。

史料1〜3は中国的な思想による潤色を受けていること、史料4は『書紀』用明元年五月条では隼人が兵衛となっているとすることから、永山氏は大化前代における隼人の存在証明にはならないとしている。詳論は避けるが、史料1・2にみえる「ヒレ」は装束の一部で神霊の依代、「カリ」は鎮魂のための宝剣であり、隼人の人名は呪術的な職掌から創作された名称である(13)。このことだけで史料1・2が史実にもとづかないことは明白であり、これを歴史的事実だなどとする研究は皆無であろう。しかし、史料1・2の「近習」は「天皇」との直接的人格的な関係を意味し、儀礼において天皇を呪的に守護する八世紀の隼人にはない性格である。史料3・4の隼人も、「天皇」の葬送儀礼に臨場していることから、やはり八世紀の隼人とは異なる近習隼人の存在を示唆している。史料4の「隼人」を、用明元年五月条の「兵衛」と同一とするのが通説（小学館版『書紀』頭注など）であるが、これは誤読であろう。史料4の「隼人」について穴穂部皇子は「何故事㆓死王之庭㆒。弗㆑事㆓生王之所㆒也」と「発憤」している。これは隼人が殯庭にある敏達という「人格」の守護にかかわっていたことによる。これにたいして用明元年五月の「兵衛」は、敏達皇后のいる殯宮門内の警護にかかわっている。隼人と「兵衛」では警護の場も対象も異なっている。敏達近習の隼人が、殯宮門内の空間であろうと、そこに存在する皇后を警護することはない。兵衛に解消されず、殯宮＝倭国王の人格の警護にかかわる隼人の存在の史実は消し去れない。大化前代における隼人の存在だけは否定しようがない。これらを日向などの南九州からの出仕者にたいする潤色とする場合、なぜ日向からの出仕者を隼人としなければならないのか。これについての説得力ある解釈がのぞまれる。

続いて、永山氏らの「隼人人名論」を検討しよう。隼人以外のハヤト表記が『万葉集』の「早人」以外にみえないのにたいして、エミシ・クマソは多様であること、ハヤトの個人名の例はエミシ（蝦夷・毛人・蝦蛦）の個人名の例よりも少ないこと、エミシをもつ人名は大化前代から存在するが、ハヤトは八世紀以降であることは、ハヤトの呼称の始期が時期的に遅いこと、つまり天武期以降であることを意味する。これが永山氏の主張である。しかし、たとえば「漢人」「韓人」は、服属の歴史は長いのに、姓の例はあっても個人名の例は六国史をみる限りない。エミシのような表記上の多様性もない。個人名の例が多い東人・蝦夷の場合でも、『書紀』ではわずかな例しかない。これらの個人名が多くなるのは律令制で戸籍における定姓が一般化して以降と思われる。したがって、漢人・韓人・隼人の呼称は先に姓として定着したことが人名が少なくなった理由であり、存在の歴史の長さとは無関係であろう。隼人人名論は天武期以前の隼人の存在を否定する論拠たりえない。

大化前代の近習隼人の史料など文献史料に天武期以前の隼人の存在を想定するのは吉村武彦氏である(14)。吉村氏は大住隼人の山城国の故地には六世紀後半から七世紀後半の地下式横穴墓が存在することを重視し、これを移住隼人による墓制とする説(15)を支持している。この他成川式土器も隼人の近畿移住の痕跡だとする説がある。どちらもまだ賛否両論の段階であり、少なくとも考古学的史料から天武期以前の隼人の存在を否定しうる研究段階にはない(16)。天武期より以前における隼人の存在を積極的に示す文献史料は、まだある。『唐会要』巻九九、倭国条によれば、永徽五年（白雉五年、六五四年）の遣唐使が唐側に申告した内容に「倭国東海嶼中野人、有耶古《やく》・波耶《はや》・多尼《たね》三国、皆附庸」とあり、『新唐書』には、「耶古・波耶・多尼三小王」とある。中村明蔵氏は、『新唐書』は十一世紀に成立した史料であるから、日本側史料が中国によって引用された可能性もあり、七・八世紀に遡及できないとする(17)。しかし、榎本淳一・河内春人両氏の研究により、この記事の原史料は八紀初頭の唐朝の編纂物にまで遡及可能であり、さらにその原情報は白雉五年（六五四）にまで遡及可能であるとことが明らかされている。[18]「ハヤの小王」は『新唐書』の解釈にすぎないとしても、その前提となる「ハヤ国」「ハヤの人」が天武期以前に存在したことは否定できない（本書第四章）。いわゆる「隼人計帳」にみえる〈隼人国公―隼人〉姓の系列の隼人は、この天武期より以前の「ハヤの小王」「ハヤの人」に照応する確かな存在を示しているといえよう。[19]これらは大隅・阿多隼人以前＝天武期より以前の隼人の存在を示す証左となる。天武紀以前の『書紀』の隼人記事の前提には、歴史的実態が存在したことは否定できない。

四　八世紀の隼人支配と夷狄・夷人雑類論

隼人は、八世紀以前にすでに近畿移住をしていた近畿隼人、八世紀に薩摩・大隅両国から朝貢して儀礼などに参列させられた上京・朝貢隼人（大隅・薩摩国隼人）とに区分できる。隼人支配の意義については、主として大隅・薩摩国隼人の身分をめぐって議論されてきた。一九六〇年代の石母田氏以後一九九〇年代の中村明蔵氏まで、隼人＝夷狄説が主流である。その根拠は、蝦夷と同様、反乱・征討の対象となり、防衛・侵略の拠点たる城柵が国内に設置され、柵戸の移住が行われたこと、朝貢儀礼が強制されたこと、そして蝦夷とならんで隼人を「夷人雑類」とする『令集解』賦役令10辺遠国条古記の認識である。ところが、隼人には国郡制に編成されていること、朝庭において特殊な仕奉をし、風俗歌舞を奏上することなど蝦夷と異なる側面がある。これは両者の服属時期の差異によるという以上の解釈は現在までの研究では存在しない。そして隼人が夷狄とされた基盤は、隼人社会における水田農耕の未発達など南九州側の特殊性に主要な要因が求められた。いわば隼人とされるだけの実態が、南九州住人側にはあるというとらえ方である。

このような通説にたいして、永山著者は第一次史料たる『薩摩国正税帳』の解釈を基盤として、隼人＝化外の夷人雑類＝羈縻州的支配という画期的な説を提唱した。しかも従来は南九州住人の側に隼人とされる主要な要因があるとする隼人実体説を相対化し、南九州住人の異質性は認めながらもそこに規定性を求めない。そして、隼人は古代国家の中華思想を充足させる化外人としての朝貢を現出するために、国家が政治的に創出したとする「擬似民族集団」説を提起した。永山氏によれば、隼人が夷狄身分だったのは八世紀前半までの時期であり、その間の律令制の浸透により非隼人郡（出水郡・高城郡）周辺から徐々に隼人郡域（薩摩・甑嶋・日置・伊作・阿多・河辺・頴娃・揖宿・給黎・谿山・麑島の一一郡）に律令諸制度が浸透していき夷狄観は後退していったとする。とはいえ、隼人郡では基本的には国司の支配がなく、隼人の有力者からなる郡司層による「自治」的運営がなされていたということになる。

『薩麻国正税帳』の分析により律令制下の薩摩国の支配の特質をはじめて本格的に論じたのは、一九六〇年代の井上辰雄氏の研究であった[20]。井上氏は正税帳分析の結果から薩摩国では田租・公出挙制・調庸・軍団制が実施されていたとし、しかし反乱を起こすなど反逆的であり、班田制を施行できないことが隼人を夷狄たらしめ、朝貢制が強制されたとした。このあと一九七〇年代後半に中村明蔵氏は、井上氏の分析は非隼人郡と隼人郡を峻別して分析する視角が不十分だとして、正税帳にみえる田租制・調庸制・軍団制にかかわる記載は非隼人郡に関するものであり、隼人郡にはおよばず、隼人郡には律令制的支配はほとんど実現されていなかったとした[21]。しかし一九八〇年代に入り、『薩摩国正税帳』の薩摩郡条には田租徴収にかかわる「動用穀」「動用倉」記載があり、田租徴収があることは明らかであり、隼人郡においても班田制以外は律令制支配が実施されている可能性が指摘されるに至った[22]。これにたいして、宮原武夫氏は薩摩郡条の田租は夷狄の隼人ではなく、百姓である薩摩郡内駅戸からの徴収であるとし、さらに隼人郡域には国司巡行が行われず、律令制的支配がおよんでいないとした[23]。

これらの研究動向にたいして、永山著書は薩摩郡における隼人からの田租徴収を否定できないことを踏まえながら

表24　永山氏の表（永山著書106頁）

巡行目的	薩摩国	諸　国
検校百姓損臼（水田）	7日	2.3（但馬）～4.5（周防）
正税出挙（春）	7日	2.5（豊後）～5.5（和泉）
正税出挙（夏）	6日	2.5（豊後）～5.5（和泉）
収納正税（夏）	5日	2.6（但馬）～10.7（和泉）
検校庸席（調庸）	2日	2.3（但馬）～4.5（駿河）
責計帳手実	1日	2.3（但馬）～4.5（周防）
賑給	19＋5＋1日	2.3（駿河）～4.5（豊後）

も、河辺郡条には田租穀の記載が存在しないことから（穎稲記載はある）、国府周辺の隼人郡から律令制支配は徐々に浸透しはじめたとして、一部の隼人郡における田租徴収の実施と隼人郡一般における田租徴収の不実施という理解をとった。さらに、宮原氏が隼人郡に属する河辺郡条を根拠としたのにたいして、永山氏は国府所在郡たる高城郡条の国司巡行の記載を根拠として、隼人郡における律令制支配の存在を否定した。国司巡行とは、中央政府から派遣された国司が定期的に国内諸郡をめぐり、百姓支配のための籍帳手実の回収、班田や正税の出挙や収納、調庸・田租の徴収状況の検校、災害・飢饉のさいの田地の検校や賑給などを行うことである（職員令33国守巡行条）。国内の律令制支配の実施にとって基幹となる国司の職掌であり、国司巡行に要する経費支出の詳細が諸国の財政帳簿である正税帳には記録されていた。永山氏は『薩麻国正税帳』のうち、主として国府所在郡の高城郡条における国司巡行記載から、隼人郡諸郡における国司巡行は一般的に行われていなかったが、天平七年の天然痘蔓延のような非常事態のさいには、隼人郡にも国司巡行と賑給が実施されたとした。そしてこの臨時の賑給は、服属し夷狄でなくなった九世紀の俘囚にたいする賑給と共通しているとした。

永山氏の正税帳分析は一九九二年に発表されて以来、反論はなく最有力な見解といっても過言ではない[24]。しかし、永山氏の正税帳国司巡行記載の分析方法には重大な疑問がある。まず『薩麻国正税帳』の国司巡行記載の内容を、永山氏の整理に従い、表24に掲げる。さらに、林陸朗・鈴木靖民編『天平諸国正税帳』（現代思潮社、一九八五年）の断簡記号・行数（以下、断簡記号・行数は同書による）によって永山氏の分析の概略を示そう。永山氏は髙城郡の記載であるA断簡の43行以下の国史巡行記載から、薩摩における項目別の国司巡行日数を求め、①51行の「検校損田」七日ではせいぜい三～四郡しか巡行できず、以下同様に②出挙は非隼人郡二郡とそれに隣接する一～二郡多くて三郡程度、②49行の「検校庸蓆」二日では、一～二郡程度、③47行の責計帳手実一日では一郡程度であるが、④53行の疫病蔓延という重大事態にたいする「賑給」の場合、一九日・五日・一日をかけて全隼人郡を対象とした、とする。

天平10年	天平9年	天平10年	天平9年
駿河国（首部）	但馬国（首部）	周防国（首部）	豊後国
7郡平均	9郡平均	6郡平均	球珠郡
5人3日 4人4日	3人2日 3人3日	8人7日 9人5日	4人5日 4人6日
3人3日	4人2日	9人3日	4人6日
2人2日	4人3日	10人4日	2人3日
3人3日		5人4日	2人2日
2人2日 全郡＝14日		5人3日 全郡＝17日	4人2日 3人2日 2人2日
c検校庸布 a収納正税 d検校水田	c検校庸物	a収納官稲 c斂調庸 d検田得不 e賑給義倉	c収庸 d検田熟不

しかし、表25中の和泉監正税帳の記載に明らかなように、和泉郡という国府（監府）所在郡であろうと、それは一国内（一監内）すべての郡についての国司巡行を網羅しておらず、和泉郡一郡にすぎない。和泉監内すべての郡の国司巡行を網羅するのは表25和泉監の「首部」なのである。表24に即していえば、永山氏は髙城郡という国府所在のたかだか一郡の記載と、各国の首部を比較して薩摩国における国司巡行の特殊性を強調しているが、本来は『薩麻国正税帳』の首部と他の諸国正税帳の首部を比較すべきなのである。しかし、残念ながら『薩麻国正税帳』には首部記載が欠落している。したがって、永山氏による正税帳分析では、国司による律令制支配が薩摩国全郡をおおっていたことも、おおっていなかったこともいえない。宮原武夫氏の説

表25　各国正税帳の国司巡行（伊藤作成）

	天平8年	天平9年			
巡行名目（薩摩国の名称）	薩摩国 高城郡	和泉監（3郡） 首部	大鳥	和泉	日根
a 正税出挙収納	春　4人7日 夏　4人6日 収納2人5日	↓徴納2度 4人32日	↓徴納2度 4人12日	↓出挙2度 9人11日	↓徴納2度 4人10日
b 責計帳手実	9人1日		4人3日	4人10日	
c 検校庸蓆	2人2日				
d 検校伯姓損田	3人2日、2人5日（1度）		4人10日		
e 賑給	2人19日 2人5日 9人1日				
薩摩国ではない国における名称			d 催百姓産業		

＊首部の場合は1郡あたりの平均（少数点以下切り上げ）

は各郡の国司巡行記載が論拠である。成立しないと考えるが、ここでは言及しない。永山氏は『続日本紀』の記事で正税帳分析を補強しているが、根幹となる正税帳分析の結論が成立しがたい以上、論証としては成立しない。

隼人が八世紀を通じて班田制に編成されていなかったことは史料上確実であるが、田租・調庸の租税制や国家による賑給の対象になったかどうかについては、いずれの立場もいまだ史料上確実には論証できていないというのが、隼人研究の現状ということになる。

五　上京隼人制の終焉をめぐる諸問題

すでにふれたように、延暦二十年（八〇一）に大隅・薩摩両国からの上京隼人制は停止になった。この直前の延暦十九年に大隅・薩摩両国において班田が実施されており、通説では隼人上京制の停止は、隼人にたいする律令制の完全適用によることが強調されてきた。永山著書でも、大隅・薩摩両国における班田制の実施＝隼人にたいする律令制の完全適用により、「隼人朝貢制」が停止になるとしている。公民化したため、夷人雑類身分の朝貢たる上京隼人制は意義を失うという理解である。朝貢を南九州隼人の中心的目的とすることから、前掲の『書紀』天武十一年（六八二）秋七月甲午条は、永山説において必然的に隼人に関する事実上の初見記事にならざるをえない。天武紀より以前の、たとえば斉明紀元年是歳の「蝦夷・隼人。率レ衆内属」の記事や、先掲の履中即位前紀・清寧元年十月辛丑条・敏達十四年三月丁巳朔条の伝承的記事にみえる近習隼人の記事は、後世の潤色として葬り去られてしまう。

　しかし永山氏らの理解は、はたして妥当なのだろうか。永山説にたいする最も大きな疑問は、大隅・薩摩両国隼人は延暦二十四年（八〇五）の記事を最後に消滅したとしても、抑留された今来隼人をはじめとして、近畿では隼人は消滅していないことである。今来隼人は上京制停止後の朝貢隼人の代替という考え方もあるかもしれない。しかし、朝貢が大隅・薩摩両国隼人の本質にかかわるのなら、朝貢停止の段階で近畿の隼人はどうして消滅しないのか。朝貢儀礼が消滅した以上、今来隼人は大隅・薩摩両国隼人の存在の代替ではあっても、隼人朝貢の代替機能はもちえない。このことは、隼人の本質が朝貢にないこと、朝貢は仕奉にともなう副次的な要素にすぎないことを表白して余りある。大隅・薩摩両国隼人は近畿隼人の天皇守護の機能を補完する存在であり、上京にさいして天皇に服属を誓約するために朝貢儀礼や風俗歌舞奏上がともなったのである。天皇守護があって朝貢が付随するのであり、朝貢・守護が隼人の服属の具体的内容だったわけではない。近畿隼人の天皇守護の機能との有機的な関連において、大隅・薩摩両国住人は隼人とされたのであり、近畿隼人との有機的な関連が消滅するとき、両国住人は隼人ではなくなったのである。夷狄（夷人雑類）たる住人が朝貢を強制されたため隼人とされたのではない。天皇守護たる辺境人特有の呪能をもつと考えられ、朝廷における天皇守護に仕奉したため、隼人とされたのである。

　天武期の隼人はそれまでの日向域住人を編成した隼人ではなく、「大隅・阿多隼人」による守護に転換された。隼人の天皇守護のための呪能の源泉は、薩摩国・大隅国という辺境にあって、反乱を起こしうる「荒ぶる民」たることにあった。したがって、上京隼人の終焉についても、隼人にたいする律令制の完全適用＝公民化により、夷狄あるいは夷人雑類が消滅したため、「朝貢」の存在意義も消滅し廃止につながるという理解は誤りということになる。「荒ぶる民」としての性格を喪失した大隅・薩摩両国隼人は、天皇守護のための機能を低下させたと観念され、その結果、上京・朝貢が必要とされなくなったのである。軍事と造作を停止に踏み切ったのと同様の徳治主義が作用した可能性も高い。

六　「永山隼人論」後の研究動向と「擬似民族集団」論

永山著書（あるいはその所論）の影響力の大きさを示すように、永山説の提示後は(1)永山説を補強する論考が発表される一方で、(2)永山説に疑問を呈する研究もあらわれている。[25]まず、(1)永山説を補強する論考を検討しよう。原口耕一郎氏は主として、第三節で概括した永山説の〔β〕「天武期以前隼人不存在論」を補強する論考を発表している。具体的には①熊襲＝曽君とする所論、②天武期以前に隼人呼称はなかったとする所論、③日向域は隼人域とされたことはないとする所論、に区分できる。[26]さらに〈隼人＝「擬似民族集団」論〉でも永山説と同一歩調をとる。①②についてはすでに第二節で成立しがたいことを述べたので、ここでは言及しない。③について、原口氏が別の観点から、日向における隼人の不存在を補強したのが次のような「日向神話論」である。日向神話には主要には後の薩摩・大隅域という八世紀隼人の居住域しか出てこないから、日向からの移住者が隼人とされたことはない、というものである。しかし、西郷信綱氏によれば、日向神話は次のように位置づけられている。[27]高千穂が神話上の観念的な山にすぎないように、日向は本来純粋な神話上の天孫降臨の地であったが、隼人の服属と海神宮訪問神話が結びつけられた結果、日向は隼人の地と隣接する宮崎県域という現実の地に設定されることになった。さらに、神代ですでに服属した隼人の服属を『書紀』で繰り返すことはできないので、日向の熊（隈《くま》＝スミ）の向こう側（襲《そ》＝ソ＝背）の服属として、神話的次元の熊襲征討伝承が創出された。西郷説による限り、日向に現実の宮崎県域の史実の反映を読み取ることは意味がない。また、神話では八世紀の隼人域と天孫降臨における神話的次元の日向域のみが問題となるので、八世紀以前の現実の日向域（宮崎県域）と王権の関係は記述されてないのは当然であろう。日向神話を根拠に、八世紀以前の宮崎県域が史実として隼人と関係がなかったということまではいえない。(28)

次に、永山「隼人」論後の永山説批判の論考に言及したい。永山説の根幹をふたたび確認しておくと、(a)隼人郡では律令制度も実施できず、特殊な支配が行われていたこと、(b)隼人郡には国司巡行が行われず、隼人の有力者による自治支配が行われていたことである。(a)のうち、籍帳支配にかかわる史料である『続紀』大宝二年（七〇二）八月丙申朔条の「薩摩多褹。隔レ化逆レ命。於レ是発レ兵征討。遂校レ戸置レ吏焉」について、永山氏はこの「校戸」が造籍の実施にかかわる文言だとしても、多分に政府側の期待をこめたものだとしている。これにたいして、熊谷明希氏は「校戸置吏」の前段階における南島覓国使剽却事件・薩摩隼人の反乱は、造籍後の個別人身賦課にたいする反発であるとし、「校戸」は戸別人身賦課の前提となる造籍の実施としうるとしている。(29)また菊池達也氏は、まず『薩麻国正税帳』を根拠に隼人郡にたいする国司巡行が行われなかったとはいえないことから（本章第三節）、隼人郡においても造籍・租庸調の賦課、出挙・賑給が実施されなかったとはいえないとする。また、隼人郡において国司巡行がなかったといえないだけでなく、一郡一郷の郡や郡司数が令規定より多いことは他郡や他国にも例があり、隼人郡のみの特殊性とはいえないとする。班田制の遅延も大隅・薩摩一国規模の特殊性であり、隼人郡域の特殊性ではなく、したがって、隼人有力者による自治的支配（中国の羈縻州的支配）が行われたこともいえないとした。さらに、『薩麻国正税帳』高城郡条に「少毅」（A断簡、41行目）がみえること、『続紀』天平宝字五年（七六一）十一月丁酉条に「大隅・薩摩国」の「兵士」のことが記録されていること、班田制の遅延も大隅・薩摩一国規模の特殊性であり、隼人郡域の特殊性ではないこともあわせて考えるなら、隼人郡と非隼人郡が政策的に区分されていたという前提は、取り払う必要があるとした(30)。

熊谷・菊池両氏の研究は、永山氏によって総括された隼人を律令制支配圏外の住人とする通説にたいする批判として重要な意味をもつ。しかし、熊谷氏の場合、状況証拠から隼人郡域における造籍の可能性を指摘したにとどまる。菊池氏の場合、永山説の自治的支配論にたいする批判は説得力があるが、支配の特殊性を隼人郡のみではなく、非隼人郡にも通じるものであるとする論法では、永山説が成立しない可能性を述べたにとどまる。隼人郡における律令制支配の存在の積極的証明とまではいえないように思える。また、非隼人郡と隼人郡の政治的区分の存在を否定するなかで、隼人郡固有の特殊性にたいする認識が後退しているのではないか。

たとえば菊池氏は、隼人郡の一つである河辺郡における田租徴収に関する永山説にたいして、かなり有効な批判を行っている。本章第三節で既述したとおり、筆者はかつて天平年間の薩摩郡における隼人からの田租徴収について積極的に論証した。これにたいして、永山氏は『薩麻国正税帳』河辺郡条（E断簡116～120行目）の前年度繰越記載に田租穀がないことから、国府に近い薩摩郡では律令制が浸透して田租徴収が行われていたが、より遠い河辺郡では田租徴収が行われていなかったとする。これについて、菊池氏は『延喜式』主税上37収頴条の次の規定に注目する。

凡国内官稲数少。出挙雑用不レ足者。預前申レ官。聴二当年租収一レ頴。諸封戸租亦聴レ収レ頴。

菊池氏は、この規定によれば、国内の官稲が少なく出挙雑用の頴稲が不足の時は、頴稲で田租を納めることが認められていること、頴稲による納入の実例があること（『天平二年（七三〇）度『大倭国正税帳』城下郡条、E断簡、163～167行目）、河辺郡の場合他郡にくらべ天平七年度の繰越の頴稲はきわめて少ないことから、この規定が適用された可能性は十分にあるとする。そして、少なくとも穀稲の繰越がないことを、田租徴収がなかったことの絶対的な根拠にはならないとした。『大倭国正税帳』城下郡条の例は頴納が輸租量の約二〇％にとどまり実例として十分とはいえないが、『延喜式』主税上37収穎条はすべてを田租で取ることを想定している。これが八世紀まで遡及しうる規定であるなら、河辺郡における田租徴収の可能性は高まる。とはいえ、まだ可能性にとどまる。やはり同じ隼人郡の薩摩郡で田租徴収が行われているのなら、河辺郡でも田租は徴収されていたとするのが自然であるとする一般論に立ってよいのではなかろうか。

菊池氏はさらに軍団制について、『薩麻国正税帳』高城郡条には、「少毅」の記載があること（A断簡41行目）、『続紀』天平宝字五年（七六一）十一月丁酉で「大隅・薩摩」が兵士徴発の対象となっていることなどから、隼人郡域における軍団存在の可能性を述べている。ただし、それだけでは隼人郡域における軍団の存在の証明にはならない。そもそも隼人郡域における軍団の存否という問題設定には疑問がある。軍団は郡とは別次元の軍事組織である。正しくは隼人郡域が軍団兵士徴発の対象となったかどうか、という問題設定になる。そして、養老軍防令1軍団大毅条義解・『令集解』職員令79軍団条伴説所引「八十一例」によれば、少毅が存在する軍団兵士数は、大団で一〇〇〇人、中団で六〇〇人となる。一郷五〇兵士が一般的であるから、一院のみでも大団（二〇郷分の兵士数）だとすると、出水・高城の非隼人郡（計一一郷）だけでは編成は不可能となるし、中団一院（一二郷分の兵士数）だとしても出水・高城の非隼人郡だけではやはり軍団編成は困難だったと考えられる。隼人郡にたいする軍団兵士制の適用は、非常に可能性が高い。

造籍について。永山氏は隼人郡域にいて籍帳作成が行われたとしても、十分機能しなかったとする。これにたいして、菊池氏は天平二年（七三〇）に中止になったとはいえ、薩摩・大隅両国で班田制施行が推進されていたこと、『薩麻国正税帳』によれば河辺郡で賑給が実施されていることなどから、隼人郡で籍帳が作成されていた可能性が高かったことを指摘する。それは可能性にとどまらない。『薩麻国正税帳』河辺郡条の「依天平七年閏十一月十七日恩　勅賑給寡惸等徒人」（E断簡120行目）という記載は、たとえば『天平九（七三七）年度豊後国正税帳』球珠郡条の「依五月

十九日　恩勅賑給高年并鰥寡之徒合肆拾捌人」（A断簡29・30行目）の簡略表記であり、河辺郡において年齢・性別をふくむ個人ごとの人格把握が行われていたことを示す。より積極的に河辺郡における籍帳作成の事実と、それが実際に機能していたことがいえよう。

菊池氏による永山説の「自治」的支配論批判について。永山氏は隼人郡域では、国郡制の機構による律令制的支配は行われず、隼人の有力者から任命された郡司による「自治的」支配（中国の羈縻州という辺境支配に類似）が行われていたとする。その論拠は、①一郡一郷という戸令2定郡条にない郡があること、②郡司の員数が職員令74〜78の規定より多い郡があること、③国司巡行が隼人郡におよんでいなかったことなどである。菊池氏は、次のように批判する。①′一郡一郷は一一郡中三郷にすぎず、一郡二郷は他の西海道諸国にも例がある。②′郡司数が定員より多いのは、隼人郡だけではない。③′国司巡行が隼人郡におよんでないとするさいの永山氏の史料的根拠は否定されている。この菊池氏による永山批判により、隼人郡域においては郡司による「自治的」支配（羈縻州的支配）が行われていたとすることはできない。さらに、菊池氏は薩摩・大隅域で隼人郡・非隼人郡における律令国家の支配に差異が見出せないことを論じ、永山説の成立が困難だとした。確かに班田制が延暦十九年（八〇〇）まで施行できなかったのは、隼人郡域に限定できず、薩摩・大隅両国全体の問題ではあった。しかし、両国全体における班田の施行を困難にした「喧訴」は（『続紀』天平二年〈七三〇〉三月辛卯）、隼人郡域住人の反発に起因することを忘れてはならない。やはり班田の実施が困難だった蝦夷域と同様、律令制前段階に国造制的支配がなく、国造制的班田の慣行が存在しなかったことが大きな要因であろう（本書第五章）。また、薩摩国内の隼人郡住人にたいする特殊な支配の一つとして注目されるのは、隼人一一郡にたいする国府による酒の支給である。薩摩国では非隼人郡では、他国と同じように酒は当該郡で醸造している（出水郡はD断簡1・11行目、高城郡はA断簡78行目）。ところが隼人郡域の公用の酒は、国府で醸造されていた。『薩麻国正税帳』高城郡条には、次のように記載されている（A断簡29行目）。

酒壱拾陸斛弐斗柒升柒合〈充隼人一十一郡六斛九斗一升八合当郡九斛三斗伍升九合〉

ここに「充二隼人一十一郡一」とあり、前掲河辺郡条（E断簡、119行目）にはこれに対応して「酒柒斗弐升参合〈高城郡酒者〉」とある。河辺郡など隼人郡の公用の酒はすべて高城郡で醸造されていたことが知られる。ここから巡行国司や賑給対象の百姓に支給されたが、賑給のさいに支給された酒が「薬酒」だったことは、高城郡条に「疾病人壱伯肆拾捌人給薬酒柒斗参升弐合」（B断簡、77行目）とあることによって確認できる。それでは、なぜ薩摩国では国府の酒が支給されたのか。天平期の諸国正税帳によれば、十四束の穎稲で一斛の酒を醸造するのが、諸国の統一基準となっていたことがうかえる（『天平八年度（七三六）摂津国正税帳』西成郡条（A断簡32行目）・『天平九年（七三七）度豊後国正税帳』直入郡（A断簡153行目））。統一基準の存在は統一的な醸造工程の存在を示唆している。その工程が造酒司の醸造技術の系譜を引くものである蓋然性はきわめて高いのではないか。これにたいして、隼人諸郡の在地の酒は、大隅国風土記逸文（塵袋第九）にみえる「口醸酒」が象徴するように、低品質の酒であった。国府による酒の支給は、在地における賑給の薬酒にとどまらない。天平七年（七三六）の国府における元日拝朝廷参列者は「国司以下少毅以上物陸拾捌人」（『薩麻国正税帳』高城郡条、A断簡41行目）であり、隼人郡の郡司はすべて参加した可能性が高い。そこで支給される国府の酒は、国守（クニノミコトチ）が代理となっている天皇にたいする求心性を高める役割をはたした。賑給の薬酒の支給も同様の役割をはたした。そして、その上質の酒は官物（正税・郡稲）を原料としており、いわば天皇の権威を背景にした酒だったのである。このように国府の酒の支給にみられる薩摩国の特殊性は、隼人郡域に律令制的支配を貫徹するために重要な意味をもっていた。

最後に隼人＝「擬似民族集団」説についてふれておく。永山氏は隼人の呼称は薩摩・大隅国隼人の上京制が一二〇年にすぎず、朝貢制終了とともに隼人呼称が消滅することから、隼人は国家の政治的要請から創出された「擬似民族集団」だとした。隼人の呼称は確かに大隅・薩摩両国一二〇年にすぎなかった。しかし、近畿隼人は延暦以後中世を通じて「隼人」として存続した。このことは、朝貢ではなく天皇守護という特定の仕奉にかかわる人的呼称が隼人だったことを端的に示しており、隼人を「民族」として措定することは困難である。そして、たとえ「擬似民族集団」であろうと、隼人を「民族」概念でとらえることは妥当ではない。大町健氏によれば、民族論で一般的にいわれているように「擬似民族集団」の前提となる、Ethnic group は本来近代における Nation の結合を前提とする下位の集団概念であり、Ethnic group は Nation の結合が強まることに対して、下位の集団のアイデンティティが強まることによって問題になる。Ethnic group（Ethnos）は前近代にさかのぼらないので、Ethnos から Nation の歴史発展は正しくない。「民族」概念を前近代で想定することは困難であろう。[31] 石上英一氏はエスニシティー論を援用して擬似民族論を提唱した。[32] しかし、田中史生氏が批判したように、この擬似民族は集団内部からの「名乗り」を前提としており、権力者側の「名づけ」を前提としてはいない。[33] 中世史の村井章介氏は、民族は非常に政治化された概念であり、民族と認識することが政治的にどういう意味をもつのかということと切り離して存在しえないとする。とすれば、日本における民族問題を考えることにどのくらい客観性をもつのか疑問であるとし、むしろ具体的なものがどのように動き、そこにどのような人間のつながりがあるのかを考えるという方法論を選択するべきだという見解を示している。[34]

注

（1）喜田貞吉「隼人考」（『喜田貞吉著作集　8　民族史の研究』平凡社、一九七九年、初出は一九一六・一七年）。
（2）井上光貞「大和国家の軍事的基礎」（『日本古代史の諸問題』思索社、一九四九年）、林屋辰三郎「国内統一の象徴」（『中世芸能史の研究』岩波書店、一九六〇年）、第二章第一節。
（3）乙益重隆「熊襲・隼人のクニ」（『古代の日本　3　九州』角川書店、一九七〇年）。
（4）高橋富雄「古代国家と辺境」（『岩波講座　日本歴史3、古代3』岩波書店、一九六二年）。

（5）石母田正「天皇と『諸蕃』」（『石母田正著作集　第四巻』岩波書店、一九八四年、初出一九六三年）、および「古代における『帝国主義』について」（同書、初出一九七二年）。
（6）井上辰雄「薩摩国正税帳をめぐる諸問題―隼人統治を中心として―」（『正税帳の研究―律令時代の地方政治―』塙書房、一九六七年）。
（7）中村明蔵「律令制と隼人支配について」（『隼人の研究』学生社、一九七七年、初出は一九七一年）、同「大隅国菱刈郡の成立をめぐって」（『熊襲・隼人の社会史研究』名著出版、一九八七年、初出は一九八二年）。
（8）石上英一「古代国家と対外関係」（『講座日本歴史　二』東京大学出版会、一九八四年）、「古代東アジア地域と日本」（『日本の社会史』第一巻、岩波書店、一九八七年）。
（9）中村明蔵「隼人の名義をめぐる諸問題」（『隼人と律令国家』名著出版、一九九三年、初出は一九八八年）。
（10）中村明蔵「クマソの実態とクマソ観念の成立について」（『熊襲・隼人の社会史研究』名著出版、一九八六年、初出は一九七九年）、『クマソの虚像と実像　つくり出された反逆者像』（丸山学芸図書、一九九五年）。
（11）小林敏男「クマソ・ハヤト問題の再検討」（『鹿児島短期大学研究紀要』三一、一九八三年）。
（12）小林敏男氏はクマソはヤマト王権が直接使用した呼称ではなく、北部九州の勢力が南部九州住人にたいして使用した語だったとする（前掲注（10）論文）。菊地照夫氏は、南九州がヤマト王権の勢力の範囲外にあった段階の呼称が熊襲であり、南九州にヤマト王権の一定の支配がおよんだ段階の呼称が隼人だとする（「東国と熊襲・隼人」〈神野志隆光編『古事記・日本書紀必携』〈別冊国文学四九〉学灯社、一九九五年〉）。
（13）井上辰雄「隼人支配」（『古代史探究　隼人』社会思想社、一九七五年）。
（14）吉村武彦『天皇の誕生』（角川書店、一九九八年）第三章。
（15）江谷寛氏「畿内に移住した隼人の遺跡」（『帝塚山考古学』四、一九八四年）など。
（16）森浩一氏は相撲の埴輪像から天武期より以前の近畿隼人と相撲の関係を指摘する（「近畿地方の隼人―とくに考古学の視点から―」〈『日本古代文化の探究　隼人』社会思想社、一九七五年〉）。
（17）中村前掲注（8）論文。

(18) 榎本淳一「『太平寰宇記』の日本記事について」(『唐王朝と古代日本』吉川弘文館、二〇〇八年、初出一九九六年)。河内春人「『新唐書』日本伝の成立」(『東アジア交流史のなかの遣唐使』汲古書院、二〇一三年、初出は二〇〇四年)。
(19) 伊藤循「古代王権と異民族」(『歴史学研究』六六五、一九九四年)。
(20) 井上前掲注(6)論文。
(21) 中村前掲注(7)論文。
(22) 伊藤循「隼人支配と班田制」(『千葉史学』四、一九八四年)。
(23) 宮原武夫「律令国家と辺要」(田名網宏編『古代国家と支配構造』東京堂出版、一九八六年)。
(24) 永山修一「八世紀に於ける隼人支配の特質について―薩摩国を中心に―」(『古代文化』四四―七、一九九二年)。
(25) 永山著書後の隼人関係論考は、原口耕一郎「隼人論の現在」(『古代文化』六六―二、二〇一四年)の引用文献を参照されたい。
(26) 所論①②は、原口耕一郎「『記・紀』隼人関係の再検討(一)(二)」(名古屋市立大学大学院人間文化研究所編『人間文化研究』九・一五〔二〇〇八年、二〇一一年〕)、所論③は原口耕一郎「『日向神話』と南九州、隼人―出典論との関わりから―」(『鹿児島地域史研究』五、二〇〇九年)。
(27) 西郷信綱『古事記の世界』(岩波書店、一九六七年)。
(28) この論点以外に原口氏は、斉明元年紀の隼人朝貢記事が史実でないとすると、敏達紀十四年(五八五)以降、天武紀十一年(六八二)の阿多・大隅隼人の記事まで約一〇〇年間の記事が欠けることになるが、そのことはそれ以前の隼人記事が史実でないことを示しており、史実とするならその説明を必要とするという趣旨の主張をする(原口前掲注(26)論文)。しかし、それは少々客観性を欠く見解であろう。特記事項がなければ記述を『書紀』編者が必要としなかったという事情も想定され、不審とするにはあたらない。ちなみに韓人は、欽明十七年(五五六)十月以降神亀元年(七二四)二月まで記事がない。また、天武期以前の隼人が相撲と関係があったとする説にたいして、原口氏は「あまり隼人と相撲を結び付けないほうがよい」とする。しかし、「隼人の相撲」記事は『書紀』天武～持統紀に二例あり、「隼人の相撲」は天武～持統期の隼人の重大な特徴である。相撲のもつ呪術的な意味を想起するなら、この八世紀の隼人にない特徴は天武期より以前の隼人に遡及する可能性もあり、「隼人と相撲を結びつけない方がよい」と即断することはできない。

(29)　熊谷明希「文武朝における『薩摩隼人』の征討と唱更国の成立」（『歴史』一二一、二〇一三年）。

(30)　菊池達也「律令国家の九州南部支配」（『九州史学』一六八、二〇一四年）。以下、菊池氏の見解はこれによる。菊池氏には隼人の朝貢と蝦夷・南島の朝貢との相違を論じた「隼人の『朝貢』」（『史学研究』二七六、二〇一二年）もある。後者では養老以降の薩摩・大隅国隼人による朝貢は、蝦夷・南島と差異があり夷狄の朝貢ではないとする。この点に異論はない。しかし、大宝年間から養老年間より以前の朝貢は、蝦夷・南島との差異はないとするが、根拠となる史料は『続紀』の和銅年間の史料のみである。和銅年間の史料は「荒ぶる民」の南部九州の隼人（ただし薩摩国・日向国の国郡制編成された百姓身分）を政治的に編成するさいの史料であり、恒常的な儀礼の史料ではなく、ここから当該期の隼人朝貢の特質を抽出することはできない。さらに、隼人朝貢は六年間の在京勤務をともなうことから、それが制度化された霊亀二年以後は、「朝貢」ではなく「上番」とすべきとする菊池氏の見解は、『続紀』は霊亀二年以降も朝貢としていることから成立しない（鈴木拓也「律令国家と夷狄」（『岩波講座　日本歴史　第五巻　古代5』岩波書店、二〇一五年））。

(31)　大町健「日本古代の『国家』と『民族』・『帝国主義』」（『宮城歴史科学研究』六五、二〇〇九年）。

(32)　石上英一「古代東アジア地域と日本」（『日本の社会史』第一巻、岩波書店、一九八七年）。

(33)　田中史生「日本古代の国家形成・展開と民族的展開―渡来人研究の視点―」（『日本古代国家の民族支配と渡来人』校倉書房、一九八七年）。原口耕一郎氏は「隼人とは第一義的には政治的な存在であって、文化的な差異が『普通の人々』と隼人を区分する決定的な要因ではない」（前掲注（26）論文、一二一―一二三頁）とする。「普通の人々」の意味するところがまったく不明だが、永山氏と同様の「擬似民族集団」論をとる。

(34)　歴史学研究会編『戦後歴史学を検証する―歴研創立70周年記念―』（青木書店、二〇〇二年）の討論会記録「地域と民族」七一頁）。

第九章　隼人の天皇守護と夷狄論批判

一　隼人＝夷狄論の軌跡

『万葉集』に「隼人の名に負う夜声《よごえ》いちしろく、吾が名は告《の》りつ、妻と恃《たの》ませ」（二四九七）という歌がある。古代において隼人といえば、犬の吠え声に由来する吠声が何人にも想起され、それは「隼人の名に負う」といわれるほど、固有の役割をはたしていたのである。吠声は儀礼において官人入場のさい発せられる規定であった（延喜隼人司式①②〈以下隼人司式と略記〉）(1)。天皇行幸のさいには、「国界及山川道路之曲」で吠声を発した（隼人司式③）。また、隼人特有の釣針を意匠化した特異な文様の楯が平城宮跡より出土しており、延喜隼人司式⑱にみえる「長五尺。広一尺八寸。厚一寸。頭編二著馬髪一。以二赤白土墨一画二鈎形一」という隼人の楯に関する規定が、八世紀まで遡及しうることが知られる。さまざまに特異な支配の様相をもつ隼人は、これまで民族論あるいは国家的イデオロギー論の観点から研究されてきた（本書第八章参照）。現在の隼人研究では、隼人を化外の夷狄とし、古代国家が仮構した中華思想の枠組のなかに位置づける見解が通説的位置を占めている。隼人＝夷狄論の出発点はすでにみた石母田正氏の化外の三区分論である（本書第一章・第四章）。石母田氏の提唱以来、隼人＝夷狄説の論拠は多岐にわたるが、その一つは朝庭儀礼における隼人の仕奉内容である。儀礼における仕奉の具体的内容は、令や六国史では断片的であり、全体像は浮かび上がってこない。隼人司式を中心とする『延喜式』を媒介にして、やや具体的な仕奉の全体像が得られる。『延喜式』の諸規定と八世紀の史料との関連を考慮しながら、隼人が夷狄であることを論じたのは、中村明蔵氏・武田佐知子氏であった。(2)また鈴木拓也氏・永山修一氏は、『延喜式』が延暦年間に大隅・薩摩隼人の上京制や風俗歌舞奏上が停止されて以降の規定であることを前提とした上で、大隅・薩摩隼人の上京停止以後は、南九州とは無縁の状態で抑留された大隅・薩摩隼人や近畿所在の隼人の儀礼参加により、矮小化されたかたちで中華思想の充足（中村明蔵氏のいう天皇の権威発揚）がはかられたとする。(3)

したがって本章では、『延喜式』にみえる儀礼空間中の隼人に、どのようなかたちであれ中華思想との関連が存在するかどうかについて検討したい。そのさい、隼人が夷狄として儀礼に参加しているとする隼人＝夷狄論にもとづく先入観を排除して分析するためには、まず次節で隼人と律令国家の天下観との関係を示す史料を分析し、そこからは隼人＝夷狄説を導き出せないことを論証しておく必要がある。その上で、第三節では『延喜式』中の儀礼における仕奉内容および儀礼における隼人の装束を分析し、それらが中華世界の現出とかかわるかどうかについて論じる。さらに、第四節ではそのことが八世紀にまで遡及しうるのかどうかについて言及し、最終的には隼人の儀礼における仕奉は中華思想の充足にはかかわっていないこと、隼人の仕奉は天皇守護のために創出されたのであり、ここから隼人が夷狄であるとはいえないことを論じていく。

二　古記・六国史の天下観と隼人

1　『令集解』古記説の天下観と隼人

石母田氏が隼人を夷狄とした史料的根拠は、『令集解』の古記説である。石母田氏は賦役令15没落外蕃条集解の古記には「毛人。隼人」は「不レ足レ称レ蕃」とあることから、毛人（蝦夷）・隼人は諸蕃ではないとした上で、考課令25最条集解古記の「唯称二夷狄一所者。不レ入二朝聘之使一也」を根拠に、諸蕃が朝聘という国家的関係を前提とする化外であるのにたいして、隼人・蝦夷は化外ではあっても国家を形成しない状態において従属する夷狄であるとした。また、賦役令10辺遠国条集解古記に「夷人雑類。謂毛人。肥人。阿麻弥人等之類」とあることから、夷狄を列島内にあってまだ教化に従わない諸種族であるとした。これ以後、この辺遠国条古記が隼人＝夷狄論の重大な根拠となるようになっていった。たとえば、今泉隆雄氏は「夷人雑類」を「夷人の雑類」と解釈する当条集解の義解・令釈から、「夷人雑類」を「夷狄の種々」とし、その上で夷人雑類の例として毛人・肥人・阿麻弥人・隼人を列挙する古記説を提示している[4]。永山修一氏は夷人雑類として隼人が毛人（蝦夷）と並記される事実を重視する[5]。鈴木拓也氏もここから隼人を明確に夷狄だとしている[6]。したがって、本節では集解の天下観に関する古記全体を検討の対象とし、辺遠国条集解の古記を隼人＝夷狄論の根拠とはできないことを論じることにしたい。

まず、諸研究が隼人＝夷狄論の根拠とする辺遠国条集解古記ⒶⒷを提示しよう。

Ⓐ古記云。夷人雑類謂毛人。肥人。阿麻弥人等類。問。夷人雑類一歟。二歟。答。本一末二。仮令。隼人。毛人。
　本土謂二之夷人一也。此等雑二居華夏一。謂二之雑類一也。一云。一種无レ別。

Ⓑ古記云。問。化外人投化復十年。復訖之後。課役同二雑類一以不。答。不レ同也。華夏百姓一種也。

確かに古記Ⓐでは、毛人（蝦夷）とともに隼人が夷人雑類とされている。また、古記Ⓑでは化外人を夷人雑類の「雑類」と比較している。形式論理でいえば蝦夷をふくむ夷人雑類は化外人ではなくなるのであるから、化外と考えられている蝦夷は化外ではなくなるという矛盾が生じてしまう。現に今泉隆雄氏は夷狄は化外ではなく、したがって蝦夷は化外人ではなかったとする。しかし大高広和氏によれば、大宝律令では化外として「蕃」と「夷」（諸蕃と夷狄）は区別されておらず、諸蕃との区別を前提とする「夷狄」の観念も確立されていない[7]。したがって、大宝律令の段階で夷狄が化外ではないとすることはできない。また以下でふれるように、蝦夷を夷狄としながらも隼人を夷狄としない古記もある。したがって古記Ⓑによるかぎり、明らかに蝦夷を化外とする他の集解の古記と矛盾してしまう。辺遠国条の古記は集解の古記全体を前提に理解する必要がある。そこで、辺遠国条集解以外の古記を検討し、その後ふたたび上記の辺遠国条の古記ⒶⒷに立ち返って分析していく。

集解の古記全体を対象とする時、隼人を夷狄と断定しない古記や、夷狄の例に隼人を指摘しない古記が存在することに、まず注目したい。⑴職員令18玄蕃寮条集解の古記は、

⑴古記云。在京夷狄。謂堕羅。舎衛。蝦夷等。又説。除二朝聘一外。在京唐国人等。皆入二夷狄之例一。

と、蝦夷を夷狄の例にあげながら隼人を例として挙げていない。これについて今泉氏は、隼人は隼人司管轄なので、玄蕃寮の所轄にならないからだとする。永山修一氏・鈴木拓也氏もこれに従っている。しかし後述するように、化外にかかわる解釈において古記が隼人についてさまざまに言及していることを想起するなら、饒舌ともいえる古記が隼人を夷狄として指摘しないこの記述は、古記が隼人を夷狄とは認識していないことを物語るといっても過言ではない。制度史的次元でいえば、隼人が化外の夷狄であるなら、それを所管する隼人司は玄蕃寮と同様に治部省の所管とされるのが自然であろう。にもかかわらず衛門府の所管となっているのは、隼人司所管の隼人が化外の夷狄ではないことの証左にもなりうるといえよう。

次に、⑵賦役令15没落外蕃条集解の古記を検討しよう。

⑵古記云。問。外蕃投化者復十年。未レ知。隼人。毛人赴レ化者。若為処分。答。隼人等其名帳已在二朝庭一。故帰命
而不レ復。但毛人合レ復也。

「赴化」は「帰化」を避けるための用語である。隼人が「帰命」することを問題としている。「帰命」は諸橋轍次『大漢和辞典』によれば「なつき来て従うこと」であり、「王化」を必ずしも前提としない用語である。「帰命」は「帰化」

を避けたことによる表現であろう。「帰化」ではなく「赴化」としたのも同様の理由であろう。（「赴化」は単に「赴《おもむ》き化《したが》う」であり、「投化」＝「投《とう》じて化《したが》う」のような化外からの従属という意味あいはない表現であろう）。「化に従う」のは、化外だけではなく、「化内」＝内国民の場合にも該当する。『続日本紀』養老二年（七一八）四月乙亥条には筑後国内の百姓の教化をはたした道君首名の卒伝が載せられている。そこには道君首名が「国中化之」とある。この場合国司は天皇のミコトモチとして国中を「化す」のであり、「化す」つまり王化に従うという表現は化内・化外にかかわらない場合があることが知られる。⑵の「赴化」は化内・化外からの転換とは関係のない表現である。隼人と「化」の関係は『続日本紀』では①大宝二年（七〇二）八月丙申朔条、②『続日本紀』養老四年（七二〇）六月戊戌条にみえる。①には隼人ではなく「薩摩多褹。隔レ化逆レ命。於レ是発レ兵征討。遂校レ戸置レ吏焉」と、薩摩として登場するが、『続日本紀』大宝二年（七〇二）九月戊寅条には、「討薩摩隼人軍士」とあるので隼人が征討対象である。①に「隔レ化逆レ命」とある「化」は「逆命」からみて、化外の化ではない。②には「今西隅小賊。怙レ乱逆レ化」とある。「西隅小賊」は隼人である。隼人が乱を起こし、「逆化」であるから、本来化に従うべき隼人が、化に逆らったことを示す。これも化外とはかかわらない「化」の用法である。「赴化」が投化つまり帰化ではないこと、「化」が化内・化外とかかわらない脈絡における用法であることからすれば、⑵の「赴レ化」は隼人・毛人（蝦夷）の反乱にさいしての帰順のことを想定していることになる。投化（帰化）ではない反乱における帰順を表現するために、古記は「帰命」という史料上の例が希有な用語を用いざるをえなかったのであろう。そして、毛人が給復の対象となるのにたいして、隼人は「其名帳已在二朝庭一」を根拠に給復の対象とならないとしている。要するに八世紀前半における蝦夷・隼人居住域における「反乱」を前提とした解釈であり、化外か否かは問題になっていない。阿麻弥人・肥人が例示されていないことはその傍証にもなる。

⑵の古記は蝦夷・隼人が外蕃（つまり諸蕃）ではないことを前提としながらも、隼人を蝦夷とは異なる存在だとみ

ている。永山修一氏はこの隼人を良人身分である近畿の隼人とし、大隅・薩摩隼人にはおよばない認識だとする。(8)しかし、外蕃のように遠隔地から王化に赴く存在が、都城近くに居住する近畿隼人を指すとは思われない。名帳がすでに朝廷にあるのは、過去に王化に従った経緯があることを意味するため、赴化しても復の対象にならないと(2)の古記が認識していることは明らかである。(2)の古記は隼人を蝦夷のような化外人とはみていない。したがって、これ以前にある同じ賦役令の15没落外蕃条のなかで(2)以前の位置にある次の(3)の古記を、先述のように石母田氏は隼人を夷狄につなげる前提としたが、別の解釈が必要となる。

(3)問。没落外蕃得レ還者与レ復。未レ知。毛人。隼人。被二抄略一得レ還者。若為処分。答。不レ足レ称レ蕃者。然給レ復。一種无レ別。一年以上。謂一年余。不レ至二一年一以来耳。

(3)の古記は毛人（蝦夷）も隼人も「蕃」ではないとするが、夷狄かどうかは問題にしていない。しかも、この前の部分で隼人が化外人であることを否定しているので、ここから隼人を夷狄とすることはできない。また、公式令50国有瑞条の「境外消息」について、古記は「謂毛人消息亦同」とするのみで、隼人をあげていない。これは既述したような、隼人を一貫して化外の夷狄とみなしていない古記の認識から説明されるべきであろう。

このように一貫して隼人を化外の夷狄とはみなさない古記の論理を前提にしたとき、多くの論考が隼人＝夷狄説の根拠としてきた、賦役令10辺遠国条古記についても、これまでの論考とは別の解釈が必要となろう。辺遠国条古記の意図を読み取るためには、やはり令文の趣旨を正しく認識しておかねばならない。そこで(C)辺遠国条の本文と、(D)北宋天聖令から知られる唐開元二十五年令を比較することによって、日本令の位置づけをしておきたい。

(C)養老賦役令10辺遠国条（大宝令もほぼ同文）

凡辺遠国。有二夷人雑類一之所。応レ輸二調役一者。随レ事斟量。不三必同二華夏一。

(D)唐開元二十五年賦役令

凡辺遠州。有夷獠雑類之所。応輸課役者。随事斟量。不必同華夏。[9]

さらに、(C)の日本令の(5)「夷人雑類」を注釈する古記(A)をここに再掲しよう。

(A)夷人雑類謂毛人。肥人。阿麻弥人等類。問。夷人雑類一歟。二歟。答。本一末二。仮令。隼人。毛人。本土謂二之夷人一也。此等雑二居華夏一。謂二之雑類一也。一云。一種无レ別。

この古記(A)では、職員令18玄蕃寮条集解の(1)の古記で夷狄とした毛人と並んで、肥人・阿麻弥人が夷人雑類として例示され、さらに雑類として華夏（内国）に雑居する毛人（蝦夷）・隼人が例示されている。ここから隼人を蝦夷と並ぶ夷狄とする論考が多い。しかし、これまでみてきた古記は、隼人を化外の夷狄とはみなさない見解を示すことが多い。しかも、古記は明法家の説にすぎないのであるから、この辺遠国条集解の古記(A)を絶対的な尺度として隼人を公法上の夷狄と即断することは慎まねばならないだろう。そもそも「夷人雑類」という用語を夷狄に引きつけて理解することは可能なのだろうか。(D)の唐令の「夷獠雑類」の「夷獠」は、中国南部から南方に分布し、特殊な課税の対象になっていた「異民族」を指す限定的用語であった。[10]大高広和氏が指摘するように、大宝律令制定の段階では、唐令の「夷獠」という限定的・固有名詞的な用語が不適当と判断され、制定の削除や改編が行われたと考えるべきである。しかも唐令の「夷獠」にたいする特殊規定を日本令で一般的規定に改変するさいに、「夷狄」ではなく「夷人」としたのはなぜなのか。大宝令では諸蕃と夷（夷狄）の区別・区分が存在せず、同時にこれらが化外を意味したからであろう。辺遠国条の「応レ輸二調役一者。随レ事斟量。不三必同二華夏一」に付された古記(B)を再掲しよう。

(B)問。化外人投化復十年。復訖之後。課役同二雑類一以不。答。不レ同也。華夏百姓一種也。

ここで蝦夷・隼人と区別される化外人は投化（帰化）の場合、一〇年の復（課税免除）の後は内国雑居する蝦夷・隼人のような「雑類」と同じ課税ではなく、華夏（内国）百姓と同じ課税となるという理解を示す。つまり、化外人が投化した場合の課役は、雑類とは違うといっているにすぎず、蝦夷は他の条の古記では明らかに化外として扱われているにもかかわらず（たとえば⑴職員令18玄蕃寮条集解の古記では、蝦夷は化外の在京夷狄）、ここでは化外人と区別されている。この古記Ⓑはそもそも課役の異同について議論しているのみで、身分範疇を問題にはしていない。ここで挙げられた夷人雑類が、化外人や夷狄・百姓のどこに属するかは、問題にしていないとみなければならない。そう考えなければ、他の条の古記の論理と整合しなくなってしまう。辺遠国条古記Ⓐを根拠にして、隼人を蝦夷と同様に化外の夷狄とすることはできない。

Ⓒ賦役令10辺遠国条は中国の特殊規定を一般規定に改変しているように、蝦夷・隼人を具体的対象として設定したわけではない。Ⓒ辺遠国条の「調役」規定に蝦夷・隼人支配の特殊性を求めようとする見解もあるが、(11)「調役」は考課令65殊功異行条に「凡毎年諸司。得二国郡司政一。有二殊功異行。及祥瑞災蝗。戸口調役増減。当界豊倹。盗賊多少一。並録送レ省」とあるように、夷人雑類にのみ適用される用語ではない。Ⓒの「調役」は古記が「華夏」に必ずしも同じでなくてもよいとしていることからみて、律令制下の内国にも共通する税目として設定されている。したがって、古記の天下観からは、八世紀前半まで隼人は蝦夷と共通の次元でとらえる認識があったことは確かだが、古記における両者の共通点とは化外の夷狄ということではないのは明白であろう。

2　『書紀』『続日本紀』の検討

『書紀』『続日本紀』の隼人・蝦夷並記史料を中心的根拠として、隼人＝夷狄論が展開されている。この点について検討しよう。『書紀』の天下観についていえば、大高広和氏が指摘するように、『書紀』は朝鮮諸国を「蕃」とし、「華夷」「東夷」などの表記を使用するが、「夷狄」の語自体は『書紀』にはない。また、養老令でこうした観点からの改変が行われたという徴証もない。重要なのは、『書紀』景行二十七年二月壬子条・同四十年七月条において蝦夷を「東夷」とし、「椎結文身」「衣毛」「飲血」「肉食」「穴居」など百姓と異なる習俗の特殊性を強調していることである。『書紀』が蝦夷を「夷狄」としたことを示す明瞭な証左はないものの、蝦夷を化外と認識し「文明」に属する諸蕃と区別していることはまちがいない（本書第一章注（13））。

『書紀』で隼人＝夷狄の根拠とされているのは、この化外の蝦夷と隼人の並記史料（次掲(1)〜(3)）である。

(1)清寧四年八月癸丑（是日）条「蝦夷・隼人並内附。」

(2)欽明元年三月条「蝦夷・隼人。並率レ衆帰附。」

(3)斉明元年是歳条「蝦夷・隼人率レ衆内属。詣レ闕朝献。」

永山修一氏は、これらの史料が史実ではなくとも、蝦夷と隼人が並記されていることは『書紀』編纂の八世紀前期の段階で、隼人が蝦夷と同様夷狄と認識されていることを示すとした[12]。また原口耕一郎氏は、これらが中国史料による潤色だとしても、「内附」「帰附」「内属」は夷狄にたいする用語であり、『書紀』段階で隼人が夷狄だと認識されていた証左となるとした[13]。両氏の見解は成立するのだろうか。まず、(1)清寧四年十月癸丑（是日）条から検討しよう。

清寧紀の①三年九月癸丑条の「遣二臣連一。巡二省風俗一」は『隋書』高祖上開皇元年二月乙丑条による潤色、②三年十月乙酉条の「詔。犬馬器翫。不レ得二献上一」は、『隋書』高祖上開皇元年三月辛巳条による潤色、③三年十一月戊辰条の「宴二臣連於大庭一。賜二綿帛一。皆任二其自取一。尽力而出」は、『隋書』高祖上開皇二年十月癸酉による潤色、④四年八月癸丑条の「天皇親録二囚徒一。是日。蝦夷・隼人並内附」は、『隋書』高祖上開皇四年九月己巳条・庚午条による潤色、⑤九月丙子朔条の「天皇御二射殿一。詔二百寮及海表使者一射。賜レ物各有レ差」は、『隋書』高祖上開皇六年九月辛巳条による潤色であることが、原口氏らの研究によって明らかにされている。清寧紀全体の論理からみていくと、清寧の即位関係記事（白髪部設置も即位関連記事）がまず配置され、次の億計・弘計皇子伝承および飯豊皇女の記事も両皇子が即位を譲り合い「空位」になったさいの「臨朝秉政」の前提となるので、これは立太子関係記事に位置づけられる。これら即位・立太子関係記事が最初に配置され、その後国内・対外関係記事が配置されていることになる。とすれば、

第26　蝦夷の単独朝貢、内附・内属記事

応神三年十月癸酉「東蝦夷悉朝貢。」
舒明九年是歳「蝦夷不朝」で蝦夷が朝貢すべき存在
皇極元年九月癸酉「越辺蝦夷。数千内附。」
大化二年正月是月「蝦夷親附。」
斉明四年七月甲申「蝦夷二百余詣闕朝献。饗賜贍給有加於常。」

清寧紀の大部分が『隋書』など中国史書の引き写しによって作成され、諸蕃関係については、「海表の〇〇」という『書紀』における慣用的な表現が定型句として配置されているにすぎない。

(1)のうちの問題の④の蝦夷・隼人内附記事も、『隋書』高祖上開皇四年九月条の「己巳、上親録囚徒、庚午、契丹内附」の引き写しであり、しかもその直前の己巳条の「親録囚徒」に連続して引き写しされている。蝦夷・隼人内附記事は八世紀の夷狄観による造作というより、『隋書』の契丹内附記事を中心として前後の引き写しをしているように、機械的に造作された可能性が高い。『隋書』ではその前の五月癸酉条に「契丹守莫賀弗」の投降記事を載せており、清寧紀がこれを継承していないのは、内附記事が機械的引き写しである可能性をいっそう高くする。(2)欽明元年三月条「蝦夷・隼人。並率レ衆帰附」についても『冊府元亀』・『旧唐書』に「〇〇△△率衆帰附」という類似の記事が散見していることが、原口氏により指摘されている。この記事をふくむ欽明元年紀は、立后→百済人投化→蝦夷・隼人帰附→遷都→朝鮮三国・任那朝貢→秦人・漢人・諸蕃投化というように、対外関係記事を配置することによって、天皇の徳化を強調しようとしている。対外関係記事はほとんどが事実にもとづいていないであろう。蝦夷・隼人記事も八世紀の夷狄観念にもとづくというより、定型句として配置されているにすぎない。同様に、(3)斉明元年紀「蝦夷・隼人率衆。詣レ闕朝献」も、元年紀が即位・予兆記事のあと陸奥・越蝦夷の朝貢→遣唐使帰還→造都→三韓朝貢→蝦夷・隼人内属記事と配置されていることからみて、冒頭部分に定型句として配置されたと考えられる。元年七月条に陸奥・越蝦夷の朝貢記事が重複的に配置されていることは、蝦夷・隼人記事のみが機械

的に配置されたことを端的に物語る。このように、『書紀』における一連の蝦夷・隼人の並列内附記事は、蝦夷に引きずられて造作された観がある。蝦夷に引きずられたとする根拠は、律令制下の隼人支配につながる阿多・大隅隼人の記事が登場する天武紀以前に、蝦夷の単独の朝貢・服属記事がいくつも存在するにもかかわらず（さしあたり表26のとおり）、隼人の単独の服属・朝貢記事が一例もないことである。隼人＝夷狄観が実在のものであるならば、単独朝貢・内附記事があってもしかるべきであろう。

また既述したように、『書紀』には蝦夷について「東夷」と記し、衣食住などの風俗が王化の下にある百姓とは明確に異なることが記されているのにたいして、隼人の風俗が百姓と異なるとは一行たりとも記されていない。隼人の別次元での表現である熊襲についても「礼に欠ける」とは記述されても、隼人と同様百姓と異なる風俗記事は一行もない。『書紀』天武天皇十年（六八一）八月丙戌条は、当初は化外の南島の一地域であった「多禰国」について「其国去㆑京五千余里。居㆓筑紫南海中㆒切㆑髪草裳。粳稲常豊。一殂両收。土毛支子。莞子及種々海物等多」という、内国百姓と異なる風俗を記録する。『書紀』の天下観では、隼人は蝦夷と共通する側面はあるものの、隼人は化外の蝦夷とは截然と区別して認識されていたのである。これは『令集解』古記の認識とも合致する。それでは、古代国家の天下観において化外人と認識されていない隼人が、蝦夷と共通する性格をもつに至った歴史的背景は何なのであろうか。

3　古代における四夷観の成立と蝦夷・隼人

まず、古代国家の天下観にかかわる、もう一つの『書紀』の隼人記事に注目したい。それは⑴天武十一年（六八二）七月甲午条の、次の記事である。

⑴隼人多来。貢㆓方物㆒。是日。大隅隼人与㆓阿多隼人㆒。相㆓撲於朝庭㆒。大隅隼人勝之。

これは律令制下の阿多・大隅隼人の成立にかかわる記事である。延喜隼人司式に規定のない隼人の相撲を伝えることも隼人支配の成立過程を究明する上で重要であるが、ここでは隼人の朝貢物を「方物」としていることに注目したい。朝鮮諸国からの朝貢物は七世紀においては「調」であった。ただし、『書紀』では高句麗・耽羅からの朝貢物に「方物」という用語を用いることがあり、『続日本紀』でも「方物」は蝦夷・南島・渤海・新羅など化外からの朝貢物にたいする用語である。中国史料でも「方物」は基本的には化外の朝貢物にたいする用語である。しかし、ここから隼人が化外の夷狄という『書紀』の認識を示すというわけにはいかないことは、これまでの分析の通りである。何よりも隼人の「方物」という表記は、八世紀において大隅・薩摩両国隼人の朝貢物が「調物」あるいは「御調」と呼ばれていることと符合しない。隼人の「調」の初見史料は『続日本紀』養老七年（七二三）五月辛巳条である。⑴天武十一年（六八二）紀以降養老七年（七二三）の記事まで隼人の朝貢物の名称はみえない。『書紀』持統三年（六八九）正月壬戌条では、「筑紫大宰粟田真人朝臣等。献㆓隼人一百七十四人。并布五十常、牛皮六枚。鹿皮五十枚㆒」と朝貢物の内容まで記載しながら、朝貢物の名称は記載されていない。大隅・薩摩両国隼人の入朝は和銅二年（七〇九）の開始であるが、朝貢物の「調」は養老七年（七二三）までみえないことからすれば、㈠天武十一年紀の隼人の「方物」は、『書紀』成立段階のころの天下観の産物にすぎないということになる（なお、本書第四章注（17）参照）。

『書紀』成立の養老四年（七二〇）年までの古代国家の四夷の天下観は、国王・独自の風俗・法制をともなう新羅を諸蕃（西蕃＝西戎）に位置づけ、東・北・南については東北北部の住人を蝦夷・蝦狄、南西諸島を南島とし（東夷・北狄・南蛮）に位置づけた。しかし、東北北部や南西諸島の住人群は国王や独自の法制・風俗をもたないことは明白だったので諸蕃とすることはできなかった。この天下観に対応するため、八世紀前半の律令国家は、蝦夷・蝦狄・南島については、律令の諸蕃＝夷狄という枠組に依拠せず、諸蕃とは異なる日本独自の夷狄としたのである（本書第一章）。律令の天下観と新たに創出された天下観のズレが、一貫しない集解の古記の解釈を生み出した要因といえる。

それでは、古記が化外ではない隼人を化外の蝦夷と同じ夷人雑類としたり、『書紀』が隼人を内附・帰附・内属史料で蝦夷と並記したり、隼人の朝貢物の名称を化外と同じく「方物」としたのは、なぜなのか。『続日本紀』の数少ない隼人・蝦夷並列記事に、その背景を読み取ることが可能である。それらを分析していくことにしたい。

(2)和銅三年（七一〇）正月壬子朔条、

天皇御㆓大極殿㆒受㆑朝。隼人蝦夷等亦在㆑列。左将軍正五位上大伴宿禰旅人。副将軍従五位下穂積朝臣老。右将軍正五位下佐伯宿禰石湯。副将軍従五位下小野朝臣馬養等。於㆓皇城門外朱雀路東西㆒分頭陳㆓列騎兵㆒。引㆓隼人・蝦夷等㆒而進。

(2)は文武四年（七〇〇）に覓国使剽劫事件を、大宝二年（七〇二）に反乱を起こし、蝦夷と同様の城柵・柵戸が設置された地域の住人である隼人を、和銅二年（七〇九）に征討した蝦夷とともに元日朝賀に参列させ、天皇による辺境支配を儀礼の場で現出しようとしたことを示す。同年正月戊寅条によれば、このあと文武百官とともにこれらの隼人・蝦夷を節宴に参加させ、授位・賜禄を行っている。

(3)『続日本紀』養老六年（七二二）四月丙戌条

征㆓討陸奥蝦夷。大隅・薩摩隼人等㆒将軍已下。及有功蝦夷、并訳語人。授㆓勲位㆒各有㆑差。

養老四年（七二〇）年に陸奥国・大隅国でそれぞれ国司の殺害を契機に大きな反乱に発展した。隼人の反乱は大隅国にとどまらず薩摩国まで拡大した。持節征討使が派遣され、両者ともに養老五年（六二一）までに鎮圧された。(3)は養老六年にあらためて征夷・征隼人の論功行賞が同時に行われたことを示す。蝦夷征討の期間（養老四年九月〜養老五年四月）と、隼人征討の期間（養老四年三月〜養老五年七月）とはほぼ重なっているだけでなく、両者ともにこれまでで最大級の反乱であり、律令国家に与えた衝撃は大きかった[14]。『続日本紀』によれば、大宝〜養老年間に隼人は反乱を起こし、「隔㆑化逆㆑命」（大宝二年〔七〇二〕八月丙申朔条）、「荒俗」（和銅三年〔七一〇〕正月庚辰条）、「昏荒。野心未㆑習㆓憲法㆒」（和銅七年〔七一四〕三月壬寅条）とあるように、蝦夷と共通する野蛮な住人群ととらえられている。それでも国郡制に編成されている隼人はあくまで百姓身分であり、夷狄とはとらえられていない。史料(3)で蝦夷・隼人がともに同一の記事となっているのは、化外の夷狄だからではなく、ともに反乱を起こしたことによる。次掲の(4)『続日本紀』養老四年（七二〇）六月戊戌条にみえる持節征隼人将軍任命時の詔からも、そのことは確認できる。

(4)詔曰。蛮夷為レ害。自レ古有レ之。漢命二五将一。驕胡臣服。周労二再駕一。荒俗來王。今西隅小賊。怙レ乱逆レ化。屢害二良民一。因遣二持節将軍正四位下中納言兼中務卿大伴宿禰旅人一。誅二罸其罪一。尽二彼巣居一。治レ兵率レ衆。剪二掃兇徒一。酋帥面縛。請二命下吏一。寇党叩頭。争靡二敦風一。然將軍暴二露原野一。久延二旬月一。時属二盛熱一。豈無二艱苦一。使二々慰問一。宜レ念二忠勤一。

(4)では、「蛮夷」という用語を使っているが、傍線部分は漢籍からの引用であり（新古典文学大系『続日本紀』〔岩波書店〕七三頁脚注二一・二二）、隼人にたいする表現ではない。[15]「怙レ乱逆レ化。屢害二良民一」と蝦夷の反乱と類似の表現を用いながらも、隼人は「西隅小賊」にとどまり、化外の夷狄とは認識されていない。しかし化外ではない隼人が蝦夷と同様、大きな反乱を起こす住人群であるという国家側の認識は、八世紀を通じて存続したであろう。常に反乱の可能性があり、その対策として蝦夷と同様城柵・柵戸が設置されることになる。賦役令15没落外蕃条集解の古記が「没二落外蕃一得レ還者与レ復。未レ知。毛人。隼人。被二抄略一得レ還者。若為処分」というように、隼人の地での「没落」を想定したのは自然なことであった。また賦役令10辺遠国条集解の古記が、「隼人。毛人。本土謂二之夷人一也。此等雑二居華夏一。謂二之雑類一也」というように、移住・移配の対象ともなった隼人・蝦夷について、共通の辺境人との認識を示したのも自然であった。しかし、それは反乱を起こす「荒俗」の住人群という共通性を示してはいても、隼人が化外の夷狄ではないことは、本章で詳細に論じたとおりである。ともに「荒俗」の辺境住人群であっても、一方を内国の百姓に、一方を化外の夷狄に区分するところに、夷狄・百姓のもつ政治性が端的に示されている。夷狄身分は

表27　延喜式における隼人の仕奉（数字は人数を示す）

	関係儀式名	仕　奉	関係隼人	備　考
(1)	元日・即位 蕃客入朝	分陣	番上20・今来20・白丁132	「蕃客入朝。天皇不臨軒者不陣」
		吠声	今来20（吠声は今来隼人）	「蕃客入朝。不吠」
(2)	践祚大嘗祭	分陣・歌舞	弾琴2・吹笛2・撃百子4	隼人の分類紀さず
		・吠声	拍手2、歌2舞2	吠声の隼人の分類不明
(3)	行幸	供奉	番上4・今来10	国堺・山川道路の曲で吠声
		吠声	今来10	経宿は吠声。近幸吠声なし。
(4)	御薪	吠声	今来（人数記載なし）	
(5)	年料・大嘗 祭料造作	竹器・油絹 造進	作手隼人20（兵部省式） 油絹2	年料竹器、毎年造進油絹 養老令「造作竹笠」

住人の実態（実体）を第一義的な理由として創出されるわけではない。

三　『延喜式』における隼人と中華世界

第一節で述べたように、『延喜式』とりわけ隼人司式の分析から、隼人に中華思想の充足をはかるための夷狄としての意味を見出そうとする見解や、大隅・薩摩両国隼人の上京制停止以後も抑留された上京隼人や近畿隼人により、矮小化されたかたちで中華思想の充足がはかられたとする見解が主張されている。本節では、第二節の結論を前提に、隼人＝夷狄の先入観を排除し、儀礼における隼人の仕奉や装束の具体的内容から、隼人が夷狄としうるかどうかを考察していく。

1　『延喜式』諸儀礼における隼人の仕奉と中華世界

まず、『延喜式』における隼人の仕奉内容を表27にかかげよう。

(1)①元日朝賀・②即位・③蕃客入朝は大儀とされる重要な儀礼であった。儀礼空間は大極殿・朝堂である。①元日朝賀では天皇が百官人（在京のすべての文武官人）の賀を受けるが、理念的には天下百姓をも対象とし、天皇にたいする良人全体の支配服属関係を年頭にさいして確認し、良人共同体の首長としての天皇の姿を現出する儀礼である(16)。蕃国使・夷狄が参列する場合もある。そこでは化内・化外双方の支配者たる天皇の姿が現出されることになる。②即位礼は神璽奉献を除けば元日朝賀とほぼ同一形式であり、(17)蕃客・夷狄の参列はなく、天下百姓の介在も想定できない。したがって、即位礼は天皇と百官人の間の支配服属関係を確認することを媒介として、国家機構の首長たる天皇の地位を現出する儀礼であった。③蕃客入朝は諸蕃を従属させ、化外に君臨する天皇の存在を現出させる儀礼である。それでは儀礼における仕奉内容から、隼人と中華世界とのかかわりは見出せるのだろうか。

まず、延喜隼人司式①大儀条にみえる隼人の仕奉内容をみよう。

凡元日即位及蕃客入朝等儀。官人三人。史生二人率㆓大衣二人。番上隼人廿人。今来隼人廿人。白丁隼人一百卅二人㆒。分陣㆓応天門外之左右㆒。〈蕃客入朝。天皇不㆑臨㆑軒者不㆑陣。〉群官初入自㆓胡床㆒起。今来隼人発㆓吠声㆒三節。〈蕃客入朝。不㆑在㆓吠限㆒。〉（下略）

大儀の儀礼空間における隼人の仕奉は、大衣と番上・今来・白丁の各隼人によって担われ、今来隼人以外の諸隼人は応天門外の左右に分陣する。『延喜式』の諸隼人のうち今来隼人は、鈴木拓也氏が明快に論証したように、延暦二十年（八〇一）に大隅・薩摩両国隼人の上京制が停止されて以後、その呪力の必要性の認識からなお中央に抑留・定住させられた隼人、もしくは抑留隼人の死闕後京畿隼人によって代替された隼人である。したがって、今来隼人の仕奉は、かつての大隅・薩摩両国隼人のそれを示すとして差し支えない（本章第四節で詳述）。その今来隼人のみが群官入場のさいに吠声を発するが、看過してはならないのは官人らが入場する前に隼人はすでに配置についており、しかも応天門の外つまりは主たる儀礼の場の外に存在していることである。元日朝賀に蕃客が参列するさいにも『儀式』には、「若有㆓蕃客㆒者。治部・玄蕃相次引㆑客。入㆑自㆓会昌門㆒」とあり、蕃客が儀礼の場に入るのにたいして、隼人は一貫して主たる儀礼の場には存在しない。隼人には「入」という行動はない。隼人は朝堂内の諸儀礼の意義にかかわる主たる構成要素というよりは、あえていうなら儀礼における舞台装置の一つにすぎない。大儀のうち、②即位儀は参列者が官人に限定されており、百姓支配の現出に直接かかわらない儀礼であるから、ここでも隼人を夷狄とする要素は検出できない。③蕃客入朝は蕃客が参列した場合の元日朝賀にほぼ等しい儀礼空間を構成することになる。したがって、大儀における隼人の仕奉内容には、隼人が夷狄であることを示す要素は存在しない。これまで、隼人司式①大儀条の「蕃客入朝。不レ在二吠限一」が注目され、蕃客と空間を同じくする場合の吠声停止の意味が問われてきたが、「蕃客入朝。天皇不二臨軒一者不レ陣」とあることをもっと重視すべきである。つまり③蕃客入朝儀礼の場合、天皇が儀礼の場に存在しなければ、吠声が発せられないばかりか諸隼人自体が主たる儀礼空間に存在しないのである。ここでは隼人は最初から中華世界の構成要素たりえない。

(2)大嘗祭について、隼人司式②には次のようにある。

> 凡践祚大嘗日。分二陣応天門内左右一。其群官初入発レ吠。悠紀入官人并弾琴。吹笛。撃百子。拍手。歌儛人等。〈弾琴二人。吹笛一人。撃百子四人。拍手二人。歌二人。儛二人。〉従二興礼門一参二入御在所屏外一。北向立奏二風俗歌儛一。主基入亦准レ此。

大嘗祭は形式の上では悠紀・主基二国の国司・郡司・百姓によって運営され、卜定された悠紀・主基二国の百姓は全国の百姓を象徴する。そして、全官人・百姓が天皇に進上する収穫稲を中核とした祭祀を通じて、新天皇と全官人・百姓の支配服属関係をふくむ擬制的共同体（良人共同体）をあらためて再生産するための祭儀である。大嘗祭における隼人の仕奉は、「応天門の内」に分陣して、群官入場のさい吠声を発し風俗歌舞を奏上することである。大儀では「応天門の外」に分陣したのにたいして、大嘗儀では「応天門の内」に分陣する。これは、大儀では隼人は儀礼の主たる構成要素ではないのにたいして、大嘗儀では祭儀の構成要素にもなっているからである。大嘗祭で現出されるのは、良人共同体の首長たる天皇であり、国家機構の首長たる天皇の姿を現出するにとどまる即位儀を補完する意味をもつ。大嘗儀で奏上される歌舞は悠紀・主基二国の国風、国栖の古風と隼人の風俗歌舞である。悠紀・主基は内国百姓の天皇にたいする服属を象徴し、国栖の古風はその服属が「神武天皇」にまで、隼人の風俗歌舞はその服属が神代にまで遡及することを示す。これらの歌舞は国土と百姓にたいする天皇の支配の、空間的・時間的な広がりを示す意味をもつ。隼人は、天皇支配の時間的広がりを示すための構成要素となっている。ただし、吠声は「其群官初入発㆑吠」（隼人司式⑤）とあるように、群官入場にさいして発せられるので、これは大儀と同様の意味をもつ。いずれにしても、大嘗祭は化外をもふくめた中華世界の現出とはかかわらない。

(3)行幸は律令制以前における倭国王の行幸を継承する側面をもつ。かつて、①行幸の場は在地首長の権能を倭国王に委譲する服属儀礼でもあり、②在地首長から委譲された権能を国見・国讃め・狩猟・征旅などを通じて倭国王みずから確認・行使した[18]。行幸は、良人共同体あるいは国家機構の首長たる天皇の存在を大内裏・朝堂以外の場で現出するための儀礼である。行幸における隼人の供奉・吠声は、すでに論じた(1)大儀、(2)大嘗祭における分陣・吠声と同一の意味をもち、その一分枝と考えられる。番上隼人・今来隼人が仕奉し、吠声は今来隼人のみである。もちろん中華世界とのかかわりは抽出できない。

(4)官人進薪儀礼（御薪儀礼）について。官人進薪儀礼は一位から初位まですべての官人が薪を収める儀礼である。課役を納めない官人の唯一の貢納であり、天皇に直接納めるという形式をもつように、官人は主殿寮に直接入場して進薪する。薪を貢上するほどの奴僕にも近似する隷属を天皇に誓約することに意味があるという[19]。隼人式⑧によれば、隼人司史生と大衣に率いられた今来隼人のみが仕奉する。隼人は吠声を発するのみである。進薪儀礼は対象が官人に限定されるので、官人に限定される国家機構の首長としての天皇にかかわる儀礼ということになる。当然、中華世界の現出とは無縁であろう。(5)竹器・油絹造進のうち竹器については、隼人司式⑭に「応㆑供㆓大嘗会㆒竹器」とあり、大嘗会にかかわっていたと考えられる。大嘗祭が現出する世界は、既述のように百姓支配と神代・神武という空間的・時間的広がりであるから、少なくとも中華世界とはむすびつかない。

以上、諸儀礼における隼人の仕奉には、中華世界の現出とかかわる要素は見出せない。武田佐知子氏は、延喜隼人司式は夷狄としての隼人の参列が蕃客入朝という重要な構成要素であったことを示しているとしたが、天皇が臨御しなければ分陣せず、儀礼の主たる場に入ることのない隼人は、儀礼本来の意味にかかわる構成要素ではない。延喜大蔵省式賜蕃客例条には、唐使・渤海使・蝦夷・俘囚にたいする賜物の規定があるが、隼人が化外の夷狄であるならば、ここに隼人にたいする賜物の規定があるのが自然であろう。しかし、隼人にたいする賜物の規定は存在しない。また、延喜式部式上278の夷禄条には「凡諸夷入朝給レ禄者。第一等絁六疋。綿十二屯。布十二端。第二等以下。等別減二絁一疋。綿二屯。布二端一。即参二向皇朝一。准二此法一給。自余不レ用二此式二」と、蝦夷にたいする給禄規定があるが、隼人にはこうした給禄規定がない。『延喜式』おいて、隼人は一貫して化外を前提とする中華世界との関係は想定されていない。隼人が中華世界の現出とは無縁である以上、『延喜式』における隼人の仕奉内容から隼人を夷狄とすることは適当ではない。

2　隼人の装束と中華世界

儀礼における隼人の装束に異民族や夷狄の性格をみる説が最近でもなお有力である。隼人司式①大儀条は、大儀における装束を次のように規定する。

其官人著二当色横刀一。大衣及番上隼人著二当色横刀一。白赤木綿。耳形鬘。自余隼人皆著二大横布衫一。〈襟袖著二両面襴一〉布袴。〈著二両面襴一〉緋帛肩巾。槇刀。白赤木綿。耳形鬘一。〈番上隼人已上横刀私備〉執二楯槍一並坐二胡床一。

ここにみえる装束は、隼人司式⑤に「大儀及行幸給二装束一者」とあること、同式に大嘗祭・進薪儀礼における装束規定がみえないことからして、各儀礼における大衣、番上・今来・白丁の各隼人の装束は、この規定と同じと考えられる。中村明蔵氏は、これらの強制された異装・異俗は異民族として天皇の権威を高める役割をはたしたとし、とりわけ緋色の領布は隼人以外に類例がないとした[20]。武田佐知子氏は、大衣・番上隼人は官人対象の「当色朝服」を着用し官僚制の最末端についていることを可視的に表現しながらも、南西アジア・東南アジアにみられる「裏頭」の系統を引くともされる「白・赤木綿の耳形鬘」の着用によって、民族的同化をはたしていないことの象徴としたとしている。これにたいして、今来隼人・白丁隼人は形態的には律令国家の体制内的な衫・袴を着用しているものの、それらに施されている隼人以外には例のない「大横」は、衫の襟・袖や袴に施されている別布の「襴」とともに、隼人の民族としての指標を明らかにしているとした。こうした装束の分析結果を前提に、武田氏は今来隼人・白丁隼人の装束は、大衣・番上隼人とは一線を画した形で、王化に浴さない夷狄であることを表現しているとした。鈴木拓也氏も、番上隼人の装束は官人に近いが、今来隼人の装束は夷狄としての性格が強いとしている。しかし、これらの見解ははたして妥当なのだろうか。

今来隼人・白丁隼人に共通する衫・袴は、表28の衣服の項目に明らかなように、他の大嘗祭参列者の装束である。武田氏も指摘するとおり、衫・袴自体は律令国家の体制内の衣服にすぎない。これは隼人＝夷狄説の根拠にはならない。領布（肩巾）はどうか。緋色の領布は確かに隼人しか例はない。しかし、領布自体は呪力をもつ装束として古代には広汎に存在していた。①『書紀』天武十一年（六八二）三月辛酉条には「亦膳夫釆女等之手繦肩巾〈肩巾。此云二比例一。〉並莫レ服」とあり、②『続日本紀』慶雲二年（七〇五）四月丙寅条には「諸国釆女肩巾田」がみえる。釆女の一般的装束として領布の存在が知られるが、①では少なくとも天武十一年（六八二）

表28　大嘗祭における参列者の装束（『延喜式』における今来隼人の大儀と比較）

	今来隼人（大儀）	神祇官官人	神祇官史生以下雑任	内親王女官	門部語部	物部	国栖楢笛工
衣服	大横布衫 布袴	榛藍摺綿袍 白袴	青摺布衫	青摺袍（結紐）	青摺布衫	紺布衫	青摺布衫
鬘	赤白木綿鬘	木綿鬘	日陰鬘、木綿鬘	日陰鬘			
他	緋帛肩巾 横刀 楯槍		神部・神服長は賢木			神楯戟	

以前における膳夫の肩巾の存在が知られる。膳夫は手繦の可能性もないではない。しかし、『高橋氏文』には、善夫について「諸氏人及東方諸国造十二氏乃枕子、各一人令レ進天、平次・比例給天依賜支」とある。各一人が女性であるとは思われない。また『高橋氏文』には磐鹿六獦命が無邪国造・知々夫国造の上祖を介して調理させた人々には「多須岐」（手繦）もかけさせている。伴信友は善夫の采女ととるが（『高橋氏文考注』）、善夫には手繦・比例両方がかかる可能性が高い。また福島千賀子氏は、③大殿祭の祝詞にみえる「比礼懸伴緒」（『延喜式』祝詞10）、大祓の祝詞にみえる「比礼懸伴緒」（同10）の存在から、古代は男女ともに領布をかけたとする。(21) また、肩巾（領布）は男女に共通する装束であり、緋色は「辟邪」のための呪的な色彩であったとする。以上のことから隼人の領布を異民族の指標や夷狄の装束とするのは飛躍であろう。緋色の領布は領布にうかがえる色のバリエーションにすぎず、夷狄の属性とはいえない。

隼人の民族的指標であり、夷狄の表現につながるとされる「大横」はどうか。武田氏は「大横」は隼人司式⑤大儀装束条に「摺大横」とあることから、「摺染」（木版を型にして刷り出した文様）のことだとする。しかし、『政事要略』巻六十七「糾弾雑事」の「男女衣服并資用雑物」所引の弾正式には「摺染成レ文衣袴者。並不レ得二着用一。但縁二公事一所レ着。并婦女衣裾不レ在二禁限一」とあり、摺染は「婦女」には一般的であったことが知られる。しかも官人・男性は通常禁止であっても、「公事」＝朝廷儀礼では禁止ではない。したがって、「摺染」だとしても隼人固有の装束とはいえない。武田氏が「摺大横」と同様に、隼人固有の装束とする「襴」も『書紀』天武十三年（六八四）閏四月丙戌条には、「又詔曰。男女。並衣服者。有レ襴無レ襴。及結紐長紐。任レ意服之。其会集之日。著二襴衣一而長紐」とあり、男女ともに「襴」をつける場合があることが知られる。また、『続日本紀』和銅五年（七一二）十二月辛丑条には「无位朝服。自今以後。皆著二襴黄衣一。襴廣一尺二寸以下」とあり、无位の朝服に「襴衣」を着すことが義務づけられている。『延喜式』兵部20にも「凡武官五位已上朝服。皆聴レ著レ襴。但立レ仗日不レ須」とあり、武官の襴着用のことを規定する。

「襴」も隼人固有の装束とはいえない。

さらに、武田氏は、官人の末端につらなる大衣・番上隼人と今来隼人・白丁隼人に共通する「赤・白木綿耳形鬘」を隼人の民族的表象であるとした。しかし、表28に明らかなとおり、鬘自体は隼人だけが着するわけではない。『万葉集』の「肥人の額髪《ひたがみ》結へる染木綿《しめゆう》の染みにし心我忘れめや」（二四九六）という歌に詠みこまれるほど、隼人の耳形鬘は象徴的な意味をもっていた可能性があるとしても、それは「染みにし」とあるように「赤・白」の色のバリエーションによるものであり、形態の特殊性によるものではない。これを民族の固有の表象としたり、夷狄の属性にかかわるとするのはいいすぎであろう。番上隼人の装束が官人のそれに近いのに対して、今来隼人の装束は夷狄の性格が強いとする鈴木拓也氏の見解も、両者の装束の差異を根拠としている。しかし、これまでの考察により、今来隼人・白丁隼人の装束で民族的固有性や夷狄の性格を示すとされた諸特徴は、装束のバリエーションにすぎず、民族的固有性を示すものではないことは明らかである。

以上の考察により、『延喜式』の諸儀礼中において、隼人の仕奉は中華世界とはかかわりをもたず、装束にも夷狄としての要素を見出すことはできないことが明らかとなった。それでは、諸儀礼中における隼人の存在意義はどこにあるのか。『延喜式』の構造は八世紀まで遡及しうるのか。そのことがあらためて問われる。

四　隼人の天皇守護と「隼人＝夷狄論」批判

1　今来隼人と八世紀の隼人

諸儀礼における隼人が、中華世界の現出と直接かかわらないとすれば、隼人の存在意義はどこにあるといえるのか。また、『延喜式』の隼人の仕奉内容は、八世紀段階まで遡及しうるのか、八世紀段階もふくめ隼人の存在意義はどこにあるのか。このような『延喜式』の隼人と八世紀の隼人支配との関係、および隼人の諸儀礼における存在意義を解明するための鍵を握るのは、隼人司式にみえる今来隼人である。なぜならすでにふれたように、今来隼人は鈴木拓也氏によって八世紀の大隅・薩摩両国隼人の系譜を引くことが、はじめて実証的に確認されたからである。

　鈴木氏は、『日本後紀』大同三（八〇八）年十二月壬子条、『類聚三代格』巻四、大同四年正月七日官符では、(A)「定額隼人」の欠員が(B)「畿内隼人」（京畿隼人）で補充される規定となっているが、時服・禄・粮の支給額をみると、(B)畿内隼人より補充前の(A)定額隼人の方が優遇されていることから、(A)「定額隼人」と(B)「京畿隼人」の系譜的断絶性に注目した。さらにこの(A)「定額隼人」と(B)「京畿隼人」の給禄規定にみえる差異は、延喜隼人司式の⑪今来時服条・⑫死亡条にみえる(A)′今来隼人と(B)′畿内隼人の差異に等しいことから、(A)定額隼人＝(A)′今来隼人であるとした。そして、「今来」は「新漢人」の例からすれば、それ以前の移住者にたいする新たな移住者の意味であるから、今来隼人はすでに七世紀後半に畿内に移住していた阿多・大隅隼人に対する呼称であるとした。したがって、『延喜式』にみえる今来隼人は、延暦二十年（八〇一）に大隅・薩摩両国隼人の上京が停止されて以後も、なお中央に抑留された一部の大隅・薩摩両国隼人だとしたのである。

　鈴木氏は、大隅・薩摩両国隼人の上京停止以後でも、吠声はこれ以前に移住していた畿内隼人では代替不可能と考えられたため、呪力が大きいと認識されていた吠声の必要性から、大隅・薩摩隼人の一部を抑留し今来隼人としたとする。とすると、『延喜式』において今来隼人が担う仕奉内容は、八世紀に遡及しうるとみて大過ない。『延喜式』において今来隼人が吠声の仕奉をする儀礼では、天武期以後移住した隼人をふくめ諸隼人による仕奉が八世紀段階で行われていたとすることが可能である。すなわち、(1)元日朝賀・即位・蕃客入朝の大儀、(2)大嘗祭、(3)行幸、(4)御薪・進薪儀礼では、ほぼ『延喜式』どおりの仕奉が想定される。[22](5)竹器・油絹造進のうち、竹器については職員令60隼人司条の「造二作竹笠一事」により、八世紀まで遡及が可能である。

また、『延喜式』にみえる諸隼人は、(A)大衣・(B)番上隼人・(C)今来隼人・(D)白丁隼人・(E)作手隼人に区分されているが、こうした区分は八世紀まで遡及しうるだろうか。(A)大衣は、初見が『続日本後紀』承和三年（八三六）六月壬子条「山城国人右大衣阿多隼人逆足賜二姓阿多忌寸一」であり、八世紀段階で存在した確証はない。しかし、大衣の職掌自体は八世紀に遡及しうる可能性が高い。隼人司式⑨によれば、大衣は「譜代内」から選ばれ、「教二導隼人一。催二造雑物一。候レ時令レ吠」を職掌とした。この一部は職員令60隼人司条「教二習歌儛一。造二作竹笠一事」につながる。また、『書紀』天武十四年（六八五）六月甲午条には「大隅忌寸」改賜姓記事があり、古事記（天孫降臨段）には「隼人阿多君之祖」のことが記されている。『書紀』朱鳥元年（六八六）九月丙寅条には、天武の殯宮で「大隅・阿多隼人」が誄をしている。これらからみて、天武・持統期に畿内の大隅・阿多の隼人の移住がすすめられるとともに、畿内における大隅隼人・阿多隼人の統括者が設定された可能性は高い。(B)番上隼人はどうか。職員令60隼人司条の義解には、「謂。隼人者。分番上下」とあるように、「番上隼人」の呼称の存否はともかくとして、分番の対象となる近畿隼人が八世紀には存在したことは推定されてよい。同様に、職員令60隼人司条の「造二作竹笠一事」から(E)作手隼人に類する存在も八世紀に遡及しうる。

八世紀における隼人の儀礼への関与がほぼ『延喜式』どおりだとすると、隼人の儀礼における存在や竹器造進が、八世紀段階でも中華世界の現出や夷狄としての意味をもってはいなかったであろう。ただし鈴木拓也氏は、『延喜式』の(C)白丁隼人は、八世紀において上京していた大隅・薩摩両国隼人の存在を、両国隼人の上京制停止以後近畿隼人が代替したものであるとする。鈴木氏は明言はしていないものの、鈴木氏の見解の枠組では白丁隼人は今来隼人とともに上京停止以後の矮小化された中華思想の充足にかかわる存在ということになる。しかし、白丁隼人の役割はかつての上京した大隅・薩摩両国隼人の役割の系譜を引くのであろうか。

鈴木氏の論拠は、(1)八世紀における大隅・薩摩両国隼人の上京数はおよそ二〇〇～三〇〇人であり、それに比べると『延喜式』中の今来隼人の定数は二〇人と少なすぎるが、今来・白丁隼人の合計の一五二人という数字はそれに比べて遜色がないこと、(2)今来隼人と白丁隼人の装束は同一であることである。鈴木氏の論拠を検討しよう。(1)今来隼人の人数が少ないという観点は、大隅・薩摩両国隼人上京の第一義的意味を朝貢に求めることからもたらされる。朝貢が第一義でなく本来吠声の仕奉が本義であったとするなら、儀礼上の今来隼人の人数は二〇人でも問題ない。(2)の今来隼人と白丁隼人の儀礼上における装束が同じなのは、装束に付随する機能・役割が同じということであり、かつての大隅・薩摩両国隼人という辺境人の立場を代替しているとする根拠は薄弱といわざるをえない。有位と無位の官人が百姓に対峙するという身分上の構造を前提とするなら、[23]「白丁」は「番上」と区別するために創出された呼称といえよう。八世紀以来番上隼人とともに、儀礼に参列した一般の近畿隼人が白丁隼人であろう。かつての大隅・薩摩両国隼人の役割を代替、もしくは継承しているとすれば、「白丁」は適切な呼称とはいえない。今来隼人・白丁隼人に共通する装束の機能こそが白丁隼人の仕奉にかかわるということになろう。装束が中華世界にかかわらないことはすでに論じたとおりである。

2　隼人と天皇守護

隼人の役割が中華世界とのかかわりや、夷狄の存在を現出することにないとすれば、そのもつ意味は何なのか。そのことを隼人の吠声や装束から考察していきたい。まず、吠声に夷狄の性格を見出そうとすることに異論を唱える研究は、現在のところほとんどない。今来隼人が八世紀の大隅・薩摩両国隼人の系譜を引くとすると、両国隼人の主要な役割は吠声にあると考えられる。延喜隼人司式⑨には、「凡大衣者。択二譜第内一。置二左右各一人一。〈大隅為レ左。阿多為レ右。〉教二導隼人一。催二造雑物一。候レ時令レ吠。若有レ闕者申レ省。省即申レ官補之」とあり、大衣の仕奉は(A)「教二導隼人一」、(B)「催二造雑物一」、(C)「候レ時令レ吠」であった。(C)「候レ時令レ吠」が儀礼における吠声発生の指示だとすると、

(A)「教導隼人」には風俗歌舞や吠声の教習（隼人司式⑦）が含まれることになる。ところが、職員令60隼人司条にみえる職掌は、「検二校隼人一。及名帳。教二習歌儛一。造二作竹笠一事」であり、吠声の教習のことはみえない。当条の集解に明確な古記の文はないものの、大隅・薩摩両国隼人の上京制成立後の養老令に吠声の教習のことが規定されていないのは、大宝令制段階でも隼人の吠声教習は規定されていなかったことによるとすることができる。一般に指摘されるように、『万葉集』には第一節でふれた「隼人の名に負う夜声」の歌があるので、八世紀に隼人の吠声が行われていたことは確実である。しかし、隼人の吠声は大宝令制定後のいつの時点で制度化されるのか。

職員令60隼人司条の集解には「古辞云。薩摩大隅等国人。初捍。後服也。諾請云。已為レ犬。奉二仕人君一者。此則名二隼人一耳」とある。つまり、薩摩・大隅両国の人が反乱を起こした後に服属し、犬として人君（天皇）に使えるようになり、これを隼人と名づけたというのである。ここには吠声成立の事情が集約的に述べられている。とはいえ、大隅・薩摩両国人が犬として吠声の仕奉を開始したのは、厳密にはいつなのか。『書紀』神代下第十段本文には「吾将レ為二汝俳優之民一」とあるが、吠声のことは記されていない。「俳優之民」は、同段第四の一書にある「其溺苦之状」に由来するとしている歌舞にかかわる。しかし、「俳優之民」たることを誓約した火闌降命を「即吾田君小橋等之本祖也」とするものの、これと吠声とはかかわらせてはいない。少なくとも阿多隼人には吠声がかかわらない。『古事記』海幸・山幸の段には、隼人は「為二汝命之昼夜之守護人一而仕奉。故。至レ今。其溺時之種々之態。不レ絶仕奉也」とあり、『古事記』における隼人も、守護人と歌舞の仕奉のことは記載されているが、吠声のことは記されていない。『書紀』神代下第十段第二の一書のしかも「一云」に「狗人。（中略）是以火酢芹命苗裔。諸隼人等。至レ今不レ離二天皇宮墻之傍一。代吠狗而奉事者矣」と記されている。『書紀』では本文ではなく、一書にしかもその「一云」にしか吠声の記述がないことは、隼人の吠声が『書紀』成立のころに新規に制度化された仕奉であることを物語っている。

歴史的には、文武四年（六九九）の覓国使剽劫事件以降、大隅・薩摩両国人の抵抗・反乱がしきりに起こった。これを契機に両国住人を隼人とし、吠声を強制したいうことになる。とすれば、和銅二年（七〇九）の日向国（のちの大隅国）・薩摩国隼人入朝のさいに吠声の仕奉とそれにともなう上京朝貢制が制度化されたということであり、職員令60隼人司条の集解の「古辞云」が、吠声を大隅・薩摩両国隼人の反乱後に成立したとするのとまさしく符合する。吠声は七世紀段階の天武期の阿多・大隅隼人の仕奉には存在せず、八世紀に成立した大隅・薩摩両国隼人固有の仕奉だったのである。吠声を発することの意味は何か。一般にいわれるように天皇の呪的守護にある。吠声が発せられるのは、儀礼の場に官人が入場するさい、行幸の列が国堺・山川道路の曲にさしかかったさい、主殿寮における進薪儀礼で官人が進薪を開始する前である。国界には「荒ぶる神」が存在すると考えられていた。実例としては、筑後国風土記逸文筑後国号条にみえる国界の「麁猛神」、『書紀』の日本武尊東方遠征にみえる信濃と美濃との間（東山道御坂峠）の荒ぶる神（景行四十年是歳条）などがあげられる。八十隈坂は山の曲にあたると思われるが、ここは「手向け」する場でもある（『万葉集』一三二一）。道の隈（曲）は標を結う対象であり（『万葉集』四二一七）、「玉桙」すなわち霊威ある陽石が置かれた（『万葉集』八八六）。川の隈は、「屎鮒食める女奴」（『万葉集』三八二八）が存在するようなケガレの充満する場と考えられていた。したがって、国堺・山川道路の曲にさしかかったさいの隼人の吠声は、邪霊やケガレを追い払い、天皇を守護するための呪的行為である。儀礼での官人入場のさいの吠声や、進薪儀礼における官人の進薪開始のさいの吠声も、儀礼の場に存在が想定されている天皇を邪霊などから守護することに意味があった。

それでは、吠声導入以前の隼人、すなわち七世紀後半に移住した阿多・大隅系の隼人やそれ以前の〈隼人国公―隼人〉系の隼人は[24]、天皇守護の仕奉をはたしていなかったのだろうか。吠声導入前に成立した可能性の高い『古事記』の海幸・山幸段には、隼人は「昼夜之守護人」として仕奉するとあるのみなので、阿多・大隅隼人は吠声によらない天皇守護を前提としている。それは『延喜式』（隼人司式①）でいえば、(a)「横刀」、(b)「緋色の領布」、(c)「白赤耳形鬘」という衣装のもつ呪力による天皇守護であったと考えられる。(a)「横刀」は『続日本紀』宝亀二年（七七一）三

表29　帯刀の例

帯刀の対象	史　料
①長屋王の帯刀舎人	『続紀』養老5年（721）3月辛未条
②恵美押勝の帯刀舎人	『続紀』天平宝字3年（759））11月壬辰条、他
③藤原豊成の帯刀舎人	『続紀』天平宝字8年（764））9月戊申条
④東宮坊帯刀舎人	『類史』延暦12年（793）8月丁卯条・延喜東宮坊式、他
⑤宿営国造の兵衛	『類史』延暦17年（798）4月甲寅条
⑥陸奥国鎮守府府掌	『続後紀』承和10年（843）9月甲辰条
⑦藤原良房の資人	『三実』貞観13年（871）4月14日庚寅条

表30　帯剣の例

帯剣の対象	史　料
①帯剣舎人	『続紀』和銅4年（711）10月甲子条
②大惣管（一品新田部親王）	『続紀』天平3年（730）11月癸酉条
③皇太子	『続紀』延暦6年（787）5月己丑条
④縫殿助板茂連浜主・式部少輔和気朝臣広世	『紀略』延暦14年（795）10月癸巳条
⑤伊予親王	『紀略』延暦15年（796）正月癸巳条
⑥三品葛井親王	『文実』嘉祥3年（850）4月丙戌条
⑦中納言源定	『文実』嘉祥3年（850）4月戊午条
⑧忠良親王	『文実』嘉祥3年（850）10月丁未条
⑨嵯峨皇子源常	『文実』斉衡2年（855）正月癸卯条
⑩无品惟喬親王	『文実』天安元年（857）4月丙戌条
⑪二品賀陽親王	『文実』天安2年（858）4月丙申条
⑫四品本康親王	『三実』貞観5年（863）2月14日丁未条
⑬長門国司	『三実』貞観5年（863）12月21日丁未条
⑭出雲国吏郡司・雑色人等	『三実』貞観9年（867）4月日丁丑条、他国にも例あり
⑮右大臣藤原基経	『三実』元慶元年（877）正月9日辛巳条
⑯能登佐渡検非違使	『三実』元慶元年（877）12月21日丁亥条
⑰太政大臣・左大臣・兵部卿（親王）	『三実』元慶8年（884）2月5日丙申条
⑱正四位下源是忠	『三実』元慶8年（884）6月庚寅朔条
⑲貞数親王	『三実』仁和二年（886）正月21日辛丑条
⑳「皇子」	『三実』仁和二年（886）12月14日戊午条
㉑貞固親王	『三実』仁和二年（866）12月25日己巳条
㉒左右近衛兼雅楽伎才長上	延喜弾正台式
㉓左右兵衛尉・志	延喜東宮坊式（朝賀のさい）

注）　表4・5史料の『続紀』は『続日本紀』、『続後紀』は『続日本後紀』、『文実』は『文徳実録』、『三実』は『三代実録』、『類史』は『類聚国史』、『紀略』は『日本紀略』の略記。

月戊辰条の「停二隼人帯剣一」から、宝亀二年以前の隼人は帯剣しており、呪能とともに現代でいうところの実効的軍事力をも担っていたとする見解が現在のところ有力である[25]。しかし『三代実録』元慶元年（八七七）正月九日辛巳条によれば、右大臣藤原基経の帯剣の意図は「厳二其儀形一」であり、帯剣は必ずしも実効的軍事力の意味をもつものではない。延喜隼人司式⑩に「凡威儀所レ須横刀」とあることは、隼人の帯刀が右大臣藤原基経の帯剣と同様の意味をもつことを示している。六国史・『延喜式』の帯剣・帯刀に関する史料をみると、帯刀は舎人（資人）がほとんどであり、帯剣は皇族・上級貴族に認められることが多い（表29・表30参照）。帯剣は身分の上位者の表象であったため、隼人の帯剣は認められなくなり、帯刀に転換されたのである。八世紀に隼人が帯した剣は、天之日矛の神宝のなかに「八握剣」（『書紀』巻一第六段第一の一書第一）が日の御魂を招禱する「フルの剣」であったように、鎮魂や邪霊を退ける神剣に相当した[26]。刀であったとしても、たとえば七支刀銘文に「辟百兵」、江田船山古墳出土鉄刀銘に「服此刀者、長寿、子孫洋々、得□恩也、不失其所統」とあるように、やはり呪的守護の意味をもつ。隼人が帯するのが剣であれ刀であれ、それは呪力による天皇守護に意味があった。

(b)緋色の領布はどうか。福島千賀子氏によれば、古代社会において領布自体は「蛇比礼」「蜂比礼」のような蛇・蜂害を斥ける呪力（古事記上巻大穴牟遅神根国訪問段など）や、天之日矛の神宝に「振レ浪比礼・切レ浪比礼・振レ風比礼・切レ風比礼」とあるような（『古事記』応神段）、風や波を自在にあやつり航海の一路平安をもたらす呪力をもつと考えられていた。風のなかに揺れる稲穂や薄の穂や旗が宿るところとなるごとく、領布も振るい揺らすことによって神招ぎをすると、神霊がそこにやどり、領布のもつ鎮魂・祓禳力はそこから生ずると考えられていたという。隼人以外には例がないとされる領布の「緋色」のもつ意味は何か。福島氏は、『万葉集』では領布は本来白であるが、古代日本に赤色のなかに生命・活力の表徴として一つの大きな除魔力をみることができるとする。緋色の領布も天皇守護の呪力にかかわる。(c)「白赤耳形鬘」について。表28は大嘗祭の装束のみだが、これによれば「鬘」の装束は隼人以外に、神祇官官人は木綿鬘を、悠紀・主基二国の稲卜部・造酒児も木綿鬘や日蔭鬘を着する。斎服では内親王以下命婦が日陰鬘を着する（延喜践祚大嘗祭式）。これらのことから、鬘自体に呪力があると考えられる。領布と同様、赤色は邪霊を斥ける呪力をもっているとすれば、隼人の赤白耳形鬘は天皇守護のための呪力にかかわるといえよう。

このように、(A)「横刀」、(B)「緋色の領布」、(C)「白赤耳形鬘」などの装束は、邪霊を斥ける呪力があると考えられていた。その装束による守護を担ったのが、阿多・大隅隼人であった。なぜ、それを担ったのが隼人だったのか。「ハヤのヒト」、つまり「南方の人」という、王権の所在地よりはるか遠方の住人に特殊な呪能が期待されていたと考えられる[27]。しかし、和銅年間以降、より大きな天皇守護の呪能が求められた。それが大宝年間前後から律令国家に反抗の姿勢を強め、反乱に至った大隅・薩摩両国の住人の呪力であった。西郷信綱氏によれば、古代では最も遠くにいる「荒ぶる」ものを、逆に王に至近の存在へと転化させることによって、王権を守護する存在となるという。たとえば出雲国造神賀詞では、大穴持（大国主）は己が「和魂《ニギタマ》」を大和の三輪に、我が子アヂスキタカヒコの魂は葛木鴨に、事代主の魂は宇奈提《ウナデ》に、カヤナルミの魂は飛鳥にそれぞれ鎮座させ、「皇孫命《スメミマノミコト》の近き守神と貢り置」いたとあり（『延喜式』祝詞29出雲国造神賀条）、服従した国つ神を大和の有力な神と合体させることにより、みずから宮廷の「近き守神」と化することになる。『古事記』のヤマトタケルの東征においても、「東の十二道の荒ぶる神、及《マタ》まつろはぬ人等を言《コト》向《ム》け和平《ヤハ》し、つまり「荒ぶる」「まつろはぬ」ものどもを服従させ、彼らをいうなれば「和魂」として飼い慣らし、王権の守りとすることが行われるという[27]。

大隅・薩摩両国住人も、先述したように大宝以降「荒賊」・「荒俗」・「昏荒、野心未レ習二憲法一」とされるほどの「荒ぶる民」である。こうした律令国家の認識を生み出したのは、すでに触れた文武四年（七〇〇）の大隅・薩摩両国域の住人（このときは「肥人」とある）による覓国使剽劫事件、大宝二年の薩摩隼人の乱である。また、国家の班田施行にたいして「喧訴」により、これを阻む動きが大隅・薩摩両国にある（『続日本紀』天平二年〔七三〇〕三月辛卯条）。

『続日本紀』霊亀二年（七一六）五月辛卯条に「薩摩・大隅二国貢隼人。已経二八歳一」とあるように、和銅二年（七〇九）からはじまる隼人の上京制が大隅・薩摩両国を対象としていたのは、両国住人が「荒ぶる民」として認識されていたからである。この「荒ぶる民」は、すでに仕奉させていた阿多・大隅隼人の呪力を補完し、天皇あるいは王権の守護の新たな呪力として仕奉させることが企図されたと考えられる。慶雲四年（七〇七）に設置された授刀舎人が、即位直後の元明天皇や首皇子の守護にかかわる実効的武力であったのにたいして、大隅・薩摩両国隼人は呪力による守護を目的として創始されたのであろう。

以上で明らかなように、阿多・大隅隼人らは南方の人の担う呪力により、大隅・薩摩両国隼人はより南方の「荒ぶる民」の担う呪力により、天皇を守護していた。両国隼人の仕奉が、中華思想を充足させることを目的としているとし、朝貢と風俗歌舞を重視する説は、依然として有力である。しかし、『古事記』海幸・山幸段には、

　如レ此。令二惚苦一之時。稽首白。僕者自今以後。為二汝命之昼夜守護人一而仕奉。故。至レ今。其溺時之種々之態。不レ絶仕奉也。

とあり、隼人の祖は天皇の「昼夜之守護人」として仕奉するが、それ故に「其溺時之種々之態」を風俗歌舞として奏上するという関係にある。この風俗歌舞は隼人の天皇守護の前提となる服属と忠誠の誓約の意味をもつが、中村明蔵氏のいうように歌舞が「神招ぎ」にかかわるとすれば(28)、これも天皇守護の仕奉の一つの可能性がある。この仕奉と服属の構造は、大隅・薩摩両国隼人にも継承され、仕奉をつとめる以前に上京にさいして「隼人調」の朝貢と風俗歌舞奏上儀礼がある。これは仕奉の前提となる大隅・薩摩両国隼人の服属と忠誠の誓約、つまり「荒ぶる民」を「言向《コトム》け和平《ヤハ》す」ための儀礼であり、あくまでも天皇守護が両国隼人の主要な役割である。『類聚国史』一九〇、延暦二十年（八〇一）六月壬寅条に「停三大宰府進二隼人一」、『日本後紀』延暦二十四年（八〇五）正月乙酉条に「永停二大替隼人風俗歌舞一」とあるのは、服属誓約を表明する朝貢・風俗歌舞奏上の廃止を意味するのみである。天皇守護のための吠声と

いう大隅・薩摩両国隼人の主要な仕奉は、抑留された今来隼人に留保されたのであった。

本章の隼人＝夷狄論批判は、律令国家の天下観や儀礼の次元に限定されている。最も重要な問題である、隼人とされた住人群が所在する在地社会については、まったく論じられていない。〈中華思想の充足〉という論理で、つまり石母田説の枠組で隼人支配の成立を論じる諸論考にあっては、天武期における隼人の「朝貢」が大きな位置を占めることになるが、天武・持統紀にのみ登場する隼人の相撲の問題とあわせて整合性のある説明がなされてきたとも思えない。当該期の隼人支配の意味をとらえなおす必要がある。また、〈中華思想の充足〉という論理でいけば、中華思想が確立していない天武期以前には、隼人支配は存在しないことになる。天武紀以前の『書紀』の隼人記事は、すべて編纂段階の知識による潤色ということになる。この点についても、『書紀』の史料批判の問題もふくめ、多くの課題が残されている。つまり、本章は膨大な隼人研究の問題のほんの少しを論じたにすぎない。

注

（1）なお、鈴木拓也「律令国家転換期の王権と隼人政策」（『国立歴史民俗博物館研究報告』第一三四集［律令国家転換期の王権と都市］、二〇〇七年三月〈以下、鈴木氏の見解は、とくにことわりのないかぎりこれによる〉）に従い、延喜隼人式の条文に便宜的に①～⑳の番号を付す。
（2）中村明蔵「隼人司の役割について」（『熊襲・隼人の社会史研究』名著出版、一九八六年）。武田佐知子「日本古代における民族と衣服」（『古代日本の衣服と交通―装う王権・つなぐ道―』思文閣出版、二〇一四年、初出は一九八五年）。以下、とくにことわりのない限り、中村・武田両氏の見解はこれによる。
（3）鈴木前掲注（1）論文。永山修一『隼人と古代日本』（同成社、二〇〇九年）第五章。
（4）今泉隆雄「律令における化外人・外蕃人と夷狄」（『古代国家の東北辺境支配』吉川弘文館、二〇一五年、初出は一九九四年）。以下今泉氏の見解はこれによる。

(5) 永山前掲注(6)書、第三章。
(6) 鈴木前掲注(1)論文の注2(二四五頁)。
(7) 大高広和「大宝律令制定と『蕃』『夷』」(『史学雑誌』一二二―一二、二〇一三年)。以下、大高氏の見解はこれによる。
(8) 永山修一「隼人をめぐって―〈夷狄〉支配の構造―」(『東北学』四、二〇〇一年)。
(9) 北宋天聖令5は、「輸課役」を「輸役」とするが、『通典』に従い「課役」とする(仁井田陞『唐令拾遺』(東京大学出版会、一九六四年復刻版))。
(10) 石見清裕「唐代内附民族対象規定の再検討」(『東洋史研究』六八、二〇〇九年)。
(11) 大津透「律令制収取制度の特質―日唐賦役令の比較研究―」(『律令国家支配構造の研究』岩波書店、一九九三年、初出一九八九年)。
(12) 永山前掲注(6)書、第三章。
(13) 原口耕一郎「『記・紀』隼人関係記事の再検討」(一)(二)(名古屋市立大学大学院人間文化研究科『人間文化研究』九号〔二〇〇八年、二〇一一年〕)。以下原口氏の見解はすべてこれによる。
(14) 鈴木拓也『蝦夷と東北戦争』(吉川弘文館、二〇〇八年)四七―四八頁。
(15) この「蕃夷」を隼人にたいする形容とする見解もあるが(中尾浩康「律令国家の軍事編成に関する一史論―八世紀における『寇賊』と征討―」〔『日本史研究』五八二、二〇一一年〕)、直接隼人におよぶ表現ではない。なお、河内春人「日本古代における礼的秩序の成立」(『日本古代君主号の研究―倭国王・天子・天皇―』〔八木書店、二〇一五年、初出は一九九七年〕)は、東夷＝蝦夷(陸奥の蝦夷)、北狄＝蝦狄(越後・出羽の蝦夷)、西戎＝隼人、南蛮＝南島とし、鈴木拓也氏もこれを妥当とする(「律令国家と夷狄」〔『岩波講座　日本歴史　第五巻　古代5』岩波書店、二〇一五年〕)。両氏とも南にかかわる隼人観念を西戎とすることの不整合性には言及していない。
また、鈴木氏「律令国家と夷狄」は、隼人を化外の夷狄とする大きな理由として、『続紀』①養老七年(七二三)五月辛巳条および、②天平七年(七三五)秋七月己卯条では大隅薩摩二国隼人について「朝貢」の用語が使われていることを重視する(三四二頁)。しかし、ここから隼人を化外の夷狄とすることは可能だろうか。朝貢は②に「入朝貢二調物一」とあることと同じである。「入朝」は化外人にのみ使用されるわけではなく、群臣（『日本書紀』用明二年（五八七）四月丙午条）・親王（『続紀』天平元年（七二九）四月癸亥条）・皇太子（『続日本後紀』承和三年（八三六）五月甲子条）・太政大臣（『三代実録』元慶八年（八八四）五月廿九日戊子条）にも使用される。隼人の場合入朝のさいに「調物」を貢納するが、それは化外人としての「服属の証」などではなく、天皇守護の特殊な仕奉にあたるさいの大隅・薩摩二国隼人という「化内の擬制的集団」の「服属の証」であった。吉野国栖が天皇の内的守護の仕奉にさいして、「来朝」時に服属の証として「土毛」を献ずるのと同じである（『日本書紀』応神十九年十月戊戌朔条）。

(16) 藤森健太郎「日本古代元日朝賀儀礼の特質」（『古代天皇の即位儀例』吉川弘文館、二〇〇〇年、初出は一九九一年）。

(17) 岡田精司「大王就任儀礼の原形とその展開」（岩井忠熊・岡田精司編『天皇代替り儀式の歴史的展開』柏書房、一九八九年、初出は一九八三年）。

(18) 仁藤敦史「古代国家における都城と行幸」（『古代王権と都城』吉川弘文館、一九九八年、初出は一九九〇年）。

(19) 瀧川政次郎「百官進薪の制と飛鳥浄御原令」（『法制史論叢　第一冊　律令格式の研究』角川書店、一九六七年）。

(20) 中村前掲注（2）論文、同「隼人の領布」（中村前掲注（2）書、初出は一九八〇年）。

(21) 福島千賀子「隼人の呪力についての一試論—領布・赤色・竹を中心に—」（中村啓信他編『神田秀夫先生喜寿記念　古事記・日本書紀論集』続群書類従完成会、一九八九年）。以下福島氏の見解はこれによる。

(22) 八世紀における大嘗祭への隼人の参列は他史料からも裏づけられる。『古事記』海幸・山幸段に隼人の祖先神が天皇の祖先神にたいして、永遠の服属と、(a)天皇の守護および(b)「其溺時之種々之態」による仕奉を誓う神話がある。また『書紀』神代巻第十段では(b)を「俳優」「俳人」として概括している。この「其溺時之種々之態」は風俗歌舞の具体的な動きにかかわるとみられ、ここから八世紀における隼人の大嘗祭への関与が読み取れる。行幸における隼人の仕奉は、『続日本紀』天平十五年（七四三）七月庚子条から確認できる。当条では「天皇御㆓石原宮㆒。賜㆓饗於隼人等㆒」とあり山背国石原宮行幸に隼人が動員されている。さらに外位をもつ隼人有位者にたいする授位が行われている。明らかに大隅・薩摩両国隼人が吠声のために参列しているといえよう。

(23) 吉村武彦「官位相当制と無位」（『歴史学研究月報』二三六、一九七九年）。

（24）天武期の阿多・大隅隼人以前に、隼人国公―隼人系の隼人が存在したことについては伊藤循「古代王権と異民族」（『歴史学研究』六六五、一九九四年）参照。
（25）中村前掲注（2）論文。『岩波新古典文学大系　続日本紀』四、補注31―五九。
（26）井上辰雄「隼人支配」（大林太良編『古代史探究　隼人』〈社会思想社、一九七五年〉）。
（27）西郷信綱「アヅマとは何か」（『古代の声』朝日選書、一九九五年、初出一九八四年）。
（28）中村前掲注（2）論文。

終章　古代天皇制と辺境

一　律令制以前のヤマト王権と辺境

1　倭の五王時代のヤマト王権と辺境

中華という用語こそ使わないが、古代においてヤマト王権が周辺諸地域を従属させる中華と類似の体制が存在したことを主張し、それを倭国の「帝国主義」あるいは「大国」的地位として理解したのは石母田正氏であった(1)。石母田氏によれば、四～五世紀にヤマト王権は倭国内部の支配権を掌握するとともに、朝鮮諸国をも従属させる「大国」的地位を確立していたが、六世紀にいわゆる「任那」(加耶諸国)が滅亡すると小帝国は事実上解体し、七世紀にはかろうじて「大国」の地位をささえていた百済も滅亡してしまうとする。石母田氏の論はその後の諸研究に継承され、現在も周辺地域を従属させる中華的な世界観が萌芽的にでも成立したのは、倭の五王時代だったとするのが一般的理解であろう。江田船山古墳出土鉄刀の銘文からは、倭王武の時代における倭国王の「天下」の観念の存在が知られ、さらに「倭王武の上表文」にみえる「毛人」「衆夷」という字句の存在は、中華思想の影響を受けた辺境にたいする差別的観念の存在を示しており、帝国主義が萌芽的に形成されていた、という理解が通説的位置を占めている(2)。

しかし、倭の五王時代のヤマト王権と辺境との関係を、中華思想にもとづくものとすることは妥当であろうか。まず、五世紀史料にみえる「治天下」の天下は、中国的天下の観念を継受しているとするとしても倭王の実効的支配領域のみを意味する観念であり、必ずしも周辺地域にたいする従属関係を前提とする用語とはいえない可能性もある（本書第一章）。中国本来の天下が化外域をふくむ観念だとしても、五世紀のヤマト王権の天下が実効的支配以外の領域をふくむ観念であったとする根拠にはならない。[3]

五世紀の倭における中華思想の存在を示す決定的な根拠は存在しない。天下に倭国王の実効的支配の外部域もふくむとする史料的根拠は、『宋書』巻九七、夷蛮伝、倭国条の倭王武の上表文にみえる「毛人」「衆夷」である。しかし「毛人」「衆夷」は、倭国王を中心軸とする呼称といえるのだろうか。上表文には「封国偏遠。作㆓藩于外㆒」とある。倭王武は自己の政治的役割を、宋皇帝のための辺境防備としている。倭王を頂点とする国内支配を維持するために宋皇帝の冊封を受けるだけでなく、倭国の支配層を宋の府官制的秩序に編成することが可能だったのは、宋の天下支配の一翼を担うという支配層共通の認識が存在したことによる。倭王武の祖先以来「跋㆓渉山川㆒」して自己の東・西・北の辺境諸地域を平定することは、宋皇帝の支配を扶翼することになる。それが「七国諸軍事」や「安東大将軍」の称号を宋皇帝に請求する根拠となっている。したがって、上表文の「毛人」「衆夷」の前に記されている「東」「西」は、「海北」九十五国の前に記されている「渡りて」と同じく、倭国王が軍事行動を起こした方向を示してはいても、「毛人」「衆夷」そのものは倭王にとっての化外・夷狄の位置を示す字句とはいえない。「毛人」「衆夷」は宋皇帝からみた東方の夷狄の呼称であり、「東」「西」は倭王の軍事行動の方向を示しているにすぎない。宋からみれば、東方に存在する倭国王の周辺の夷狄は「毛人」「衆夷」という呼称でも四夷観念とはまったく矛盾しない。「毛人」は中国古典では中国の北方、東北に居住する夷狄とされている。「衆夷」は「東夷」に通ずる呼称である。「毛人」「衆夷」が宋にとっての辺境の夷狄を意味したとすると、この「毛人」「衆夷」を、五世紀段階の倭国内部における萌芽的な中華思想とすることはできない。さらに、『隋書』倭国伝には七世紀における倭国の政治体制についての記述はあっても、辺境地域についての記述はない。倭王武の上表文にみられる「毛人」「衆夷」に相当する記述が『隋書』の段階で欠落していることは、「毛人」「衆夷」が倭王武の安東大将軍の地位に規定されて現象しているにすぎず、倭国王の支配の内在的論理からは生じない記述だったことを示唆している。しょせんは、川口勝康氏の述べるように五世紀の鉄剣・鉄刀銘文にみえる「治天下」は中国皇帝の天下の借物にすぎないのである[(4)]。さらに、征服・支配の対象として朝鮮半島と列島内に差異がないことからみて、倭の五王時代に倭国の内外を区別する中華思想あるいは化外の観念が存在したとは思われない。

2　推古期前後のヤマト王権と辺境

五世紀より以降はどうであろうか。六世紀段階において、諸豪族の盟主たる倭国王の権威の源泉となっていたのは、伽耶諸国からの朝貢であった。五世紀末から六世紀初頭にかけて、百済・新羅が伽耶諸国を侵略するという状況下で、伽耶諸国が倭国に支援を求める代償として、伽耶諸国の倭にたいする朝貢が実現していた。その伽耶諸国は最終的には欽明二十三年（五六二）に新羅に併合される。鈴木英夫氏の『書紀』の史料批判をふくめた研究によれば、その後倭国は新羅に「任那使」をともなう「任那の調」の貢納を強制した。七世紀に「任那の調」の実物を貢納したのは、倭国と関係の強かった旧金官王家であった。倭国はその金官国の別称である「任那」を伽耶諸国の総称とし、そこからの「任那の調」の貢納を倭国王の権威の重要な源泉の一つとしたのである。百済との対抗上、新羅は「任那の調」の朝貢を認めたものの、容易に実行されず、推古三十一年（六二三）以後「任那の調」は断絶してしまう[(5)]。倭国王の権威の源泉となる「任那の調」の重要性は、倭国王と倭国内の諸豪族の間に構成されている秩序（実効的支配）の外に、倭国王に従属しながらも固有の秩序を構成する国王が「調」の貢上主体となっていることに示されている。伽耶諸国の各旱岐は『書紀』においては「国王」あるいは「国王」「国主」と認識されている（『書紀』垂仁二年是歳条、継体二十三年三月是月条など）。百済・新羅の「国王」もその蔑称たる「国主」とされている。したがって、倭国王の実効的支配外の伽耶諸国＝任那の国王が、「任那使」を派遣して、倭国王にその従属を象徴する「調」を貢納する、というのが「任那の調」の重要な形式ということになる。

伽耶諸国が欽明二十三年（五六二）に新羅に併合されて以降、権威の重要な源泉の一つを失った倭王権は、その回復をはかる一方で「任那の調」の代替・補完を「東国の調」に求めた時期があったと考えられる。東国は安閑期に伊甚・上毛野・武蔵に反乱の動きがあったという伝承が『書紀』に残っているように、服従性とともに「荒ぶる民」としての自立性を保持していると、ヤマト王権からとらえられていた。[6] 六世紀には勾舎人・檜隈舎人・他田舎人など倭国王の宮に、東国出身の舎人が多く出仕していたのも、東国の「荒ぶる民」のもつ勇猛な武力が期待されたからであろう。儀礼において「東国の調」としてあらわれ、東国の特定地域からの調の朝貢が重要な位置を占めていた時期があったことは、周知の『書紀』の崇峻暗殺記事で確認される（崇峻五年〔五九二〕十一月乙巳条）。「東国の調」と「任那の調」の共通性は、倭王権の遣使による「国境」（国内）観察にうかがわれる。六四二年以降新羅から旧伽耶地域を奪った百済に「任那の調」を進上させるさい、ヤマト王権は(a)「遣二三輪栗隈君東人一。観二察任那国堺一」と『書紀』は記している（大化元年〔六四五〕七月丙子条）。また、「東国の調」についても、その前提として(b)「遣二宍人臣鴈於東海道一使レ観二東方浜レ海諸国境一」という国境（国内）観察が行われたことを『書紀』は記す（崇峻二年〔五八九〕七月壬辰朔条）。(a)は「任那の調」、(b)は「東国の調」と密接な関連がある。[7]

しかし、東国が自立的と認識されてはいても、国造の国を実体とするヤマト王権の実効的支配領域からの「東国の調」では十分な代替機能をはたしえなかったと考えられる。そこで、同様に(a)倭国王の秩序外にある「国王」による朝貢、(b)貢納物の名称は「調」、(c)遣使による国境（国内）観察の指標をそなえる、掖玖からの朝貢が政治的に編成されることになった（以下は本書四章）。掖玖の朝貢は、「任那の調」が停止となった推古三十一年（六二三）以降の、舒明元年（六二九）遣使により舒明三年（六三一）に開始される。『隋書』琉求伝には大業四年（六〇八）に倭国使が「夷邪久人」に言及する記事があるので、推古期以前に交易を媒介としてすでに存在が知られていた掖玖を、舒明期に朝貢制に編成したのである。さらに、「東国の調」・「任那の調」の調が「国境」観察を前提としていたとすれば、舒明元年（六二九）に遣使のあった掖玖のみならず、『書紀』崇峻二年（五八九）七月壬辰朔条に「遣二近江臣満於東山道使一。観二蝦夷国境一」とある蝦夷も、「毛人国」という「調」を朝貢する「国」として擬制されていた可能性が高い。「蝦夷国の調」は、敏達天皇十年（五八一）閏二月条にみえる蝦夷の「魁帥綾糟」による朝貢を起点として、崇峻期（六世紀末）に「任那の調」を代替するものとして擬制されていた可能性もある。上毛野君形名の妻の活躍で周知の『書紀』舒明九年（六三七）是歳条にみえる征夷の理由が「不朝」とされていることも、その証左となる。

六世紀～七世紀中葉の段階においても、五世紀と同様ヤマト王権の支配体制には、実効的支配がおよぶ地域と辺境域とを区別する観念はなかった。それを裏づけるように七世紀における朝鮮諸国・蝦夷・掖玖・多禰・波耶の諸「国」からの朝貢物の名称はすべて「調」であり、「東国の調」のように国造制に編成された地域からの貢納と従属の質が明確には区別されていない（本書第五章）。何よりも七世紀以前においてヤマト王権を中心とした国造制下にある実効的支配領域を中華とする観念が実在した証左は何もない。七世紀初頭までヤマト王権には中華思想に類似する観念は明確には存在しなかった。『隋書』倭国伝にみえる「天子」は後の天皇や中国皇帝につながる呼称ではなく、日本的なアメの形成にもとづいて生まれた「アメタラシヒコ」の漢語表現にすぎない[8]。このアメには化外を支配するという観念は内在しない。ヤマト王権という中心と、朝貢関係・従属関係をもつ諸地域という区分があるのみであった。

中華的天下と異なる、化外・化内の区分・差異のない六～七世紀中葉における倭国の対外姿勢は、どのような概念に位置づけることができるのだろうか。推古期段階の外交は、一九七〇年代の石母田正氏以来倭王権が朝鮮諸国を従属させる小帝国主義という論理でとらえられてきた[9]。根拠となる史料は『隋書』倭国伝の「新羅。百済皆以レ倭為二大国。多二珍物一。並敬二仰之一。恒通レ使往来」という記述である。ここから石母田氏は大国＝帝国と解釈し、外国・他民族を抑圧しうる体制を保持し、帝国主義戦争という強力な軍事行動をしうる権力の存在を想定した。しかし黒田裕一氏の研究によれば、『隋書』の「大国」は中華思想や帝国主義を前提としない用語である[10]。大平聡氏は黒田説を継承し、推古朝の政治的課題を東アジア世界の標準である儒教・仏教の理解・摂取にもとづく「大国」の構築にもとめている。そして、仏教・儒教導入をそのための王権にたいする超越性の付与という脈絡で理解しようとしている[11]（本書第四章）。『隋書』による限り、竹斯（筑紫）など国造制に編成された秩序内の勢力も、掖玖などの実効的支配の外の勢力も倭との関係は「附庸」という論理でとられらえており、中華思想にもとづく差異は存在していない。

3　大化改新後のヤマト王権と辺境

(1) 百済の役以前のヤマト王権と辺境

次に、七世紀中葉の東アジア情勢の緊張期におけるヤマト王権と辺境の政治的関係についてみていこう。『唐会要』巻百倭国条は永徽五年（六五四）のこととして、耶古（掖玖）ばかりでなく、波耶（ハヤト）・多尼（種子島）をも倭国の附庸対象だったとしている。孝徳期（七世紀中葉）においては、掖玖に加えて波耶（ハヤト）・多尼の三国は固有の王と秩序をともなう「国」として擬制され、さらに調の貢納によって「任那の調」の代替・補完をしていた。次の斉明期はどうか。中国側の史料によれば、先掲の『唐会要』倭国条永徽五年の記事のすぐあと、顕慶四年（六五九）の倭国使の報告として、『旧唐書』巻百九十九上日本伝には「毛人之国」、『通典』巻一八五・蝦夷条には「蝦夷国」が記録されている。これに対応するように『書紀』斉明五年（六五九）三月甲午条、同年七月戊寅条所引「伊吉連博徳書」には「蝦夷国」のことが記録されている[12]。斉明期に蝦夷が「蝦夷国」として擬制されていたことはまちがいない（孝徳期の渟足・磐舟柵設置、斉明期の阿倍比羅夫の北征は、蝦夷朝貢の強化策）。舒明期より以前までは「任那の調」

を代替する役割をはたしていたのは「掖玖国」「蝦夷国」の調だったが、六世紀中葉の孝徳期以降、『唐会要』倭国条の永徽五年（六五四）の記事にみえる「多尼国」「波耶国」の「調」が加えられた。孝徳・斉明期における倭王を中心とした権力集中を実現・維持するために朝貢の数量的拡大が必要とされたことが、多尼・波耶を新たに擬制した理由であろう。しかも「王」の存在する「国」として擬制されていた（本書第四章）。斉明期における阿倍比羅夫等による蝦夷征討と壮大な飛鳥京造営を、桓武期における「軍事」と「造作」の淵源となるとする説もある(13)。倭の天下的世界の中心である王都を荘厳すること、倭国王の統治権の及ぶ「天下」的世界を拡大することは、一連の王権の神聖化・強化策として理解できるとするわけである。しかし、阿倍比羅夫の北征は律令制下のような天皇大権を委譲された持節将軍によるものではなく、「国司」によるものにすぎない。熊田亮介氏が斉明期の北征は「覓国使」の南島経営方式に近いとしているように(14)、先述した耶古・波耶・多尼などとともに朝貢の数量的拡大策の一環であり、「北征」だけが意味をもつわけではない。数量が重要だからこそ、蝦夷にいろいろな地名が冠されているのであろう。しかも「北征」によって支配領域が拡大するわけでもない。斉明期の造都は「北征」との有機的な関係にはない。

孝徳・斉明期の王権と耶古・波耶・多尼および蝦夷との政治的関係は、どのようにとらえられるだろうか。この時期の倭王権による全国支配の特質について、ヤマト王権は仏教的天下にもとづく中華的世界を創出しようとしていたとする説(15)もあるが、須弥山と天下はむすびつかない(16)（本書第一章）。そして調という貢納物の共通性からみて、倭王権の実効的支配の内・外で朝貢儀礼における差異はなく、化内・化外の天下観は孝徳・斉明期にも成立していない。『書紀』斉明六年（六六〇）七月乙卯条には、覩貨邏人が本国に帰還するさい、「願後朝㆓於大国㆒」という誓約の証しとして、自分の妻を倭国に留置するという内容の記事がある(17)。とすると、斉明期においても推古期以来の「大国」概念にもとづく対外関係が継続されていたといえよう。

(2)白村江以後の王権と辺境

天智期は百済の役後の朝鮮半島の混乱と国内軍国体制の整備のため、「任那の調」の朝貢を実現することは困難だったであろう。また、天智四年（六六五）以降天武期にかけて通交のあった耽羅・小高句麗を朝貢国として編成することもなかった[18]（本書第四章）。南西諸島にたいする動きもみられない。わずかに、天智七年（六六八）、天智十年（六七一）に近江大津宮における蝦夷賜饗記事がみえるのみである。天智七年（六六八）七月の蝦夷賜饗は、同年正月の天智即位とかかわる政治的意味があったかもしれない。この蝦夷の朝貢以外に、『万葉集』に「東人の荷前」（一〇〇）として痕跡を残す「東国の調」もその代替・補完の役割をはたしていた（本書第六章）。

天武期は辺境政策の大きな転換期であった。蝦夷についていえば、『書紀』天武十一年（六八二）三月乙未条に「陸奥国蝦夷」、同四月甲申条に郡を構成する「越蝦夷」があらわれる。蝦夷は陸奥国や越国の管理下に入り、もはや「蝦夷国」を擬制することは困難となった。同様に隼人は天武十一年以降阿多・大隅隼人となり、やはり「隼人国」を擬制することは困難となった。『書紀』天武十一年（六八二）七月甲午条で阿多・大隅隼人の朝貢物が「方物」と表記されているのは、天武期の段階では「隼人国の調」を擬制することが困難となっていたからであろう。一方、「蝦夷国」の消える天武期以後の持統二年（六八八）十一月己未条にみえる蝦夷の「調賦」は、一見矛盾する例となる。しかし、天武殯宮儀礼の蝦夷が陸奥国・越国のいずれの国名も冠しないことからみて、特殊な場における誇大な処遇の所産と思われる。また、『続紀』天平元年（七二九）六月庚辰条以降にみえる隼人の「調」も、「隼人国」消滅以後の「隼人の調」となり、一見矛盾するかのようにみえる。しかし、これは「薩摩国・大隅国」の隼人の調であり、「隼人国の調」ではないことに留意すべきである。とりわけ隼人は、それまでの「隼人国」の隼人とは異なり、阿多・大隅隼人らはさらに南方辺境の住人の担う呪力により、天皇の外的守護の役割を担うようになった（本書第九章）。

東国は「東国之調」が律令制的な個別人身的調に転回することによって、「東鰒」「東絁」「東席」という調物名にその痕跡をとどめるものの、自立性の高い地域とはとらえられなくなった。しかし、その特別視された軍事力は一方で

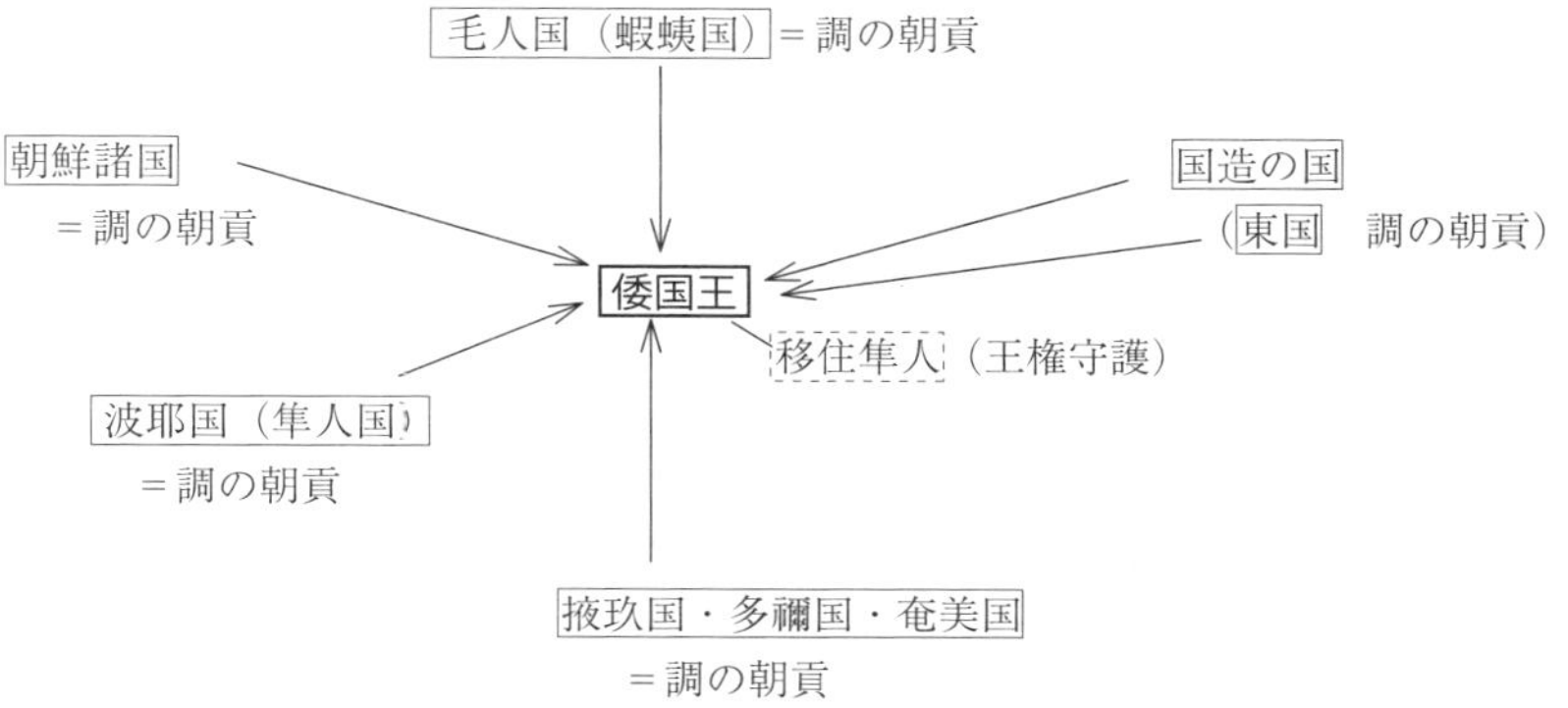

図1　7世紀後半におけるヤマト王権の「天下」観

天皇を守護する舎人に編成されていった（授刀舎人など）。また、東国は九州防衛にあたる防人の基盤ともなっていった。蝦夷は朝貢も行う存在ではあったが、陸奥国・越（越後）国の管轄下に入ることによって、国郡制に編成される対象ともなった。こうして、百済の役以前の段階では、倭国王の権威の源泉となったいた隼人国・蝦夷国・東国は律令国制のなかに包摂され、もはや固有の王権と秩序をともなう「国」として擬制される客観的条件を喪失することになる。それに代わったのは、南西諸島島嶼からの朝貢である。天武期に成立した天皇制の権威の源泉となったのは、南西諸島の住人は多禰人・掖玖人・阿麻弥人であった。『書紀』天武十年（六八一）八月丙戌条によれば、多禰は固有の国王と秩序をともなう「国」として擬制されていた可能性が高い。そして、天武十一年（六八二）には多禰よりさらに南方の阿麻弥が朝貢してきている。天武期では多禰だけでなく、掖玖・阿麻弥ともに国王と固有の秩序をともなう「国」として擬制されていた可能性が高い（本書第四章）。

天武期には、天武四年（六七五）に部曲の完全廃止により公民制が、天武十年（六八一）に祓柱奴婢を媒介として良賤制が成立するなど、天皇制を拠点に国内的な良人共同体が創出された。持統期には庚寅年籍により全国的な班田制が施行され、公民制が内実をともなうようになった。しかし実効的支配の外の領域については、擬制的な「国」による「調」の朝貢制が編成されたように、百済の役以前の朝貢制の形態のままである。儀礼に用いられた空間も、斉明期と同様「飛鳥寺西の広場」である（『書紀』天武六年〔六七七〕二月是月条、天武十年〔六八一〕九月庚戌条）。しかも、多禰・掖玖・阿麻弥というように個々の名称で把握されている。中華思想の四夷のうちの〈南蛮〉から派生した南島・南島人という抽象的観念はまだ成立していない。

天武・持統期における東北辺境の住人も八世紀のような蝦狄・蝦夷という中華思想の〈北狄・西戎〉に対応する名称には分割されず、毛人あるいは蝦蛦であった（本書第一章）。東国などヤマト王権の実効的支配領域と朝鮮半島を明確に区分する中華思想の観念がやはり存在しなかったことを示す。天武・持統期に化外の空間が創出されなかった大きな理由の一つは、大嘗祭の成立に示される神祇祭祀に天皇制の権威の源泉が求められた段階であったことにもよると思われる(19)。さしあたり、律令制以前（七世紀後半）におけるヤマト王権の天下支配の様相を図示すると図1のようになる。

二　中華的世界の成立と天皇

1　化外と天皇

律令制段階で辺境はどのような政治的編成がなされたのか。まず、蝦夷・南島について言及しよう。この南北の辺境人の政治的編成は、実は新羅という対外勢力との関係を前提にしなければ理解できない。天皇と天下の関係について、かつて石母田正氏は化内と化外の双方に君臨する専制君主として天皇が創出されたという構想を提起した(20)。唐は「隣国」、新羅は国家を形成しながら日本に朝貢する「諸蕃」、蝦夷・隼人は国家を形成せず日本に朝貢する夷狄だったとする化外の三区分論である。日本自身が中国にたいする朝貢国であるため、日本の帝国主義は中国の帝国体制内に包摂されることになる。この日本の政治的体制を石母田氏は「東夷の小帝国」「東夷の大国」と概念化した。石母田氏の化外にたいする政治的体制に、日本型中華世界の論理を適用する見解と古代帝国主義の論理を適用する見解とがあるが、近代特有の帝国主義を古代に適用することは困難であろう。[21] 何よりも五世紀から十世紀まで通時代的な古代帝国主義論の消長にもとづく、対外関係の変遷についての理解はあまりにも平板すぎるといえよう。ともあれ、国郡制に編成され、天皇の徳化が恒常的におよぶ範囲を「中国」・「華夏」とし、それ以外の地域を化外とする政治的意識は明らかに中国の中華思想を前提としている。

ただし、中国の場合、化外の諸蕃・夷狄は固有の王権と政治的秩序をもつ存在を意味した。しかし、日本が律令法にもとづく中華世界を仮構するさいには、固有の王権・政治的秩序をもち、日本の朝貢国である新羅を諸蕃の〈西戎〉に位置づけること、帰化の対象とすることがとりわけ重要であった。[22] しかし、東・北・南には新羅のような固有の王権・法政治的秩序をもつ対外的勢力は存在しない。そこで、固有の王権・法政治的秩序をもたない辺境人を化外として政治的に編成した。エミシを〈東夷・北狄〉につながる蝦狄・蝦夷、掖玖・多褹などの南西諸島を南島〈南島人〉として抽象化することによって、〈南蛮〉として位置づけたのである。ただし、これらは中国的な諸蕃とすることはできず、「夷狄」とする日本独自の中華世界を仮構した。また、日本の化外は中国的な冊封の論理をもたず、諸蕃・夷狄は朝貢と諸儀礼の参列に主要な存在意義があった。

朝貢儀礼の場は専制君主としての天皇の現出の場となった。大宝令制より以前の段階では、実効的支配外の住人群の朝貢儀礼の場は、飛鳥寺西の槻下の空間（槻の広場は豪族層も保有）であったことに象徴されるように、倭国王固有の儀礼の場ではなかった。さらに田島公氏によれば、倭国王が外国使に直接的に会見することはなく、倭国王はまだ外交権を自己のもとに集中させていなかった。これにたいして文武二年（六九八）以降、諸蕃・夷狄の儀礼参列の場は、大極殿・朝堂となり、天皇は外国使に直接会見するようになる。[23] 大極殿・朝堂における儀礼の場には、文武百官（観念的次元では公民まで参列する場合もあるとされている）・諸蕃・夷狄が参列し、化内・化外双方に君臨する専制君主たる天皇が現出されることになる。ただし、諸蕃と夷狄が同一の儀礼空間に会したのは、史料上は宝亀三年（七七二）の渤海使と陸奥・出羽蝦夷の例しか確認できない（『続日本紀』同年正月壬午朔条）。これは、日本の夷狄が中国的な諸蕃ではなく、固有の王権と秩序をともなわない「文明」外の矮小な存在だったことによる。

したがって、日本の律令制本来の原則では、諸蕃ではない蝦夷・南島は化外人ではあっても帰化の対象とはしない、ということになる。とはいえ、蝦夷・南島の化内化まで否定しているわけではなく、招慰・内附による化内化の方策の論理は存在している（本書第一章）。諸蕃・夷狄の朝貢や儀礼の参列により、専制君主たる天皇の政治的地位を現出すると同時に、儀礼における位階制上の差別は、夷狄の側の位階などの上昇の希求を生み出したとされている[24]。それは天皇の地位の維持をはかるための営力の一つとなった。

2　化内辺境人と天皇

天皇の支配する天下には一般公民と区別される化内（実効的支配内）の辺境人が存在していた。東人は、大化前代の舎人の系譜を引き天皇の身辺の武力による守護の役割を負うだけでなく、防人として北九州の防衛にも従事した。国家の本質が「外交と軍事権」に深くかかわるとすれば、天皇を宮都で守護し、国家を大宰府で守護する東人（とりわけ坂東）は、国家の本質と主権に深く関与したことになる[25]。東国舎人が「東人は常に云く、額には箭は立とも背は箭は立たじ」（『続紀』神護景雲三年〔七六九〕十月乙未朔条）と自らの勇猛さを、ことさらに「言立て」（誓約）した対象は天皇だった。また、防人歌が本来「大王の命かしこみ」（『万葉集』四三二八など）「大王の醜の御楯」（同四三七三）とあるように、防人が天皇に絶対服従する「言立て」に本来の意味が求められる[26]。東国舎人のみならず、東国防人も天皇制に深くかかわっている。東国舎人も防人も東人の「荒ぶる民」として勇猛と観念されていた武力が期待されていたのであった。

南九州住人のうち、その呪的能力を期待された住人は阿多・大隅隼人として、すでに天武・持統期に近畿に移住し天皇を呪術的に守護する役割をはたしていた。残りの住人は大宝令施行にともない、国郡制に編成され百姓化した。大宝二年（七〇二）に薩摩国を建置したさい、大隅地域も日向国統治下の国郡制に編成された。和銅二年（七〇九）に上京制が開始されるまでは隼人とは呼称されず肥人・薩人と呼ばれたが、和銅二年（七〇九）以降は、近畿に移住した阿多・大隅隼人の機能を補強する役割をはたすために、薩摩国隼人と日向国隼人（のち大隅国隼人）の上京仕奉制が開始される。『続紀』大宝二年（七〇二）十月丁酉条にみえる「薩摩隼人」の隼人は、『続紀』編纂段階の改変ないしは追記である。両国隼人は、文武初年に剽却事件、大宝二年（七〇二）に反乱の経緯があり、「荒ぶる民」としての呪能が期待されたのであった。両国隼人の風俗歌舞奏上と隼人調の貢納は、「荒ぶる民」が服属と仕奉を天皇に誓約する「証」であった。

吉野国栖は、天皇の福寿実現と在位中の息災のための歌謡と呪的所作（「撃レ口仰咲」）の仕奉をはたした。その呪力の根源は「不レ聞二人声一之深山吉野」（『類聚三代格巻一、寛平七年（八九五）六月二十六日太政官符）のような、深山の住人たる点にある。持統期に天皇の寿福と在位中の息災と在位の永続化をはかる吉野国栖の呪的効果が期待され、頻繁な吉野行幸が行われたが、大宝律令の成立と並行して吉野国栖の上京制に移行し、頻繁な吉野行幸は停止する。記紀における神武東征伝承に吉野国栖の始祖が登場するのは、神代で服属が語られる隼人（阿多・大隅隼人）とともに、大嘗祭における吉野国栖・隼人の仕奉を正当化すると同時に、天皇の天下支配が悠久無限であることを認識させるためであった。吉野国栖の献上する御贄の「栗菌及年魚之類」は、常人の非居住域の深山にたいする天皇の支配を象徴するとともに、天皇が食することによって呪的効果を補完する機能を有していた（本書第七章）。

律令制当初の天皇をめぐる天下と中華世界の構造を図示すると図2のようになる。(a)新羅・蝦夷・蝦狄・南島は中

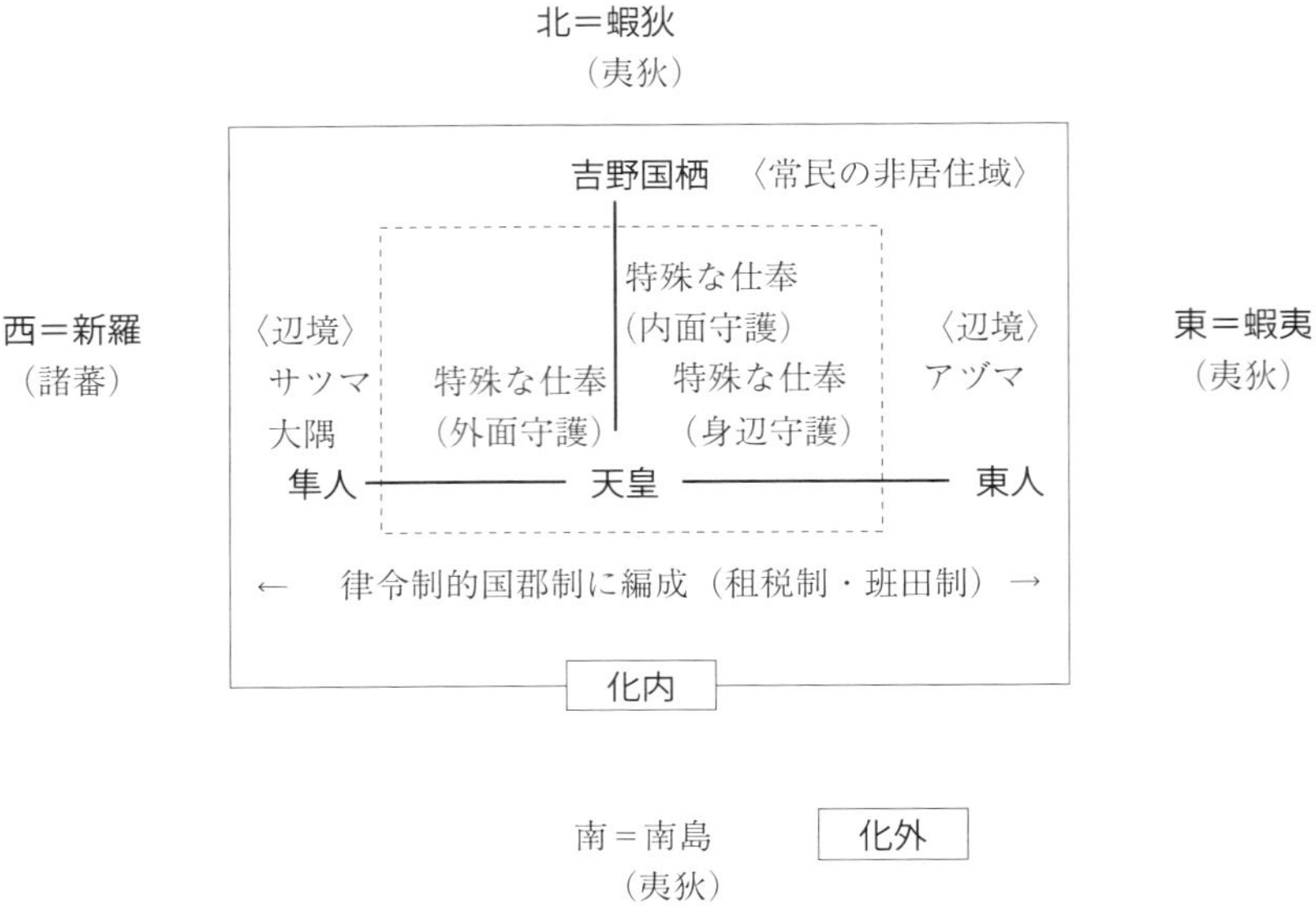

図2　律令制下の天下観

華思想の論理で説明されるが、(b)隼人・吉野国栖・東人は中華思想では説明できない。(a)の化外人の朝貢は天皇の権威の源泉であり、天皇を化内・化外双方の専制君主として現出させることに存在意義が求められるが、(b)の東人・吉野国栖・隼人は化外ではない。朝貢に主要な存在意義はなく、天皇の守護に主要な存在意義がある。東人は「アヅマ」、隼人は「サツマ」というように、地名に「ツマ」（端）を共通の要素としてもつ。[27]また、アヅマは上野国吾妻郡、サツマは阿波国那珂郡薩麻駅の例があるように（『平城宮出土木簡概報』一九）、本来は固有名詞ではなく、天皇の位置からみて実効的支配内における東・西の辺境を示す概念であった。[28]吉野国栖は実効的支配内の常民の非居住域に位置する住人であった。東人・吉野国栖・隼人はこのような「ツマビト」であること、そして「ツマビト」にしかない呪能に重要な意味があった。

三　中華的天下の転回と天皇

1　化外政策の蝦夷への傾斜

大宝律令の体制で成立した中華的天下は、どのように転回していったのだろうか。また、転回の原動力となっているのは何なのか。

大宝律令段階での実在的な諸蕃は新羅のみである。新羅は天平期まで諸蕃として高い従属度の指標となる「調」を朝貢していた。しかし、渤海攻略のため唐が新羅に接近したことを契機に、天平五年（七三三）以後新羅は朝貢国から離脱する姿勢を顕著にしていく。天平五年（七三三）以降、新羅が日本にたいする臣礼を復活させたのは、①唐で安史の乱が勃発し、日本・渤海の新羅侵攻を回避しようとした天平勝宝四年（七五二）、②新羅国内の混乱に日本が介入するのを回避しようとした宝亀十年（七七九）にすぎず、臣礼拒否が新羅の日本外交の基調となった。[29]渤海は、唐・新羅を牽制するために神亀四年（七二七）に日本と外交関係を開始する。しかし、渤海との関係は実質的に対等外交であり、朝貢的関係になかったとする説が有力である。日本側はしばしば渤海に臣礼を強要するが、とくに八世紀後半の渤海は大欽茂による版図拡大の時期であり、日本の要求に必ずしも従わず、渤海使の放還が多くなっている。[30]延暦十五年（七九四）に貿易の利益を重視する渤海側の妥協により朝貢国に編成されるまで、日渤外交が日羅関係の代替機能をになうことはなかった。

新羅・渤海が朝貢国として十分機能しえなかったため、その代替・補完の役割がしばしば、蝦夷政策への傾斜へと継起した状況がうかがえる。たとえば、天平五年（七三三）以降新羅の臣礼拒否が続き、天平九年（七三七）に帰国した遣新羅使が「新羅常礼を失し、使の旨受けず」と報告したことを受け、朝廷官人層から意見を聴取すると、征討論までが出るほどであった（『続日本紀』天平九年（七三七）二月己未・二月丙寅条）。その前後に陸奥・出羽の現地二国の連携で行われるはずだった秋田城―陸奥国府の直路建設が、中央からの持節征討使派遣という次元まで高められている。この征討使派遣は明らかに、新羅外交の不調を補完・代替している（本書第二章）。宝亀五年（七七四）七月に陸奥国が申請した征夷を、中央政権が実行した要因の一つとして、同年三月に新羅が臣礼を拒否したため、大宰府で放還になった事件が想定される。もう一つ新羅外交の不調が宝亀五年征夷の重要な契機となっていることを示すのは、新羅使放還事件のさい大宰府に派遣された紀広純が、宝亀五年（七七四）征夷のさい鎮守副将軍として派遣されている事実である（『続紀』宝亀五年（七七四）三月癸夘条・七月庚申条）。そして、この紀広純こそ宝亀十一年（七八〇）に伊治呰麻呂の乱で殺害される按察使・鎮守副将軍であった。

南島については、天皇一代一度の朝貢制による政治的編成を基本としていた。また、南島では当初多褹・掖玖のみが国郡に編成されたが、これは唐の侵攻に対応するのが直接的目的であり、夷狄支配とはかかわらない。南島に関する夷狄政策の内容は、あくまでも朝貢制のみであった。しかし、神亀四年（七二七）期以降は南島から都城への朝貢は停止され、大宰府を介した朝貢制に転換される。これ以後九世紀まで都城においては南島物産由来の加工品の下賜によって、天皇にたいする南島の従属という観念が維持されていた（本書第四章）。

蝦夷の夷狄としての政治的編成も八世紀当初は朝貢制を基本としていたが、南島と同様八世紀前半には都城への朝貢は停止されていた。①光仁期の宝亀三～五年（七七二～七七四）、②桓武期の延暦十一年（七九八）には蝦夷の都城における朝貢が行われているが、①は光仁の「新王統」の儀礼の荘厳化、②は完成した長岡宮朝堂（内裏と分離）における儀礼の荘厳化という、当該期特有の政治的事情による。諸蕃・夷狄からなる「化外」の存在が政治的に必要とされた時に、それを代替したのが蝦夷であった。[31] 要するに、律令国家の中華的世界にたいする支配は主観的・自己満足的であり、矮小性を特徴としていたため、化外政策のほとんどは、「陸続き」で隣接しており、侵攻の容易な蝦夷域に向けられたのである。次に蝦夷域にたいする律令国家の政策を具体的に考察し、その意味を究明していく。

2　征夷・建郡と天皇制

化外に共通する朝貢制以外の律令国家による八世紀の蝦夷政策は、(1)征夷・建郡、(2)住人の国家的身分編成にまたがっている。朝貢と並行して行われた征夷は、七世紀段階の征夷とは質的に異なる。七世紀の征夷は蝦夷からの朝貢の確保・維持を目的としており、蝦夷域の侵略を直接の目的とはしていない。天皇大権を委譲された持節将軍のみならず「将軍」による征夷はない。斉明期の征夷は「国司」による（『書紀』斉明天皇五年〔六五九〕三月是月条）。これにたいして、八世紀律令制段階における征夷は、蝦夷域の侵略（国郡編成）につながる軍事行動であった。この軍事行動を版図拡大（あるいは帝国主義）という通時代的で平板な論理で説明するのが通説的理解であるが、そこでは天皇制の存立基盤である中華的世界（化内・化外の区分）の存在意義はまったく考慮されていない。

蝦夷域における征夷などの軍事行動は、天皇制との関連が強く、きわめて政治性を帯びた軍事行動である。詳細は本書第二章（以下の丸番号は同章の表3のもの）にゆずり概観するにとどめるが、征夷・軍事行動には、(a)蝦夷の側の反乱に対応する鎮圧のための征夷、(b)蝦夷の側の反乱がなく、中央政府の側のみの政治的必要性から行われる征夷の二類型がある。(a)の場合反乱の発端となっているのは、天皇の代理人である国司（クニノミコトモチ）の殺害や国府（クニノミコトモチノツカサ）の破壊（②養老四年〔七二〇〕・③神亀元年〔七二四〕・⑦宝亀五年〔七七四〕、⑩宝亀十一年〔七八〇〕）であるが、これらは天皇の権威の失墜につながっている。したがって、(a)の征夷は、失墜した天皇の権威の回復を目的とする。(b)の場合は先述した新羅外交の不調を補完する場合（④天平九年〔七三七〕・⑦宝亀五年〔七七四〕）や、城柵・道路建設により郡域を拡大する場合（①和銅二年〔七〇九〕、⑤天平宝字年間〈仲麻呂政権期〉・⑥神護景雲年間〈称徳期〉・⑦〜⑩宝亀年間〈光仁期〉・⑪〜⑮延暦年間〈桓武期〉・⑯〜⑱弘仁年間〈嵯峨期〉）

がある。(b)の征夷の④⑦は外交不調による天皇の権威の失墜の回復を目的とする。

郡域拡大は当該期の政治課題に対応する天皇の権威の強化を目的としていた。蝦夷域における建郡は「化外の地」の「化内化」を意味する。それは、『万葉集』で造都が「大君は神にしませば」という天皇の神的権威の強化につながるとされているのと同様の神的権威の強化となった。[32] 具体的には、①は和銅元年体制の推進、⑤は仲麻呂政権による政治改革、⑥は称徳・道鏡政権による仏教優遇策など、⑦～⑩は光仁期の「新王統」への転換、⑪～⑮は桓武期の律令制再編、⑯～⑱には嵯峨期における平城上皇の変による支配層の分裂状況の解消、という当該段階における政治的課題に対応する天皇の権威の強化を目的としていた。また、①には平城京、⑤には保良宮、⑥には由義宮（西京）、⑦～⑩には楊梅宮、⑪～⑮は長岡・平安京の造営がともない、軍事と造作（征夷と造宮都）の構造が各時期に看取できることは、天皇の権威の強化との関係を示唆している（新銭発行・法令発布も同様、⑮～⑱には新銭発行、弘仁格式制定がともなう）。これらの軍事行動を行った持節将軍は天皇の神的武威の代行者であり、陸奥国司とは別に存在する鎮守将軍の軍事行動も天皇の勅を前提としているように、蝦夷域における軍事行動の多くは、天皇の権威と密接な関連をもっている。

天平九年（七三七）征夷のあと天平宝字年間まで、注目すべき律令国家による軍事動員はみられないが、これは天平十三年（七四一）からの国分寺建立から天平勝宝四年の大仏開眼に至る「仏国土」政策に転換されたためである。律令国家は、藤原広嗣の乱にみられる支配層の分裂、疫病蔓延・飢饉さらには私出挙など在地支配層による私富追求による在地社会の動揺などを抑止するために、「仏国土」による新たな国家統合策に転換する。[33] そのため中華思想にもとづく天皇の権威の強化策は一時後退した。しかし天平宝字年間（仲麻呂政権期）には、蝦夷政策がふたたび積極化し、『続紀』の蝦夷域における建郡記事も増大していく。

蝦夷域にたいする国家の侵略を、版図拡大論や財政基盤拡大論から説明する見解もあるが、九世紀段階で陸奥国・

出羽国の調庸が中央政府の財源となっていないこと、地方官の公廨を他国に依存していることから、[34] 妥当な見解とはいえない。『日本後紀』大同元年（八〇六）四月庚子条にみえる桓武の評伝には、「自レ登二宸極一。励二心政治一。内事二興作一。外攘二夷狄一。雖二当年費一。後世頼焉」とある。「興作」（造都）と「夷狄を攘うこと」（征夷）が「当年の費」であっても、天皇の徳化を天下に示し「後世の頼り」となったとする。そこには財政基盤の拡大という論理はまったくみられない。また、『日本後紀』延暦十六年（七九七）二月己巳条にみえる「続日本紀奏上」のさいの上表文は、桓武が天下四方に徳を以て臨んだ結果、渤海の朝貢、蝦夷の沈静化を実現し、前代まで王化に染まらなかったものを王化に帰属させ、臣下にならなかったものを臣下としたとする。延暦十六年（七九五）段階までの渤海外交と蝦夷戦争の成果が、古代国家にとってどれだけ大きな政治的意義があったかを示している。

3　蝦夷域住人の国家的身分編成

征夷など律令国家による蝦夷域での侵略の過程で、住人の国家的身分への編成が進行していく。それは時代によって大きく異なっている。霊亀元年（七一五）までは蝦夷域住人の郡への編成が行われれば、住人は百姓身分とされていた（『続紀』霊亀元年〔七一五〕十月丁丑条）。したがって、そこでは俘囚・田夷という夷狄でもなく一般百姓でもない中間身分を創出する余地はなかった。しかし、神亀二年（七二五）には俘囚が、天平二年（七三〇）には田夷が初見する（『続紀』神亀二年〔七二五〕閏正月己丑・天平二年〔七三〇〕正月辛亥条）。田夷・俘囚が創出されたのは、和銅元年体制によって律令法にもとづく地方支配の徹底化が求められた結果、郡に編成される百姓の厳密化が求められた。しかし、蝦夷域住人の場合、厳密な律令制的百姓つまり公民に編成することは不可能だったのではないか。日本の律令制的な百姓支配は、実は班田制の基盤ともなり、郡に総括される共同体的諸関係を前提としていた。百姓は律令制的な概念であり、共同体的関係を前提としない。一方公民は班田制の基盤となる共同体的な関係を前提とする、律令法外の身分範疇である。ただし、律令制成立当初は、百姓＝公民の相即的関係にあった。(35) そして、班田制の基盤となる、一定のレベルの共同体的諸関係を前提としない住人も、郡に編成された場合律令法にもとづき百姓身分としていた。霊亀元年（七一五）までの蝦夷や、大宝年間に国郡制に編成された隼人は、班田制の基盤となる一定のレベルの共同体的諸関係をもたなかったが（つまり公民の条件を満たしていなかったが）、郡に編成されていることを指標として百姓身分とされた。しかし養老年間以降、征夷時に帰服した蝦夷域住人の場合、班田制の基盤となる共同体的諸関係をもたず、公民的存在ではなかったことが問題となった。そして、日本の律令制が公民の基盤となる一定のレベルの共同体的諸関係を前提としている以上、公民的存在でない蝦夷域住人は、百姓や公民とされなくなっていったのである。

養老年間以降「辺を威す神武」による征夷将軍・鎮守将軍の征夷のさい自主的に帰服した蝦夷域住人を、律令国家は王化（天皇の徳化）にしたがう「化民」とし、俘囚身分として編成した。ただし、王民（≠百姓）ではなかったため郡には編成できなかった。また、天皇の徳化を結晶化した存在である俘囚は、中央政府に献上され、各官司や貴族層の賤となったり、諸国に移配されたりした。それは天皇の徳化を諸方面におよぼすイデオロギー的効果をもった。一方、鎮守将軍・国司による恒常的教化による自主的帰服の蝦夷は夷俘とされた。さらに種子を与えられ、農耕の条件を与えられた夷俘は公民ではないため田夷身分に編成された。これは天皇の権威の直接的結晶化とはいえない存在であることから、王民＝百姓身分として郡に編成された。おそらく、俘囚も田夷もその前提となる住人は、公民の基盤となる一定のレベルの共同体的諸関係をもたなかったのであろう。付言しておくと、自主的帰服ではなく、征夷時の捕獲は蝦夷身分のままとなる。このように、蝦夷・俘囚・田夷身分の成立は、征夷将軍による征夷の機能や鎮守将軍の恒常的機能を貫く、天皇制の徳化の論理から説明される。

桓武の征夷により大量に創出された俘囚は、全国的に移配され、天皇の神的権威を現出する役割をはたすとともに、征夷を契機に在地社会を統合する新たな「皇民」という身分範疇を創出した[37]。吉村武彦氏は、夷狄との対立を契機とする王民観念は律令国家の浮浪人の公認によって、旧公民の分裂支配を統合する皇民観念として再生されたとしている[38]。本章ではこれを敷衍し、次のように理解したい。八世紀後半以降浮浪人の出現によって在地社会の分裂は大きくなり、もはや籍帳支配・班田制・律令租税制を指標とする公民制の論理による律令国家の支配は困難になっていた。皇民は夷狄との対立を契機として、律令国家による浮浪人の公認と「不レ論二土浪一」政策の展開（『続日本紀』延暦九年〔七九〇〕十月癸丑）によって、旧公民の分裂支配を統合する意味をもっていた。八世紀末まで蝦夷政策は、天皇制によって総括される公民＝百姓体制にかかわっていた。

4　化内辺境人にたいする政策の転回と天皇制

八世紀から九世紀にかけて東人・隼人・吉野国栖にたいする国家的支配はどう展開するのか。また、その変化の要因はどこにあるのだろうか。八世紀の東人のうち、百姓層からは神亀元年（七二四）前後に防人以外に陸奥国・出羽国の常駐兵である東国鎮兵が徴発された。ただし、防人停止・復活に対応するように鎮兵の定員も増減・停止されるような構造になっていた[39]。東人は豪族層については、授刀舎人に編成され、聖武から孝謙（称徳）に伝えられた。授刀舎人は天皇の交替、あるいは空間的移動に制約されずに、それぞれの天皇の人格を警固する武力であった[40]。天平宝字八年（七六四）の恵美押勝の乱の段階では授刀舎人寮は授刀衛となっていたが、乱後に授刀衛に所属していた東人のなかには、中央官人となったり、現地の国造に任命された在地首長層もいる（武蔵国造の武蔵宿祢不破麻呂、相模国造の漆部直伊波など）。天皇と東人の人格的関係の強固さが看取される。東国は八世紀以降征夷時だけでなく平時においても人的・物的基盤となったが、『続日本紀』延暦七年（七八八）三月辛亥条に「東海。東山。坂東諸国」とあるように、東国でも負担の比重が大きくなっていったのは「坂東」（関東地方）である[41]。

律令制下の東国の武力に律令国家が大きく依存していることについて、支配層は東国の勇猛さに信仰ともいえるものがあったとする説がある。西山良平氏はこれを東国計略の側面からとらえ直し、それらは東国による一方的な律令国家の擁護ではなく、国家は東国の強大な勢力を畏怖し、東国自身の成長を阻止するためにその一部を帝都や東方の境界・大宰府に割き取った結果であるとした。[42]『続日本紀』神護景雲三年（七六九）十月乙未朔条の称徳の詔（宣命）によれば、「近き護り」として授刀舎人を授ける時に、聖武は「東人波常尓云久。『額尓方箭波立止毛背波箭方不立止』云天。君乎一心乎以天護物曽。」と述べたと伝える。「額に……」以下は「言立て」であり、[43]東人は「言立て」（誓約）を必要とする存在であった。また、『続紀』天平宝字七年（七六三）正月庚申条には朝堂院における渤海使との踏歌の宴で「作唐吐羅。林邑。東国。隼人等楽」とある。東国の楽（東舞・東歌）が隼人の楽とともに奏せられていることは、両者の共通性を端的に示す。[44]東国は、朝貢制成立以降も大きな反乱を起こした隼人と同じく、いまだまつろわぬ「荒ぶる民」であることを物語っている。とするなら、東国の武力に国家は依存するとともに、その武力の強大化を抑止する意図があったとする西山氏の所論には説得力がある。

隼人は八世紀を通じて天武期に近畿移住していた阿多・大隅隼人と六年相替の薩摩国・大隅国隼人によって、天皇を呪的に外護する仕奉が継続された。薩摩・大隅両国の隼人にたいしては籍帳支配・班田制・律令租税制・軍団兵士制が貫徹せず、唐の羈縻州に類似する郡司層による「自治」的体制だったとする説もあるが、[45]重要な根拠となる天平八年（七三六）度『薩麻国正税帳』の解釈は成立せず、班田制を除けば隼人郡においても、律令制的支配が行われていた可能性の方が高い[46]（本書第八章）。班田制が実施されていないにもかかわらず、隼人が「百姓」とされていたのは、百姓支配が厳密化する和銅元年体制以前に国郡制に編成されていたことによる。

八世紀の吉野国栖は、天皇を呪的な歌謡により内的に守護する役割に加えて、天皇による国土支配の広がりを現出する役割をもはたすようになる。常人の非居住域たる深山の住人という吉野国栖の属性は、記紀における土蜘蛛の共通性と結びつけられ、『常陸国風土記』茨城郡条にみられるように、国栖は土蜘蛛と同一の人的区分とされる。さらに諸国風土記の土蜘蛛記述となり、全国土に存在する「常人」の非居住域の住人として拡大解釈がなされていった。しかし、土蜘蛛は歴史的実態をもたない伝承の次元の存在であり、先住土着民とする通説はまったく成立しない。そのような全国土の国栖・土蜘蛛の代表が吉野国栖とされたのは、四夷の天下観以外に日本的な天下の要素が包摂されたことによる（本書第七章）。『続紀』宝亀元年（七七〇）十一月戊寅条の国栖小国栖は「正六位上」の内位をもつ。ここでは吉野郡という在地性は捨象され、天皇との直接的関係が表出している。

八世紀段階における天皇の天下では、諸蕃・夷狄からなる化外政策は、蝦夷に傾斜していった。①外交不調による天皇の権威の失墜という諸蕃政策の補完・代替、②当該段階における天皇の権威の強化のために、蝦夷域における征夷や建郡による「化外の地」の化内化がすすめられた。これらは、古代国家の主観的・独善的・そして自己満足的な化外政策といえるが、天皇の国家外的権威の維持にかかわる重要な政策であった。また、天皇制によって総括されている百姓＝公民は実は郡レベルの在地の一定のレベルの共同体的諸関係を基盤としたため、蝦夷域住人が化内化されても公民＝百姓への編成は困難となり、田夷・俘囚という律令法外身分が創出された。化内辺境人たる東人・隼人・吉野国栖は辺境人の呪能による天皇の守護に仕奉し、天皇の国家外的権威と直接的にはかかわらなかった。

四　天皇の天下の変容と辺境政策

1　化外域の閉塞化

八世紀における化外・化内からなる天皇の中華的天下は、九世紀になるとどのように変化するのか、またその変化の規定的要因は何なのだろうか。新羅との関係は九世紀に入り、閉塞化が進行する。(47)九世紀前半（弘仁年間）から新羅海賊による襲撃事件・移配新羅人の反乱が起こり、九世紀中葉（承和年間）には新羅の内乱の国内への波及にたいする警戒から、それまでの基本方針を転換し新羅海商・漂着民の帰化禁止へと踏み切る。ただし来航・交易は認可し、日羅関係を完全に閉ざすまでには至らない。しかし、九世紀後半（貞観年間）になって、新羅海賊襲撃事件・新羅にかかわる謀叛事件が国内で起こると、帰化だけでなく新羅人来航を禁止し、新羅にたいしては完全に門戸を閉ざすことになった。

渤海については、弘仁十四年（八二三）の一紀一貢制により賓礼が整備される。渤海使が実質交易目的の「商旅」であることから、政府部内では賓礼適用停止も主張されたものの、日本の中華思想を充足するため賓礼は継続された。その一方で、寛平年間（九世紀末）以後は渤海使の年中儀礼からの排除という事態が進行し、渤海にたいする閉塞化の傾向があらわれる。延喜七年（九〇七）の唐の滅亡以後東アジアは激動期にはいり、渤海の動乱や朝鮮半島における後三国動乱などの影響が日本にも波及する。延長四年（九二六）に渤海が滅亡したあと、延喜二十二年（九二二）・延長七年（九二九）の後百済による朝貢を受容していないことは、日本が諸蕃の朝貢に固執しない外交姿勢に転換していることを示す。そして、『将門記』に「去る延長年中の大赦契王のごときは、正月一日をもって渤海国を討ち取りて、東丹国に改めて領掌せり。盍んぞ力をもって虜領せんや」とあるように、十世紀中葉には渤海＝諸蕃とする意識は消滅し、興亡する周辺諸国の一つにすぎない存在となっている。この段階では朝鮮半島・大陸にたいする化外観念は完全に消滅している。この時期に東丹・五代十国・高麗の国交要請に応じなかったことは、動乱の波及を回避しようとした積極的孤立策に規定されていたこともあるが、それは新羅についても同様でありながら渤海を諸蕃として編成していた九世紀後半の情況を考慮するなら、やはり化外観念やケガレ観の側面を重視すべきである。

化外政策が傾斜・集中していた蝦夷についても、九世紀以降大きな変化があらわれる。まず、中央からの臨時派遣の持節征討使による征夷は弘仁年間で停止となる。(48)その後、九世紀中葉〜後半（承和・斉衡・貞観年間）の陸奥奥郡における俘囚騒擾では陸奥国軍の派遣、出羽国における元慶の乱では権官国司任命・他国軍派遣にとどまり、臨時の持節征討使派遣には至らない。十世紀の将門の乱では持節征討使が派遣されており、臨時征討使派遣そのものが消滅したわけではなく、化外域への持節征討使派遣のみが停止されている。また、弘仁二年（八一一）に斯波三郡（斯波・稗貫・和賀）が建置され、岩手郡も弘仁年間の建置の可能性が高い。これ以降新たな律令制の郡の建置はない。化外の地の化内化は停止となる。

　俘囚移配や田夷の公民化の記事も天長年間以降はみられなくなる。熊谷公男氏は賑給にみられる九世紀の「不レ論二民夷一」政策は、国家が俘囚を奥郡支配の基盤とするために、民・夷の分割支配の一つの放棄の意味をもったとしたが、(49)田中聡氏が明らかにしたように、「不レ論二民夷一」はあくまでも民と夷の分割・分断を前提とした政策であり、九世紀段階で両者の差異は消滅しない。(50)化内化の停止以後、俘囚概念そのものの変化もみられる。たとえば、帰服でなく、ただ単に朝貢関係にある渡島・津軽蝦夷を俘囚と呼ぶようになる（『日本三代実録』元慶二年（八七三）九月五日丁酉条）。天皇の徳化と自発的にかかわらない蝦夷は、国家の政治的作用の対象外となったのである。蝦夷の朝貢は交易を実態としながらも、九世紀後半以降も存続している。『藤原保則伝』では元慶二年（八七八）からの蝦夷の反乱の原因を秋田城司の「暴苛政」に求めている。公民制にもとづく課役制が適用されない蝦夷にたいする苛政は、朝貢制を媒介とした収奪強化以外に考えられない。また、『類聚三代格』巻十八、貞観十七年（八七五）五月十五日太政官符が「夫夷狄為レ性。無レ遵二教喩一。啻対二恩賞一。纔和二野心一」とするように、夷狄にたいする儒教的対応の側面を保持している。朝貢にかかわる蝦夷の位記は元慶四年（八八〇）ごろまで問題になっているが（『三代実録』元慶四年（八八〇）二月十七日辛丑）、俘囚にたいする授位が停止となる十世紀前半（延喜年間）には、蝦夷との朝貢制的関係が消失し交易制に転換していく。天皇制にとって、蝦夷域は閉塞されたのである。

　南島は『延喜式』に牌の建置と大宰府を介した赤木の貢納の規定があるが、十世紀段階で実効性があったことは想定しがたい。『本朝月令』の「南島」記述から、十世紀中葉までは南島という観念は存続していることが確認される。しかし、その後は南西諸島の個々の島嶼の認識は稀薄とならないものの、南島は南蛮概念にとって代わられる（本書第四章）。貴賀島を拠点とする南西諸島との交易がさかんとなったことにより、奄美以南は敵対的性格をもつ南蛮となり、閉塞化が進行していくことになる。

2　化内辺境と天皇制との関係の希薄化

化外が閉塞化の一途をたどったのにたいして、化内辺境にたいする古代国家の対応はどう変化するのか。東人の舎人が多く所属していたと思われる授刀舎人は、天平宝字三年（七五九）に授刀衛に再編され、さらに天平神護元年（七六五）に授刀衛は近衛府に改編される。衛府は天皇という機構を守るための存在であったのにたいして、授刀舎人は天皇という人格を守るための存在であった。授刀衛の近衛府への改編は、授刀衛の衛府化、すなわち場の論理にもとづく組織に再編されていったことを示す。(51) 九世紀中葉までは東国出身の左右近衛府の下級官人・舎人も多くみられるが、平安中期以降は、左右近衛府下級官人・舎人の出身はほとんど畿内に限定されていった。(52) ただし、九世紀において天皇の視告朔の儀礼で左右近衛府が「東国之歌」を奏し（『類聚国史』一八、天長五年〔八二八〕十二月壬子朔条）、東大寺大仏供養の儀礼では「近衛壮歯者廿人」が「東舞」を供奉しているように（『三代実録』貞観三年〔八六一〕三月十四日戊子条）、呪的な次元とはいえ東人の武威は近衛府に継受されている。さらに、天平宝字元年（七五七）には百姓層によって編成された東国防人が廃止され、防人から転用され復活した東北における東国鎮兵も最終的には大同元年（八〇六）に停止される。(53) こうして、東人と天皇制の関係は希薄化していくのである。この背景には、征夷時のみならず平時における律令国家の坂東にたいする高負担が東国を疲弊させ、九世紀前半の郡司層による正倉焼き討ち事件（神火事件、『類聚国史』八四、弘仁七年〔八一六〕八月丙辰条、『類聚国史』一七三、弘仁八年〔八一七〕十月癸亥条）に継起していく不満・抵抗の蓄積の進行にたいする支配層の危惧がある。

延暦十九年（八〇〇）に薩摩・大隅両国で班田制が施行されると、翌年には両国隼人の上京制が停止となる。薩摩・大隅両国住人は「野族」と蔑視されながらも、隼人とは呼ばれなくなり、[54]一般百姓に埋没していく。天皇の守護は畿内およびその周辺の隼人よって担われた。化内辺境の隼人も、東人と同様に天皇との関係は希薄化していく。吉野国栖は、常人の非居住域の住人として仮構された土蜘蛛との関連性は稀薄となり、九世紀末には「不ㇾ聞二人声一之深山吉野」（『類聚三代格』巻一、寛平七年（八九五）六月二十六日太政官符）という地域的限定化が進行している。また、『延喜式』民部上35国栖条に「凡吉野国栖。永勿二課役一」とある。そして、『類聚符宣抄』巻七、天暦三年（九四九）正月二十七日太政官符に「毎年七節御贄。供奉無ㇾ闕。不ㇾ知二雑役一」とあるように、吉野国栖は天皇守護により課役免だったことが知られる。しかし同官符によれば、「戸田正税」が賦課されており、九世紀末には吉野国栖と一般百姓との差異が稀薄化しつつある。先掲の寛平七年（八九五）官符には「国栖戸百姓」ともある。十世紀の延喜・天暦時代には、一部の笛工が山城に移住している。[55]ここに至り、吉野国栖は吉野との関係が稀薄化しつつある。東人・隼人・吉野国栖は現地と天皇制との関係を希薄化させていくのである。

九世紀前半（弘仁年間）以降、内国において大きな位置を占めてくる辺境人は、俘囚・夷俘（以下行論の都合上俘囚とする）である。移配俘囚にたいする政策は、延暦年間に大規模な征夷が進み、俘囚が大量に移配されて以降だといわれている（弘仁二年〈八一一〉以降移配は帰服蝦夷〈夷俘〉に転換）。延暦十七年（七九八）より前には俘囚にも調庸が賦課され、延暦十九年（八〇〇）には口分田班給が開始された。そして、弘仁二年（八一一）年には「俘囚計帳」による掌握がなされた。これらの政策の結果俘囚の公民化の例もみられるが、わずかである。鈴木拓也氏らによれば、移配俘囚の大半は公民化されず、国・郡・里ではなく国―村支配（夷俘専当国司―夷俘長―村長の支配機構）に編成されたことが知られる。[56]『類聚三代格』巻十七、延暦十七年（七九八）四月十六日太政官符は俘囚が農業民化せず、調庸を納めないことを記すが、これらの要因は、鈴木氏が指摘するように、口分田班給がなかったこと、社会的な差別による定着の困難さにある。蝦夷域住人の異質な習俗には要因はなく、俘囚移配の目的が公民への同化にもないことを示す。そして、現在判明しているだけでも俘囚移配国は四五か国にのぼり、佐渡のような財政の貧困な国にも移配されていることは、移配がほぼ全国にわたっていたことを示す。これを陸奥・出羽の財政負担の分担説・同化説・勢力分断説によって説明することは困難である。

移配俘囚は防人や検非違使による犯罪者追捕、諸国の盗賊対策などの武力としても利用されたが、容易に移配俘囚の公民化を認めない政府の基本的姿勢を武力的活用から説明することも妥当ではない。とするなら移配俘囚の主要な存在意義は、やはりイデオロギー的側面にあるとしなければならない。『類聚国史』一九〇、延暦十九年（八〇〇）十一月庚子条には「遣㆘征夷大将軍近衛権中将陸奥出羽按察使従四位上兼行陸奥守鎮守府将軍坂上大宿祢田村麻呂、検㆗校諸国夷俘㆖」とあり、征夷大将軍に陸奥・出羽とかかわりなく諸国の夷俘を検校させている。諸国移配後の俘囚は、天皇の軍事大権を移譲された征夷大将軍が最終的に掌握していた。このことは、征夷における天皇の武威を結晶化させた俘囚を全国に移配することが、在地社会に天皇の権威を認識させる意味をもったことを端的に示している。さらに、俘囚という化外の夷狄に由来する公民の対立物を媒介として、権威の増大した天皇によって総括される「皇民」範疇を新たに創出し、階級支配の進展や浮浪人の増大によって分裂した在地社会の統合をはかったのである。(57)

五　化外の異土化と天皇

1　化外の異土化と化内辺境民

化外にたいする閉塞化について要約しておこう。新羅との国交は九世紀後半（貞観年間）に断絶し閉塞されている。

渤海については、その滅亡まで国交は断絶しないものの、弘仁年間における渤海使の正月儀礼からの排除、寛平年間における渤海使の年中儀礼からの排除の事実が示すように閉塞化が進行している。蝦夷域は、天皇大権を移譲された持節将軍による蝦夷域の侵略、化外の地の化内化を意味する律令制的建郡も九世紀前半に停止され、九世紀中葉（承和年間）には民・夷は固定化され閉塞されていく。南島についても十世紀中葉段階で支配層の認識が途切れている。このような化外の閉塞状況より、中華的な化外観念は消失していく。村井章介氏は、律令制下の王土は化内のみならず化外にもおよぶ観念であったが、実効的支配がおよぶ領域に王土観念が転換していき、実効的支配外はもはや化外ではなくなるとしている。[58]

閉塞された化外域は、どのような空間として支配層に認識されたのか。『延喜式』陰陽寮20儺祭条には、

> 穢悪伎疫鬼能所所村村尓蔵里隠布留乎波。千里之外。四方之堺。東方陸奥。西方遠値嘉。南方土佐。北方佐渡与里乎知能所（穢悪き疫鬼の所所村々に蔵り隠ふるをば、千里の外、四方の堺、東の方は陸奥、西の方は遠値嘉、南の方は土佐、北の方は佐渡よりをちの所）

を追い払うべしとある。この祭文を敷衍すれば、東の蝦夷域、西の新羅域、南の南島域、北の渤海域は、「穢悪き疫鬼」が存在する空間として支配層から認識されていたことになる。疫鬼の住む旧化外域空間を、村井氏は「異域」という用語で概括した。本書では同じ意味内容だが、後述する「異土」という史料用語で概括する。[59]貞観十四年（八七二）の京洛に多く死者を出した「咳逆病」の要因を、渤海使に帰しているように、支配層は渤海を「毒気」の発生源たる「異土」と認識している。村井氏によれば、異域の毒気を身に帯びた渤海使は「疫鬼」に近いものと意識されたのではないかとしている。また、「穢悪き疫鬼」を追いやらう異域（本章では異土）はケガレの充満する世界となるとした。[60]九世紀後半（貞観・元慶年間）には、疫鬼追放・国土守護を目的とする大元帥法が新羅海賊や出羽の蝦夷の大反乱にたいして修されている。[61]九世紀後半には新羅域・蝦夷域は疫鬼が棲み穢れ、ケガレの充満する異土に転換しつつある

ことが知られる。ただし、たとえば、蝦夷については、九世紀後半（元慶年間）①「向レ化俘地」②「中国之利」「③中国之軍」④「中国之甲冑」など、化外との対比で日本を「中国」とする、中華的世界観も残存している。[62]また、渤海使を諸蕃として位置づける外交儀礼（賓礼）も継続している。化外が完全に異土に転換するのは、中華的世界観が消滅する十世紀段階であろう。

化内域辺境人は、九世紀以降どう変化したか。前節で概観したように、化内辺境域においては東人・隼人・吉野国栖の出身地は天皇との関係を稀薄化させる。東人は近衛府の東舞（東国の歌）に呪的次元でしか残存せず、隼人は近畿在住の隼人だけの仕奉に縮小され、吉野国栖は吉野と関係が希薄化していき、天皇制の周辺で完結するようになる。化外域・化内辺境域はともに天皇制との関係から離脱していく。とすると、まず天皇守護に仕奉する化内辺境人が天皇制から離脱し、その後閉塞された化外域がケガレの充満する異土へと変容する過程が概観される。ここから、化内辺境人の変化と化外域の異土への変化は、天皇制そのものの変化によって起きたことが知られる。

2　天皇制の変化と化外の異土化

八世紀までの天下観を変化させた天皇制の変化とは何か。それは、天皇の権威の源泉が化内・化外双方に君臨するという中華的天下の支配者たることから、天皇の清浄性そのものに変化したからだと考えられる。本章で注目したい天皇の清浄化の動きの一つは、九世紀前半からはじまる建礼門前大祓である。この祭祀は、天皇と内裏の清浄化を目的とするとされる。[63]建礼門前大祓が行われている理由を、六国史の記事から抽出すると、(a)死穢（触穢）、(b)災異（地震・雷鳴・火災）、(c)異土の毒気、(d)斎王発遣をふくむ各種遣使に分類される。建礼門前大祓によるケガレ除去の対象は何なのか。(d)遣使のさいの建礼門前大祓は、発遣のさい天皇が建礼門前に「不レ御」の場合大祓記事が付随しない（『三代実録』天安二年（八五八）十二月十五日壬寅条・同貞観三年（八六一）十二月二十五日甲子条）。『三代実録』仁和元年（八八五）十二月廿日庚午条の「天皇御二建礼門一。班二荷前幣諸山陵墓一。如二常儀一」は、当然大祓をふくむはずだから、遣使のさいの大祓の主要な対象は、発遣の儀に臨御する天皇であろう。とすると、(a)死穢、(b)災異、(c)毒気についても、大祓の主要な対象は天皇ということになる。建礼門前大祓は直接的には天皇の清浄性の確保・維持にあったとみることができる。確かに建礼門前大祓の初見史料は、天長七年（八三〇）九月乙亥条（『類聚国史』四の『日本後紀』逸文）であるが、『日本後紀』が散逸しているとはいえ、記事が頻出し恒常化するのは九世紀後半（貞観年間）以降である。

本章で注目したい天皇の清浄化のもう一つの動きは、天皇による「死刑の停止」である。天皇による死刑の停止は、天皇がケガレを回避するためだったとされ、通説では死刑は嵯峨期に停止され、保元の乱で復活するとされてきた。しかし戸川点氏は、嵯峨期死刑停止説の史料上の起点となる『類聚三代格』巻二十、弘仁十三年（八二二）二月七日太政官符は犯盗の死刑停止にかかわるものであり、死刑一般の停止まで意味しないことを論証した。そして、嵯峨期には死刑制度の存続を前提にして、死刑の減刑を天皇が行うことによって、天皇への求心性を高めるためだったとし、ケガレ回避説をとっていない。さらに、戸川氏は弘仁年間以降実態として死刑は実施されていたとするが、本章にとって重要なのは、検非違使が死刑執行を実施するようになり、ケガレを回避するために天皇が死刑にかかわらなくなったのは、十世紀以降だとしていることである[64]。それはまさに化外地域が異土化するのと同じ時期なのである。

天皇が回避した死刑のケガレをはじめ、王土（実効的支配領域）に生じたケガレは、建礼門前大祓などの呪的儀礼によって、異土へと追いやられる。したがって、化外をケガレが充満する異土へと変容させていった原動力は、清浄性を高めた天皇にある。村井章介氏がとりあげた『八幡愚童訓』[65]甲本には「汚穢ノ気」を遠ざけて清浄性を高めた新羅の太子が不動明王に身を変じて日本を危機に陥れる説話がある。そして、村井説を敷衍するなら、国王の清浄性が国家全体の安寧にかかわるとする観念が日本に存在したことを示している。諸蕃・夷狄の存在する化外を閉塞させ、

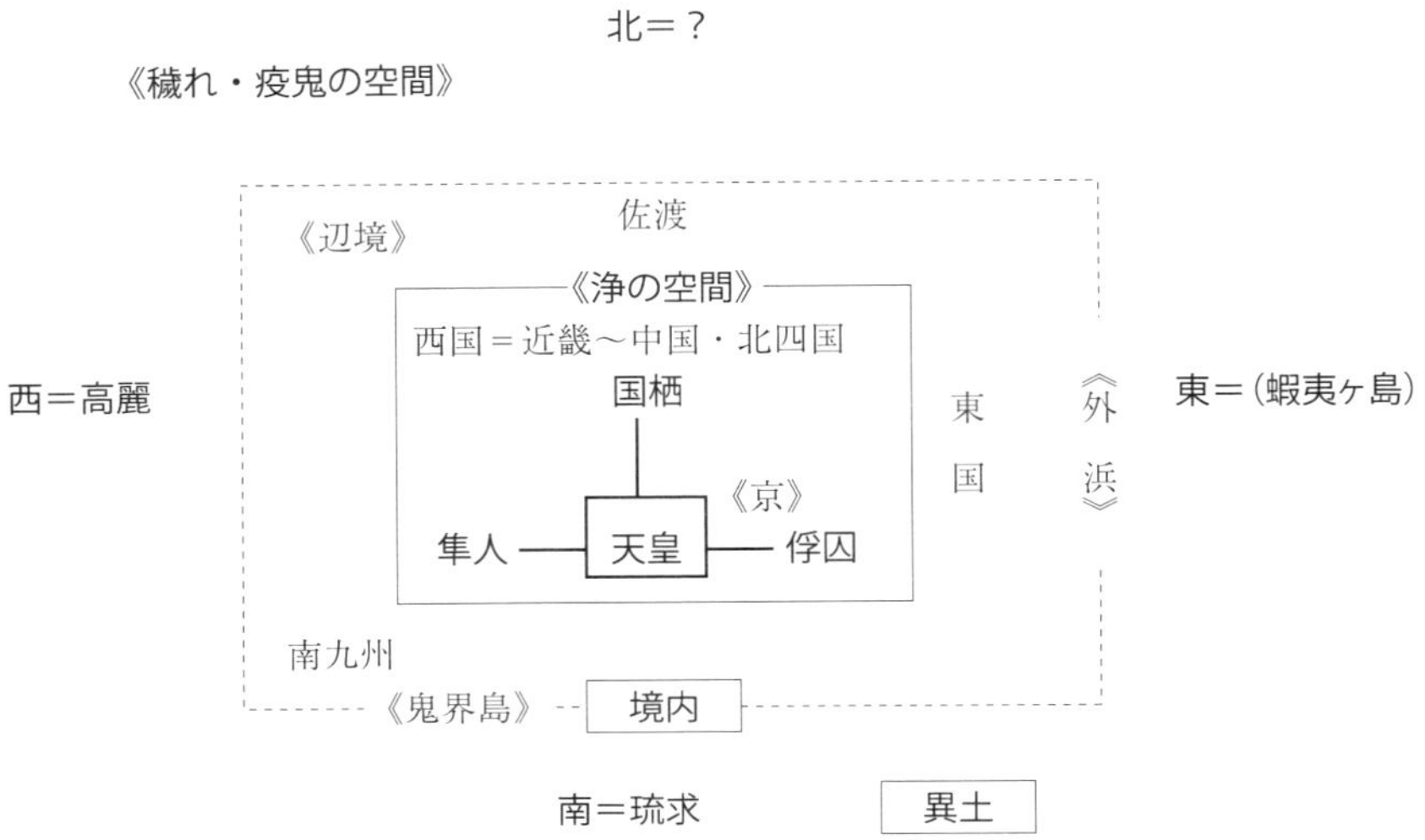

図 3　10 世紀以降の天下観

ケガレの充満する異土としたのは、天皇の権威の源泉を化内・化外からなる中華的世界の支配者たることから、天皇の清浄性に転換したことを原動力とする。ケガレを極力回避するため京外への行幸を停止し、天皇は「動かない王・動けない王」になった[66]。その後も天皇の清浄化は推進される。成年天皇の幼帝化を経て、後一条から在位中の死であっても譲位の形式をとる「如在の儀」が創始され、十一世紀段階には天皇の肉体的死が消滅し、穢れから隔離された平安宮の万代宮化が実現されるとされている[67]。

そして、清浄性の維持のために内裏に収斂していく天皇制は、その守護に仕奉する東人・隼人・吉野国栖をも畿内および畿内周辺に限定化し、在地社会との関係を喪失させることになった。もはや天皇制にとって、辺境人の呪能は形骸化したもので十分な矮小な存在へと転換していくのである。十世紀以降の支配層の天下観は図３のようになる。

3　天皇制の清浄化と公民制の崩壊

天皇の権威が清浄性に傾斜していったのは、化内・化外からなる天下の君主という論理では、権威の維持が困難となっていったからである。それはなぜか。九世紀以降実効的支配領域となり、異土の対極にある王土観念の成立を、私的土地所有の展開を基底にすえて説明したのは荒井秀規氏である。荒井氏は八世紀には開かれた空間である治天下型王土が、私墾田の展開により民要地保護を実態とする公私分離型王土となり、さらに九世紀には私地をも統合することによって公私統合型の中世的王土概念に転換するとしている(68)。しかし、国家的次元の土地支配の変容の基底には、百姓支配や百姓の属する在地の共同体的諸関係の変容の問題があるのではないか。たとえば九世紀には「常地を切る」という文言と多数の近隣百姓の「保証」によって、墾田のみならず個人の加功（私的労働力の投化）にもとづかない池・野地までもが、永代売買の対象となっていくことが指摘されている(69)。池・野地は国家からは「公私共利」とされている山川藪沢に包摂されるが、山川藪沢は在地社会の共同体的規制を媒介として国家的支配が機能している土地である(70)。共同体的規制は「土人主義」と呼ばれる共同体的関係を基盤としている。「土人」は国家的次元の身分概念でいえば公民となる。したがって、律令制の論理では本来個人の排他的用益の対象とならない池・野地が、「常地を切る」というように共同体成員の署名（＝認可）を前提として土地にたいする共同体的規制を排除することが可能になっているのは、土人主義が九世紀には十分機能しなくなっていることを示す（崩壊しているわけではない）。土人主義が機能しなくなったのは、延暦四年（七八五）に最終的に浮浪人の当所編附（口分田班給の対象となる公民への編成）を放棄して以降(71)、在地社会は村落構成員とされない浮浪人と土人（公民）とに分裂する。これが土人主義とそれを基盤にもつ公民制を動揺させることになる。加藤友康氏によれば、九世紀における浮浪人問題は、著名な中井王など国司官人層の在地百姓層にたいする収奪だけに限定されない。開発・交易の主体となり、国家から財物貢進・修造造営事業・日常的守護を期待される「富豪」と呼ばれる有力な浮浪人も存在したこと、浮浪人は王臣家とむすびつくこともあったが、対立する例もみられ、村落内部の編成を変化させたことを指摘する。浮浪人の村落構成員化が確認される例は『類聚三代格』巻一、寛平七年（八九五）六月二十六日官符に見出すことができるとしている(72)。国家は浮浪人有力者層を「不レ論二土浪一」政策により包摂しようとしたが、浮浪人が九世紀における在地共同体と社会を大きく動揺させた要因となっていたことはまちがいない。浮浪人の村落構成員化が十世紀段階で実現したとすると、天皇制の質的転換が完了した時期とも符合する。

この浮浪人の活動による在地社会の変動は、百姓概念の変化とも対応している。木村茂光氏によれば、古代農民が百姓身分と自称する最後の例は、寛平六年（八九八）である。十世紀以降、十一世紀までは、田堵・荘子・預作人・杣工などは、個人の属性や職能を示す語句として具体的に使用され、百姓の語は使用されても堪百姓であり、百姓という例はないことから、公領の経営にたずさわる農民を一般的には「百姓」と称していたとしても、「百姓」が積極的に彼らの性格を規定する呼称として使用されていなかったとしている。[73] 十世紀には律令制的百姓身分（＝公民）の実体は完全に消滅する。百姓身分の実体喪失により八世紀以来の百姓・公民を中核とする良人共同体は崩壊し、それを総括していた天皇制は、良人共同体を成立せしめる契機である化内・化外の中華的天下観に政治的権威の源泉を求めることは困難となり、清浄性の論理にその主要な源泉が求められるに至ったのである。そして、天皇の極端ともいえる清浄化は、化外域を異土化し、化内辺境人を消滅させたのである。

最後に化外の異土化との関連で注目したいのは、菅野成寛氏によって論じられている東北北部における平泉政権と宗教空間との関係についての所論である。菅野氏の所論は次のようになる。藤原清衡の権力が出羽国の軍事権を鎮守府将軍に統合した東北全土の軍事権に由来するものとなると、鎮守府附属寺院が造営される。さらに国府との関係から飛躍し、白河王権との関係を強める段階になると、北方辺境鎮護のための京都の天台顕密仏教の直輸入という脈絡で、中尊寺伽藍が造営されるようになる。基衡段階では鳥羽王権のもとで、東北・北方支配は北海道を射程に入れたエゾ支配を包摂する新たな段階に入ったことにより、平泉では山林伽藍の中尊寺を補完する平地伽藍の毛越寺伽藍が造営された。こうして秀衡段階までに、十体阿弥陀仏・金色堂・非僧侶の真身像、無量光院にみられる現世往生空間など、京都の浄土文化を直接継受しながらも、独創性を加える文化が平泉では花開くことになる。また、京中だけでなく加賀・紀伊から勧請した諸社が都市平泉を守護した。(74)

白河・鳥羽王権と奥州藤原氏の権力の関係から、平泉における各種伽藍・宗教的施設の造営を説明しているが、そのさいの奥州藤原氏の軍事権門としての性格を重視する必要はないだろうか。全東北の土地台帳の掌握、鎮守府将軍という公的軍事機関の掌握ということからすれば、近年提起されている平氏政権＝六波羅幕府説にも近い平泉政権の理解も可能ではないか。そして、軍事権門たる平泉政権が鎌倉幕府や平氏政権よりも宗教分野にたいする政策比重が大きいのは、東北がケガレの充満する異土と中央からとらえられていたことに起因するのではないか。また、死刑の代替機能をもつ流刑地の蝦夷地が管轄下に入ったことにより、ケガレの王土への流入を押しとどめるべき平泉の宗教的役割はさらに拡大したのではないか。王権・貴族によるケガレ忌避が、同時に武門によるケガレの請負につながったことは、平泉政権による主体的な大伽藍造営を促進したであろうし、中央の王権や天台顕密仏教の先進的宗教装置の提供もありえたのではないか。外が浜―白河関間の奥大道の一町卒塔婆もケガレの中央への波及を抑止するために設置されたとはいえないだろうか。

注

（1）石母田正「日本古代における国際意識について」（『石母田正著作集』第4巻、岩波書店、一九八九年、初出は一九六二年）、「天皇と『諸蕃』」（前掲『石母田正著作集』第4巻、初出は一九六三年）。

（2）石上英一氏は、五世紀史料にみえる「治天下」は朝鮮南部にたいする支配観念をふくむものであるとした上で、「朝鮮半島南部の諸国・諸地域を軍事的・政治的に服属させることを、その実体は別として権力構成の不可欠の要素とするにいたり、また同時に日本列島内にも『毛人』『衆夷』などの、後には夷狄として措定されるような疑似民族集団を設定し支配する国家体制を構築しつつあった」とする（「古代東アジアと日本」〈『日本の社会史1列島内外の交通と国家』岩波書店、一九八七年〉八二―八三頁。吉村武彦氏も五世紀の倭は朝鮮半島にたいする一定の政治的支配を行い、諸蕃的位置づけをしていたとし〈『古代天皇の誕生』角川書店、一九九九年〉、さらに、「治天下」は化内支配だけでなく、蕃国（朝鮮半島南部）支配をふくめて生まれる観念であったとする〈「天下の主者と政治的支配」〈『日本古代の社会と国家』岩波書店、一九九六年、初出一九八八年〉〉。仁藤敦史「古代日本の世界観」〈『国立歴史民俗博物館研究報告』第一一九集、二〇〇四年〉は、江田船山鉄刀銘・稲荷山鉄剣の「天下」は宋の天下からの離脱を示すとした上で、「毛人」「衆夷」は倭国王に従属する擬似民族集団であり、倭国王の天下支配において中華にたいする夷狄だったとしている。

（3）また、朝鮮半島でも従属の質が列島内諸勢力と質的変化がないという証左の一つは、韓国西南部（全羅南道の栄山江流域）における前方後円墳の存在である。全羅南道の前方後円墳の墳形・副葬品から、これらは五世紀～六世紀代の造営であり、倭の工人集団による造営ではなく半島内部の集団による造営であることは明らかであるが、ヤマト王権と在地諸豪族との政治的関係で導入された墓制とされている（東潮「朝鮮考古学と日本古代文化」〈『考古学　その見方と解釈』下、筑摩書房、一九九三年〉、岡内三眞編『韓国の前方後円形墳―早稲田大学韓国考古学学術調査研究報告―』〈雄山閣、一九九六年〉）。全羅南道は書紀が継体期に百済に割譲されたと伝える地域で、鉄などをめぐってヤマト王権との関係が強かった。倭王武の上表文が「海北」九十五国とした根拠はこの地ではなかろうか。それが列島内の豪族と同じくヤマト王権の盟友の象徴である前方後円墳の墳形をもつ古墳を造営したことは、列島内と半島の諸勢力のヤマト王権にたいする従属に質的差異がなかったことを示唆している。

（4）川口勝康「天皇の成立について―天子から天皇へ―」（『人文学報』〈首都大学〉四〇〇、二〇〇八年）。

（5）鈴木英夫「『任那の調』の起源と性格」（『古代の倭国と朝鮮諸国』青木書店、一九九六年、初出は一九八三年）。

（6）西郷信綱「アヅマとは何か」（『古代の声』朝日新聞社、一九八五年、初出は一九八四年）。

（7）石上英一「日本古代における調庸制の特質」（『歴史学研究　一九七三年度大会別冊特集号』青木書店、一九七三年）。

（8）川口前掲注（4）論文

（9）石母田前掲注（1）論文。

(10) 黒田裕一「推古朝における『大国』意識」(『国史学』一六五、一九九八年)。以下、黒田氏の見解はこれによる。

(11) 大平聡『聖徳太子―倭国の「大国」化をになった皇子―』吉川弘文館、二〇一四年)。『書紀』の欽明紀・推古紀には「大国」の用例がみられる(後述するように斉明期にも用例がある)。推古十六年(六〇八)六月丙辰条は小野妹子が「唐」(隋)を「大国」とする用例だが、欽明十五年(五五四)十二月条は百済が「日本」(倭国)を「大国」とする用例となっている。『隋書』という中国側の史料だけでなく、『書紀』においても六世紀後半以降の倭国が「大国」化の実現を模索していたという痕跡が残されている。

(12) 『書紀』景行二十七年二月壬子条、景行四十年是歳条の蝦夷記事は「日高見国」のこととしているので、「蝦夷国」史料としては除外しうる。

(13) 熊谷公男「蝦夷と王宮と王権と―蝦夷の服属儀礼からみた倭王権の性格―」(『奈良古代史論集』三、一九九七年)、鈴木拓也「桓武朝の征夷と造都に関する試論」(近畿大学文芸学部論集『文学・芸術・文化』一三―二号、二〇〇二年)。

(14) 熊田亮介「古代国家と蝦夷・隼人」(『古代国家と東北』吉川弘文館、二〇〇三年、初出は一九九四年)。

(15) 石上前掲注(2)論文。

(16) 今泉隆雄「飛鳥の須弥山と斎槻」(『古代宮都の研究』吉川弘文館、一九九四年、初出一九九一年)。

(17) この「大国」を「ヤマト」(あるいはミカド)と訓読する例もある。しかし、「ヤマト」の訓読は『釈日本紀』のものであり、『書紀』編纂時代の理解とは無縁である。

(18) 森公章「古代耽羅の歴史と日本」(『古代日本の対外認識と通交』吉川弘文館、一九九八年、初出は一九八六年)。

(19) 伊藤循「大嘗祭の酒と村落祭祀」(吉村武彦編『日本古代の国家と王権・社会』塙書房、二〇一四年)。

(20) 石母田前掲注(1)論文。

(21) 大町健「日本古代の『国家』と『民族』・『帝国主義』」(『宮城歴史科学研究』六五、二〇〇九年)。

(22) 大町健「東アジアの中の日本律令国家」(『日本史講座2　律令国家の展開』東京大学出版会、二〇〇四年)。

(23) 田島公「外交と儀礼」(岸俊男編『まつりごとの展開　日本の古代7』中央公論社、一九八六年)。

(24) 平野卓治「日本古代における位階と『蝦夷』」(『國學院大學大学院紀要〈文学研究科〉』一八、一九八七年)。この平野説にたいして、河原梓水「蝦夷・俘囚への叙位―蝦夷爵制の再検討を中心に―」（『日本史研究』五八九、二〇一一年）の批判がある。化内・化外が同一空間に参列した場合には、蝦夷の側に位階上昇の希求が生じると思われる。

(25) 西山良平「古代国家と地域社会」（岸俊男編『日本の古代　15　古代国家と日本』〔中央公論社、一九八八年〕）。

(26) 吉野裕『防人歌の基礎構造』（筑摩書房、一九八四年）。

(27) 西郷前掲注（6）論文。

(28) 東国・安房国の「夷隅郡」は「隅」に意味があると同時に「夷」＝ヒナ（都の対極にある僻遠の地）であることに意味がある。隼人のもう一つの居住域である「大隅」は「隅」に力点がある。いずれもアヅマ・サツマを前提にして付与された地名ではないか。

(29) ただし、日本は承和三年（八三六）まで遣新羅使を派遣したが、それは遣唐使の安全保障のためであり（坂上康俊『律令国家の転換と「日本」』〔講談社、二〇〇一年〕一〇三頁）、諸蕃への編成とは無関係である。

(30) 酒寄雅志「東北アジアの中の渤海と日本」（佐藤信編『日本と渤海の古代史』〔山川出版社、二〇〇三年〕）など。

(31) ②については武廣亮平「延暦十一年の蝦夷入朝について―長岡京期の入朝に関する一試論―」（『研究紀要〈日本大学人文科学研究所〉』四五、一九九三年）参照。

(32) 伊藤循「古代国家と蝦夷支配」（鈴木靖民編『古代王権と交流　1　古代蝦夷の世界と交流』〔名著出版、一九九六年〕）。

(33) 石母田正「国家と行基と人民」（『石母田正著作集』3、岩波書店、一九八九年、初出一九七三年）・大平聡「天平期の国家と仏教」（『歴史学研究』五九九、一九八九年）など参照。鈴木拓也氏は、仏教政策に傾斜したため、東北政策の余裕がなかったとする（「天平九年以後における版図拡大の中断とその背景」〔今泉隆雄先生還暦記念論文集『杜都古代史論叢』二〇〇八年〕）しかし、長期間の「仏国土」建設は、中華的秩序に天皇の権威の源泉を求める政策の後退によると考えられる。

(34) 鈴木拓也①「陸奥出羽国の公出挙制」②「陸奥出羽の調庸と蝦夷の饗給」（『古代東北の支配構造』吉川弘文館、一九九八年、初出は①が一九九二年、②が一九九六年）。

(35) 伊藤循「日本古代における身分と土地所有」（『歴史学研究』五三四、一九八一年）。

(36) 本書第二章参照。なお、俘囚を地縁性・集団性を喪失し親族単位で帰服した住人とする見解もある（古垣玲「蝦夷・俘囚と夷俘」(『川内古代史論集』四、一九八八年))。しかし、集団性喪失の根拠となる吉弥侯部姓は、集団性を前提とする下総国葛飾郡大嶋郷戸籍の孔王部とも共通すること(武廣亮平「八世紀の『蝦夷』認識とその変遷」(『国立歴史民俗博物館研究報告』八四、二〇〇〇年))、親族単位の根拠となる史料は再移配史料であり、帰属時の単位ではないことなどから説得力をもたない。吉弥侯部姓が地縁性や集団性と無縁であることについては、伊藤循「吉弥侯部木簡と俘囚」(『日本歴史』八〇三、二〇一五年)も参照されたい。

(37) 俘囚・夷俘移配の目的を公民との同化に求める説は、近年蝦夷域が農業を主とする社会とされていること、内国百姓のなかにも非農耕民が多く存在していること、東北北部に国家的支配がおよぶと、同化しなくとも「夷語」が問題とならなくなることから賛同できない。また、俘囚・夷俘移配の目的を蝦夷の勢力分断や抑圧に求める説も、移配俘囚に勲位をもつ者や勲功の苗裔の移配があり、支持できない。

(38) 吉村武彦「律令制国家と百姓支配」(『日本古代の社会と国家』岩波書店、一九九六年、第二部Ⅴ、初出は一九七三年)。

(39) 鈴木拓也「古代陸奥国の軍制」(『古代東北の支配構造』吉川弘文館、一九九八年、初出は一九九一年)。

(40) 磯崎茂佳「授刀舎人の特質―古代中央軍事機関における二つの編成原理―」(『人文学報』〈首都大〉四六〇、二〇一二年)。中衛府の「東舎人」(『続紀』神亀五年〔七二八〕八月庚午条)は、舎人の出身地からみて東人との直接的関係はないこと、恵美押勝の乱で中衛府は孝謙上皇の掌握下にはなかったことなどから、中衛府は東人の武力を基盤としていない可能性が高い。また、授刀舎人もすべてが東人によって構成されていたわけではない。

(41) 西山良平「古代国家と地域社会」(岸俊男編『日本の古代　15　古代国家と日本』〔中央公論社、一九八八年〕)。

(42) 西山前掲注(41)論文。

(43) 高橋富雄『辺境―もうひとつの日本史―』(教育社、一九七九年)一〇六頁。

(44) 伊藤循「蝦夷と隼人はどこが違うか」(吉村武彦他編『争点日本の歴史3　古代編Ⅱ』〔新人物往来社、一九九一年〕)七二頁。

(45) 永山修一『隼人と古代日本』(同成社、二〇〇九年)第四章。

(46) 菊池達也「律令国家の九州南部支配」(『九州史学』一六八、二〇一四年)。

(47) 以下、石上英一「古代国家と対外関係」（歴史学研究会・日本史研究会編『講座日本歴史2　古代2』〔東京大学出版会、一九八四年〕）、坂上康俊『律令国家の転換と「日本」』（講談社、二〇〇一年）第三章、保立道久『黄金国家―東アジアと平安日本―』（青木書店、二〇〇四年）により概観する。

(48) 弘仁二年征夷を延暦二十四年（八〇五）の徳政相論による「軍事と造作（造宮・都と征夷）」の方針を継承した「征夷終焉のための征夷」とする見解もある（熊谷公男「平安初期における征夷の終焉と蝦夷支配の変質」〔『東北学院大学東北文化研究所紀要』二四、一九九二年〕）。鈴木拓也『蝦夷と東北戦争』（戦争の日本史3〔吉川弘文館、二〇〇八年〕Ⅳ）。しかし、その根拠の一つとされる弘仁二年（八一一）十二月甲戌詔（宣命）の趣旨は、嵯峨が桓武の征夷事業を完成させたという論理であり、徳政相論との関係はまったく問題となっていない。現地官による征夷を征夷将軍の次元にまで高めたのは、平城上皇の変で動揺した嵯峨の天皇としての権威を回復するためである。また、弘仁二年征夷を「征夷終焉のための征夷」としてしまうと、弘仁四年征夷を説明できなくなる。もう一つの根拠とされる志波城崩壊後の徳丹城の小型化が徳政相論に規定されていたとする説は、たんなる推測の次元を越えていない。

(49) 熊谷前掲注（48）論文。

(50) 田中聡「民夷を論ぜず―九世紀の蝦夷認識―」（『日本古代の自他認識』塙書房、二〇一五年、初出は一九九七年）。

(51) 磯崎前掲注（40）論文。

(52) 笹山晴生「平安前期の左右近衛府に関する考察」（『日本古代衛府制度の研究』東京大学出版会、一九八五年、初出は一九六二年）、同「左右近衛府上級官人の構成とその推移」（同右、初出は一九八四年）。

(53) 鈴木拓也「九世紀陸奥国の軍制と支配構造」（『古代東北の支配構造』吉川弘文館、一九九八年）第四章。

(54) 『文徳実録』仁寿三年（八五三）七月丙辰条、永山前掲注（45）書、一八〇頁。

(55) 林屋辰三郎「中世芸能史の研究」（岩波書店、一九六一年）第二章。

(56) 鈴木前掲注（48）書、Ⅳ。

(57) ただし、移配俘囚にたいする差別的支配は九世紀後半の房総の反乱のような俘囚の抵抗を生み出すことが容易に想定されたため、五位の俘囚の節会参列や夷長の把笏認可による懐柔をはかった（俘囚の節会参列が矮小化された中華思想の発現ではなく、移配俘囚の懐柔にあることは熊谷公男「節会に参加する蝦夷」（『講座東北の歴史　第三巻　境界と自他の認識』清文堂出版、二〇一三年）参照。
(58) 村井章介「王土王民思想と九世紀の転換」（『日本中世境界史論』岩波書店、二〇一三年、初出は一九九五年）。
(59) 異域は『続紀』の八世紀初頭～前半の記事で新羅・高句麗・諸蕃をあらわす用語でもある（大宝三年〔七〇三〕閏四月辛酉朔条など）。九世紀以降の疫鬼の住む空間をさす用語として、後述の「毒気」とかかわる渤海を指す『続日本後紀』の「異土」を用いることにする。
(60) 村井前掲注（58）論文。
(61) 大日方克己「古代における国家と境界」（『歴史学研究』六一三、一九九〇年）。
(62) ①②は『三代実録』元慶二年（八七八）七月十日癸卯条、③④は同、元慶三年（八七九）三月二日壬申条。
(63) 三宅和朗「古代大祓儀の基礎的考察」（『古代国家の神祇と祭祀』吉川弘文館、一九九六年）。
(64) 戸川点『平安時代の死刑―なぜ避けられたのか―』（吉川弘文館、二〇一五年）。
(65) 村井章介「中世日本列島の地域空間と国家」（『アジアの中の中世日本』校倉書房、一九八八年、初出は一九八五年）。
(66) 行幸にかかわる諸説の内容は、坂上前掲注（29）書、第三章参照。
(67) 掘裕「天皇の死の歴史的位置」（『史林』八一―一、一九九八年）。
(68) 荒井秀規「律令国家の地方支配と国土観」（『歴史学研究』八五九、二〇〇九年）。
(69) 松田行彦「『常地』を切る」（『歴史学研究』七六二、二〇〇二年）。
(70) 吉村武彦「土地支配の基本的性格」（『日本古代の社会と国家』岩波書店、一九九六年、初出は一九七一年）。
(71) 大町健「日本古代の浮浪政策における所在地主義と二つの本貫地主義」（『日本史研究』四八六、二〇〇三年）。
(72) 加藤友康「浮浪と逃亡」（『日本村落史講座　第4巻　政治1〔原始・古代・中世〕』雄山閣出版、一九九一年）。
(73) 木村茂光「中世百姓の成立」（『日本中世百姓成立史論』吉川弘文館、二〇一四年、初出は一九九七年）。
(74) 菅野成寛「平泉文化の歴史的意義」（柳原敏昭編『東北の中世史1　平泉の光芒』〔吉川弘文館、二〇一五年〕）。なお、院政期の史料に「東夷」「夷狄」などの用語は残るが、そこには基盤となる中華思想の体系は存在しない。

あとがき

本書作成の契機となったのは、一九九四年に発表した「古代王権と異民族」（『歴史学研究』六六五号）である。しかし、この論考は素描にすぎず、詳細には論じきれなかったこと、あるいは前近代における帝国主義や民族の存在を前提にしていることなど、不十分な点が多い。本書は、あらためて化外と化内の差異に留意しながら、古代天皇制との関係において辺境諸住人の国家的・政治的編成の成立・転回を体系的に論じようとしたものである。ただし、次掲の章については、すでに発表した論考により、以下のように大幅に加筆・修正をしている。

第Ⅰ部第二章「征夷将軍と鎮守将軍」は、『日本歴史』七四三（二〇一一年）の同題論考を加筆・修正。

第Ⅱ部第六章「東人荷前と東国の調」は、千葉歴史学会編『古代国家と東国社会』（高科書店、一九九四年）の「東人荷前と東国の調―東国の調の転回過程―」をもとに、大幅に加筆・修正。

同、第八章「隼人研究の現状と課題」は、書評「永山修一著『隼人と古代日本』」（『歴史学研究』八八三、二〇一一年）をもとに、発表後の関係論考の成果を包摂しながら、大幅に加筆・修正。

同、第九章「隼人の天皇守護と夷狄論批判」は「延喜式における隼人の天皇守護と―隼人＝夷狄論」批判」（『人文学報』（都立大学・首都大学）四六〇、二〇一二年）を大幅に加筆・修正。

まがりなりにも日本古代史の論考を書くことができるようになった出発点は、何よりも高度な歴史理論を展開していた吉村武彦先生と、一九七五年に出会ったことである。理論とともに、先生からは『続日本紀』『令集解』などの読み方の基礎を指導していただいた。生来怠惰な性格だったので、「奈良時代のナの字も知らない」と叱咤していただくことによって、何とか論考を書き続けることができた。本書は班田制と隼人についての素朴な疑問から出発して、隼人以外の辺境の諸住人ついいて考察してきた研究成果を、とりあえず天皇制との関係においてまとめたものである。本書を発表するにあたっては佐藤信氏、同成社の佐藤涼子氏・山田隆氏にお世話になった。

なかなか進まない研究にたいして、大町健氏・松田行彦氏をはじめとする田名網研究会の諸氏は、きわめて有益な助言を与えつづけてくれた。また、私的なことで恐縮ではあるが、筆者の迷走する思考や行動をたえず制御し、幸福な家族という定点を与えてくれた、「南島」徳之島生まれの妻伊藤千賀子の存在は、筆者の辺境論の深化にとってきわめて大きな役割をはたしたことを記さないわけにはいかない。

本書と同時にすすめてきたもうひとつの研究課題は、一九八四年の「日本古代における身分と土地所有」（『歴史学研究』五三四）という論考発表以来考えている蝦夷と隼人の差異や、両者を創出した公民制や班田制との関連についての問題である。これも吉村先生からいろいろな論考発表の機会を与えられながらも、いまだに問題提起の次元にとどまっている。何とか自分が納得のいく解答を導き出すため、現在奮闘中である。関係諸氏には感謝とともに、今後ともご指導を切望する次第である。

二〇一六年一月

伊藤　循

古《こ》代《だい》天《てん》皇《のう》制《せい》と辺《へん》境《きょう》

■著者略歴■

伊藤　循（いとう　じゅん）

1954年　福島県に生まれる

1987年　東京都立大学大学院人文科学研究科史学専攻博士課程満期退学

現　在　都内高校教員、歴史学研究会、木簡学会所属。

主要論文

「日本古代における私的土地所有形成の特質—墾田制の再検討—」（『日本史研究』225、1981年）、「日本古代における身分と土地所有」（『歴史学研究』534、1984年）、「古代王権と異民族」（『歴史学研究』665、1994年）、「畿内政権論争の軌跡とそのゆくえ」（『歴史評論』546、2008年）、「大嘗祭の酒と村落祭祀」（吉村武彦編『日本古代の国家と王権・社会』塙書房、2013年）。

2016年 4 月 12 日発行

著　者　伊藤　循

発行者　山脇洋亮

印　刷　三報社印刷㈱

製　本　協栄製本㈱

発行所　東京都千代田区飯田橋 4-4-8（〒102-0072）東京中央ビル　TEL 03-3239-1467　振替 00140-0-20618　㈱同成社

ISBN978-4-88621-723-3 C3321